国家"十二五"科技支撑课题

Spatial Plan-making Study and Scenario Analysis from a Provincial Perspective

基于省域视角的国土空间规划编制研究和情景分析

陈　明　等著

商务印书馆
创于1897　The Commercial Press
2017年·北京

图书在版编目（CIP）数据

基于省域视角的国土空间规划编制研究和情景分析/陈明等著.
—北京：商务印书馆，2017
ISBN 978-7-100-14962-4

Ⅰ.①基…　Ⅱ.①陈…　Ⅲ.①国土资源—土地规划—研究—中国
Ⅳ.①F129.9

中国版本图书馆 CIP 数据核字（2017）第 169927 号

基于省域视角的国土空间规划编制研究和情景分析

陈　明　等著

商 务 印 书 馆 出 版
（北京王府井大街36号　邮政编码100710）
商 务 印 书 馆 发 行
北京市艺辉印刷有限公司印刷
ISBN 978 - 7 - 100 - 14962 - 4

2017年12月第1版　　　开本 787×1092　1/16
2017年12月北京第1次印刷　印张 22 ½
定价：68.00 元

序

　　国土规划是空间规划的一种类型，是协调经济发展、人口分布、资源开发、环境保护的重要公共政策。学术界一般认为，德国鲁尔矿区联盟（SVR）20世纪20年代在鲁尔开展的相关规划，开启了区域性国土规划的先河。我国区域开发的最早尝试，可以追溯到张謇19世纪末在江苏南通进行的实践。在随后百年的经济社会发展历程中，以物质空间规划为内容，以国土规划、城乡规划等为形式的区域规划不断创新、丰富和发展，愈益呈现出"你中有我、我中有你、和而不同"的发展态势。可以说，区域规划发展的历史，就是一部人类解决发展中的问题，实现美好生活理想的奋斗历史。

　　中华人民共和国成立以后，国家高度重视国土规划的相关工作。"一五"时期，苏联援建的156项重点工程的选址，就是国土开发、生产力布局、城市建设等方面的综合实践。改革开放之初，中央要求开展国土整治工作，并启动了第一轮国土规划，1987年颁布了《全国国土总体规划纲要》，其中城镇布局战略是纲要的重点。可以说，国土层面的空间规划从一开始就是经济、社会、城镇发展的综合部署。体制上，中华人民共和国成立之初的156项工程选址由原国家计委牵头，改革开放之初的国土规划是由当时的国家建委组织。随着国家管理职能的不断调整，原由综合部门统筹组织的国土层面空间规划分化为多个不同部门的规划。这也是当前国家提出"多规合一"等规划体制改革的背景。

　　随着国家城镇化进程的不断推进以及以遥感、GIS等为代表的信息技术的飞速发展，空间规划的理论和方法不断更新，技术手段也日趋成熟，为更加科学地进行不同尺度的规划编制和研究工作奠定了坚实的基础。充分利用现代化的技术分析方法和手段，是包括国土规划、城乡规划在内的各种空间/区域规划都应该重点实践和探索的领域之一。

　　本书是我院陈明博士带领团队，在国家"十二五"科技支撑课题的支持下，对区域和空间规划的历史起源、政策变化、技术进展和规划实施，进行了比较全面系统的研究。课题还以湖南省为对象，对空间资源适宜性评价、驱动力模型、经济社会统计数据的空间化、"地下"和"地下"资源一体化配置等新的技术方法，进行了探索和应用。书中还对省级的主体功能区规划、城镇体系规划、土地利用总体规划、矿产资源规划、退耕还林、水资源开发等各类规划在空间上的衔接和协调，进行了深入的分析。我认为，这些研究，对推进区域和城市规划的研究，具有很强的参考价值。

中国的发展，已经进入新的历史时期。空间规划的编制和研究工作，也面临着全新的机遇和挑战。空间规划的作用正从指导建设的蓝图，转变为引领区域协调发展的战略部署。在国家空间规划体系面临改革的背景下，不同层次空间规划的管控要逐层深化，不同部门之间的规划要加强协作，空间资源的科学合理使用是改革的大目标。在国家实现治理体系和治理能力现代化的要求下，通过区域规划推动区域"善治"，利用科学技术和方法，准确把握区域发展的规律，是新时期空间规划改革的新要求。希望作者继续拓宽研究视野，长期深化相关领域工作，为早日形成具有中国特色的区域规划理论，为中国城市规划设计研究院建设国家"智库"的发展目标继续奋斗。

是为序。

中国城市规划设计研究院副院长

博士/教授级高级城市规划师

2017 年 7 月 16 日

前　　言

　　本书是在国家"十二五"科技支撑计划课题"国土空间演变情景分析与动态模拟关键技术"（2012BAB11B03）研究成果的基础上，经过扩展研究和修订完善后结集出版的。课题由中国城市规划设计研究院牵头，北京航空航天大学、中国科学院地理科学与资源研究所、武汉中地数码科技有限公司和湖南省国土资源规划院等单位的 20 多位学者参与了课题的研究工作。

　　全书追溯了区域和空间规划的历史渊源，对发达国家区域规划的技术编制特点和空间管制进行了系统的梳理，对我国省级国土规划、主体功能区规划和城镇体系规划等为代表的区域空间规划的编制特点、改革方向和技术进展进行了初步的探讨。课题还以湖南省为对象，对影响省域空间格局变化的主要因素进行了识别，对引起省域各类用地相互转化的驱动力建立了系统模型，对影响全省未来空间格局的经济社会发展、重大基础设施建设、能源资源开发和政策调控等重大因素进行了分析，对优化空间资源配置、推动地上地下统筹协调发展，指出了目标和方向。

　　参与本书撰写的同志包括：中国城市规划设计研究院的研究员陈明，高级工程师李克鲁，高级城市规划师徐辉、肖莹光、翟健和石亚男；北京航空航天大学经济管理学院郑筠副教授，硕士生张兆安、于昊淼和修金月；中国科学院地理科学与资源研究所高级工程师杨雅萍、博士生荆文龙和硕士生赵晓丹；中国城市和小城镇改革发展中心规划院规划师、美国宾夕法尼亚大学硕士周君；河南大学环境与规划学院硕士生漆潇潇等。各章节分工如下：

　　第一章"省级空间规划的研究背景"，由陈明撰写。

　　第二章"国外宏观层次空间规划的发展历程和趋势"，由陈明、徐辉和肖莹光撰写。

　　第三章"我国国土规划的历史回顾与总结"，由陈明撰写。

　　第四章"土地利用数据解译及空间变化分析"，由李克鲁撰写。

　　第五章"土地利用现状评价与分析"，由多位作者合作完成。其中：耕地适宜性评价由杨雅萍、荆文龙和赵晓丹撰写；生态敏感性分析由周君撰写；建设用地适宜性评价和矿产资源开发适宜性评价由漆潇潇撰写。

第六章"经济社会数据的空间化",由郑筠、翟健、石亚男、张兆安、于昊森和修金月撰写。

第七章"空间驱动力模型研究",由郑筠、漆潇潇、张兆安、于昊森和修金月等撰写。

第八章"重大情景研究",由陈明、漆潇潇和于昊森撰写。

第九章"空间优化配置分析研究",由陈明和漆潇潇撰写。

"省级国土空间情景预测分析技术指南(送审稿)"和"省级国土空间优化配置技术指南(送审稿)"两个附录,由陈明、李克鲁、翟健、石亚男和漆潇潇撰写。

国土资源部科技与国际合作司高平副司长、单卫东处长,中国土地勘测规划院副院长高延利、研究员蔡玉梅、副总工程师王静、科研处宋海荣处长,中国城市规划设计研究院科技处詹雪红处长和高级规划师陈萍,财务处孙莉莉处长和王芃老师,原城乡规划研究室殷会良主任和张欣同志,信息中心金晓春主任等许多同志,为课题的组织和管理付出了大量的心血,在此表示感谢。

课题在研究过程中,许多领导和同行为技术成果的完善或者提供了宝贵的意见,或者提供了大量的研究资料,他们是:中国城市规划设计研究院科技委员会主任王静霞教授,中国城市规划学会副理事长兼秘书长石楠教授,中国城市规划设计研究院原书记、学术顾问陈锋教授,中国城市规划设计研究院杨保军院长、王凯副院长,住房和城乡建设部城市交通工程技术中心马林副主任,中国城市规划设计研究院科技委员会委员杨明松、刘仁根、赵朋、靳东晓,中国城市规划设计研究院原城建所主任工程师李海涛和张永波,城镇水务与工程专业研究院莫罹所长,城乡规划研究室高级规划师徐颖,国家土地管理局原副局长马克伟教授,中国建筑学会叶耀先研究员,中国土地学会程烨教授,中国地质学会李裕伟研究员,国土资源部咨询中心贾中骥研究员,中国地质科学研究院姜作勤研究员,中国城市科学研究会原秘书长顾文选教授,中山大学地理科学与规划学院黎夏教授,北京大学冯长春教授和曹广忠副教授,中国人民大学公共管理学院叶裕民教授和杨胜慧博士,中国科学院地理科学与资源研究所黄金川副研究员,中国地质大学郑新奇教授,北京师范大学张文新教授,国土资源标准化研究中心兰井志处长、申文金副主任,湖南省国土资源规划院邢旭东主任、麻占洪主任,中欧低碳生态城市合作项目城市专家刘源,武汉中地数码科技有限公司高级工程师张岩,湖南省洞庭湖水利管理局副总工程师周北达,湖南省林业厅退耕办刘正平主任,湖南省交通厅规划办陈炜主任等。在此表示衷心的感谢。

研究中还借鉴和参考了2008年住房和城乡建设部城乡规划司"省域城镇体系规划编制审批办法修订"课题的研究成果。住房和城乡建设部规划司原副司长、现任杭州市规划局局长的张勤教授,住房和城乡建设部规划司李枫处长、陈紧进副处长,中国城市规划设计研究院王凯副院长,文旅所徐泽副所长,徐辉、肖莹光等许多领导和同志的真知灼见,已经在本书的研究中得到继承和完善，但需要指出的是，许多原创性的观点是属于他们的。

课题还参考了中国城市规划设计研究院承担的"三规合一"、"世界首都城市研究"等课题的成果。中国城市规划设计研究院原院长李晓江，原城建所主任工李海涛和张永波，原城乡规划研究室主任殷会良、高级规划师徐颖和规划师王颖的许多研究成果及观点，使本次研究很受启发，在此一并表示感谢。

中国城市规划设计研究院区域规划研究所谭炒萌、张强，兰州大学硕士生石丹丹，中国地质大学（武汉）公共管理学院学生茅宇琪，商务印书馆编辑李娟、姚雯等同志，为全书图集及文字的规范、封面的设计付出了辛勤的劳动，在此表示诚挚的谢意。

最后，需要特别感谢的是周君和漆潇潇两位同志。如果没有他们在 GIS 建模、情景分析和空间化处理等研究中的辛勤工作与卓越贡献，整个课题的研究，还要在黑暗中摸索很长时间。

全书由陈明负责最后的修改与审定工作。由于结集和出版较为仓促，书中必定存在不足和错误之处，还请广大的同行和读者批评、指正。

课题组

2017 年 6 月

目　　录

第一章　省级空间规划的研究背景 ………………………………… 1

第一节　研究背景和源起 …………………………………………… 1

第二节　研究目标 …………………………………………………… 3

第三节　研究重点 …………………………………………………… 5

第四节　小结 ………………………………………………………… 9

第二章　国外宏观层次空间规划的发展历程和趋势 …………… 10

第一节　区域与空间规划概念的起源 …………………………… 10

第二节　国外宏观层次空间规划发展历程分析 ………………… 12

第三节　国外宏观层次空间规划编制与审批 …………………… 35

第四节　国外宏观层次规划编制与审批的经验总结 …………… 45

第三章　我国国土规划的历史回顾与总结 ……………………… 71

第一节　第一轮国土规划开展情况 ……………………………… 71

第二节　新一轮国土规划的开展和实施 ………………………… 76

第三节　顺应新时期背景的省级国土空间规划的编制 ………… 82

第四节　湖南省省级空间规划的编制进展 ……………………… 87

第四章　土地利用数据解译及空间变化分析 …………………… 116

第一节　土地利用数据在空间演变分析中的作用与特点 ……… 116

第二节　湖南省土地利用遥感分类 ……………………………… 121

第三节　1990～2010 年湖南省土地利用变化 ………………… 131

第五章　土地利用现状评价与分析 ……………………………… 154

第一节　耕地适宜性评价 ………………………………………… 154

第二节　生态敏感性分析 ………………………………………… 187

第三节　建设用地适宜性评价 ⋯⋯⋯⋯⋯⋯⋯⋯⋯⋯⋯⋯⋯ 203

第四节　矿产资源开发适宜性评价 ⋯⋯⋯⋯⋯⋯⋯⋯⋯⋯⋯ 210

第六章　经济社会数据的空间化 ⋯⋯⋯⋯⋯⋯⋯⋯⋯⋯⋯⋯⋯⋯ 219

第一节　经济社会数据空间化的最新方法和进展 ⋯⋯⋯⋯⋯⋯ 219

第二节　湖南省经济社会空间化的研究思路 ⋯⋯⋯⋯⋯⋯⋯⋯ 222

第三节　湖南省城镇人口的空间化 ⋯⋯⋯⋯⋯⋯⋯⋯⋯⋯⋯⋯ 223

第四节　湖南省经济数据的空间化 ⋯⋯⋯⋯⋯⋯⋯⋯⋯⋯⋯⋯ 229

第七章　空间驱动力模型研究 ⋯⋯⋯⋯⋯⋯⋯⋯⋯⋯⋯⋯⋯⋯⋯ 240

第一节　土地模拟模型的国内外进展 ⋯⋯⋯⋯⋯⋯⋯⋯⋯⋯⋯ 240

第二节　湖南省建设用地驱动力分析 ⋯⋯⋯⋯⋯⋯⋯⋯⋯⋯⋯ 245

第三节　延伸讨论 ⋯⋯⋯⋯⋯⋯⋯⋯⋯⋯⋯⋯⋯⋯⋯⋯⋯⋯⋯ 261

第八章　重大情景研究 ⋯⋯⋯⋯⋯⋯⋯⋯⋯⋯⋯⋯⋯⋯⋯⋯⋯⋯ 265

第一节　经济社会情景研究 ⋯⋯⋯⋯⋯⋯⋯⋯⋯⋯⋯⋯⋯⋯⋯ 266

第二节　交通基础设施建设情景研究 ⋯⋯⋯⋯⋯⋯⋯⋯⋯⋯⋯ 284

第三节　能源资源开发情景研究 ⋯⋯⋯⋯⋯⋯⋯⋯⋯⋯⋯⋯⋯ 286

第四节　重大政策情景研究 ⋯⋯⋯⋯⋯⋯⋯⋯⋯⋯⋯⋯⋯⋯⋯ 292

第五节　湖南省国土情景组合与模拟 ⋯⋯⋯⋯⋯⋯⋯⋯⋯⋯⋯ 298

第六节　小结 ⋯⋯⋯⋯⋯⋯⋯⋯⋯⋯⋯⋯⋯⋯⋯⋯⋯⋯⋯⋯⋯ 303

第九章　空间优化配置分析研究 ⋯⋯⋯⋯⋯⋯⋯⋯⋯⋯⋯⋯⋯⋯ 305

第一节　空间资源优化配置的研究进展 ⋯⋯⋯⋯⋯⋯⋯⋯⋯⋯ 305

第二节　湖南省国土空间优化配置研究 ⋯⋯⋯⋯⋯⋯⋯⋯⋯⋯ 307

第三节　研究不足 ⋯⋯⋯⋯⋯⋯⋯⋯⋯⋯⋯⋯⋯⋯⋯⋯⋯⋯⋯ 316

附录一：省级国土空间情景预测分析技术指南（送审稿） ⋯⋯⋯⋯ 319

附录二：省级国土空间优化配置技术指南（送审稿） ⋯⋯⋯⋯⋯ 335

第一章　省级空间规划的研究背景

第一节　研究背景和源起

一、我国亟待完善空间规划的顶层设计

我国是一个幅员广阔、地域特色鲜明、区域差距显著、地缘政治复杂的人口大国、政治大国、文化大国、经济实力急剧崛起的发展中国家，也是生态环境脆弱、能源资源匮乏、发展支撑保障能力严重不足的国家。因此，我们必须站在全球政治、经济、文化联系的高度，在保障生态安全和中华民族永续发展的基础上，统筹谋划我国的空间发展格局和城镇布局，这是关系国家全局和长远的重大战略性问题。

长期以来国家空间布局的顶层设计和战略谋划不足，已经给我国的经济社会发展和规划建设带来重大影响，突出表现在：没有从国家边疆稳定、地缘安全、文化传承、区域协调的战略出发，对人口流动和城镇布局进行有序的引导和调控；没有从资源环境和国家整体利益出发，统筹谋划各地的功能定位和发展政策，导致国家空间开发秩序的混乱和生态的破坏；国家级新城新区的设立缺乏通盘考虑，新城新区的布局与国家区域整体发展战略缺乏有效的衔接；港口、机场、公路铁路、水利、能源等重大基础设施的建设与城市的规划建设"两层皮"问题突出，城市发展无法主动引导重大设施的建设，导致投资效率低下、浪费严重。

意识到这些问题后，近年来，国家相关部门开展了许多规划的编制和研究，影响比较大的有国家主体功能区规划、全国城镇体系规划、全国土地利用总体规划、全国国土规划和国家生态功能区规划等。这些涉及空间资源配置的国家级规划，对全面认识我国国情、保住生态底线、识别重点发展地区等，发挥了积极的作用。但是，受部门事权分割和传统思维的影响，这些规划技术深度、标准规范、资源评价、潜力分析和空间布局等依据的理念和方法并不一致，削弱了规划的实施效能，也加剧了国家空间规划的混乱和无序。因此，在中央城镇化工作会议和党的十八届三中全会上，对建立

国家空间规划体系、推动"多规合一"、实现"一张蓝图干到底"提出了明确的改革要求。

二、省级空间规划是重要的宏观尺度空间规划

发达国家的经验表明，编制和实施国土规划（又称空间规划或国土空间规划），是促进经济社会和资源环境全面协调发展、实现资源科学永续利用的重要手段，也是落实国家区域总体发展战略、优化国土空间格局的重要举措。国土空间规划作为一个体系完善、特色突出的规划体系，横向需要做到与其他规划充分衔接，纵向需要按照不同空间尺度的管控要求逐层深化。省或州级的国土空间规划作为中间层次的规划，既需要落实上位的国家空间规划对区域发展的整体要求，又需要对下位空间规划的编制进行有效的指导或规范，因此，该层级的空间规划普遍有比较重要的地位。当然，从近些年发展和变革的趋势看，随着地方分权化的进一步推进，地方层次的空间规划得到更多的强化，省级层次的空间规划更偏结构化和战略性，但其核心的思想和内涵仍然得到延续。

国家顶层空间规划的缺失，给我国省级的空间规划带来许多不利的影响。省级政府作为区域层级的政府，既需要落实国家总体发展战略的要求，又需要对地方的开发建设行为和资源管控进行有效的指导和监督。因此，省级各种空间资源配置的矛盾和冲突，往往也更加尖锐。而且，我国区域差距显著，空间尺度又很大，省级尺度与许多国家的全国尺度相当，空间规划的编制、实施难度可想而知。从实际情况看，各类空间规划"打架"的情况，在省级的主体功能区规划、土地利用总体规划、城镇体系规划中依然存在。此外，各种类型的经济区规划、水资源规划、矿产资源规划、交通规划、生态保护规划和海洋功能规划等，也都在一定程度上涉及省域空间资源的配置。由于这些规划的目标和出发点不一致，对空间资源的认识往往也存在差异，因此，很难在统筹生态、生产、城乡建设、交通、安全和休闲等空间需求的基础上，对资源进行合理的配置。当然，规划的行政实施主体不同，造成各规划间缺乏沟通、各自为政，也是导致空间资源配置冲突的重要原因。

国土资源部近年来在一些省区试点编制省级国土规划，希望成为综合全面的空间规划，改变目前规划编制的混乱局面。比较理想的结局是，省级国土规划的推出，既能够落实国家发展战略和全国国土规划对省区发展的总体要求，又能够从空间上保障省级专项规划的实施，还能够有效指导下位空间规划的编制。因此，在充分借鉴国内外空间规划制度和经验的基础上，系统梳理我国省级空间规划存在的问题，形成我国省级空间规划编制的技术框架和重点内容，完善规划实施的体制机制，就成为我国省级空间规划需要研究的重要议题。

三、强化省级空间规划研究的科学性

在省级空间规划编制的过程中，如何实现空间资源的优化配置，提高规划编制的科学性，是规划必须解决的技术难题。在《国家中长期科学和技术发展规划纲要（2006~2020年）》"综合资源区划"优先主题提出，要重点研究水土资源与农业生产、生态与环境保护的综合优化配置技术，开展针对我国水土资源区域空间分布匹配的多变量、大区域资源配置优化分析技术，建立不同区域水土资源优化发展的技术预测决策模型。

我国"十二五"资源科技发展战略研究报告中的"资源综合调查与区划"领域也提出，"要开展土地评价与国土规划研究，形成系列国土规划的技术规范、软件系统和实用工具，为相关规划提供技术依据，提高国土空间管理决策的技术支撑能力"。要达到国家中长期科技发展规划纲要提出的研究目标，需要提取影响空间变化的重大情景，研究这些情景在不同参数下对空间格局的影响，明确资源优化配置的目标和方向。

第二节　研究目标

为加强空间规划研究的系统性和综合性，推动省级空间规划的技术集成与应用示范，国家"十二五"科技支撑计划设立了"国土空间优化配置关键技术研究与示范"（2012BAB11B00）项目，希望对上述问题进行比较全面的研究（图1—1）。研究以省域为对象，通过整合地理信息、遥感影像、经济社会、地质调查等空间和非空间信息，形成宏观尺度国土空间信息一体化的数据库集成技术；在分析省域空间利用约束条件和发展动力的基础上，构建出影响省域未来空间变化的主要情景，模拟不同情景下省域用地格局的变化，形成省域国土规划的分区和政策。当然，空间规划作为重要的公共政策，对规划的综合评估、实施监督、公共参与和决策支持系统的研究也是必不可少的。鉴于以煤矿区为代表的矿区是一种重要的土地利用类型，如何实现地上与地下资源一体的规划、开发和管理，也是空间规划研究不可或缺的内容。整个项目共设置了六个研究课题：课题一重点研究宏观尺度国土空间信息一体化集成技术；课题二重点研究国土空间利用的约束条件和动态潜力评价技术；课题三重点研究国土空间演变情景分析与动态模拟技术；课题四重点研究国土空间综合分区智能化技术和规划实施评估技术；课题五重点研究国土空间规划的决策支持与管理平台技术；课题六重点研究煤矿区国土资源协调开发的规划、监管和利用技术。项目还确定以湖南省作为示范基地，使研究更具针对性和实用性。

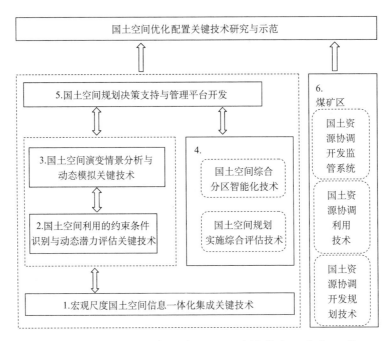

图 1—1　省级国土空间优化配置关键技术研究与示范

本书是该项目课题三"国土空间演变情景分析与动态模拟关键技术"（2012BAB11B03）的主要研究成果。作为项目的重要组成部分，研究的主要目标集中在以下四个方面。

一是系统研究国内外宏观层次空间规划的起源、演变和主要的技术特点，为我国省级空间规划的编制和研究提供启示。特别是在国家空间规划体系面临变革、"多规合一"快速推进的背景下，更需要全面深刻认识国外空间规划的变革趋势和我国空间规划面临的主要问题，顺应时代的变化，为我国空间规划体系的重构和改革提供可借鉴的经验。

二是加强空间资源分析的完整性和系统性，为科学决策提供依据。受部门分割和资源配置"行政化"的影响，城镇建设用地、开发区用地、能源资源开发、耕地、林地、生态建设等允许占用或者必须保有的规模，一般是依照行政层级进行分解和落实的。在资源配置较多考虑行政因素的情形下，是很难依据科学评价对资源进行配置的。本次研究希望能够打破行政樊篱的制约，从省域空间整体利益出发，实现空间资源的合理配置。

三是从动态变化的角度，对省域空间格局进行预测，提高空间规划适应变化的能力。国家和区域发展政策、经济发展、人口变化、重大基础设施建设、能源资源开发、技术标准和规范等的变化，都会对空间资源的利用产生影响。不同的政策组合工具及发展情景，对空间产生的影响是不同的，因此空间规划的编制和研究，必须充分预判各种不确定性，增强空间规划编制的弹性，应对多种发展局面对空间资源的不同需求。

四是梳理和总结空间分析的技术标准和指南，提高省级空间规划研究的规范性。随着数据的日益丰富和技术的快速进步，空间的适宜性评价、建模、动态模拟等的分析方法和技术工具不断涌现。这些方法和工具，在带来强大分析和预测能力的同时，也导致不同空间尺度、不同分析对象的模型和软件使用混乱的情况，影响空间分析的科学性和准确性。因此，研究通过提炼和总结适合宏观尺度的建模与分析过程，为省级空间的分析提供技术指南和规程。

第三节　研究重点

一、国内外宏观尺度空间规划研究

国外宏观尺度的空间规划研究，将从物质空间规划的技术角度、区域规划的政策视角、国家规划体制的历史视角三个方面，研究发达国家区域空间规划的起源、规划理念的变迁、规划实施的体制机制保障等。同时，将以英国、美国、德国、日本、法国等发达国家为对象，研究各国宏观尺度空间规划的编制体系、法律地位、技术内容、组织程序、管理事权和实施监督等。鉴于空间管制是空间规划区别于其他宏观类型规划的重要特色，研究还以美国、欧盟、英格兰东南部地区、德国、荷兰、韩国等为对象，研究了空间管制的类型、分区、重点和实施等，为中国省级空间规划的研究和编制提供思路。

国内省级空间规划的研究，以我国国土规划的历史回顾与总结为重点。全书系统回顾和总结了我国两轮国土规划的编制背景、技术特点、面临问题和实施效果等。研究还以湖南省为对象，分析和总结了湖南省主体功能区规划、省域城镇体系规划、省级土地利用总体规划在"多规合一"背景下，由于各规划技术标准、规划深度、用地分类和政策分区等方面的差异，以及由此导致空间规划的矛盾和冲突。同时，以湖南省矿产资源规划为例，分析了因为地上、地下资源统筹协调困难而导致的环境问题、规划建设问题和资源管理问题等。

二、空间建模与动态模拟分析

根据研究的主要目标，确定了以驱动力模型为核心，结合用地适宜性评价和发展情景预测，形成在不同情景组合、不同规划期限内的省域空间用地布局（图1—2）。其中，驱动力分析解决的核心问题是发现一定历史时期影响省级各类用地数量和布局变化的"背后逻辑"及其规律，而且这种规律能够继续影响未来的空间格局。其技术难点在于能够从海量的经济社会、空间地理、地形地貌、交通路网、重大基础设施等数据中，发现影响用地变化的关键变量。这些关键变量（或驱动因子），既有矢量数据，也有经济社会统计数据这种非矢量的数据。将人口、经济等基于行政区统计的非矢量数据，通过合理的方式转变为空间化的数据，是驱动力建模分析中必须要解决的技术难题。

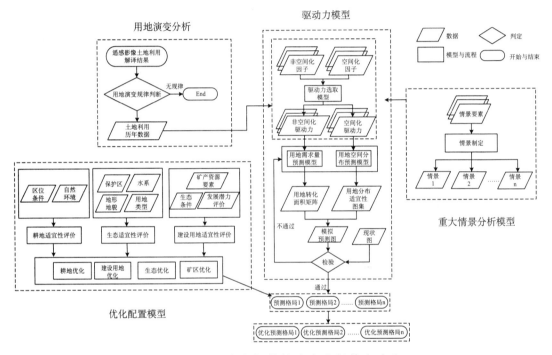

图1—2 国土空间情景演变分析技术路线

情景分析模型的研究重点，是能够梳理出影响空间格局变化的主要要素。这些要素的来源主要有三个：一是驱动力模型中的关键变量（或驱动因子），这些驱动因子既然是未来影响用地布局的关键变量，也就是情景要素的组成部分；二是将涉及空间资源配置的专项规划作为情景要素的来源，如矿产资源规划、退耕还林规划、生态保护规划、水利资源开发规划等，这些规划涉及耕地、林地、水域、草地、生态用地等不同用地的转化，当然应当纳入空间用地布局的情景要素分析；三是将直接影响空间资源配置的政策要素纳入情景要素，如人均建设用地国家标准、耕地保有指标要求等，这些政策性的约束变量，对空间资源的配置具有很大的影响能力。

优化配置分析的重点，是通过建设开发适宜性、生态敏感性、耕地适宜性、矿产资源开发适宜性等的分析，确定建设用地、生态用地、耕地、矿产资源开发用地等的优化目标。结合各类用地的优化目标来分析各类用地现状，也就容易发现用地的矛盾和冲突，优化配置的方向也就得到确定。

三、遥感影像土地利用数据解译分析

获取土地利用的变化信息，是驱动力建模的重要基础。受获取资料所限，湖南省1990～2010年的土地利用变化分析主要参照湖南省遥感影像土地利用解译成果。本次分析采用的遥感影像包括1990，2000，2005，2010年四期30米分辨率的TM影像，每期影像涉及19景数据。为保证遥感解译的精度，采用湖南省2005年1∶1万比例尺土地利用详查用地分类图缩编的1∶50万土地利用分类图、谷歌地球影像以及百度地图等辅助资料，作为遥感影像解译的参考信息。

根据省级空间情景预测的实际需要，将湖南省的土地用地类型划分为建设用地（包括城镇建设用地和工业园区）、林地、农业与农村用地、未利用地与其他用地、草地、水域六类（图1—3）。将省域土地利用划分为这六类用地，主要是考虑驱动力建模的需要，当然也兼顾了与土地利用分类国家标准的衔接。上述六种用地类型，既实现用地类型空间全覆盖，也有利于抓住影响用地变化的核心要素，突出主要因素的分析。

四、经济与人口数据的空间化研究

经济增长、人口增长，特别是城镇人口的增长，是建设用地扩张的重要因素。但是，将县区行政单元的地区生产总值数据、"五普"和"六普"乡镇行政单元的人口统计数据，合理地进行空间化处理后，才能输入空间驱动力模型，进行模型的运行和调试。虽然经济和人口统计的空间化研究成果较多，但是尚未见到针对省级空间尺度的相关研究。由于地区生产总值和人口的分布并不是均质的，这就需要针对不同的产业类型、人口密度和空间分布，在允许的精度要求下，通过转化为基于空间单元的空间信息，实现与土地利用、自然环境背景等自然要素数据的综合集成。

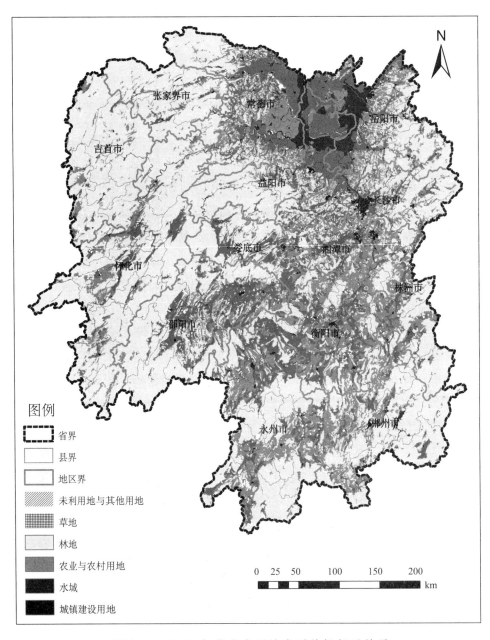

图例

省界
县界
地区界
未利用地与其他用地
草地
林地
农业与农村用地
水域
城镇建设用地

图 1—3　2010 年湖南省用地类型数据解译结果

第四节　小　　结

本章对全书的研究背景、研究目标、研究重点及技术路线进行了简要的介绍。作为国家科技支撑计划重点支持的研究，以数据分析为基础，建立空间驱动力模型，模拟不同情景要素组合下的空间动态变化，基于适宜性评价形成空间资源的优化配置，促进空间规划研究的技术进步和创新，是《国家中长期科学和技术发展规划纲要（2006～2020年）》提出的要求。当然，也需要认识到，空间规划是重要的公共政策，科学的规划不仅需要深入的技术分析和研究，也需要对规划编制和实施的体制机制进行深入研究。这也正是本书在第二章和第三章，以比较大的篇幅，对国内外空间规划编制和实施进行分析的原因。我们认为，比较好的空间规划研究，既需要在空间分析技术上体现特色，也需要在规划体制机制的研究上具有国际的视野、历史的眼光。

书中第四章对湖南省20多年的用地变化进行了系统的分析和梳理。第五章对湖南省耕地适宜性、生态敏感性、建设用地适宜性和矿产资源开发适宜性进行了综合全面的分析与评价。第六章研究了经济社会数据的空间化，第七章全面研究了空间驱动力模型的建模过程和分析调试，第八章通过设定经济人口、能源资源开发、交通设施和用地政策等不同情景，研究了在不同情景下的省域空间用地格局的变化。第九章则在前述用地评价和分析的基础上，提出生态用地、建设用地、耕地和矿产资源开发用地优化调整的方向，以及相应的规划对策和建议。

此外，还对分析省情和区域可能涉及的各类资料，省级空间各类资源所做的评价、分析过程，影响省域空间格局的驱动因子和重大要素的提取、建模和分析过程，以及省域各类空间资源优化配置流程，进行了比较系统的提炼和总结，并形成了两个技术指南，即"省级国土空间情景预测分析技术指南"（送审稿）和"省级国土空间优化配置技术指南"（送审稿）。将这两个技术指南作为附录列在书后，供感兴趣的读者参考。

第二章 国外宏观层次空间规划的发展历程和趋势

第一节 区域与空间规划概念的起源

一、对区域的再认识

迄今为止，学术界对区域没有明确的定义，其范围基本取决于研究目的和问题性质。区域的概念难以准确界定，主要受三个因素的影响。一是研究的目的、性质和出发点不同，对区域范围的认识是不同的。二是区域有邻接性的问题，即不能出现飞地，这就要求划分区域时应尽量保持区域的完整。这种原则性的要求，会导致区域边界的刚性下降，弹性增加。三是许多学科都会涉及区域问题。不同的学科对区域的界定和划分往往有不同的看法，如地理学家从地球的表面地物覆盖的角度，政治学家从国家行政管理单元的角度，社会学家会从语言、信仰和民族特征的角度等，对区域各有不同的认识和看法。在经济学界，国内大部分学者采用1922年在《全俄中央执行委员会直属俄罗斯经济区划问题委员会拟定的提纲》中的定义："区域应该是国家一个特殊的经济上尽可能完整的地区。这种地区由于自然特点、以往的文化积累和居民及其生产活动能力的结合而成为国民经济总锁链中的一个环节"[1]。

综合上述的讨论，可以认为区域是"根据一定的目的和原则划定的地理空间，是长期的历史文化交往、经济社会联系等综合作用的结果，具有相对完整的结构，能独立发挥作用的有机整体"。

区域既是实体概念，也是抽象概念。实体概念体现在，它是人们可以通过日常活动感知的街区、城镇，是长距离出行时穿越的沿途城镇、乡村和景观。区域之所以又是抽象概念，是因为它存在于人们的头脑、寄托于人们的精神、形成于历史的长河，不同的学科和群体对区域范围的认识是不一致的。

区域的范围要足够小，也要足够大。在范围足够小的情况下，才会有利益的相似性，才能形成共同的区域意识。区域又要足够大，这样才能保证内部的多样性，通过优势互补、责任分担，形成健全稳定的区域空间。

区域的边界既是明确的，也是发展和变化的。区域在一定阶段可以看作是有明确界限的，这样才能根据不同目的，对它进行描述、分析和研究。但不可忽略的是，经济社会的发展、技术的进步、基础设施的大规模连接等，都会使区域范围呈现出动态和变化的特征。

区域往往具有内聚力、结构、功能、规模和边界五个基本要素。区域具有等级体系，不同等级的区域，地域范围和尺度差异是很大的。宏观层次的区域，顾名思义，是地域范围和空间尺度比较大的区域，国内一般指跨越地级市的行政辖区，国外一般指包括若干个物质实体空间的地域。

二、空间规划概念的起源

与国土规划、城乡规划和区域规划相比，空间规划作为专用名词出现比较晚。在 20 世纪 80 年代之前，空间规划都还不是专用名词。学术界和政府部门约定俗成地将与用地布局、城市物质环境建设等相关的规划，统称为空间规划，如城乡规划（英国）、城市与区域规划（德国、荷兰）、土地利用规划（日本）等。在我国，主要是指建设部门主管的规划。

20 世纪 80 年代起，空间规划作为一个特定含义的专用概念和名词正式出现。如 1983 年欧洲联合会正式发布的《欧洲区域/空间规划宪章》中，把区域规划和空间规划（regional/spatial planning）并置，认为"区域/空间规划是经济、社会、文化和生态政策的地理表达"。在 1997 年的欧盟委员会"欧洲空间规划制度概要"中对"空间规划"的定义是："主要由公共部门使用的影响未来活动空间分布的方法，它的目的是创造一个更合理的土地利用和功能关系的领土组织，平衡保护环境和发展两个需求，以达成社会和经济发展总的目标"。在欧洲区域间计划（INTERREG）的西北欧洲区域空间规划项目中，提出的定义是："通过管理领土开发和协调行业政策的空间影响，影响空间结构的行为"。由此可见，欧洲提出的空间规划是公共政策，核心是平衡发展和保护关系。其内涵，是与一定地域范围内的城乡用地布局和公共政策（包括住房、公共卫生、交通等）密切相关的。从这个意义上讲，我国国土部门负责编制的土地利用规划、国土规划，规划建设部门负责编制的城市总体规划、空间战略规划、城镇体系规划，以及发展部门编制的主体功能区规划等，都属于空间规划的范畴。

宏观层次的空间规划，其思想源自霍华德（Ebenezer Howard）、盖迪斯（Patrick

Geddes)、芒福德（Lewis Mumford）等这些现代城市规划的先驱者。"好的城市规划一定是区域的"（盖迪斯），只有立足区域和城乡统筹协调的视野，才能更好地研究和规划城市，是城市规划师很早就形成的共识。因此，宏观层次的空间规划，其核心思想起源于城市规划，并延续了物质形体规划的传统和处理空间秩序的能力[2]。当然，随着全球化的推进、城镇发展的区域化态势愈益明显，以及以欧盟为代表的区域性国际组织的不断发展和成熟，宏观层次的空间规划在尺度、方法和制度等层面，又体现出不断的创新。纵观百年来国外宏观层次空间规划的发展过程，各国都是紧密结合国情，形成了适应本国管理体制的规划编制和实施体系。

第二节　国外宏观层次空间规划发展历程分析

一、基于物质空间规划的视角

（一）区域尺度的发现

从物质空间规划的角度看待区域规划，核心仍然是人类对建立美好家园理想的追求，只不过将尺度由城市扩展到更大的区域而已。工业革命后，随着工业生产的迅速发展，交通运输方式的革命性变革，城市与周边的联系越来越密切，城市发展的"区域化"态势愈益显著，推动了区域规划和区域研究"破茧而出"。霍华德、盖迪斯以及德国规划师和建筑师弗里茨·舒马赫（Frilz Schumacher）等，对此都进行了精彩的阐述。区域还承载着重要的政治、文化和社会功能，这是美国规划大师芒福德的独特洞见，启迪和激励着后辈规划师和研究者不断探索区域和区域规划的本质。

技术进步是规划师形成区域观的基础。工业革命以来交通、通信和能源技术的不断进步，一方面使工业区、居住区、办公区的选址越来越具有灵活性，另一方面也推动区域的核心功能不断向中心城市集聚，中心城市发展活力越来越强、影响的地域范围越来越广，使区域观的形成水到渠成。1898年，霍华德《明日的田园城市》的发表奠定了区域研究的基础，他突破城市界限，将城市与周围乡村联系起来统筹考虑城市发展问题。弗里茨·舒马赫在20世纪20年代指出，"一个城市越充满活力，她与周围世界的关系也就越活跃。这种混乱总是试图在我们的时代留下毁灭性的烙印。如果人们不想任人摆布和无所作为地产生无意义的混乱，这种关系就必须被保护、改造及发展。单独有城市总体的有意义的城市规划是不够的，如果城市规划真的想充分考虑生活的神经，她就必须从许多持续发展的内在联系出发。……区域规划成为实现这一认识的代名词，这一词汇意味着，生活的内在联系的有计划编制必须延伸到集体之外的整个生活空间。一座城市所处区域的内在联系需要一种有规划的秩序。这样空间发展就从有机的城市规划进一步走向了区域规划"[3]。按照德国联邦政治教育中心（BPB）的看法，当时人们已经将区域规划理解为在一个较大空间内，将所有的生活功能聚合在一起，需要将居住地点、工作场所、绿地、交通路线、工业区、疗养休闲等场所有序地规划在一起。

既然形成了"区域观"，自然就会涉及区域的边界问题。按照芒福德的认识，区域边界与行政边界和自然边界是不同的。行政边界有着明确的划定，虽然武断，但是清晰。与行政边界不同，自然区域除了少数孤立的岛屿、绿洲或高山地区以外，一般没有明确的物理边界。作为物质空间的"区域"，因为有了人类的活动和人类的主动构建，"区域就更明显地成为一种充满内部关系的系统，这些关系在边缘地带会越过边界而变得模糊"。因此，作为物质空间的区域边界，与自然区域的边界特点更接近些。尽管认识到作为物质空间"区域"的边界是松动和模糊的，但由于都市吸引力的范围已经成为最重要的地理事实，以此为依据作为区域的发展边界并实施控制，就不会太武断。另外，区域虽然是人类生活的一种基本构建，但也需要考虑到区域地形、历史和文化特征的差异，接受自然区域的多样性、统一性和富有活力的平衡。由此可见，区域的空间范围，既是自然和地理空间，也是人类的社会空间。

区域空间还是一个文化聚居的人类政治空间，核心是要在认同感和多样性之间寻求平衡。认同感建立的基础是利益的相似性。但仅以这种标准来建立区域空间，往往会导致一种单边的、特定化的区域，使区域处于不平衡、文化贫瘠的状态。因此，通过多样化带来不同类型的交融与融合，实现博采众长、互促共进，是形成健全稳固区域生活必不可少的另一面。因此，芒福德认为，"想构想一个合理的区域空间，其地域就必须大到足以容纳充分的利益，又要小到可以使这些利益更为集中，可以成为公共直接关注的对象。在过去的聚居区域中，地理和历史的相互作用，已经形成这样的人类地区。我们的任务，是用更丰富的环境、更高级的文化状态下人类族群和社区的更细微的多项因素的平衡，来取代自然状态的有机体意义上的原始的区域平衡。那种寻找简单武断的模式，来为政治和工业管理者提供便利的区域规划，只是名义是区域的"[4]。

（二）美好蓝图的追求

工业革命以来，资本主义生产方式将城市作为经济增长机器的功能发挥到极致，其破坏性、掠夺性和残酷性，使中世纪城市作为精神和文化家园的象征已经荡然无存。而且随着城市扩张越来越迅猛，郊区的农业、生态、休闲等用地不断遭到蚕食，这种巨大的破坏性从城市不断向区域扩张，引发了规划思想先驱者对区域未来乃至人类命运前途的深刻忧虑。霍华德、盖迪斯等对此均有深刻的观察和描述。这方面，尤其以美国著名的规划大师芒福德为突出代表。在其《城市文化》和《城市发展史——起源、演变和前景》两部不朽名著中，芒福德进行了深刻的阐述和反思，充分反映了规划师对建立人类理想空间和生活家园的梦想与追求。

1915 年，盖迪斯在其《进化中的城市——城市规划与城市研究导论》，比较系统地阐述了区域规划和区域研究的思想。在书中，盖迪斯敏锐地记录了他的观察，即沿着交通沿线，巨大的城市群落（communities）已经形成，一系列的组合城市已经形成。另外，"在大城市周边地区，通向自然和自然环境的通道，四分有三已经被毁；邻近的大城市已经通过有轨电车和街道联结起来，就像铁路一样；而大型的开敞空间，不久之前曾作为至高无上的生命之肺，现在却都已经变得无可救药了"[5]。由此可见，早在 20 世纪 20 年代，城市的发展与扩张引发的生态环境、城市协调（主要是供水和卫生事务）、区域管理等问题，已经无法在城市层面解决。区域的统筹和协调必须成为解决城市问题的切入点，因此，"现在已经是区域地理学家和卫生学家以及二者同社会学家、研究城乡问题的学者进行合作的时候了；也是在代表各种组织和有关利益的友好会议上，促进城乡劳动者详细讨论这些问题的时候了"。

芒福德针对区域发展的前景，在其 20 世纪 30 年代出版的《城市文化》中写道，"今天，大规模的开发接近尾声，我们对待土地的态度正在经历另一个深刻变化，这是我们关于生命之源的知识不断增长，以及我们批判地审视人类历史所同时带来的成果。人类在考虑工业和城市的未来时，再也不能将土地、景观和农业的潜在价值排除在外。那种无情开拓土地的年代，把某个地区变得满地垃圾，掠夺其自然资源，然后转移到别处的时代已经一去不复返了，我们已经没有地方可以转移了。总体说来，我们已经走到了旅途的尽头，我们必须掉过头来回溯走过的每一步，一个地区一个地区地学会如何理智地协作以弥补我们迄今为止所做的，漠视生命的基本尊严。把区域作为一个有活力的社会现实来掌握，是迈向建设性的规划、居住和都市更新政策的第一步"。芒福德还认识到了技术进步对区域发展前景的影响，并希望能够利用技术的进步，在区域范围实现生产的分散化，创造出新的生活方式和行为，提高消费水平，打碎拥挤的大城市和中心地带，形成新的工业和市民生活中心，推动老城镇和村庄获得复兴与生机。

芒福德还从文化和情感的角度，谈到了区域规划的目标和任务。他认为，"对于地球和城市两者而言，区域规划的任务是使区域可以维持人类最丰富的文化类型，最充分地扩展人类生活，为各种类型特征、分布和人类情感提供一个家园，创造并保护客观环境以呼应人类更深层的主观需求。正是我们这些认识到机械化、标准化和普通化的价值的人，应该敏感地意识到需要为另外一套互补的行为提供同样的场所——野生的、多样的、自发的、自然的可以和人类的形成互补，个体性的和集体性的形成互补。规划一个可以为人类差异微妙的不同层次的感觉和价值，形成一个连续背景的栖息地，是优雅生活的基本必需。如果缺少这个，人们要么艰难地找寻替代品，要么就饥渴而死。"

(三) 公共政策的强化

1. 从技术变化看"公共政策"

无论规划的尺度如何变化，从物质空间规划的视角来看，它的历程其实一直与"公共政策"如影随形，只不过在早期没有从这个角度认识问题和提炼总结而已。自 19 世纪现代意义上的物质空间形态规划诞生起，它就涉及公共卫生，而卫生政策正是社会规划和公共政策的范畴。即使以弗雷德里克·吉伯德、刘易斯·吉伯勒等为代表的早期规划师认为空间规划是建筑艺术以及土木工程的一种自然延伸，与经济、社会和政治规划有区别，但吉伯勒在其经典的《城乡规划原理和实践》（1952 年版）中仍然发现，"……我们对规划的认识主要涉及土地利用问题，而与经济、社会或政治规划关系不大，虽然它可能对这些规划相关目标的实现有很大帮助"。显然，城镇的布局和形态会影响到社会与经济生活的组织方式，公共服务设施的布局会影响到人们生活的便利性，土地用途的管制意味着人们必须接受一定程度的政府干预。但谁能够精确判断，物质空间规划的内容与经济社会的内容，谁的分量更重些？正如尼格尔·泰勒指出的，意识到"物质形态环境可影响社会及经济生活的观点在当时是相当重要的规划思想"，虽然吉伯勒等人可能并没有意识到，物质空间规划与经济社会的规划，其实已经是复杂地交织在一起，难分彼此了。

不可否认的是，在相当长的一段时期，即使是宏观层次的空间规划，也基本上是由以建筑学和工程学等为背景的物质空间规划主宰的，"从一开始就深深弥漫着以设计为基础的专业的风格"[6]。物质空间蓝图式的规划，仍然是以规划师等精英群体主导的主流规划思想，即使城市规划的尺度已经进入了区域层次，但其核心并没有变化。随着规划范围和空间尺度的进一步扩大，物质空间的规划对象，也由公共空间、绿地、公共服务设施、住宅区、商业区等的合理和"艺术"布局，转向了研究建设用地、区域绿地、农地、草地、区域性交通路网、保护性地域等对象的合理布局、分区与管制，体现出综合土地利用规划的特征。如果规划的尺度再"宏大"些的话，那么规划的语言和范式，也将发生变化。正如英国规划咨询委员会 1965 年在审视"二战"后的规划体系后发布的《发展规划的未来》指出的那样，应该有两种层次的开发体系规划：一个是宏观层次的"结构"规划或者是战略规划；另一个是下一层次的具体地区或"地方性规划"。对于宏观层次的大空间尺度和长时期跨度的规划，报告建议采用"粗线条"的战略规划——"结构"规划：该类规划可以采用图纸的形式（或"计划"的形式），但同样它们也可以用一系列政策陈述的形式，而不是以空间决策的其他形式来表达[7]。当然，下一层次的具体规划，除了关注物质空间蓝图布局外，还要加强对社会和经济等政策的研究。《发展规划的未来》上述的核心指导思想，体现在了 1968 年英国对 1947 年版的《城乡规划法》进行的修改当中。这充分体现了各层次的空间规划，都逐步褪去了物质规划的"艺术"特质，更多地以公共政策的面目出现在世人面前。

另外一个重要的特点是，自 20 世纪 60 年代起，系统性、理性过程思维取代了"艺术"蓝图式的思维，成为引领城乡规划思想领域的深刻革命，作为"科学"的城乡规划成为当时主流的思想。但是，依据科学和理性思维编制与实施的规划，并没有削弱民众对规划的不满，如"大拆大建"式的内城改造对城市历史和文化价值的破坏，为小汽车让位导致城市传统肌理的破坏和公共空间的"蚕食"，社会阶层和收入差距导致的空间隔离等，这些情形并没有因为城乡规划的日益理性和科学而有所缓解。因此，有些敏锐的学者意识到，"对城镇规划的判断更多的是政治性的，而不是技术性的或科学性的"，"把城镇规划描述为一门'科学'是一个误导，相反，它应该作为一种旨在实现某种价值目标的政治活动形式"。至此，将空间规划看作是一个政治行为，公众参与成为规划合法性的重要体现成为空间规划延续至今的核心思想。面对公众关于城镇或者城镇局部如何规划的问题，规划师的角色也从技术专家逐步变为各有关利益方的"沟通者"和"协调者"，微观尺度的空间规划作为重要的公共政策，成为各界的共识。

2. 从区域规划的历史看"公共政策"

与城市规划和较小尺度空间规划走过"艺术蓝图式规划"的弯路不同，区域规划自区域尺度和问题发现起，就具有典型的公共政策的属性和特征。一方面，因为区域规划的空间尺度、规划对象、表达方式和微观尺度的空间规划有很大的不同。另一方面，区域规划自诞生起，就已经意识到了规划的实施和政治决策的重要性。例如，早在 20 世纪 20 年代，德国联邦政治教育中心（BPB）就认识到，"……如此的一个规划不仅仅是规划技术的问题，而且用此还会做出经济、社会和文化政策方面的决定，或者至少为其做准备"。芒福德在 20 世纪 30 年代也提出，"区域规划的实质是努力运用科学的知识和固定的评判标准，用理性的人类价值加以判断，来对土地进行利用"。没有以公共所有权为基础的决策控制，没有负责任的公共管理者来实施，没有追求公共利益的理想，区域规划就是根本不可能实现的目标，最多也只不过是"无力的劝诫、局部的禁令、不同形式的否决的行为，最多也只能说说不应该做什么，但是没有任何力量来做出积极的行动"。

在规划先驱者努力推动和城市发展现实需求双重力量的推动下，以区域的视角进行大城市的规划和研究，成为这一时期显著的特点，政治组织、公共政策与规划编制和研究相伴相生。在德国，区域规划发展成为一个乡镇、国家以及来自经济界的其他参与者的共同任务。如 1929 年成立的"德国区域规划机关工作共同体"就包括了 29％的德国国土面积和 54％的人口。1935 年"国家空间规划局"的建立，使纳粹主义者将区域规划集权于中央，并直接服从于政府。1920 年，为推动鲁尔地区区域规划的编制和实施，德国在该地区成立了"鲁尔矿区住区联盟"（SVR），承担城市规划、居民点、交通及空地（疗养地）的自我管理和委托承办等任务。柏林也在 1912 年通过一项特殊法令，成立了大柏林的区间大协作组织，这一联合会在交通、城市规划以及保护和获得休闲用地等方面有特殊的权利。德国汉堡在 1928 年缔结成立了"汉堡-普鲁士区域规划委员会"的国家协议。纽约州住房与区域规划委员会在 1923 年成立，不仅在住房的发展方面，而且在区域规划和发展方面，对全美做出了奠基性的贡献。成立于 1917 年的美国城市规划学会（ACPI），到 1938 年时，就将区域规划纳入，并更名为美国规划师学会（API）。

二、基于国家区域政策的视角

从国家区域政策视角进行的"区域规划"，总是与特殊政策区的经济规划联系在一起，如萧条工矿区、扶持发展区、特定的国家开发地区等。这种类型的"区域规划"，引起普遍的关注，应该是源自两个重要的事件：一是 20 世纪 20～30 年代席卷西方的资本主义经济危机；二是几乎在同一时期，苏联以特定地区为对象实施的区域开发。1932 年经济大危机结束后，西方国家以德国鲁尔、英国诺森伯格—达勒姆等为代表的传统工矿区，在其他地区经济已经实现恢复后，这些区域的经济发展依然没有起色，高失业率给经济社会带来很大的压力，迫使国家出台了针对这些"问题区域"的经济发展规划。与之相对应，苏联成立之初，就发挥了计划经济体制组织动员能力强、见效快的特点和优势，推出的一系列国家和区域发展计划，在较短的时间内经济建设成效斐然，与西方国家在经济危机中苦苦挣扎的局面形成鲜明对比，也促使西方国家立足自由市场经济、对区域和经济不作干预的历史传统进行反思。因此，以国家对经济进行干预为核心思想的凯恩斯主义迅速风靡，促动了以美国罗斯福"新政"为代表的一批区域规划和项目实施和启动。

这种基于经济规划提出的"区域规划"，与基于空间协调提出的"区域规划"，其规划的对象、范围以及规划机构的职责是完成不同的。按照彼得·霍尔（Peter Hall）的观点，"造成混乱的原因仅仅在于两种规划用了同一个名称"。他曾建议大范围的经济开发型规划最好称为国家/区域规划（national/regional planning），因为它实际上是把各个区域的开发与国民经济的发展联系起来了；小范围物质环境型规划可以称为区域/地方规划（regional/local planning），因为它把一个城市区域的整体和该区域各局部地方的开发联系在一起了[8]。但是，随着物质环境类型的"区域规划"规划的范围越来越大，而且实现了由"艺术蓝图式"的规划向公共政策规划的变化，两类规划的界限逐步模糊。

美国著名经济学家约翰·弗里德曼（John Friedmann）认为："区域经济政策处理的是区位方面的问题，即经济发展'在什么地方'。它反映了在国家层次上处理区域问题的要求。只有通过操纵国家政策变量，才能对区域经济的未来做出最有用的贡献。"他强调，在国家层次上处理区域问题，核心是针对性。区域问题是动态变化的，因此，从客观上决定了区域经济政策的动态演变。

(一) 针对特定的区域进行综合开发

苏联成立之初，就开启了国家干预经济社会和区域发展的"帷幕"。1920年，由列宁主持制订的"全俄电气化计划"是世界上第一个全国性的国民经济长期计划。它按照建立合理的生产地域组织理论，以电气化为动力，将当时苏联欧洲部分划分为八个区，提出了各个地区的特点以及恢复建设的具体任务。20世纪20～30年代制定了以开采石油为中心的依托巴库、以动力工业为主体的地聂伯等地的综合规划，拉开区域规划的序幕。在"二战"后的重建时期，以巴斯地区、伊尔库茨克—契列姆霍夫工业区及若干新建大型水电站为代表的重要工矿地区的规划，在国民经济的恢复和发展中也发挥了重要的作用[9]。

1933年，美国以田纳西河流域为对象实施的综合开发方案获得通过，标志着这项对美国具有非凡历史意义的工程正式启动。田纳西河流域水灾频繁，交通不便，是当时美国最贫困落后的区域之一，人均收入只有168美元，是美国平均水平的45%[10]。流域开发的目标定为"改进通航，并为田纳西河的洪水控制作准备；确保重新造林和合理使用田纳西河流域限界的土地；保证该流域地区工农业发展……"。根据该法案成立的田纳西河流域管理局，被授予拥有规划、开发、利用、保护流域内各项自然资源的广泛权利。该项目工程持续推进了50年以上，规划的内容和重点也不断调整和充实，初期以解决航运和防洪为主，疏通航道、植树造林，结合发展水电。以后，又利用电力优势建立了化肥厂、炼铝厂等大批高载能企业，进行了示范农场、良种场和渔场等的建设，为流域的工农业生产、国土治理和经济发展发挥了重要的作用。

(二) 针对萧条区域的区域政策

推动萧条区域的发展，一直是西方国家区域经济和区域规划的重点。西欧各国在欧盟成立之前和之后，一直对以英格兰北部、德国鲁尔、法国洛林、比利时—法国煤田等，这些19世纪以来以矿业、钢铁、化工、港口等为主要经济活动，但在经济转型后持续陷入衰退的萧条区域（或称问题或开发地区）进行援助，成为西方国家区域规划领域的重点任务。

1. 英国区域政策的变迁

以英国为例，1945 年通过了《工业分布法》，对位于萧条地区（后来称为开发地区）的新工业给予积极鼓励，这些地区包括默西赛德、东北英格兰、西坎伯兰、中苏格兰和邓迪以及南威尔士。1946 年《新城法》和 1952 年《城镇开发法》通过后，英国又陆续规划确定了 30 多个新城，其中有 5 个位于开发地区或者是为开发地区服务的。在 1960 年以前，区域性的经济政策框架是比较稳定的，针对的区域也保持了稳定。1960 年出台的《地方就业法》，改变了针对开发地区（development area）的作法，代之以开发区（development district）概念，这里的开发区，特指持续数月以上的高失业率地区。该法的意图是把援助的重点转向最需要的衰退地区，不再援助开发地区中能够自己解决问题的商业中心、较大城市等。但事与愿违的是，由于只考虑失业率这个单一指标，导致大量的援助投向了地广人稀的农业地区，反而没有形成一种集中的战略。

1965 年，工党政府上台后，通过机构改革，设立了一个全新的组织框架来促进和协调区域经济发展。设立了一个经济事务部，负责制订一个指导性的全国计划；以老的标准统计区为基础，负责区域研究和制定规划。当然，由于机构和区域之间扯皮过多，实施效果并不好，因此该部 1969 年被撤销。1966 年通过了《工业发展法》，废除了开发区，并重新捡回了开发地区概念，而且范围比 1945～1960 年确定的更大，当然对开发地区范围的划定也引发了很多争议。新的区域政策，对迁入开发地区的企业，提供投资补助金和"区域性就业奖励"。之后，保守党政府和工党政府对这些政策也进行了局部调整，但"区域性就业奖励"一直得到保留，直到 1976 年因为与欧共体（欧盟的前身）的规则违背而取消。

1979 年保守党政府上台执政后，对区域援助的空间分配计划进行了根本性的调整，总的方向是减少援助范围，放松对发达地区工业发展的限制。作为区域政策的替代，对衰退的各城市内城地区增强了援助力度。与此同时，区域政策的主导权逐步转交给欧洲委员会。获取欧盟的结构基金来扶持落后地区的发展，是英国 1973 年加入欧盟换取的重要利益，也就成为英国区域政策的重要内容，这种政策基本上延续至今。

总之，对英国的区域政策进行全面的评价是很困难的，因为争议过大而难以形成共识。但根据彼得·霍尔对主流看法的总结，区域政策确实能发挥作用，但有时候会略显多余，有时候又略显不足。另外，尽管不同专家对开发地区就业增长量估计值差别很大，但总体而言，受援地区的就业是增加的。

2. 德国的区域问题

德国的区域问题也很复杂，因此针对萧条区域的政策也在不断地进行调整。早期，国家更加关注大城市聚集地区与偏僻乡村地区的发展差距问题，在空间表现为显著的"南北差异"，即西南部地区长期繁荣的城市地区与北部贫困乡村地区的对立。因此，"二战"后直到20世纪80年代，国家区域政策的重点是援助北方的偏僻乡村地区。至20世纪80年代中期，通过多年的援助，德国认为它整个西部地区（即原联邦德国）基本消除了在基础设施、居住条件和公共服务等方面的差距。

自20世纪60年代起，随着莱茵—鲁尔等老工业地区饱受经济衰退困扰，对这类开发地区的援助成为政策关注的重点。"两德"统一后，在短短的几年之内，原东德地区的企业因管理和设备落后，大量企业破产或搬迁，导致制造业的从业人口减少了4/5，经济陷入严重衰退。自此，"东西问题"取代"南北问题"成为德国区域政策的关注重点。当然，对莱茵—鲁尔这些老工业区的关注和援助也始终持续。

以莱茵—鲁尔为例，该地区曾是德国主要的工业中心，也是欧洲的工业重心之一。自德国工业革命算起，其重工业的影响力持续了上百年的时间。20世纪60年代开始，其发展出现了严重的问题。重工业持续衰退，接续产业发展不足，失业率居高不下，人口大量外流。土地和环境污染严重，整治困难，缺乏对人口和投资的吸引力。特别是莱茵河的重金属和工业污染，成为国际"公害"，因为该河是下游国家荷兰的重要水源。企业破产和人口流失导致地方税源大量减少，因此难以对基础设施和公共服务进行有效的投入。

针对上述问题，1966年，鲁尔矿区住区联盟（SVR）编制了联邦德国区域规划史上第一个具有法律效力的区域性总体规划——鲁尔区的《地区发展规划》（GEP）。规划对交通路网建设以及开敞绿地的保护和形成发挥了积极作用。自1968年起，总计投资128亿欧元扩建了公路网、新建城市新铁路网络、建设住宅及提供更多休闲和运输设施。自20世纪70年代起，规划和建设了5个矿区公园，4 000个公共绿地和公共空间，整治鲁尔河上游的5个水库，使其在作为工业水源的同时，还成为大众水上运动和娱乐场所。此外，还通过挖掘区域的历史和文化资源，打造"工业文化之路"，提供了22个主题线路，展示鲁尔工业化的全景历史。

1980年前后，工业棕地①成为普遍公共问题后，鲁尔所在的北威州政府建立了规模达2.5亿美元的棕地治理专项滚动资金。其中的埃姆歇公园国际建筑展是个持续10年的计划（1989～1999年），使5 000多英亩的工业棕地得到再生。建立大学、科研机构和企业

---

① "棕地是指废弃的、闲置的或没有得到充分利用的工业或商业用地及设施，在对这类土地的再开发和利用过程中，往往存在着客观上的或意想中的环境污染而比其他开发过程更为复杂。"——美国国家环保局（EPA）

研发中心，是增强地区产业转型能力的重要举措。1961 年以前，鲁尔区没有一所大学，只有一些技术学院和教师培训学院。如今，该地区已建立 5 所公立大学、1 所私立大学和 8 所应用科技大学[11]。

随着欧洲一体化的推进和经济社会发展的最新变化，德国区域发展也面临着许多新的挑战。2006 年德国公布的《德国空间发展报告》提出，欧洲和德国都面临着人口减少、快速老龄化、移民占人口比重提高等新的问题，未来人口增长和减少的城市将会长期并存。在人口稀少的东部地区，在西部的老工业区，未来人口将会大规模地减少，导致城市房屋空置率提高、小城镇和村庄衰败。人口的这种变化，又会带来市场需求的减少以及熟练劳动力的短缺，导致这些地区的问题越发严重[12]。当然，这些变化也可能预示着新的市场和机会的来临。

3. 美国区域开发政策的变化

美国在联邦政府层面，也设有专门的机构，对落后地区出台区域政策进行扶持。如 1961 年美国颁发了《地区再开发法》，对长期贫困的地区进行援助，通过促进这些后发地区的发展来推进美国的整体繁荣。针对美国最贫困落后的阿巴拉契亚地区，美国 1965 年颁布了《阿巴拉契亚区域开发法》，并设立阿巴拉契亚区域委员会（ARC）。ARC 把援助的重心放在公路网的建设上，同时还注重对医疗健康、水土保持、矿区治理等领域的投入。经过 50 多年的综合开发，该地区人口外流状况得到扭转，环境改善，产业结构也得到有效升级。应该说，美国对阿巴拉契亚地区的援助总体是成功的。1969～1991 年，阿巴拉契亚地区各县收入增长比同等条件地区快 48%，人口增长快 5%，人均收入增长快 17%[13]。1965 年，阿巴拉契亚地区人均收入仅相当于美国平均水平的 78%，到 1991 年这一比例已提高到 83%[14]。

1965 年，美国国会通过了《公共工程和经济开发法》，目标从《地区再开发法》中的贫困地区转向了长期就业不充分的地区，希望通过公共工程和经济开发的资助，给当地的企业、社区、工厂和个人提供金融支持，以此来实现当地持续发展的能力，改善环境和产业结构。1966～1991 年，经济开发署（EDA）对困难地区的 8 111 个公共设施提供的财政援助金额达 43.28 亿美元。同时，区域开发政策还强调鼓励中小企业、高新技术企业发展来创造新岗位，也就是我国扶贫开发战略中常常强调的"不但要输血，更要提高造血能力"。

20 世纪 70 年代以后，由美国联邦政府主导的区域经济政策开始弱化，主要原因在于三个方面：一是 20 世纪 70 年代以后，由于大量人口和工商业从北部"寒冷地带"向南部"阳光地带"迁移[15]，航天、石化、电子等新兴产业在南方兴起，导致长期的"北富南穷"区域经济格局开始发生变化；二是美国"逆城市化"现象出现加速现象，人口和制造业、服务业不断向郊区转移，导致大量的中心城区衰退，连纽约这样的国际大都会，在20世纪80～90年代时都曾陷入破产危机；三是里根—撒切尔主义兴起，改变庞大政府导致的官僚主义、成本高昂、效率低下，减少公共领域的支出成为时代潮流。上述三个方面形成合力，导致联邦政府主导的、面向传统贫困地区的区域政策边缘化。

但是，区域政策弱化并不代表着区域问题可以被忽视。新自由主义在美国及全球的盛行，导致的贫富差异扩大、阶层矛盾激化，要求政府对贫困群体和欠发达地区进行扶持的呼声越来越高，也越发显得迫切和必要。因此，1993年通过的《联邦受援区和受援社区法案》，成为美国第一个比较系统地解决欠发达地区发展问题的法案，法案涉及就业机会创造、公共设施建设、人力资源培训、居民住房改善、环境保护和公共安全等很多方面。援助计划希望采取综合措施，为受援地区创造经济机会，培育可持续发展能力，而不仅仅依赖联邦和州政府的援助。

（三）针对大都市区的空间政策

国家的产业和人口集聚地区，是国家最核心的发展地区，往往也是物质空间矛盾比较突出的区域。针对这类地区采取的区域规划和政策，与针对萧条地区的区域政策，往往是一个硬币的两个方面，缺一不可。早在20世纪40年代，英国著名的《巴罗报告》，已经将这两个表面上看似不相关，但实质上密切相关的区域问题联系在一起研究了。对一个国家而言，如果不限制产业、人口和资源向大城市地区涌入，那么萧条地区发展的机会就会越来越小，针对萧条地区的区域政策的效果也就值得怀疑。因此，出于上述可以理解的原因，"二战"结束后的一个相当长的时期，许多国家针对首都地区、经济发展核心地区，通过空间规划进行人口、资源和产业的疏解，具有历史的必然性。

1. 法国对巴黎地区控制的努力

以法国为例，它是中央集权国家的典型，其首都巴黎快速发展与其他地区相对的落后，引发的争议在"二战"后达到高潮。20世纪60年代初，巴黎大区面积只有全国的2%，但人口占据19%，工业岗位占据29%的份额。1955年起，国家通过一项法令，凡在大巴黎新建或重建工业，必须得到批准。1963年，还规划指定了八个大都市地区，连续几届政府都将公共投资转移到这些地区，希望用它们来平衡巴黎的发展动力。当然，从巴黎自身功能和人口疏解的实际需求出发，也重点对快速交通系统和若干个新城作为"反磁力"中心进行了大规模投资。从20世纪60年代到20世纪90年代，控制巴黎的发展、并使其经济增长转移到其他次级城市，一直是法国区域和国土政策的重点内容。虽然这些努力也取得了一些效果，如大部分工业已经分散布局在巴黎大区周边的城市，但这反而促进了巴黎巨型城市区域的扩张，巴黎传统的社会和经济功能仍然得到了进一步强化，并没有在国家尺度上改变空间不均衡的局面[16]，法国区域间的差异也并没有得到实质性的缩小。

进入 21 世纪后，法国基本放弃了通过降低巴黎的"权重"来支持其他城市发展的"多中心主义"，充分发挥巴黎参与国际竞争的地位和资源优势，加强其他地区与巴黎的联系与合作，成为新时期法国区域政策的重点。如在《国家区域计划条例（CPER）》（2000～2006 年）中，表达了加强跨区域合作的重要性，特别是强化其他地区与巴黎的联系是经济发展中的关键性因素。

在面向 2030 年的大巴黎规划中，其核心思想是强调巴黎大区的都市应该促进区域团结和区域良好运作。应更好地围绕中心城镇进行组织，扩大其规模，确保它们能够可持续和可控制地发展。只有这样，才能完成中心多极化大都市的构造建设。需要做的基础工作包括：巩固中心城镇的大型极点和新兴集群、（前）新城、旧城和外围的中心城市；关注确保都市功能的地区，包括有潜力或者可改造地区、大型经济和航空基地、绿地和绿化带等；把生活区域和就业中心连成网络；实施新的交通政策，建设新的基础设施，促进住房和产业活动的平衡；保护和提升大区开放团结的空间体制；使"河流"成为项目的串联要素和相邻大区的关系纽带等[17]。

2. 英国对伦敦地区控制的努力

英国在战后历版的伦敦的规划中，一方面强调通过绿带来控制城市蔓延、保护农业和保留游憩用地，另一方面通过《就业分布法》（1945 年颁布实施），控制伦敦新建和扩建工厂，鼓励和资助企业离开伦敦去开发地区发展。虽然采取了严格的控制手段，但 1961年的统计表明，大伦敦地区的人口，仍然快速膨胀了起来。郊区化与内城的衰退，困扰着伦敦的区域协调发展。第三产业就业岗位的快速扩张、西方世界普遍的"去工业化"，使各国引导工业布局的区域政策的实施效果大打折扣，无法实现在节制大都市区扩张的同时，引导开发地区的快速发展，英国也不例外。

如英国 20 世纪 60 年代编制的大伦敦发展规划，"限制增长，疏散发展"是其重要的空间发展战略，希望在更大范围内能够合理和均衡布局产业和人口。在伦敦自身也面临发展困境的时期，这种空间战略饱受争议。1986 年，撒切尔政府撤销了大伦敦政府，随后20 多年的时间没有编制过全市范围内的发展战略规划。一直到 2004 年，伦敦才制定了《大伦敦空间战略规划》，把目光重新回归到城市中心的发展。该规划一改限制伦敦发展的传统，开始鼓励伦敦的增长，将推动中心城区人口和经济增长作为重要的战略，强调"通过经济和人口的增长来取得对环境与生活质量的可持续改善"。因为在全球化的背景下，区域、城市之间的竞争越来越激烈，只有鼓励增长才能保持世界城市的地位，并带动英国经济发展[18]。

3. 日本对东京地区控制的努力

日本自"一战"后，改变了工业企业在原料地分散布局的传统做法，顺应了当时各国趋向集中建厂以形成工业地区的新做法，在太平洋沿岸地带形成了横跨东京—横滨的京滨工业区，随后又逐步形成了阪神、中京、北九州工业地区。至"二战"前，日本就已经形成了太平洋沿岸的四大工业区。"二战"后，受多重因素的影响，如本土资源匮乏而形成的对海外石油、矿产资源的进口依赖，海运成本的大幅度降低，日本工业品大规模占领海外市场，企业生产集聚效应的不断增强等，使工业向太平洋沿海集中的趋势越来越显著。至1970年年初，日本72%的工业生产已经集中在太平洋沿岸地区。生产企业的集聚，导致第三产业快速发展和人口大规模的集聚。根据1970年的人口普查数据，东京、大阪、名古屋三大都市的50千米半径范围内，虽然面积仅占全日本的1%，但居住的人口达到了3 300万人，占到全日本的32%。其中，东京的情况尤其严重。东京的面积仅为全国面积的0.6%，人口占到了全国的11%，集中了1 141万人。而且，每天还有190万人白天从东京郊区、神奈川、千叶、琦玉等地进入东京核心区就学就业，使东京的拥堵情况更加严重[19]。为控制都市圈人口过快增长，日本制定了六次国土整治规划，并对在都市圈内新办学校和工厂的规模进行了严格的限制。即使如此，政府相关部门也承认，由于市场的主导因素，政府的限制性政策和规划并没有发挥实际的作用。东京除了中心城区人口下降之外，东京都市圈人口增加的趋势基本没有发生变化。到2010年，按"一都三县"统计的东京都市圈人口，仍由20世纪70年代中期的2 704万增加到了3 561万，净增了800多万。值得注意的是，20世纪70年代以后，虽然日本城镇化基本进入了饱和期，人口流动速度大幅度减缓，但此时东京都市圈人口仍然在持续增加①。

从日本的"一全综"到"五全综"，虽然时代背景和经济发展面临的问题不同，但对以东京都市圈为代表的密集地区的发展进行控制，从而均衡国土开发格局的战略思想，始终在坚守。如1961年出台的"一全综"，针对当时经济过分偏重东京、大阪、名古屋和北九州四大工业基地的问题，提出将工业向地方扩散，建设"新产业城市"和"工业建设特别地区"，标志着日本从过去只注重经济合理性和经济效益转向注重国土的均衡发展。1969年通过的"二全综"，目标是通过开展基础设施建设，将开发可能性向全国扩大以求均衡化。1977年实施的"三全综"，其目标是以有限的国土资源为前提，不断提高地方的活力，植根于历史和传统文化，追求人与自然的和谐，最终实现自然环境、生活环境和生产环境相和谐的人居综合环境。另外就是抑制人口向大城市集中，通过振兴地方经济解决

---

① 李铁、文辉："东京都市圈发展对我国特大城市发展的启示"，国家发改委城市和小城镇改革发展中心调研报告，2014年。

"过密过疏"问题，确立新的生活圈。1987 年通过的"四全综"，其目标是构筑多极分散型的国土空间，希望能排除人口经济功能和行政功能向某一特定地区过度集中的现象。1998 年出台的"五全综"提出，要从日本现状出发，根据每个地区的特质来制定发展方向。政府希望日本所有的地方城市都能至少承担一个代表日本的政治、经济、文化机能，成为有个性有荣耀的城市，这是从更高层次的地方分散来解决东海道大都市带的过密问题[20]。

2008 年通过的"六全综"（或称"国土形成规划"），其核心思想已经发生了很大的变化，尤其引人瞩目的变化是，日本国土规划从注重"开发"到强调"形成"，即国土规划由过去以开发为导向、在"量"的增长中寻求空间均衡的目标，已经转变为以与成熟社会相适应、以实现提高国土质量为目标。规划以国土的自然条件为基础，综合考虑经济、社会、文化等相关政策，推动国土的综合利用和保护[21]。而且，"国土形成规划"更加注重以人为本，强调人居环境的建设，加强边远和农村地区的基础设施建设，缩小各地区经济社会发展水平的差距。规划认为，随着老龄化、信息化和国际竞争的加剧，东京圈一极集中的情况虽然需要纠正，但在面临国际化的更大发展和挑战中，实现城市功能和资源的集聚，对强化东京的国际竞争力是有必要性的[22]。当然，规划也认为，推动形成东北、日本海、太平洋和西日本四个国土轴的构想仍应继续推进，东京一极集中也需要继续纠正，地区间的差距扩大的不安感和地域的差距应该继续消除，只不过这些都是在国土已经"形成"的框架和背景下进行。

4. 小结

辛格（V. P. Singh）指出，"我们可以创造历史，但我们无法改变地理。"经济在地理上分布的不均衡是个普遍现象。"二战"后，世界各国出于对国土均衡发展的考虑，对城镇和人口过快集聚地区进行过长期限制的努力，但成效并不显著，而且还在一定程度上损害了该区域和国家的整体竞争力。2000 年以后，随着全球经济一体化向纵深发展，汇聚区域的整体力量，参与国际竞争，成为发达国家核心城市的主要战略。因此，通过对核心城市地区的限制来推进国内其他地区的发展，就显得不合时宜，退出区域政策的历史舞台已经是大势所趋。

但是，不平衡的经济增长与和谐性的发展可以并行不悖，经济活动的集中和生活水平的趋同可以并行不悖，相辅相成。日本三大都市圈集中了全国 73.6％ 的 GDP 总量，与此同时，也集中了全国 68.7％ 的人口，因此，它的人均 GDP 仅为全国的 1.08 倍，除东京外，日本各地区的人均 GDP 最高与最低比值仅为 1.8，这种趋同并不是市场机制的"自然结果"，而是市场机制和政府共同作用的结果，特别是政府在地区间进行大规模的财政转移支付，日本是一个比较成功的例子。在财政转移支付前，1989 年，日本最富地区与最穷地区财政能力之比为 6.8∶1，财政转移支付之后，这一比例降为 1.56∶1。这也是日本在全国范围内实现公共服务均等化的重要原因。在韩国的快速工业和城镇化时期，也有一些地区不可避免地被落在后面，但是，没有哪个地区深陷贫困之中。以忠清北道阴城郡这个较大的农村地区为例，其人口从 1968 年的 12 万人持续减少到 1990 年的 7.5 万人以下，但其教育、健康服务、街道和卫生状况持续改善，水供给率也从 30% 提高到 60%。尽管人口迁离该地，但政府并没有抛弃这个地区，恰恰相反，韩国政府继续强调基本社会服务的普遍供给[23]。

(四) 针对保护性地区的区域政策

在工业化和城镇化快速推进阶段，经济先发国家的农地和生态用地被大量侵占、生态和环境遭到破坏曾经是个普遍的现象，在很早就引起过关注。

1. 农业用地保护政策

英国地理学家斯坦普（Laurance Dudley Stamp）早在 20 世纪 30 年代就认识到，好的农业用地是宝贵的财富，而且不同于其他生产要素，一旦破坏就很难恢复，规划体制应将农地的保护作为首要职责；1942 年英国官方的斯科特报告也提出了原则，即开发者在提出开发建议时，都应该说明建设方案是符合公共利益的，否则，就不应该改变农地用途[24]。1947 年版的《城乡规划法》，规定了土地开发权归国家所有，农地等的用途变更必须向国家申请并缴纳开发税，否则只能按原有用途使用。1966 年，英国农业部按农地质量将全国农地分为五级，建立了农地分类系统。1986 年，英国农业渔业和粮食部制定了《农业法》，划定了"环保农业地区"，通过实施乡村发展纲要和国家发展规划，保护优等农业用地。1987 年，英国政府制定了环境敏感区规划、守护田庄规划、农地造林规划、坡地农场补贴规划、林地补助规划等，目的是改善农地环境、增加生物多样性。2004 年以来的新规划体系，更加重视农地保护和农业的可持续发展，并在欧盟率先实行以保护环境、促进生物多样性为宗旨的农业政策，保护具有重要生态功能的农地，防止过度耕作。

美国对耕地资源的保护源于 1934 年发生的黑风暴，对土地的掠夺性开发导致土地资源被破坏，大量耕地和林地变为沙漠，使得政府开始重视对农地的保护。1935 年颁布的《土壤保护法》、1936 年通过的《土壤保护和国内配额法》、1956 年政府提出的土壤储备计划等，都是希望通过储备、休耕、提供补贴等多种方式，恢复生态，提高农业用地的质量。

在提高耕地质量的同时，美国政府还通过土地开发权转移、购买等相对市场化的方法，为保护农地和强化用途管制进行了制度探索。如 1968 年各州建立了土地开发权转让制度，做法类似于我国城乡建设用地的"增减挂钩"，通过把农业区域的开发权转移到城郊地区，一方面扩大了农地的保护范围，另一方面解决了城郊地区土地开发权不足的问题。1974 年建立了土地开发权征购制度，即政府及非营利组织按照市场价格向农民购买土地开发权，开发权出售后的农地禁止进行非农业用途的开发和建设，从而达到农地保持、环境保护或其他规划目标[25]。1981 年通过《美国农地保护政策法》，限制将农地转为非农用地。1996 年通过《联邦农业发展与改革法》，提出备用地保护计划，农场主将符合耕作条件的土地作为保护地可以获得政府补贴。2000 年出台的《农业风险保护法》，继续对农田的非农化利用进行限制。

日本在 1952 年制定了《农地法》，设定良田保护区，严格管制农地向非农业流转。以后虽然多次对《农地法》进行修改，但对农地严格的用途管制的核心思想基本得到延续。2000 年在修改的《农地法》中，对土地权利转移和用途管制涉及的土地面积做出了弹性规定，排除以保存资产和投机为目的的农地转移。如该法第四条规定："登记注册的专业农户未经许可擅自将农地转为自家住宅用地的，终止建筑工事，地面建筑拆除及复垦费用由本人负担，视其情节处以三年以下有期徒刑及 300 万日元以下罚款"。

2. 针对其他区域的保护性政策

人口急剧增加、人类活动日趋频繁，已经使大气、土壤、水、动植物以及他们之间的关系发生了变化。城市的大规模蔓延和扩张，导致大量的生态和农业用地被蚕食，历史文化遗存不断灭失。这些问题的出现，使西方发达国家在很早的时候就认识到了生态环境、自然和文化遗产、景观风貌等对人类的特殊价值。如早在 1872 年，美国就由国会批准建立了世界上首个国家公园——黄石国家公园[26]，对生态和景观高价值的地区进行重点保护。继续保持海岸地区的原始特色，也被认为越来越重要。1937 年，美国国会批准建立的"哈特勒斯角国家海滨"，开启了全美保护滨海资源的先河。虽然时代在变化，但这种理念在美国一直得到延续。如在 2010 年发布的《美国 2050 年空间发展战略》中，提出了大型景观保护的政策与行动战略框架，确定了七个大型景观保护规划，如美洲长叶松保护规划、普拉特河恢复规划、黑石河谷国家遗产走廊规划、综合性湿地恢复规划等。

英国作为工业化和城市化的先驱国家，城市蔓延扩张蚕食郊区休闲游憩场所的情况也是最早出现的。"郊区在许多方面是一个田园诗一样的环境，但是这种情况维持不到一个世纪。"意识到任这种状况发展导致的可怕后果，新古典经济学派创始人、著名的英国经济学家阿尔弗雷德·马歇尔（Alfred Marshall）早在 1899 年就建议在英国征收"国家新鲜空气税"，作为保证各城市之间永远有绿带的一种方法。"我们需要在我们城市中增加游戏场地。我们也需要防止一个城市发展扩大到与另一个城市相连，或发展成与相邻的村庄相连；我们需要在它们之间保持一条乡村地带，这条地带上只有奶牛场等以及其他公共游玩场所。"然而令人遗憾的是，马歇尔的真知灼见并没有引起规划师和市政官员的重视。直到 1949 年，英国才在政府和民间的共同推动下，出台了《国家公园和享用乡村法》，对控制乡村土地使用、保护风景地区提出了比较明确的法律要求，并且还成立了"国家公园委员会"，进行相关事务的管理。随着经济社会的发展和人们知识水平的提高，大家越来越清楚地认识到，以国家公园为代表的景观高价值区域，其尺度不应只局限于自身范围，而应该包括整个水系流域、农业区域和涉及多种多样种群的生态系统[27]。每条河流、每块草地都是复杂区域生态系统的一部分。因此，环境保护的政策，逐步按照生态系统的方式进行了修订和完善。20 世纪 80～90 年代，政府又确认了一批"环境敏感地区"，通过资助鼓励的形式与当地农民签订管理协议，实现生产与环境保护相结合，通过规划负责这些具体策略的实施。

　　以欧盟为例，其对自然资源的开发是在环境管理（空气、水、土壤）和特定地区（保护区、环境敏感区）保护方针指导下进行的。以 1999 年欧洲委员会公布的《欧洲空间发展展望》（European Spatial Development Perspective，ESDP)[①] 为例，它提出欧盟应该改变对保护区既往的"孤岛"式保护方法，应在自然生态区和保护区之间建立必要的联系通道，继续发展欧洲的生态网络；要按照欧共体生物多样性的要求，将生物多样性保护与产业政策（农业、区域政策、交通、渔业等）结合起来；对保护区、环境敏感区以及沿海、山地、湿地等具有生物多样性的地区也要制定整体性的空间发展战略，在地域和环境影响评估的基础上平衡保护与开发的关系；要更多运用经济手段认识保护区和环境敏感区的生态意义；要通过减少侵蚀、土壤毁坏和开敞空间的过度利用，保护作为人类和动植物赖以生存的土壤[②]；等等。

　　美国联邦政府、州政府和地方政府都制定了一系列管控措施，用于保护环境和自然资源区域。这些控制包含湿地、泛洪区、农业用地、海岸用地等。联邦政府层面重点区分保护用地的类型，制定控制标准，提供激励政策；州政府或者是通过立法，或者是成立专门机构，或者授权地方政府来制定规划，来落实联邦政府对相关用地的管制要求；地方政府通过制定符合州目标的综合性规划、细分用途的控制规划、制定开发条例、发放许可证等多种方式，进行具体建设行为的管控（表 2—1）。

---

　　① 　在 1994 年的欧盟成员国空间规划和区域发展主管部门的非正式会议上，15 个成员国就起草《欧洲空间发展展望》的原则达成一致，并在 1999 年公布了 ESDP 的正式文件，作为指导各成员国的空间发展。
　　② 　欧洲委员会：《欧洲空间发展展望》（ESDP），1999 年，中国城市规划设计研究院译，第 33～34 页。

表 2—1 美国各层级政府对保护区域的控制手段

	湿地控制	泛洪区	海岸带
联邦政府	《清洁水法案》(Clean Water Act) 管理在湿地中的疏浚和灌溉开发	联邦洪水保险项目 (Federal Flood Insurance Program),通过提供联邦保险、基金、贷款鼓励地方政府在泛洪区制定控制规则,要求制定该法案的联邦机关对州和地方政府的洪水控制制定标准	《国家海岸区域管理法案》(National Coastal Zone Management Act) 为州的海岸区域管理提供相关补助基金,授权州进行土地利用控制
州政府	对湿地区(滨水区)制定相关立法控制,授权地方政府在州法律标准要求下制定规划	制定立法授权州对泛洪区的直接控制,或命令/授权地方政府制定泛洪区控制	制定要求海岸带后退线的相关立法,对海滩、沙滩的保护和易侵蚀区开发的限制
地方政府	在州法令指引下制定湿地控制规划,可能是以区划条例的形式,规定在该类区域中容许的用途并对符合规定的开发颁发许可证①	制定地方控制条例,对泛洪区的调查和授权,对已有建筑的控制,对新开发的审批及许可	

资源来源:根据李沂璠"美国土地利用控制判例研究"(2007 年研究报告)整理。

三、基于国家规划体制的视角

空间规划体系与国体政体密切相关。英国、日本等国家强调政府管制,从国家到地方各级空间规划的编制和实施均为政府行政行为,约束性较强;美国、德国等偏重自由经济的联邦国家,在国家层面并不制定统一的空间规划,规划管理更强调地方自治。同时,各国空间规划体系的构成也包括单一体系和并行体系两种结构,其中:英国、德国、美国、新加坡、中国香港等大多数国家和地区都采用单一体系,即一个层级往往只存在一个空间规划指导全区的空间发展策略;并行体系则以日本为代表的少数国家采用,即同一层级往往有两个平行的空间规划相互协调,如日本相互配套、平行的"国土综合开发规划"与"国土利用规划"。

正如欧盟在规划体系比较研究报告中指出的那样,"空间规划体系与其历史脉络、社

---

① 有些法案中规定,若地方政府无力制定相关土地利用控制,则由州相关机构进行控制,规定在该类区域中容许的用途并对符合规定的开发颁发许可证。

会经济、政治和文化价值紧密联系，因而形成了政府和法律的特定形式"。行政体系、法规体系和运行体系共同构成空间规划体系的主要内容。在空间规划运行的过程中，往往都形成了与运行体系相适应的法规体系，保障了空间规划体系的有效实施。

(一) 基于法律体系的欧洲空间规划类型划分

戴维斯等人在 1989 年，从规划运作时所处的法律和行政制度的分类（或体系）角度，通过对五个欧洲规划体系的研究，确定了两大类型：盎格鲁-撒克逊体系和大陆体系。英国是盎格鲁-撒克逊体系的代表，规划体系是"指示性的"，建立在习惯法的法律框架下，有着高度的行政裁量权；德国、法国、荷兰等是大陆体系的代表，空间规划建立在"命令式的"法律确定性框架和制度基础上，试图在决策之前就创造出一整套抽象的法规和原则。1996 年，纽曼和索恩利在茨威格特等人总结出的两大空间规划法律类型的基础上，将规划体系细分为四类：除了大陆法系（即采用拿破仑一世法典系统的国家，以比利时、法国、意大利、卢森堡、荷兰、葡萄牙和西班牙等国家为代表）和盎格鲁-撒克逊体系（也称为不列颠类规划类型，爱尔兰、英国等为代表）外，还提出了日耳曼（以德国和奥地利为代表）和北欧（以丹麦、芬兰和瑞典为代表）两种类型。

1997 年，《欧盟空间规划体系和政策纲要》也对西欧的空间规划类型进行了划分。政策纲要采取的划分依据，除了考虑到各国法律背景外，还考虑到了"传统"因素，即各国"规划的形式深深地根植于特定场所的复杂的历史条件中"。这些传统因素主要包括六个：一是由体制所决定的规划能够覆盖的政策议题范围；二是国家和区域规划的空间范围；三是中央和地方政府之间的权力分配或者相对管辖权；四是公共和私营部门的相对作用；五是体制在政府和公共生活中所发挥的作用；六是规划表达的目标和成果之间存在的显著差距。通过这套更全面的划分依据，《欧盟空间规划体系和政策纲要》将西欧的空间规划类型划分为四种类型，或者可称为是四种"空间规划的传统"：一是以荷兰、德国为代表的"综合性"空间规划类型；二是以英国为代表的"土地利用法规"类型的空间规划；三是以法国为代表的"区域经济"类型的空间规划；四是以德国、意大利等为代表的"城市化"类型的空间规划。其中，德国的空间规划特点在"综合性"、"区域经济"和"城市化"三种类型中均有体现，呈现出复合型的特征。2007 年，法里诺斯·达西（Farinós Dasi）通过对国家结构的精细分析表明，越来越多的国家试图采取全面综合的方案[28]。

(二) 基于行政体系的空间规划类型划分

按照行政体制划分，空间规划体系可分为三种类型：国家强干预体制，充分的地方自治体制和国家适度干预体制。一般而言，单一制国家采取国家强干预规划体制的多一些，联邦制国家采取适度干预体制或地方自治体制的多一些，当然，这个划分也不是绝对的。与之对应，按照不同层级规划发挥的作用，可以划分为三种类型：国家规划主导，地方规划主导，以及国家和地方规划通过互动共同发挥作用[29]。

1. 国家规划主导

这类国家以苏联和东欧等前社会主义国家为代表，也包括法国、荷兰、希腊、日本、新加坡等一些资本主义国家。这些国家，一般拥有较高的中央集权传统，社会主导价值提倡集体主义和国家主义；法律上规定土地归国家所有或国家对私有土地有较强的开发控制权；规划权力更多地集中在中央政府及各级政府手中；大多成立大区政府来协调较大范围内城镇群体的发展，即建立了双层领导的行政体制；规划是各级政府的主要职责之一，拥有健全的规划机构与机制。

苏联是计划经济体制国家空间规划的典型。苏联国家计划委员会的一项经常性的工作就是制定经济区划，该区划的目标是促进和协调不同等级区域经济有计划、按比例协调发展。20世纪20年代，在"基本经济区是国家独特的、经济上尽可能完善的但不是自给自足的一部分，它是全国国民经济的一个环节"思想指导下，将全国划分为21个基本经济区（其中欧洲部分12个，亚洲部分9个），并计划在此基础上划分140~150个二级经济区和3 000个左右的基层经济区，到20世纪30年代末期又将基本经济区归并为13个。到"二战"前，三级经济区划是制定全苏和各个加盟共和国以及边疆区、州及自治共和国等一级行政区经济发展的中长期计划的重要地域单元，在工业、能源、交通、城镇布局等建设上发挥重要作用。从1937年的第三个五年计划起，正式拟定国家层面的空间规划，至1988年苏联解体前，全国划分三大经济地带，149个经济行政区，3 225个州内经济区[30]。

东欧社会主义国家解体前，在经济管理体制上与苏联基本一致，都是通过国民经济计划对国土和区域发展进行调控。强调遵循劳动地域分工和生产力均衡布局理论，促进全国和各大区域经济的高速发展与生产力布局。如匈牙利发展规划由计划委员会和建筑部共同编制，并将其作为国家长远发展的一项战略决策。1960年正式完成的规划方案，1971年由匈牙利议会批准，经过长期实践，目标基本达到[31]。

法国是一个高度中央集权的国家，历史上就形成了国家干预的传统。法国将全部国土划分为城市地区、城乡混合区、乡村地区和山区、滨海地区四种政策区，制定差别化的政策，部门制定包括经济、住房、交通和公共服务等在内的专项政策。另外，从中央至各级政府都建立了由上至下紧密制约的规划机构。自1959年以来，国家有计划地在全国300多个市镇间设置了若干个辛迪加（Syndicate）式的联合委员会，政府在各主要极核城市地区设有区域研究协会（Regional Research Institute），因而中央政府、地区的整体规划观念基本可以得到层层落实。

荷兰被称为"规划的国家"（Planned Country），城市规划不仅仅局限于城市，而是把国家像一个城市一样进行规划。1960，1966，1976，1990，2000年国家先后五次编制了《国家规划报告书》。与其他欧洲国家相比，荷兰的空间规划体系既综合又详尽。国家规划重点是对未来理想的空间布局的总体概述以及城市化问题的关注。省级结构规划在国家规划与城市土地使用规划之间发挥着重要作用。任何建设活动都必须依据建设许可，只有符合城市规划时才能给予建设许可。

2. 地方规划主导

这种模式以美国为代表。国家不对规划作集中统一管理，各类规划由区域或城市自行编制，但国家通过立法和财政手段引导空间资源的全国配置。

美国实行的是联邦制，中央政府几乎没有规划权力，规划权力被下放给州政府，而州政府又将规划权力下放给州以下的各级自治机构。联邦政府在国内事务上的权力和影响，主要通过联邦基金的分配、引导来实现。联邦政府基本不编制区域性的规划，也没有统管各州和地方政府规划的国家规划。

美国虽然不存在明确的区域规划，但从有关类似"区域规划"的文件中可以看到一些跨州的"区域规划"。如全国大的公共工程规划（如交通），以规划为基础，向州级政府发放补助资金，制定法律和规章，管理资源的开发利用和保护，间接干预州级规划。

随着欧盟一体化进程的不断推进，欧盟各成员国对于建立欧盟层面的空间发展指导框架达成了广泛的共识。如1999年公布了ESDP，成为指导各成员国空间发展的重要纲要性文件。尽管ESDP是指导性而不是指令性文件，但欧盟要求各国在发展规划中遵循和体现ESDP的各项原则与政策，并通过"结构基金"促进规划的落实。ESDP的指导原则及政策目标体现了欧盟各国空间发展和规划的共同价值取向，政策选择更多地关注各个国家和地区的多样性。

3. 国家和地方规划互动

这种模式以英国、德国、丹麦、意大利等国家为代表。中央政府有意识地适度干预和总体协调，规划在一个主管部门下按统一程序分级进行。中央政府对地方规划具有一定的指导权和裁定权，并在法律、政策、经济等多方面进行调控。

英国1928年就在苏格兰地区成立联合城市规划咨询委员会（Joint Town Advisory Committee），并进而在全国范围内展开区域规划工作。在"二战"以后的区域规划实践中，虽然以经济规划为主要内容，但一开始即成为一种城市区域范围的空间规划，充分考虑基础设施、新的工业区、住宅区和港口、机场等空间要素。城市规划体系主要包括结构规划（Structure Plan）、地方规划（Local Plan）和综合发展规划（Unitary Development Plan）。结构规划由郡规划部门编制，由中央政府环境大臣批准方能生效，大都市地区则必须编制综合发展规划。在国家层面由环境部制定国家规划政策方针（Planning Policy Guidance）和"国家区域政策方针"（Regional Policy Guidance），指导各个地区和城市的发展规划。

德国是联邦制国家，但在中央、州、市三级政府之间存在紧密的联系。国家有联邦区域规划、建筑和城市发展部，通过编制综合性区域规划，协调联邦和各州之间的发展，并有专门的机构——空间规划部长会议（Ministerial Conference for Spatial Planning）[①]。德国空间规划的特点是在联邦政府的基本法指导下，主要由州制定和实施州国土规划。根据基本法《联邦空间发展法》，联邦规定全国空间发展的理念、原则和程序，各州有绝对的自治权和立法权，在考虑联邦法的理念、原则的情况下，制定州法和州规划。联邦也与州合作，共同制定涉及联邦整体的政策和基本方针。基本法的理念是通过综合的和上位的规划，促进全国和各地区的开发、建设、保护，协调社会经济目标与生态功能目标，在大范围内保持地区的均衡和可持续发展。国家规划体系分为四级：①联邦空间发展政策大纲；②州发展规划；③区域规划；④市镇村规划。事实上，德国政府往往通过为区域提供基础设施和财政支持，引导统一开发政策的制定与实施。

意大利行政体制中的"大区"是制定区域规划和实施产业发展的关键实体，拥有较大的行政实权，主要职能是制定法规和布局重大企业建设工程。丹麦的区域规划由环境部负责制定并实行统一管理，分四级依法进行规划编制，即国家和区域规划条例、大都市区区域规划条例、市规划条例和城乡分区条例。

（三）空间规划新的特点和趋势

进入新世纪以来，全球化、市场化、信息化的不断推进，西方发达国家大规模的国土开发历史进程基本完成，人民物质生活已经实现了普遍富裕，公共治理体系普遍得到完善，可持续发展的理念已经深入人心。这些新的特点和趋势，不可避免地对国家空间规划体制产生影响，并呈现出以下新的发展特征。

一是国家规划权力的下放呈普遍趋势。从近些年英国、日本和德国的规划体系变革来看，国家层面的空间规划更加趋向结构化，更好地发挥区域和地方政府的作用，让下位规划发挥更大的作用成为改革的主要趋势。即使是荷兰、日本这样传统的中央集权的国家，也出现了分权化和权力下放的趋势。如荷兰《国家空间战略》（2006 年）中的宣言提出，"尽可能权力下放，必要时集权"，这标志着对中央集权主义的空间规划传统方法的背离，对政府的三个等级之间的责任有了新的划分，给低级别的市政府赋予更多的规划和开发权

---

① 该机构仅是一种咨询和协调性质的机构。

力。虽然各省也有了一些新的权力，但荷兰国务委员会预计"省级空间规划政策的重要性将大幅降低"[32]。日本在 2008 年编制的"国土形成规划"，更加注重国土利用、开发和维护的综合协调与治理，并且强调规划的宏观指导作用，适当放宽对地方的束缚，相应的规划体系只包括全国规划和 10 个广域地方规划两级。德国联邦州一级的空间规划，也出现内容、篇幅大规模减少的趋势，但基于经济活动联系而不是行政区域划分的区域空间规划（相当于中国的城市群规划）则得到较大的强化，有机会获得更多的发挥空间。

二是在空间规划中注重发挥协作和市场的力量。自 20 世纪 90 年代以来，空间规划的方法越来越强调市场和私营部门主导的开发，越来越强调不同形式的区域治理和地方权力。日本在 2005 年的《国土形成法》中强调，国土形成规划要推进协议式、协商式和参与式结合。设立国土审议会，调查审议与国土形成规划及其实施有关的必要事项。国土形成规划制定须根据国土交通省法令，预先征求国民意见，同时与环境等其他相关行政机构协商，听取都道府县及指定城市意见[33]。美国第一个综合性的全国国土空间战略——《美国 2050 年空间发展战略》，无论是在规划编制阶段，还是规划实施阶段，都吸纳了利益相关者的意见和广泛的公众参与。该空间战略不仅包括物质设施和环境空间的安排，还包括对不同利益相关者的矛盾冲突和关系的协调。规划通过后，为了鼓励不同利益相关者在规划实施中的广泛参与，《美国 2050 年空间发展战略》还提出了相应的激励政策体系和管理制度[34]。

三是提高全球竞争力和实现可持续发展成为空间规划的重要议题。规划体系普遍倾向于更高的灵活性，放松严格的分区规则，推动地域的发展和振兴。如美国在东北海岸大城市连绵区的规划中，强调通过大容量快速的高铁和轻轨网络系统，来强化区域的网络化发展，增强区域经济发展的集聚效应。《英格兰东南部地区空间规划（2006～2026）》强调使该地区成为持续繁荣的世界级区域，到 2026 年年均生产力提高 5%，共增加 25 万劳动力。该地区未来发展的愿景是成为一个健康发展的区域，在全民福利、经济活力、环境保护和资源节约等方面，在整体生活质量上体现出可持续发展①。

四是宜居和提高空间品质成为规划的重要目标。在《纽约 2030 年城市规划（2006 年版）》提出"更绿色、更美好的纽约"的发展目标，希望升级能源基础设施，提供更清洁更可靠的电力，鼓励使用公共交通，提倡清洁能源使用。另外，规划还提出要投资建设新的休闲设施、开放公园，为每个社区增加新绿化带和公共广场，到 2030 年要实现步行 10 分钟内可达公园。日本 2003 年国土交通省发表了《美丽国家建设政策大纲》，同年日本政

---

① SERA (South East Regional Assembly)，2006，The South East Plan: A Clear Vision for the South East（2006-2026）.

府制定并实施了《观光立国行动计划》，从维持创造国家魅力的角度对各地区城市景观建设提出新要求。2004 年 12 月，日本颁布施行《景观法》、《实施景观法相关法律》、《城市绿地保全法的部分修改法律》，合称"景观绿三法"，促进城市和农、山、渔村等地区形成良好的景观，通过综合制定景观规划及相关措施，力争实现美丽而有风格的国土、丰富而有情趣的生活环境、健全而有活力的地域社会，最终促进国民生活水平的提高以及国民经济与地域社会的健全发展。

第三节　国外宏观层次空间规划编制与审批

一、英国空间规划编制与审批

（一）规划体系

英国的城市规划体系是建立在不断明确中央政府与地方政府事权划分基础上的。英国政府的行政管理实行三级体系，分别是中央政府、郡政府、区政府，规划行政体系具有较多的中央集权特征。英国的规划法规自 1909 年颁布实施《住房和城市规划法》以来，空间规划体系共经历了四次比较大的变革，分别是：1947 年颁布《城乡规划法》；1968 年颁布新的《城乡规划法》并在 1971 年时对 1968 年的法律进行了修订；1988 年发布规划"政策指引"，1991 年颁布《规划与赔偿法》；2004 年颁布《规划与强制购买法》（Planning and Compulsory Purchase Act）①。

2002 年，英国城市规划主管部门由原来的政府部门领导提升到由副首相办公室（Office of Deputy Prime Minister）负责，直接归副首相领导。再加上 2004 年出台的《规划与强制购买法》，使中央政府对宏观层次规划的管理力度得到了加强，这体现在中央级别的管理事权提升到副首相层次，另外还提高了宏观层次规划的行政法律地位。根据英国《城乡规划法》的规定，中央政府城市规划主管部门的基本职能包括制定有关的法规和政策，以确保城市规划法的实施和指导地方政府的规划工作；审批郡政府的结构规划，受理规划上诉，并有权干预地方政府的发展规划（地区规划）和开发控制（一般是影响较大的开发项目）。对地方政府来说，2000 年《地方政府法》（Local Government Act）建立了新的法定的地方政府构成规则，其核心是由原来的委员分散决策制度转变为内阁或市长决策制度。郡级政府不再承担宏观层次规划的管理事权，地方政府更多的是对建设活动的开发

---

① 蔡海鹏："英国城乡规划的四次变革"（研究报告），载 PICCUD 周刊，2014 年 11 月 5 日。

控制的管理事权。《规划与强制购买法》明确规定了区域空间战略由区域议院、政府区域办公室、相关利益团体协调制定，扩大了公众参与宏观层次规划的管理事权。

2004 年以前，英国宏观层次空间规划主要有国家层面的国家规划政策及区域规划纲要、郡层面的结构规划或大都市区层面的单一发展规划（Unitary Development Plans，指由单一政府机构制定）两个层次。英国的国家层次的区域规划纲要，是不具有法律地位的，但由于联邦政府具有审批郡、区级的区域空间战略（Region Spatial Strategy，RSS）的事权，而全英的区域规划纲要是审批 RSS 的重要法律依据和技术支撑，因此，全英的区域规划纲要的法律效应较强。依据 2004 年颁布的《规划与强制购买法》，英国宏观层次规划仍然是两个层次：国家层面的国家规划政策及区域规划纲要没有实质性的变化，而郡、区层面规划转为区域空间战略。这种变化与社会政治和经济的发展、行政区划的变革、执政党的方针等密切相关。就整体而言，该规划体系结合地方政府架构的变化，更加强调政府效能的发挥和社会公众的参与，强调可持续发展原则的贯彻执行。2004 年以前，英国地方规划体系是由地方政府制定的结构/地方/单一发展规划（Structure/Local/Unitary Development Plans）组成的完整体系。2004 年以后，英国重新构建了"区域空间战略（Region Spatial Strategy）/地方发展框架和文件（Local Development Frameworks and Documents）"的发展规划体系。在《规划与强制购买法》中，还以法律的形式确定了英格兰每个地区需要设立区域规划机构（Regional Planning Body）和修订区域空间战略，标志着英格兰新区域规划体制的正式建立，改变了长期以来英国区域规划的非法定地位[35]。

（二）规划组织与技术内容

2004 年以前，英国各个行政区的结构规划由郡政府制定，地方规划由区政府制定，统一发展规划由大都市区政府机构制定。2004 年以后，英国的 RSS 的编制主体由区域议院（Regional Chambers）、政府区域办公室（Government Office）和其他利益相关者（Other Stakeholder）三个部分构成，具有各自的规划职责。其中，区域议院在与政府区域办公室、其他利益相关者（包括社会性公益机构、商业团体等）共同协商的基础上，负责 RSS 的回顾、草案的编制，并能够对空间战略持续进行评估。

英国的区域规划主要以区域规划政策导引、注解的形式下达，如 RSS 的技术内容包括区域交通战略、区域可持续发展框架、区域废物处理战略、区域经济战略、就业和技术发展行动框架、区域住宅供给声明以及区域文化战略等。RSS 为地方开发文件（Local Development Documents，LDDs）、地方交通规划（Local Transport Plannings，LTPs）和土地使用活动计划等地方规划或计划的制定提供指导。RSS 涉及的政策框架不仅包括传统的土地利用规划内容，还涵盖了空气质量、生物多样性和自然保护、气候变化、海岸、文化、经济发展、能源、绿带、健康、住宅、矿产、零售和休闲、农业发展和乡村、土壤、交通、废物、水资源等方面的区域性政策。此外，RSS 与国家诸多法律法规紧密衔接，如《工业分布法》、《新城法》、《国家公园和享用乡村法》等要求都充分体现在规划之中。

2004 年后的地方发展框架（Local Development Framework），内容包括战略和长期规划目标、更为详细的具体场址和专题的"行动规划"（Action Plan）。其中，战略目标的制定应避免与政府规划政策（包括政府规划政策和通告等）相矛盾。行动规划将处理行政区范围内的专题（如绿带或设计等方面的内容）或者特定区域（如主要的开发或更新的地区）以及"社区参与申明"（Statement of Community Involvement）[36]。

（三）规划实施与监督

英国 RSS 建立了较为完善的实施监控机制。除了可持续评估（SA）报告机制、社会公众监督机制外，还有监控程序安排、修改与回顾的安排。RSS 的监控安排需要利用由地方和公众机构建立的监控机制，使地方监控融入区域规划实施过程，并使用到常规的数据。同时，区域规划机构需要与区域观测机构建立联系，考虑如何定义、收集和使用背景的指标。另外，还规定了比较严格的修改和回顾的程序制度。

RSS 通过地方开发文件进行实施。RSS 在区域规划机构和政府区域办公室的支持下，确保 RSS 能够通过下位的地方开发文件和地方交通规划来予以落实。区域规划机构联络政府区域办公室和其他利益相关者，监控 RSS 设定目标的实施结果，确定补救措施，并在适当的时候开展进一步的修订。

二、美国空间规划编制与审批

（一）规划体系

美国的宏观层次规划主要有联邦政府的专项规划、州总体规划（包括公共投资计划）、地方的区域总体规划三个层次。联邦政府一般没有系统的规划，但是它可通过强大的项目资助的经济杠杆间接影响规划的途径，编制全美的诸如高速公路、水利设施、能源发展、环境保护等重大专项规划。州级规划主要包括州总体规划（comprehensive plan）和州公共投资建设计划（Capital Improvement Program，CIP）。地方政府规划主要包括区域总体规划（Regional Comprehensive Plan）、城市总体规划（City Development Plan）、区划条例（Zoning）。

美国联邦政府层面没有针对区域性规划或重大专项规划的直接法律依据，更多是联邦政府财政计划的实施方案。州总体规划和州公共投资建设计划、地方区域总体规划由州立法授权，具有明确的事权界限及法律地位。州规划法规包括州规划授权法案和州总体规划两大部分，州规划授权法案主要是对地方政府的规划活动进行界定和授权，州总体规划为公共项目的"投资建设计划"，此外各州对于专项规划也由相应的法规来授权，如环境保护、历史保护、建设发展控制、各地方政府之间的协调发展以及中低收入住房等。地方规划法规主要以区域总体规划、城市总体规划、分区规划、土地细分法以及其他控制办法为主。区域总体规划主要是向地方分配联邦基金，为下属地方政府提供信息技术服务，联系沟通地方政府与州和联邦政府。城市总体规划批准后是分区规划和土地细分规划的直接法律依据。土地细分法规和区划条例才是城市开发和工程行为以及市政、公共设施项目建设的法律依据。

美国政府的行政体制是在宪法和完善的法律保障下与经济活动直接或间接相关的行政体系，美国的城市规划行政是包括健全的法律法规、相对科学的人员配备、合理的职权划分和严格的规划实施程序的体系的分支。美国宏观层次规划的管理事权主要集中在州级立法机关、州级政府。联邦政府没有相应的规划管理事权和法定职能，但是有间接影响规划的财政基金补助决策权力，可以借助财政手段（如联邦补助金）发挥间接的调控作用。州级的行政、立法、司法机关都有相应的宏观层次规划管理事权，且规划监督事权加大了公众参与的深度和广度，但地方政府的城市规划职能是由州立法授权的，因此，美国各州的地方政府城市规划职能（包括发展规划和开发控制）也就有所差别。美国各州、地方的规划行政管理基本上分为非政府机构和政府机构两种类型（表2—2）。

表2—2　非政府机构的类型和职责

机构类型	主要性质和职责
立法机构	主要指议会，它在城市中起决策者的作用，决定是否成立规划委员会以及相关的规定。通过规划委员会的介绍和建议，立法机构将规划转变为政治决定而付诸行动
规划委员会	规划委员会是绝大部分城市的法定机构，作为独立自主的机构而运行，其性质是无官职、非专业化的市民团体，大量的规划通过该机构得到执行。它通常负责综合规划审核与更新，做出区划决定，并对相关法规的修订提出草案，为议会提供规划方面的建议，旨在反映市民对长远规划和开发许可程序的意见。有的城市还设置了城区规划委员会，参与和协助上级规划委员会的工作
区划管理机构	在大城市，由于建设的数量和种类繁多，因此设置了专门的区划管理机构，其职责在于对具体的申请案提供区划条例的解释，并在授权的情况外对区划条例作适当的修正
上诉委员会	负责受理针对规划委员会和区划管理机构所做出的决定提出的上诉

（二）规划组织与技术内容

联邦政府负责编制推行各类联邦基金项目的专项规划。由联邦政府交通、建筑和住房部与各州（通过州空间规划部长联席会议）共同编制。编制规划时要听取各州的意见。州级机构是美国城市规划的直接授权者和参与者，主要负责编制州总体规划和州公共投资计划。地方政府是美国城市规划的直接组织者和编制者，区域总体规划由地方政府组织负责编制，并在规划局或规划委员会指导下完成。美国城市规划编制没有统一的要求和格式程序，但是，公共参与、部门协调、三权制约的特色非常明显。

联邦政府的规划以战略性和投资导向内容为主，包括州际高速公路网的规划、重大水利设施项目规划、全美生态系统恢复规划、环境保护规划、重大区域基础设施规划等方面，并提出实施方案和相应的财政基金支持，也包括获得基金支持的相应附加条款。州总体规划主要内容应包括：用地、经济发展、住房、公用服务及公共设施、交通、自然资源保护、空气质量、能源、农田和林地保护、政府区域合作、都市化、公共参与及其他（敏感区控制、市中心区振兴、教育、家庭、历史保护、自然灾害等）。在此基础上，配套制定公共项目为主的"投资建设计划"，是实施性发展规划，并配上建设资金和附加条件。投资建设计划为期5年，但每隔2～3年会重新制定，以便根据实际情况进行调整。地方城市总体规划内容主要包括：城市发展现状和制定总体规划的意义；城市发展的总体战略目标、措施和政策；城市用地、交通、公用设施、住房、经济发展、关键区和敏感区、自然灾害等的规划策略，城市特殊地段地区的发展规划；近期的具体措施和优先项目，以及项目涉及的开支预算、资金筹集等内容。分区规划由两部分组成：一是一套按各类用途划分城市土地的区界地图（详细到每个地块的分类都可查询）；二是一个集中的文本，对每一种土地分类的用途和允许的建设做出统一的、标准化的规定。

（三）规划实施与监督

美国宏观层次规划的实施，主要是以公共投资计划为核心来组织开展的。州总体规划主要通过CIP计划来实施。地方总体规划是通过分配项目基金以及实施相关项目来实施。美国城市规划从编制、实施到管理已经体现出了明显的相互制约和相互监督的机制，宏观层次规划的实施监督也不例外。美国的高公开性、高透明度、高公平性的运作环境，使得规划实施依赖于法律体系、司法体系和公众参与等方面来共同监督，说到底是有一套保障纳税人的合法权益的法律监督体系。在监督过程中，如发现城市规划违法行为，交由司法机构即法院来解决，而法院的判案依据就是城市规划法规和条例。

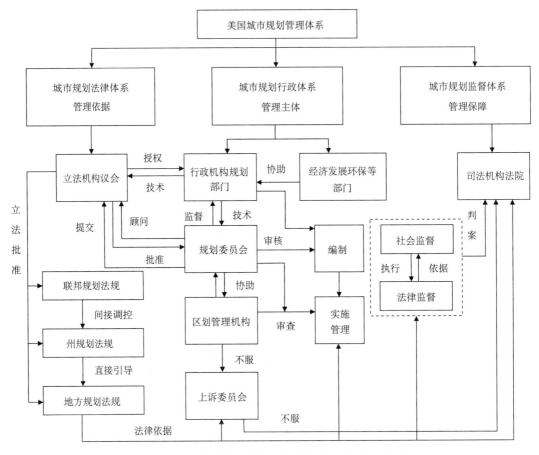

图 2—1　美国城市规划管理体系运作机制框架

三、德国空间规划编制与审批

(一) 规划体系

德国空间规划体系层次分明,程序严谨。从联邦国土规划、州规划、区域规划到市县乡镇的总体规划(含土地利用规划和建筑规划两部分),形成了在法律基础上的从框架指导到具体建设的完整的规划体系(表 2—3)。

国家层面的空间规划由《空间规划法》及配套的《空间规划条例》、《建设法典》、《建设法典实施法》和《规划理例条例》确定。德国联邦的空间规划是一个框架性和原则性的规划,只规定州一级的规划原则和不同地区的发展政策。如联邦秩序空间规划以德国全域为对象,由联邦和各州政府共同编制,目前由联邦城市发展房屋交通部负责,每四年发布一次《联邦空间秩序报告》[37]。德国空间规划的协调主要通过部长联席会议进行，联邦政府和各州政府负责空间规划的部长定期就空间规划问题召开会议，部长联席会议下属若干专门委员会，负责各规划专题的协调。相邻州之间的空间规划必须进行必要的协调，以保障各州的规划不相冲突。

表 2—3　德国规划体系（2008 年）

规划层次	全国性规划	州级规划	区域级规划	地方级规划	
计划名称	国土发展政策指导纲要；联邦国土综合发展方案	州综合发展方案；州综合发展计划	区域综合发展计划	土地利用计划	建设计划
法律依据	《联邦空间规划法》；《联邦国土综合开发法》	《联邦国土综合开发法》；《州空间规划法》；《州综合发展法案》	《联邦国土综合开发法》；《州计划法及其施行细则》	《建设法典》	《建设法典》
规划范围	联邦全国	全州；全州或州之一部分	区域之全部地区	市镇辖区之全部	市镇内之部分地区
规划机关	联邦及州政府国土规划部长会议	州计划主管机关	州政府之区域行政官署	市乡镇政府	市乡镇政府
审查机关	联邦议会	州议会	区域计划委员会	市乡镇委员会	市乡镇委员会
核定机关	联邦议会	州议会	州最高主管机关	区域行政官署	区域行政官署
主要规划内容	国土综合开发之基本原则与目标；国土综合发展之概念与策略；发展中心与发展轴	州综合发展之基本原则与目标；州之空间结构；部门计划	国家与州综合发展目标在区域内的落实计划；区域之土地使用综合计划	市乡镇范围内各种土地使用规划	都市发展用地之使用规划
计划图比例	原则上不大于1∶200 000	原则上不大于1∶100 000	原则上不大于1∶25 000	1∶25 000 或1∶5 000	1∶2 000 或1∶500
计划期限	长期性	长期性	长期性	10～30 年（通常每十年修订一次）	10 年以下

德国州级规划存在的法律基础源自各联邦州拥有的独立立法权。虽然各州空间规划法的制定时间、名称及侧重点有所不同，但必须符合《空间规划法》的战略性定位，也能够成为区域规划和地方建设总体规划的依据；州规划由州议会审批，联邦政府不审批。各州制定的空间规划草案，要提交联邦政府审查，联邦政府可以提出意见，但没有批准权或否决权。州的规划一旦通过，联邦政府也受此约束。1965 年颁布的联邦《空间规划法》确

定了州级规划的法律地位。1998 年修订的联邦《空间规划法》进一步规定了州规划应该编制的内容，定义了规划政策手段。2004 年修订的联邦《空间规划法》要求将环境影响评价纳入州级规划的编制内容。2008 年，联邦重新修订了《空间规划法》，对州级空间规划的内容进行了规范。

区域规划是州规划和地方规划之间的桥梁，是州规划下位的次区域规划，同样具有法定地位。但区域规划的范围通常以经济活动来划分，而非固定的行政区域。区域规划内容包括统筹安排城镇等级、发展轴线、交通等重大基础设施布局，也对水资源、自然景观等开敞空间进行保护。区域规划组织形式不尽相同，大多由国家（指州、区域）和地方政府共同组建的公共机构即规划协会来完成。各地方的行政首长是区域规划协会代表大会委员，因此，规划编制可以充分考虑地方利益诉求，有利于各地方的协调。

地方层面的规划主要落实联邦空间规划、州规划。地方规划必须得到州政府的批准，但州政府一般不审定地方规划的具体技术内容，而是审查规划编制程序的合法性[38]。地方层面的规划主要包括预备性土地利用规划和建设规划两部分内容。预备性土地利用规划制定城市发展战略目标、各种土地供给规模和土地利用类型，明确市政公共设施规划布局等内容，是地方各层级政府规划建设的基本依据。在此基础上，建设规划通过法定指标，如各地块的用地性质、容积率等规划控制指标，来明确土地用途管理，推动开发建设。

（二）规划组织与技术内容

州级规划内容主要包括：分析人口和劳动力市场，判断经济发展前景，确定城镇中心体系和发展轴带，确定土地利用结构和类型，制定住宅、交通、环境和居民健康福利等发展政策。从最近几年的发展形势来看，州级规划的审批程序在简化，主要内容集中在州的重点发展领域和重点空间规划、发展成效评估等方面。

区域规划主要内容包括：确定城市的居住区及等级，中心地区的发展政策，划定对区域协调发展和环境保护具有积极意义的空地（林地、湿地等），提出交通、风景、环境、教育、娱乐设施建设等①。

德国空间规划很重视公众参与，其参与机制与形式在《空间规划法》中给予了明确。在各层级规划编制过程中必须建立一个咨询委员会，委员会的专家除了来自规划部门，还必须有来自经济、农业和林业、自然保护和风景保护区、雇主、雇员及文化、体育等领域的代表[39]。

（三）规划实施与监督

德国联邦、州和区域规划主要通过地方的建设总体规划的编制来实施，而地方建设总

---

① 邹兵："区域规划"（内部报告），http://www.china-up.com/hdwiki/index.php? edition-view-853-9。

体规划必须符合上位的区域规划。德国通过行政、财政等手段来支持宏观层次规划的有效实施，其中，行政手段主要通过完善的区域规划和执法机构来依法监督实施；财政手段主要通过资金资助来推进各项重大建设计划项目。

四、日本空间规划编制与审批①

（一）规划体系

日本空间规划体系的形成和完善是一个渐进的过程，大量的空间规划立法活动是在20世纪50年代以后逐渐开展的。《国土综合开发规划法》、《国土利用规划法》和各个专项土地基本利用规划法律，如《城市规划法》等，形成一个有效衔接的完整体系。目前，日本形成了以国土综合开发规划、国土利用规划、土地利用基本规划三大规划为核心的空间规划体系（表2—4）。其中，土地利用基本规划以都道府县编制为核心，涵盖各个层面的专项规划。为适应国际和日本国内经济社会环境的变化，2005年对《国土综合开发规划法》国土规划体系、内容和程序等方面进行了修订，并改名为《国土形成规划法》[40]。此外，《国土利用规划法》和《土地利用基本法》，也是全国层次规划编制的主要法律依据。

表2—4　日本空间规划体系概况（2000年）

层次	编制主体	法律体系	运作体系		
国家	运输省、建设省、北海道开发厅等	《国土综合开发规划法》、《国土利用规划法》、《土地利用基本法》	国土综合开发规划 国土形成规划	—	国土利用规划
区域	中央与地方形成的合作机构	区域开发的相关法律	区域综合开发规划	—	—
都道府县	城市规划局、建设局、住宅局、交通局、供水局和城市规划审议会等	《城市规划法》、《农业振兴区域开发建设法》、《森林法》、《自然公园法》、《自然环境保护法》等	都道府县综合开发规划	土地利用基本规划（根据全国、地方国土利用规划编制）；城市、农业、森林、自然公园、自然保护区域规划	国土利用规划
市町村	市町村行政机构	《城市规划法》、《建筑基准法》	市町村综合开发规划	城市规划控制区、城市规划实施项目	国土利用规划

资料来源：翟国方、刘力、王园等："日本空间规划体系产生、发展及其机制"（工作报告），2014年。有改动。

---

① 该部分研究内容，主要参考了翟国方、刘力、王园等："日本空间规划体系产生、发展及其机制"（工作报告），2014年。

全国层面的规划体系包括国土综合开发规划(第六次规划改为"国土形成规划")、国土利用规划和土地基本规划(包括城市规划在内的各类专项规划)。其中,国土综合开发规划的内容比较全面和综合,是空间规划体系的"顶层设计"。国土利用规划偏重于国土的分类利用目标和规模控制,是国土综合开发规划的配套规划。而土地利用基本规划以国土利用规划为依据,进一步明确行政辖区内"城市区"、"农业区"、"森林区"、"自然公园区"、"自然保护区"五类基本功能地域的布局和相应的管制要求[41]。

涉及区域国土规划的相关法律较多,包括《首都圈整备法》、《东北开发促进法》、《九州地方综合开发促进法》、《四国地方开发促进法》、《北陆地方开发促进法》、《中国地方开发促进法》、《新产业都市建设法》、《近畿圈整备法》、《工业整备特别地域整备促进法》、《中部圈开发促进法》等。这些法规保障了相应的规划有法可依。涉及都道府县空间规划的主要法律有《城市规划法》、《农业振兴区域开发建设法》、《森林法》、《自然公园法》、《自然环境保护法》等。涉及市町村空间规划的法律主要有《城市规划法》、《建筑基准法》等。

(二)规划组织与技术内容

2005 年的《国土形成规划法》强调了在编制国土规划时国家与地方的协调,推进地方分权化。编制主体由原来以国家为主导的模式向国家和地方合作的模式转变,并且突出社会各界参与的重要性。将以前单一的全国规划变为全国规划和广域规划两个层次。

日本中央政府负责编制全国的国土综合开发规划和国土利用规划,由国土交通省牵头,建设省、农林渔业省、内务省及相关地方政府共同参与编制工作。全国规划更加结构化和政策化,由国土交通大臣制作提案,都道府县政令市可以通过规划提案来提出更改方案,公众参与评议。全国规划编制完成后须经国土规划审议会审议,由内阁会议决定通过。日本全国层次的空间规划,内容包括国土形成的基本方针、目标和全国性的国土政策等。根据全国国土规划制定的规划目标,将相关的发展和管控目标进行分解与落实,涉及内容包括:关于土地、水和其他自然资源的利用,水灾、风灾以及其他灾害的防控,调整城市和农村的规模以及布局,产业的合理布局,电力、运输、通信和其他重要公共设施的规模和配置,以及文化、福利、观光资源的保护,设施的规模以及配置等。

广域规划以日本大体上被划分的八个区域为对象(包括以东京、名古屋和大阪为中心的首都圈、中部圈和近畿圈三大都市圈,以及北海道圈、东北圈、四国圈、中国圈和九州圈),由中央政府和涉及的各地方政府共同编制。以首都圈为例,它是内阁总理大臣在听取相关都、县知事以及国土审议的意见后制订的计划。这个计划由基本计划、整备计划、事业计划三部分构成。广域地方规划(包含两个以上都道府县区域的国土形成规划)主要内容是制定该区域的国土政策。广域地方规划由中央政府负责编制，由国家和地方合作，多方参与完成。主要内容包括：设立广域地方规划协议会，以保证区域内各个集团能够在平等立场上进行协商，同时实现国家和地方的沟通与合作；市町村可以对规划提出更改方案；广域地方规划在听取专家意见并经公众评议后，由国土交通大臣最终决定通过。

日本都道府县的城市规划局、建设局、住宅局、交通局、供水局和城市规划审议会相关机构，负责本行政区域内的空间规划。市町村空间规划，由市町村的行政机构负责编制。

（三）规划实施与监督

日本的宏观层次的国土综合开发规划主要通过国家资助建设的项目、财政补贴制度、法律制度建设、必要的行政手段来保障实施。中央和议会通过立法及财政手段推动规划实施。总体上，日本由于人地关系紧张，中央政府的强干预管理充分体现在规划的实施当中。同时，规划充分体现了公众参与，保持了公众和主管部门之间的高度协调性。

地方分权逐步强化了广域规划的重要性。1999 年，日本通过了《地方分权法》。根据这一法律，对涉及城市规划在内的 475 部法律进行了修改，明确了城市规划为地方政府事权，使城市规划基本脱离了中央政府主导的管理路线。推进地方行政制度改革，使地方获得更大的自主财政权。

各层级空间规划效能在逐步提高。2001 年，日本的行政体制发生了比较大的变革，内容包括中央政府机构的改组以及规划行政体制的改革等。中央政府层面，新组建了国土交通省，由原运输省、建设省、北海道开发厅和国土厅等机关合并而成，其业务范围包括国土规划以及河川、都市、住宅、道路、港湾、政府厅舍营缮的建设与维护管理等，实现了将空间规划所涉及的所有规划运行机构都归入了国土交通省，使得国土形成规划、国土利用规划和土地利用的基本规划等各类规划由统一的部门负责，从而增强了中央政府，特别是内阁在国家空间规划体系中的主导地位。在编制时序上规定国土规划与国土利用规划由国土交通省同时编制，以保证两个规划之间的协调性及有效实施。

第四节　国外宏观层次规划编制与审批的经验总结

一、规划体系

首先，宏观层面规划往往是地方规划的法定依据，当然也有国情差异。主要的类别可划分为三类：一是以日本、德国为代表的国土综合开发规划；二是以英国、美国为代表的区域综合规划，譬如英国的区域空间战略、美国的州总体规划；三是以大都市区为规划范围的城市地区规划，如英国的大伦敦规划、法国的大巴黎规划、美国的大纽约规划等。国家层次的宏观规划几乎都是纲要性、政策性、战略性、全局性的，直接的法律约束力较弱，往往通过国家资助建设项目的实施，来实现国家层次的宏观规划目标；对下一层次的宏观规划都相当重视，譬如英国的郡规划，美国、德国的州规划，日本的都道府县规划。

其次，"公共政策导向＋投资计划"对下位规划的约束性较强。结合上级政府的公共投资计划，对下级政府所辖区域的空间资源进行优化配置和宏观调控，进而发挥宏观层次规划的功能效用。这类规划主要有美国的综合规划、英国的结构规划/RSS、德国的联邦州级和区域规划等。此外，与规划相关的行动计划、公众参与尤为重要。

二、规划内容

加强空间战略性引导。对国家、地方未来一段时间发展的重点指导地区给予明确规划要求。这些地区包括重点开发地区、重大基础设施地区、重要的城镇空间发展走廊、特殊的政策地区等。

强化空间政策到土地管制的落实。上位规划重点明确空间资源的配置政策和空间开发政策指引，同时在地方规划中尽量通过土地用途管制予以落实。如确定土地开发的类型、开发强度目标等要求，提出农业、森林、自然保护区、海岸、绿带、观光资源、水资源等的保护与利用方式。

注重民生项目的规划指引和相应投资。包括生态环境的治理与保护，对生物多样性、就业促进与住房保障、健康教育、安全防灾、基础设施和公共服务等的政策要求，应对人口结构和规模变化等的挑战，关注历史与文化资源的保护与复兴等。

三、规划审批

行政审批模式主要指的是，通过立法授权要求下级政府编制本地规划必须申报上级政府进行规划成果核查审批，通过行使对地方规划审批、审查、核查、监督的实施权力以及掌控国家区域建设资金分配权力等途径，以保障宏观层次规划的实施。这方面在中央政府权力较强的日本、法国和英国部分地区较为明显。

议会立法模式主要是宏观层次规划编制完成后须提交同级议会机构进行立法审批，但规划相关内容不得与国家和区域的法律法规相抵触。譬如，德国、美国等国家的地方规划必须符合上一级宏观层次规划或法律、财政机制要求，否则很难获得议会通过（表2—5）。

表2—5　国外主要发达国家规划事权对比

国家	规划事权体系
英国	英国的地方议会没有规划立法职能，这与中央集权的行政系统相一致。英国中央政府的规划主管部门不仅审批结构规划和受理规划上诉，并且有权干预地方发展规划和开发控制
美国	联邦政府：联邦政府在城市和住宅领域没有直接参与的法律基础，它参与城市规划相关活动的手段就是一些间接性的财政方式。 州政府：在州政府下设立了各种地方政府。地方政府拥有固定的自治权。一般而言，城市管理由立法机构、规划委员会、规划部门、区划管理机构和上诉委员会构成
德国	城市规划属于地方自治事务，各州的城市规划组织结构均有差异。联邦政府颁布的《建设法典》规范约束了镇区地方政府在城市规划方面的行为。《建设法典》规定可以发布禁止改建的命令和建设申请的搁置
日本	中央政府规划职能：编制国土利用规划和审批城市规划；通过财政拨款促进各地区之间共同发展；设置了各种基金开发公司，直接参与大型基础设施建设和大规模城市开发计划。 地方政府规划职能：根据《城市规划法》（1968年）的规划权限下放原则，地方政府的规划职能得到加强。都道府县政府负责具有区域影响的规划事务，包括城市规划区中城市化促进地域和城市化控制地域的划分、25万或25万以上人口城市的土地使用区划等；区市町村政府负责与市利益直接相关的规划事务，包括25万人口以下城市的土地使用区划和各个城市的地区规划，跨越行政范围的规划事务则由上级政府进行协调

四、空间管制的类型

（一）空间管制的国际案例

因我国省级行政单元面积较大，基本相当于大部分国家的全国一级空间尺度。为使比较更有针对性，在国际案例方面主要选取空间尺度与我国省级行政单元接近的案例，包括很多国家级的空间规划。此外，也选取了与我国全国、地级市尺度相当的空间规划作为参考。

1. 美国

（1）全国性规划——《美国2050年空间发展战略》

美国没有统一的全国国土规划。2004年，为了应对来自欧盟和东亚地区的挑战，林肯土地政策研究中心、区域规划协会和宾夕法尼亚大学设计学院撰写了《关于美国空间发展前景》（Toward an American Spatial Development Perspective），重点研究了美国如何通过促进超级城市的发展来提高全球竞争力。在对美国正在出现的超级城市的分析中，明确了区域中心、区域节点、超级城市和影响区域等概念（图 2—2）。

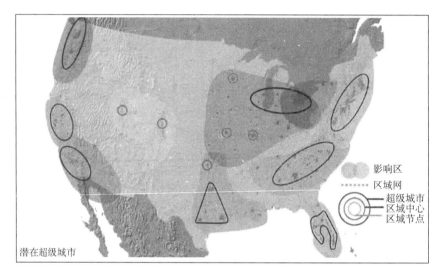

图 2—2　"美国 2050"——超级城市

资源来源：Global Gateway Regions. The United States of America's 3th Century Strategy：Preserving the American Dream，September 2005.

（2）州际区域规划——东北沿海超级城市

美国东北沿海超级城市，包括波士顿、纽约、费城、巴尔迪摩、华盛顿五个大城市，核心区 4 760 万人，16.2 万平方千米，整个地区 6 920 万人，48.8 万平方千米。这个区域代表着美国的现代化水平和国家在未来的竞争能力。因此，《美国 2050 年空间发展战略》在该区域未来发展战略中明确了建成区域、高品质生活地区、可承受住宅地区、交通廊道和环境保护区几类区域，顾名思义这些区域显然有着不同的管制和发展要求（图 2—3）。

（3）州规划

美国各州不一定都编制州级规划，但编制规划的州能够得到联邦的财政补贴。各州编制规划的依据也基本是各州自行立法，因此，各州编制的规划也大相径庭。1994 年，美国规划协会（APA）编写了《精明增长立法指南》，提出了州级政府土地利用规划管理运作机制和改革方向，但只作为对各州的政策建议。

此外，美国土地所有权明晰，不仅公有、私有土地界线明确，而且公有土地在各级政府之间的权属也是清晰的。美国国土面积 936 万平方千米，私有土地占 51%，联邦及州

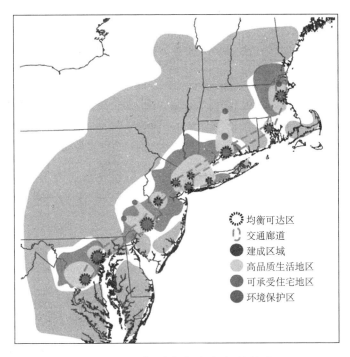

图 2—3　美国东北沿海超级城市

资料来源：Reinventing Megalopolis：The Northeast Megaregion，P35. Megalopolis Unbound. University of Pennsylvania School of Design，Spring 2005.

政府占 47%（联邦约占全国的 1/3），印第安人占 2%。联邦政府的土地主要包括联邦政府机关及派驻各州、县、市机构的土地、军事用地、自然风景保护区、公园等。联邦、州、县、市在土地所有权、使用权和受益权上各自独立，不存在任意占用或平调。国有（联邦）土地战略规划每五年编制一次，由联邦国家土地管理局负责编制，并报国会修改、审批后执行。下面分别以康涅狄格州《保护和发展政策规划（1998～2003）》、《新泽西发展和再发展规划（2001～2020）》和俄勒冈州土地利用规划三个规划做个简要说明。

　　康涅狄格州面积 1.3 万平方千米，人口 340.6 万人。该州在其《保护和发展政策规划（1998～2003）》中提出了若干发展目标和政策，并提供了规划空间指引（Plan Locational Guide）（表 2—6）。在指引中，将整个州域分为三大类地区：①城市地区，包括地区中心、邻里维护地区、增长地区；②环境关注地区，包括现存保护开敞空间、保护地区、保存地区；③农村地区，包括农村社区中心、乡村地区。规划还对各类地区的保护或发展的优先顺序进行了排序[①]。

表 2—6   康涅狄格州规划空间分类指引

大类	小类	发展优先	保护优先	发展策略
城市地区	地区中心	1		经济和物质空间更新，最优先发展
	邻里维护地区	2		保证持续的稳定性，推动用地兼容
	增长地区	3		按照城市尺度有步骤、向周边推动的增长，以基础设施为支撑
环境关注地区	现存保护开敞空间		1	永久保留，进行管理，维持现用途
	保护地区		2	基本禁止建设
	保存地区		3	所有开发必须与资源相符合
农村地区	农村社区中心		4	市民和服务中心，混合功能
	乡村地区		4	低密度利用，保持开敞特性

资料来源：根据 Conservation and Development Policies Plan for Connecticut（1998-2003）相关内容整理。

新泽西州面积 2.0 万平方千米，人口 841.4 万人。在《新泽西发展和再发展规划（2001～2020）》中，空间政策分区并未包括全州域，因为位于州内的松林地属联邦所有，由另一个委员会单独编制空间规划。因此，《新泽西发展和再发展规划（2001～2020）》将除了松林地以外的其他规划地区分为以下政策区：都市区、郊区、边缘缓冲区、乡村地区、生态敏感地区和公园[42]（表 2—7）。

表 2—7   新泽西州政策分区

类型	发展策略
都市区	为州未来经济发展、新的城市、市镇建设提供空间，推动紧凑发展模式，平衡老市郊区，重新设计城市蔓延地区，维护现有稳定社区的特质
郊区	为州未来经济发展提供空间，推动中心式或其他紧凑模式，维护现有稳定社区的特质，保护自然资源，重新设计蔓延地区，改变目前蔓延趋势，复兴城市和市镇
边缘缓冲区	集中安排增长，保护市郊为开敞空间，复兴城市和市镇，维护现有稳定社区的特质，保护自然资源，在城市、郊区、乡村和生态敏感地区间提供缓冲带，将给排水设施向中心聚集
乡村	保留郊区为大片连续农地或其他地，复兴城市和市镇，集中安排增长，推动可行的农业产业，维护现有稳定社区的特质，将给排水设施向中心聚集

---

① Conservation and Development Policies Plan for Connecticut（1998-2003），http：//www.opm.state.ct.us/publicat.htm#Resources.

续表

类型	发展策略
生态敏感地区	通过保护大片连续土地来保护环境资源，集中安排增长，维护现有稳定社区的特质，将给排水设施向中心聚集，复兴城市和市镇
公园	需要严格保护

资料来源：New Jersey State Planning Commission. *The New Jersey State Development and Redevelopment Plan Executive Summary*，2001，p. 26.

　　俄勒冈州面积 25.1 万平方千米，2006 年普查人口约 370 万人，占全国的 1%，接近 45% 的居民居住在波特兰大都市区。俄勒冈州是州级土地利用规划工作开展较早的州，1973 年成立的"土地保护与发展委员会"（LCDC）是该州的规划权威机构。精明增长战略在该州实施已经超过 30 年时间，效果在全美也是最好的。州土地利用规划重点是对农田按农业用途进行了分区，并限制居住开发和其他类型的开发。土壤质量是各地方政府决定是否扩张其城市边界或城市保留区的重要标准。高质量的土地首先选取作农田，城市化是最后的选择[43]。此外利用"城市增长边界"（UGB）来调节土地利用，在 UGB 内的土地才能在特定的时间转变为城市用途，在 UGB 之外的土地作为非城市用地①。

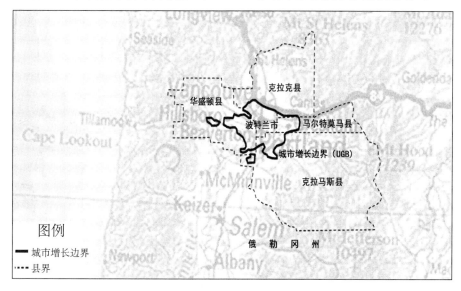

图 2—4　俄勒冈州波特兰市城市增长边界
资料来源：王颖："城市增长边界研究"（内部讨论稿），中国城市规划设计研究院，2015 年。

---

① Department of Land Conservation and Development，Strategic Plan（2012-2022），www. oregon. gov/lcd.

2.《欧洲空间发展展望》(ESDP)

欧盟面积 320 万平方千米,超过 3.7 亿居民。1999 年完成的《欧洲空间发展展望》是指导欧盟国家空间政策的战略性文件,欧盟各国的空间发展政策都或多或少地体现了 ESDP 的意图并进行了相关说明。由于欧盟与主权国家仍然存在着一定的差别,ESDP 在空间政策上更侧重于明确资金、政策的空间分配。

ESDP 以建立"多中心空间发展与新型城乡关系"为目标,针对三类不同空间,提出了差异化的空间政策。

第一类空间以伦敦、巴黎、米兰、慕尼黑和汉堡五大都市组成的五角形区域为代表,当然也包括其他一些具有国际化潜力的地区。他们是欧盟推动多中心与均衡发展的主要空间载体,也是欧盟参与国际竞争、服务全球经济的主要地区。在这类地区进行的决策与投资,包括结构基金的使用,都必须与推进多中心发展的目标相适应。推动这些区域发展的政策包括:通过空间结构政策与泛欧网络(TENs)政策的紧密配合,改善国际/国家与区域/地方交通网之间的连接;形成多中心、更加均衡的都市化地区体系、城市群体系和城市体系;通过建立跨行政区和跨国网络,加强在空间发展领域特定主题的合作;促进欧洲北部、中部和东部以及地中海地区国家城镇在区域、跨边界和国际层面上的合作,加强欧洲中部与东部之间的南北联系、北欧内部的东西联系。

第二类空间是动态的、富有吸引力和竞争力的城市与城市化区域。它们包括大型海港、洲际航空港、贸易与展览中心城市、文化中心、边缘地区的都市区,也包括能振兴衰退农村地区经济的小城镇。这些区域中的许多城市,游离在全球一体化经济区之外,还有一些城市失业率高企,但普遍具有劳动力成本低、与欧洲之外或与相邻的非欧盟成员国联系密切等独特优势。推动这些区域发展的政策包括:以吸引流动资本为目标,完善城市的经济结构、环境和市政服务基础设施;支持和资助产业结构单一的城市实现多元化发展;倡导城市功能和社会的多样化,缓解社会分化,推动低效用地的更新;对城市生态系统实现精明管理,鼓励公共交通导向的土地利用和规划布局,等等。

第三类空间是本土化、多样化与高效发展的乡村地区。它们是经济、自然和文化的综合体,有些已成功地进行了结构转型,有些在农业或旅游发展方面具备较强的竞争力。推动这些区域发展的政策包括:在教育、培训和创造非农就业岗位等方面,对乡村地区给予支持;巩固乡村地区中小城镇作为区域发展的中心地位,推动其网络化发展;对农业用地实施多种经营,保障农业的可持续发展;关注乡村地区的文化与自然遗产,挖掘环境友好型旅游的发展潜力。

ESDP 还采取了划分次区域的形式,将欧盟国家划分为北海地区、西北大都市地区、西南欧地区、中欧—亚得里亚海沿海—多瑙河流域—东南欧地区、波罗的海地区、地中海西部和阿尔卑斯山地区、大西洋地区七个跨国合作地区。为推动跨国合作，ESDP 谋求以项目为导向的空间发展跨国合作，并将其作为实施 ESDP 的一项重要手段。关键任务包括：针对计划和项目，进一步发展跨国的行政、资金筹措和管理结构；在决策过程和计划实施中进行更广泛的合作；消除各成员国跨境和跨国空间规划及其措施的法律障碍；广泛制定跨境区域规划，并在适当地区制定土地利用规划，作为跨境空间发展政策的一种最深入的形式，等等。

3. 英格兰东南部区域空间战略

2004 年，英国《规划与强制购买法》明确了区域空间战略 RSS 的法定地位。大伦敦地区和其他八个大区（表 2—8）都先后编制了 RSS。在各区的 RSS 中通过划分次区域的方式来将各项政策落实到空间上。英国各大区面积相对较小，在 1~2 万平方千米，基本类似于我国地级市的规模。

表 2—8　英格兰各大区

区域	2001 年人口规模（人）	面积（km²）
东北	2 515 479	8 592
西北	6 279 800	14 165
约克夏和亨伯河流域	4 964 838	15 411
中英格兰东部	4 172 179	15 627
中英格兰西部	5 267 337	13 004
东英格兰	5 388 154	19 120
伦敦	7 172 036	1 578
东南	8 000 550	19 096
西南	4 928 458	23 829

英格兰东南部地区的《区域空间战略》已于 2006 提交中央政府，并于 2008 年正式实施。该战略是英格兰东南部区域各地方政府之间建立的共识，在不同的组织和政府之间，为实现可持续发展而共同确定的一种目标。《规划政策指令》要求，《区域空间战略》要有一张与政策协调一致的规划图（图 2—5）。从东南部地区区域空间战略提供的图上来看，空间系统网络化特征很鲜明：既包括次区域战略地区、特殊政策地区、发展地区和绿带，也包括有区域中心、主要城镇中心、次要城镇中心；既有国际枢纽机场、区域主要机场、深水港口、区域主要港口，也有门户地区（Gateway）和相邻区域城市中心。

次区域层面的规划政策框架，是规划的主要内容之一，也是"规划政策指令"要求的必

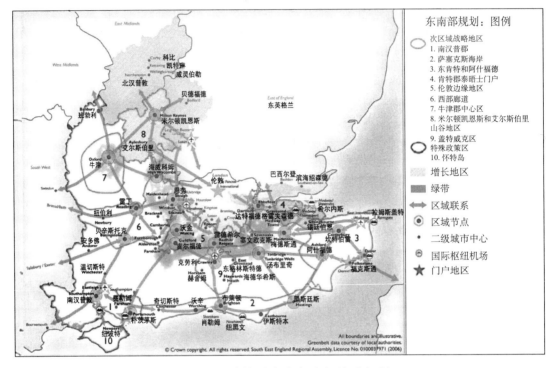

图 2—5　英格兰东南部空间战略规划

资料来源：SERA（South East Regional Assembly），2006，*The South East Plan：A Clear Vision for the South East*（2006-2026）.

备内容，类似于我国空间管制的规划内容。规划提出了 10 个次区域的规划政策，包括：南汉普郡（South Hampshire）；萨塞克斯海岸地区（Sussex Coast）；东肯特与阿什福德（East Kent and Ashford）；肯特泰晤士河河口地区（Kent Thames Gateway）；伦敦边缘地区（London Fringe）；西部走廊与布莱克沃特河谷地区（Western Corridor and Blackwater Valley）；牛津郡中心地区（Central Oxfordshire）；米尔顿凯恩斯和艾尔斯伯里山谷地区（Milton Keynes and Aylesbury Vale）；盖特威克地区（Gatwick Area）；怀特岛特殊政策地区（the Isle of Wight Special policy area）。所有这些，通过区域辐射线有机地联系起来。图纸并不复杂，但是结合规划的内容来考虑，显得很充分，值得借鉴[44]。

4. 德国

（1）联邦空间秩序规划

德国面积 35.7 万平方千米，人口 8 203 万人。联邦政府目前提供空间发展报告，每四年编一次，是德国空间规划的框架性文件。

空间发展报告首先对德国现状空间进行评价，通过一系列的评价体系，将全境划分为

若干类区域：内部中心、中心外围区、中心紧凑发展区域、中间过渡的低密度区、外围紧
凑发展区、外围极低密度区等（图 2—6）。

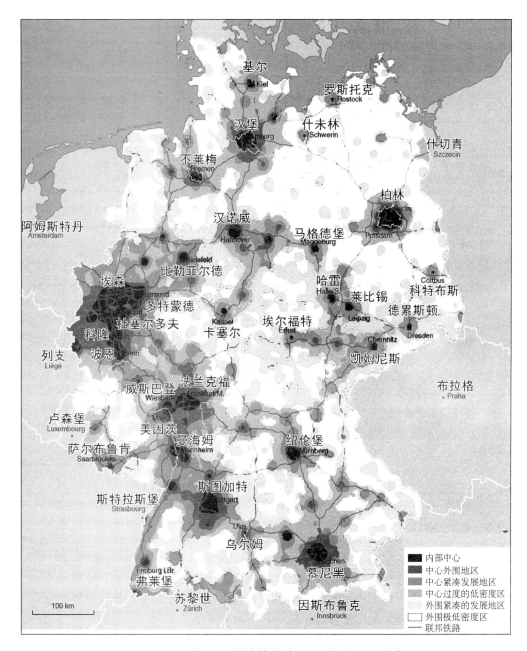

图 2—6　德国空间结构和中心可达的人口密度

资料来源：Adam B. Europaeische Metropolregionen in Deutschland：Perspektiven fuer dasnaechste Jahrzehnt. 2006.
http：//www. kas. de/publikationen/2006/7772＿dokument. html.

空间结构规划将全境划分为：城市景观、田园风光、保护自然区域、海洋景观、河道景观等。在此基础上，又示意性地提出区域公园和开敞空间、跨境景观和旅游开发等（图2—7）。

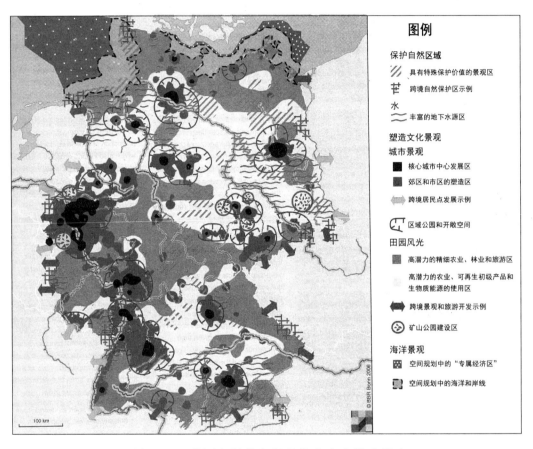

图2—7 德国空间的资源保护和文化景观塑造

资料来源：Federal Minister of Transport，Building and Urban Affairs：Concepts and Strategies for Spatial Development in Germany，June 30th，2006，p. 23. 由北京建筑大学高树勋依据原图进行改绘。

（2）州域规划

以《莱茵兰—普法尔茨州州级发展规划》和《萨克森—安哈特州州级发展规划》两个州域规划为例。莱茵兰—普法尔茨州面积2.0万平方千米，人口401.8万人。该州的空间规划将州域划分为人口高度稠密空间、人口稠密空间、有密度增加趋势的乡村空间、低密度乡村空间、无区位优势的低密度乡村空间五类地区（图2—8）。

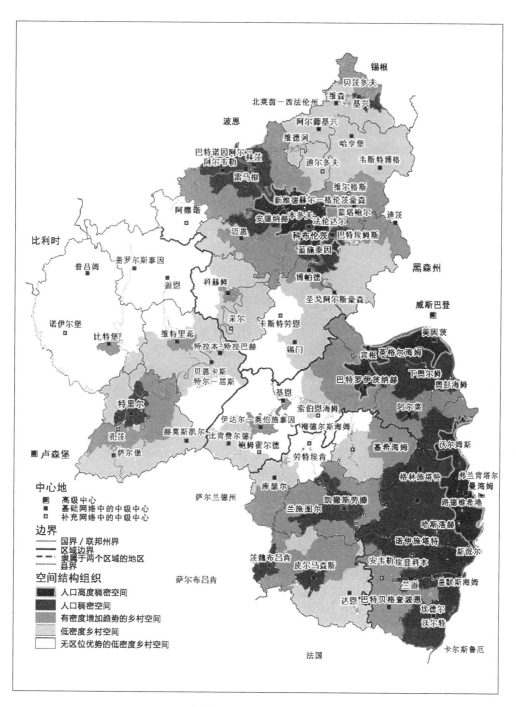

图 2—8 莱茵兰—普法尔茨州空间结构组织

资料来源：由中国城市规划设计研究院谭袂萌根据《莱茵兰—普法尔茨州州级发展规划》翻译并改绘。

萨克森—安哈特州面积 2.0 万平方千米，人口 267.4 万人，在萨克森—安哈特州州域规划中，州域空间政策主要采用土地利用性质划分的方式，在确定城市等级之后，将空间分为自然和风景区、洪涝区、采矿区、军事用地、农业用地、旅游和休闲用地、文化和遗迹用地几类（图 2—9）。

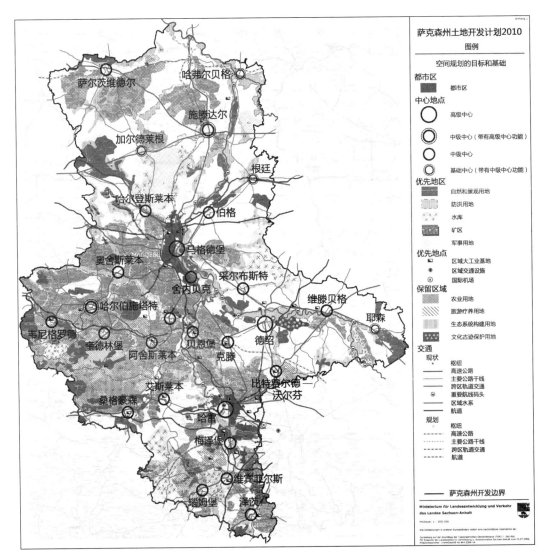

图 2—9　萨克森—安哈特州土地开发计划（2010 年）

资料来源：由中国城市规划设计研究院谭杪萌根据《萨克森—安哈特州州级发展规划》翻译并改绘。

5. 荷兰

荷兰国土面积 4.15 万平方千米，人口 1 633.6 万人。新的《国家空间战略》（National Spatial Strategy：Creating Space for Development）将指导荷兰 2006～2020 年

的国家空间政策以及 2020～2030 年的长远发展。《国家空间战略》将重心从"强制性约束"转向"促进发展"，并将若干相互分离的政策文件整合为一个独立完整的战略政策，确定若干国家空间规划关键决定（National Spatial Planning Key Decision，PKB)[①]。

在现状分析中，土地利用概括为三个层级：表面（水体、土壤和动植物）、网络（所有可见和不可见的基础设施）和占据体（人类使用形成的空间模式）。《国家空间战略》认为拥有国家重大价值的区域和网络共同形成国家空间结构。各种空间政策体现在不同领域的 PKB 中。

PKB1 经济和农业中重点关注：经济核心地区、国家城市关键项目、主要空港、智力区（brainports）、海港、大型工业地区、温室园艺农业地区、花卉栽培农业地区、园艺智力（greenport）和企业密集区、重建地区。

PKB2 城市化中重点关注：集聚地区、国家城市关键项目、国家城市网络、国家绿化缓冲地区。

PKB5 国家生态网络中重点关注：已划定界线的生态网络、已划定界线的大型水面构成的生态网络、研究区域构成的生态网络、高强度利用的军事地区。

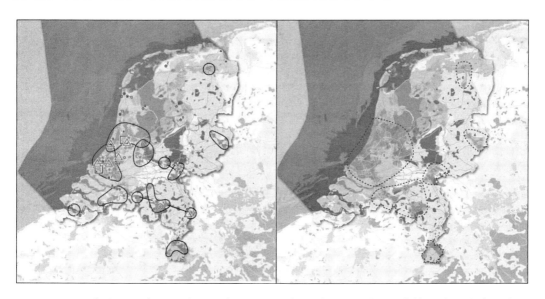

图 2—10　荷兰空间发展战略规划中的经济和农业功能区（左）、城镇化地区分布（右）

　　资料来源：National Spatial Planning Key Decision（PKB），http：//www. env. go. jp/policy/assess/2-4strategic/3sea _ 5 _ en/3-1. html.

---

　　① 　National Spatial Planning Key Decision（PKB），http：//www. env. go. jp/policy/assess/2-4strategic/3sea _ 5 _ en/3-1. html.

　　PKB6 欧盟鸟类和野生动物栖息地保护指示区及自然保护区中包括：欧盟规定的鸟类保护区、欧盟规定的野生动物栖息地、上述两者交叉的地区、自然保护法规定的地区。

　　在经济、基础设施和城市化方面，主要包括经济核心区、主要港口区、智力区和绿色区域、新的城市重大项目、重要交通轴线和国家城市网络等；在水体、自然和景观方面，包括主要河流、海岸、鸟类及其栖息地指示地区、自然保护区、世界遗产区域等。在图 2—10和图 2—11 中，表达了一些有代表性的 PKB。

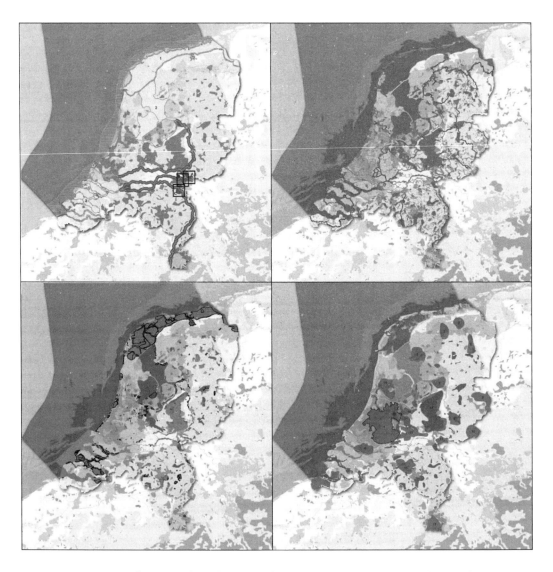

图 2—11　荷兰空间发展战略规划中的水系（左上）、生态网络（右上）、
各类自然保护区（左下）和重大景观地区分布（右下）

资料来源：National Spatial Planning Key Decision（PKB），http：//www.env.go.jp/policy/assess/2-4strategic/3sea _ 5 _ en/3-1.html.

6. 韩国

韩国面积 9.9 万平方千米，人口 4 800 多万人。韩国第四次国土综合规划（2000～2020），在空间上明确的区域包括大范围开发地区（Area-wide Development）、文化地区、国家生态公园带、南部海岸旅游地区以及北部边境管理区。对这些不同区域，采取了不同的空间发展措施。如大范围开发地区的发展目标是"培育成地域均衡开发的中心支点和走向世界的发展基地"。再如文化地区，是希望"发挥落后地区的景观和生态旅游资源，使其成为地区发展的动力"，在全国划分为七大文化旅游圈，建立地区发展和旅游相结合的生态资源地区[①]。

（二）国外空间管制的分类比较

由于空间尺度对于空间管制分区的具体方式有明显影响，因此，比较研究不局限于各国最高一级地方政府的规划，而主要针对空间尺度与我国省级行政单元相当的案例，如美国东北沿海超级城市、美国俄勒冈州、德国、韩国和荷兰的规划等。这些规划对辖区的空间指引既有全覆盖的，也有未全覆盖的，指导方式以分类指导为主，分区划界多为示意性。

表 2—9　国外空间管制案例的分类比较

空间尺度	国际案例（辖区面积）	空间分区				
		全覆盖	分区方式		区界	分区
			分类	次区域		
国家尺度（960 万 km²）	美国（936 万 km²）	否	√		示意	区域中心、区域节点、超级城市、影响区域
	欧盟（320 万 km²）	是		√	国界	北海地区、西北大都市地区、西南欧、中欧—亚得里亚海沿海—多瑙河流域—东南欧地区、波罗的海地区、地中海西部和阿尔卑斯山地区、大西洋地区
省尺度（4 万～40 万 km²）	美国东北沿海超级城市（16.2 万～48.8 万 km²）	是	√		示意	建成区域、高品质生活地区、可承受住宅地区和环境保护区
	俄勒冈州（25.1 万 km²）	是	√		明确	城市增长边界内、外两类
	德国（35.7 万 km²）	是	√		示意	城市中心地区、高品质的郊区、乡村地区、旅游风景区、防洪区

---

① 蔡玉梅："韩国第四次国土综合规划（2000～2020）"，http：//blog.sina.com.cn/s/blog _ 4a6d40030100 csw4.html。

续表

空间尺度	国际案例 （辖区面积）	空间分区				
		全覆盖	分区方式		区界	分区
			分类	次区域		
省尺度 （4 万～ 40 万 km²）	韩国（9.9 万 km²）	否	√		示意	大范围开发地区、文化地区、国家生态公园带、南部海岸旅游地区、北部边境管理区
	荷兰（4.15 万 km²）	否	√		明确	在多个 PKB 中分别制定空间政策，主要类型区包括：经济核心区、主要港口区、智力区、绿色智力密集区、鸟类及野生动物栖息地、自然保护区、世界遗产区域，各类地区可能存在交叉
地级市尺度 （<4 万 km²）	美国康涅狄格州 （1.3 万 km²）	是	√		明确	城市地区（地区中心、邻里维护地区和增长地区）、环境关注地区（现存保护开敞空间、保护地区、保存地区）、农村地区（农村社区中心、乡村地区）
	美国新泽西州 （2.0 万 km²）	否	√		明确	城市地区、郊区、边缘缓冲区、乡村地区、生态敏感地区、公园
	英国大伦敦地区 （1 578km²）	否	√	√	示意	城市复兴地区、都市区开敞空间、绿带
						东西南北中五个次区域
	英国东南地区 （1.91 万 km²）	否	√	√	示意	增长地区、绿带
						若干次区域
	德国莱茵兰—普法尔茨州（2.0 万 km²）	是	√		明确	高密度地区、一般密度地区、乡村地区、位置适宜的乡村居民点、位置不适宜的乡村居民点
	德国萨克森—安哈特州（2.0 万 km²）	否	√		明确	自然和风景区、洪涝区、采矿区、军事用地、农业用地、旅游和休闲用地、文化和遗迹用地

（三）国外空间管制的特点和经验借鉴

1. 空间管制权与所有权相结合

西方国家土地所有权较明晰，特别是美国，不仅公私分明，在公有土地之内还存在各级政府之间的所有权差别。国家公园、森林等生态敏感地区的所有权、管理权多属于联邦或州等上级政府。因此，上级政府对这类地区具有所有权和直接管理权，规划的编制和实施容易衔接。

我国国有土地的所有权在各级政府间没有明确。在行政机构设置中，除国土部门外，其他涉及空间管理的建设、交通、环保、农业、林业、水利等部门都不是垂直管理。在属地管理的现实情况下，空间资源的直接管理权基本在地方政府，上级政府通常是依据相关法律法规具有间接管理权。就地方政府而言，森林、湿地等生态资源产生的正外部效应不能内部化，缺乏保护和管理的动力在所难免。因此，上级政府对这类地区的空间管制具有重要意义，但由于缺乏直接管理权，这类管制实施起来比较困难。

2. 空间管制强调突出重点

国外区域规划问题导向的特征比较鲜明。日本、荷兰、韩国等国家已编制了多次全国性的空间规划，历次规划往往是针对当时主要的问题制定相应的措施，规划主题较为突出。在这样的规划理念的指导下，所关心的地区往往是局部的，是重点突出的。如美国为了应对全球竞争，重点关注的是超级城市地区；英国的规划更强调城市复兴地区和绿带；韩国将重点放在了文化地区和 10 个重点开发的地区；荷兰则认为拥有国家重大价值的区域和网络共同形成国家空间结构，这些区域是需要国家政府的努力以超越基本质量标准的地区。

上级政府的空间管制应依托当前的核心发展战略，以尊重下级政府依法享有的决策自主权为前提，将管制重点放在那些当前发展形势下迫切需要关注而下级政府又力所难及的地区和领域。这一方面能够使得空间管制重点突出，另一方面也能保证上级政府有限的人力物力相对集中。

3. 空间管制以指导性为主

从国外的案例来看，除了美国俄勒冈州土地利用规划的城市增长边界外，空间管制分区较明确的案例通常空间尺度较小，基本相当于我国地级市的空间尺度。较大空间尺度的规划的空间分区通常是示意性的，甚至在仅 1 578 平方千米的伦敦规划中，城市复兴地区、绿带的界线也是示意性的。

区域规划的空间管制并不是为了指导建设管理，更主要的任务是指导下位规划的编制。考虑到我国省级行政单元尺度较大，制定较具体的空间管制分区有一定难度，空间管制的分区可考虑以示意性为主，在空间分区的类型和界线上保留一定的弹性，以指导下位规划继续深化空间管制分区为主要目的。

4. 各州、省的空间管制分区在方法上并不一致

英国对区域发展战略的编制，通过法律做出了统一、明确和具体的规定。联邦制的美国、德国则是各州制定编制州规划的直接法律依据，因此，各州的规划在内容和方式上都不尽相同，空间管制在方式上有很大的不同，有些国家的宏观尺度的规划不要求有空间管制的内容。

我国省级尺度整体较大，而且各省的社会经济发展条件差异较大，甚至超过西方国家国内的区域差异，因此，各省规划中空间管制的目的和出发点差异显著，各省已编制的规划充分体现了这一特点。

5. 空间管制分区的类型多样化

国外案例的空间管制分区包括分区（次区域）管制和分类管制两种，分类管制的方法占据主导。分类的具体方法包括以下四种方式。

（1）以主体功能作为划分依据

这种分区方式较为普遍。有的案例再将其细分，如城市地区再由内而外分为几个区（中心—近郊—远郊），这主要针对美国城市蔓延比较严重的情况（美国康涅狄格、新泽西州）；或者生态地区按性质再分为小类；有的将农业、生态地区归为一类，而将空间划分为城市增长边界内、外两类（俄勒冈州土地利用规划）。

城市、农村和生态地区的景观特征及功能特征存在明显区别，这种分区方式比较直观，也容易理解，操作相对容易。在现状分析和规划分区阶段都能够应用，之间的衔接较好。从制定政策的角度来看，三类地区之间的政策差别也比较显著。但若要能够制定较细致的分区政策，则需要将各区细化，这就需要统计、遥感、评价体系等方面的技术支持。

（2）以建设密度为主导进行分类

这种分区以德国为主，在现状评价和规划中都有体现，需要一整套的评价体系和相关技术支持，是理性较强的分类方式。这种分类方式划定的类型可以很多，划区也比较明确，较适合城乡空间相对稳定的地区。如德国联邦空间秩序规划、莱茵兰—普法尔茨州州域规划等。

（3）以落实政策为目标进行分区

这种将各项政策落实到空间的方式，与分区制定政策的方式在程序上基本相反，以荷兰国家空间规划为代表。分区有时会出现相互交叉，因此这种方式需要政策的执行力较强，如荷兰就是将各相关规划进行归纳并统一制定规划关键决定（PKB），以此保证了各项空间政策具有较高的执行力和约束力。

（4）以用途管制作为划分依据

这种划分方式更多的是体现空间的主导功能。通常在空间上不是全覆盖的，空间尺度也相对较小，如德国萨克森—安哈特州州域规划。在规划目标比较明确，即目标导向主导的规划中较常用。

五、国外经验价值分析

(一) 形成适应本国行政管理和法制体系的规划制度

1. 建立适合本国政府管理体制的规划体制架构

国外宏观层次规划编制和实施比较成功很重要的经验，就是各国能根据自身的政治管理体制、经济管理体制等的实际情况，建立适合本国国情和政府管理体制的宏观规划体制，这是保障宏观层次规划发挥作用的最根本原因。

在联邦制国家，中央政府与地方政府的事权关系存在较大差异，英国、德国的中央政府对地方政府具有较大的行政干预事权，同时，地方政府也有较大的地方自治权力。因此，英国、德国建立了较强的中央政府层面干预的宏观层次规划体制。当然，英国、德国的国家干预方式、途径也不一样。英国中央政府主要是通过规划政策和行政审批干预，而德国主要是通过法律制度和立法议会干预。美国宪法没有授予联邦政府对地方政府的规划干预权力，所以，美国只能通过联邦的补助资金项目的附加条件要求州级政府编制综合规划，然后达到间接干预地方政府规划事项的目标。

在单一制国家，中央政府与地方政府的事权关系是建立在中央政府高度集权的基础上的，最为典型的就是日本、韩国、法国，主要是通过强大的上级政府干预事权，再结合上级政府的重大项目建设的推动，有效地促进了宏观层次规划的实施和落实。

2. 建立法定的公众参与的决策过程

无论在联邦制国家，还是单一制国家，国外宏观层次规划都建立了被赋予法定地位的公众参与程序，并且都有从规划前期、规划方案、规划成果、规划实施等一套完整的法定公众参与程序机制。各国结合自身的社会经济制度，合理确定了在宏观层次规划编制和审批过程中公众参与的重点，譬如美国州总体规划，更多的是确立联邦项目资金分配以及这些项目所带来的城市问题进行公众参与。因此，在宏观层次规划的公众参与过程，更多的是影响公众利益的区域性问题的建议权，使得广大公众对本区域有认同感，有利于微观层次规划的编制和实施。

3. 建立注重过程法律化而非形式化的规划审批制度

国外宏观层次规划编制完成，不是一个纯粹的技术过程。实质上，编制过程就是公众参与的审批过程，规划委员会、政府机构、议会、公众、企业、私人等都是规划编制过程的一部分，也是审批过程的一部分。如果宏观层次规划通过严格的法律规定保障了公众参与，由谁来审批就不是关键性问题，关键性问题就是这个规划的可实施性，而其可实施性又来自于广大不同利益群体的认可程度。因此，国外宏观层次规划，既有议会审批的，也有政府行政审批的，还有规划委员会审批的，其核心是重视了规划编制过程性，而不是规划审批的形式性。可见，规划过程本身就是规划审批不可分割的有机组成部分。

（二）突出以面向实施为中心的规划编制内容

1. 提出有限的规划实施目标

从国外宏观层次规划编制和审批过程来看，国外宏观层次规划目标都是建立在有限时期内解决有限目标基础上的，进而在规划过程程序设置上表现出了较强的动态变更机制，充分体现区域发展的阶段性。另外，英国和日本对区域规划体制的变革也表明，为了适应国家经济形势发展需要，区域规划体制不是一成不变的。因此，若没有强大的、合法的动态变更机制，英国、日本等国家宏观层次规划调整修编是很难做到与时俱进的。可见，区域规划编制与修改的核心，就是在有限的规划期内建立有限的规划实施目标，而不是终极蓝图。

2. 技术内容以解决实际问题为导向

国外宏观层次规划的技术内容是建立在适应本国的体制架构、决策过程、规划目标、实施动力基础上的，虽然规划的技术内容比较庞杂，核心是解决城市和区域发展中的实际问题。而且，技术内容的每一方面都有相应的国家层次的相关法律规定。譬如公共卫生与健康、空气质量等规划内容，都是解决关系公民基本居住环境问题的，且有相应的实施项目。

从发展历程来看，发达国家在不同发展阶段对宏观层次规划的技术内容不断进行调整，使规划能够随着国家、区域、城市等面临的具体实际问题而不断变化和完善。

从技术方法来看，国外宏观层次规划也充分注重传统理性规划的技术方法的应用，譬如结构、布局、目标、预测、空间、点—轴—面、分区、政策等。但是，无论采用什么研究方法和技术路线，规划编制都落到相应的规划政策和行动计划上，以具体的项目支撑和量化的指标估测，来保障政府能够实施规划，最后解决规划提出的具体问题。

3. 成果表达紧密衔接法律或政策文件

无论是政策性文件的表达形式，还是法律性文件的表达形式，国外宏观层次规划不仅仅是一个技术性的区域规划纲要，更为重要的是通过立法机构、行政机构审批后，转变成为政府可操作、可管理的法律性或政策性文件，譬如英国称之为区域规划政策声明、德国称之为发展政策等。政府可管理、可操作的法律性、政策性文件主要集中在两点：一是指导下一层次规划和区域发展的政策法律；二是具体的项目实施计划和资金资助的具体规定。因此，国外宏观层次规划成果表达的一个共同点，都是政策性、市场性的政府行为。

4. 能够明确指导下位规划的编制

为便于下位规划对上位规划的落实，国外宏观层次规划在制定发展目标和行动计划、区域规划政策等方面，建立了尽可能量化的指标体系，以便于宏观层次规划的实施。同时，指标体系的选取，也便于考核评估宏观层次规划的落实情况。最典型的就是 2004 年英国新的区域规划体制的建立，SA 报告就是考核评估区域空间战略的重要内容，也是调整修编区域空间战略的重要依据。

（三）建立有利于规划实施的保障机制

1. 充分的法律授权与保障

发达国家中央政府与地方政府间的事权关系比较清晰，规划的内容和重点围绕着政府的事权进行编制，是规划具有实施性的重要前提。由于宏观层次空间规划的内容基本涵盖可持续发展领域的所有问题、几乎涉及不同层级政府的各个部门机构，因此，规划依法通过后，也就不是一个部门能够实施的，这对法制基础和行政能力是个很大的考验。发达国家完善的法律保障并且能够依法行政，是规划得以有效实施的重要基础。

2. 充分发挥政府的调控作用

发达国家保障宏观层次规划顺利实施的另外一个重要机制，就是建立了适应政府调控能力的、具有可操作性的行动计划。宏观层次规划的实施必须高度依靠政府行为，当然，市场的响应与配合也很重要。这些行动计划主要通过中央政府、地方政府的财政杠杆，通过政府转移支付的调控手段，实现区域可持续发展目标，缩小地区差距，提高区域整体水平。最典型的就是美国的公共投资计划和欧盟的结构基金。

3. 通过监控量化规划实施动态

国外宏观层次规划得以实施的另外一个保障途径，就是建立了数字化技术为支撑的量化指标考核机制。在宏观层次规划中，项目计划的实施并不代表宏观层次规划实施的全部内容，对项目计划实施后的监控也是保障宏观层次规划持续实施的关键。因此，对管制区界限、规划区界限、空气质量、环境污染等，都是通过数字化技术的量化指标进行持续跟踪。譬如英国区域观测机构是专门负责区域规划量化考核指标的监控机构，直接对规划审批机关负责。

4. 注重政府之间的过程沟通

规划的跨区域协调，国外有两种方式：一是通过跨区域规划编制、通过沟通协调过程来实现，即同级沟通模式，把跨区域协调贯彻在规划编制中，譬如德国、日本等；二是通过国家层次规划编制实施、通过上级调控的途径来实现，即上级调控模式，把跨区域协调贯彻在规划程序中，譬如英国。无论是哪种方式和途径，国外宏观层次规划对跨区域协调规划的处理，都是注重政府之间的过程沟通，各个地方政府之间、各个区域之间的沟通与协调以达成共同遵守的规划政策，是保障跨区域协调实现的关键。

总体来看，国外跨区域协调规划也不是一个轻松的过程，主要与各国的经济发展模式有关。做好跨区域协调规划的编制和实施，必须有强大的中央政府的行政干预权力和较好的地方政府沟通机制，在这一点上，德国、日本的跨区域协调规划编制和实施比较成功。

5. 重视部门之间的合作

国外宏观层次规划涉及的部门比较多，规划实施的政府执行部门也比较多，因此，政府部门之间的协调合作成为宏观规划实施的关键因素之一。国外宏观层次规划编制和实施，涉及部门合作问题，主要有三种处理形式：一是设立区域规划编制机构，包括各个政府部门，把宏观层次规划变成政府的一个重要的综合性规划，其他部门发展规划都要与之协调，英国就是这种方式；二是设立规划委员会，由规划主管部门负责编制，其他部门配合，最后由议会立法审批，譬如美国采取的方式；三是由国土综合部门编制，但依靠较强的政府干预，譬如德国和日本模式。

但是，无论是哪种方式和途径，部门之间能够较好合作协调的关键是宏观规划在编制过程中注重政府行为的重要性。另外，要保证规划决策是集中的，而不是分散在各个部门。此外，宏观规划的目标、政策和资助项目有利于地方政府的行动计划与总体发展目标一致。

参 考 文 献

［1］魏后凯主编：《现代区域经济学》，经济管理出版社，2007年，第1～5页。

［2］霍兵："中国战略空间规划的复兴和创新"，《城市规划》，2007年第8期。

［3］迪特马尔·赖因博恩（德）著，虞龙发等译，杨凤校：《19世纪与20世纪的城市规划》，中国建筑工业出版社，2009年，第136～137页。

［4］刘易斯·芒福德（美）著，宋俊岭、李翔宁、周鸣浩译，郑时龄校：《城市文化》，中国建筑工业出版社，2009年，第368～383页。

［5］帕特里克·盖迪斯（英）著，李浩等译：《进化中的城市——城市规划与城市研究导论》，中国建筑工业出版社，2012年，第40～44页。

［6］彼得·霍尔（英）："理论之城"，载张庭伟（美）、田莉主编：《城市读本》，中国建筑工业出版社，2014年，第360页。

［7］尼格尔·泰勒（英）著，李白玉、陈贞译：《1945年后西方城市规划理论的流变》，中国建筑工业出版社，2010年，第50～53页。

［8］彼得·霍尔（英）著，邹德慈、李浩、陈熳莎译：《城市和区域规划（原著第四版）》，中国建筑工业出版社，2008年，第61页。

［9］方创琳："国外区域发展规划的全新审视及对中国的借鉴"，《地理研究》，1999年第3期。

［10］辽宁省国土规划总项目组：《区域（辽宁）国土规划研究》，辽宁人民出版社，2010年，第87页。

[11] 唐燕："鲁尔工业区棕地复兴策略"，《国际城市规划》，2007 年第 3 期。

[12] Federal Ministry of Transport，Building and Urban Affairs. *Concepts and Strategies for Spatial Development in Germany*. Published by the Standing Conference of Ministers responsible for Spatial Planning Federal Ministry of Transport，Building and Urban Affairs（BMVBS），2006.

[13] 马丽："美国区域开发法律评述及其对我国的启示"，《中国软科学》，2010 年第 6 期。

[14] 魏后凯："美国联邦政府对地区经济的干预与调节"，《中国工业经济》，1996 年第 7 期。

[15] 张力、夏露林："美国区域经济政策的演变机理及其对我国的启示"，《当代经济》，2010 年第 10 期。

[16] 彼得·霍尔（英）、凯西·佩恩（英）编著，罗震东等译：《多中心大都市——来自欧洲巨型城市区域的经验》，中国建筑工业出版社，2010 年，第 180 页。

[17] 郭爱军、王贻志、王汉栋等编译：《2030 年的城市发展——全球趋势与战略规划》，格致出版社，2012 年，第 16～17 页。

[18] 左学金等：《世界城市空间转型与产业转型比较研究》，社会科学文献出版社，2011 年，第 83 页。

[19] 田中角荣（日）：《日本列岛改造论》，商务印书馆，1973 年，第 48～50 页。

[20] "我国大城市连绵区的规划与建设问题研究"项目组：《中国大城市连绵区的规划与建设》，中国建筑工业出版社，2014 年，第 9 页。

[21] 吴殿延、虞孝感、查良松等："日本的国土规划与城乡建设"，《地理学报》，2006 年第 7 期。

[22] 姜雅："日本国土规划的历史沿革与启示"，《国土资源情报》，2009 年第 12 期。

[23] 世界银行：《2009 世界发展报告——重塑世界经济地理》，清华大学出版社，2009 年，第 217 页。

[24] 薛凤蕊、沈月领、秦富："国内外耕地保护政策研究"，《世界农业》，2013 年第 6 期。

[25] 华生：《城市化转型与土地陷阱》，东方出版社，2013 年，第 171 页。

[26] 杨锐："美国国家公园体系的发展历程及其经验教训"，《中国园林》，2001 年第 1 期。

[27] 彼得·卡尔索普（美）、威廉·富尔顿（美）著，叶齐茂、倪晓晖译：《区域城市——终结蔓延的规划》，中国建筑工业出版社，2007 年，第 8 页。

[28] 多米尼克·斯特德、德文森特·纳丁，许玫译："欧洲空间规划体系和福利制度：以荷兰为例"，《国际城市规划》，2009 年第 2 期。

[29] 蔡玉梅、陈明、宋海荣："国内外空间规划运行体系研究述评"，《规划师》，2014 年第 3 期。

[30] 王凯：《国家空间规划论》，中国建筑工业出版社，2011 年，第 21～25 页。

[31] 吴次芳：《国土规划的理论与方法》，科学出版社，2005 年，第 65～66 页。

[32] 吴殿延、虞孝感、查良松等："日本的国土规划与城乡建设"，《地理学报》，2006 年第 7 期。

[33] 多米尼克·斯特德、德文森特·纳丁，许玫译："欧洲空间规划体系和福利制度：以荷兰为例"，《国际城市规划》，2009 年第 2 期。

[34] 刘慧、樊杰、李扬："'美国 2050'空间规划战略及启示"，《地理研究》，2013 年第 1 期。

[35] 陈志敏、王红杨："英国区域规划的现行模式及对中国的启示"，《地域研究与开发》，2006 年第 6 期。

[36] 孙施文："英国城市规划近年来的发展动态"，《国际城市规划》，2005 年第 6 期。

[37] 张志强、黄代伟："构筑层次分明、上下协调的空间规划体系——德国经验对我国规划体系改革的启示"，《现代城市研究》，2007 年第 6 期。

[38] 谢敏："德国空间规划体系概述及其对我国国土规划的借鉴"，《国土资源情报》，2009 年第 11 期。

[39] 曲卫东："联邦德国空间规划研究"，《中国土地科学》，2004 年第 4 期。

[40] 翟国方："日本国土规划的演变和启示"，《国际城市规划》，2009 年第 4 期。

［41］徐颖："日本用地分类体系的构成特征及其启示"，《国际城市规划》，2012 年第 6 期。

［42］New Jersey State Planning Commission. *The New Jersey State Development and Redevelopment Plan Executive Summary*，p. 26。

［43］Gregory K. Ingram（美），Armando Carbonell（美），Yu-Hung Hong（美）等著，贺灿飞、邹沛思、尹薇译：《精明增长政策评估》，科学出版社，2011 年，第 220 页。

［44］"我国大城市连绵区的规划与建设问题研究"项目组：《中国大城市连绵区的规划与建设》，中国建筑工业出版社，2014 年，第 410～421 页。

［45］孙娟、崔功豪："国外区域规划发展与动态"，《城市规划汇刊》，2002 年第 2 期。

［46］周颖、濮励杰、张芳怡："德国空间规划研究及其对我国的启示"，《长江流域资源与环境》，2006 年第 4 期。

［47］张伟、刘毅、刘洋："国外空间规划研究与实践的新动向及对我国的启示"，《地理科学进展》，2005 年第 3 期。

［48］苏腾、曹珊："英国城乡规划法的历史演变"，《北京规划建设》，2008 年第 2 期。

［49］黄鹂：《国外大都市区治理模式》，东南大学出版社，2003 年，第 45～57 页。

［50］霍兵："中国战略空间规划的复兴和创新"，《城市规划》，2007 年第 8 期。

［51］张京祥：《城镇群体空间组合》，东南大学出版社，2001 年，第 32～58 页。

［52］顾林生："国外国土规划的特点和新动向"，《世界地理研究》，2003 年第 1 期。

［53］住房和城乡建设部城乡规划司、中国城市规划设计研究院编：《全国城镇体系规划（2006～2020 年）》，商务印书馆，2010 年。

［54］Global Gateway Regions. The United States of America's 3th Century Strategy：Preserving the American Dream，September 2005，p. 5。

［55］Reinventing Megalopolis：The Northeast Megaregion. Megalopolis Unbound. University of Pennsylvania School of Design，Spring 2005，p. 35。

［56］SERA（South East Regional Assembly）. *The South East Plan：A Clear Vision for the South East（2006-2026）*，2006，pp. 1-10。

［57］Adam B. *Europaeische Metropolregionen in Deutschland：Perspektiven fuer dasnaechste Jahrzehnt*，2006，p. 7。

第三章　我国国土规划的历史回顾与总结

第一节　第一轮国土规划开展情况

一、第一轮国土规划编制过程回顾

我国国土规划的前身，是 1981 年由原国家建委按照中央指示启动的国土整治规划工作。同年，国务院在批转国家建委《关于开展国土整治的报告》时指出，"在我们这样一个大国中，搞好国土整治是一项很重大的任务。目前，我国的国土资源和生态平衡遭受破坏的情况相当严重，在开发利用国土资源方面要做的事情很多，迫切需要加强国土整治工作。这项工作牵涉面很广，希望各地区各部门密切协作，把这件大事办好。"同时还指出，国土整治的内容包括考察、开发、利用、治理和保护五个方面，并批准在原国家基本建设委员会内设置国土局，主管国土工作。

1982 年年初，国务院机构进行改革，撤销国家建委，国土局划归国家计委领导，国土规划的主管职能也划转国家计委。1982～1984 年，京津唐、湖北宜昌等十多个地区开展了地区性国土规划的试点。1984 年，国家计委组织、国务院各相关部委参加的《全国国土总体规划纲要》开始编制，1989 年完成草案。截止到 1993 年，全国有 30 个省（区、市）、223 个市以及 640 个县先后编制了相应的国土规划，分别占当时全国省、市及县总数的 100%、67% 和 30%[1]。

这一时期对国土规划的认识，集中体现在 1987 年原国家计委发布的《国土规划编制办法》（以下简称《编制办法》）。从颁布的《编制办法》看，国土规划具有以下四个特点①。

第一，国土规划是战略性规划。《编制办法》提出，国土规划"是国民经济和社会发展计划体系的重要组成部分，是资源综合开发、建设总体布局、环境综合整治的指导性计

---

①　主要参考了国家计委 1987 年 8 月颁布的"关于印发《国土规划编制办法》的通知"中的相关内容。

划，是编制中、长期计划的重要依据"。

第二，国土规划是综合性规划。从其基本任务看，是"根据规划地区的优势和特点，从地域总体上协调国土资源开发利用和治理保护的关系，协调人口、资源、环境的关系，促进地域经济的综合发展"；从其编制内容看，应包括自然条件和国土资源的综合评价、社会、经济现状分析和远景预测、自然资源开发的规模、布局和步骤，人口、城市化和城市布局，交通、通信、动力和水源等基础设施的安排，国土整治和环境保护，综合开发的重点地域，实施措施等。

第三，国土规划是系统性很强的规划。从类型上划分，国土规划可分为综合规划和专项规划；从层次上看，国土规划可分为全国、跨省域、省级和省内一定地域共四级。此外，《编制办法》还对规划期限（一般不少于 15 年）、主持单位、报送和审批程序、成果形式等，都有比较明确的规定。

第四，国土规划是空间规划。从我国土规划编制的任务、目标和内容来看，虽然当时国内还没有引入空间规划的概念，但它已经具备空间规划的核心内涵，已经摆脱了传统物质规划和国民经济计划的范畴。

二、第一轮国土规划编制启动的时代背景

（一）国家工作重点转向经济建设的必然结果

第一轮国土规划的启动和实施，与国家结束"文革"动乱、将工作重心转向经济建设密不可分。经济建设必然涉及大量的基建项目和区域开发行为，分析和研究相关区域开发的优势和制约因素，抓住区域开发的主要矛盾，破解各区域开发中的难题，需要全面系统的分析相关区域的能源资源、环境生态、基础设施、人力基础、城镇布局等状况，这成为国土规划启动和实施的"催化剂"。

（二）环境保护和治理的重要性

中华人民共和国成立以来，受认识局限和国力薄弱制约，我国经济发展较少考虑环境问题，更遑论对环境的主动治理和恢复。在 20 世纪 80 年代初期，由于森林和草原遭受严重破坏，水土流失面积由 1949 年前后的 116 万平方千米扩大到 150 万平方千米，占到国土面积的 1/6；全国每年损失土壤 50 亿吨，带走 4 000 万吨氮、磷、钾肥，相当于当时全国每年化肥的总用量；土地沙漠化面积，也由 1949 年前后的 106 万平方千米，增加到当时的 126 万平方千米。森林覆盖率虽由 1949 年前后的 8% 提高到 1988 年的 12.98%，但

大部分林区已经逐步演替成次生林，用材林蓄积量大幅下降[①]。草原生态退化加剧，在可利用的 2.2 亿公顷草原中，有 40% 发生退化，超载过牧、滥砍滥挖固沙植物、过量挖药材等是主要原因。工业固体废物处置和利用率偏低，1988 年全国产生工业固体废物 5.6 亿吨，但综合利用率只有 26%，没有得到处理利用的工业废渣和城市垃圾累计达到 66 亿吨，占地面积 536 平方千米，成为严重的二次污染源。城镇建设和工业迅速发展，导致污染从点到面，从城市向农村扩散，遭受工矿业企业排放的"三废"污染农田已经达到 667 万公顷，每年减产粮食 50～100 亿公斤。

正如 1982 年时任国务院副总理万里指出，"总的来说，我们的国家对于水土流失的防治，对整个资源和环境的保护，是重视不够的，环境在不断遭受破坏，到现在还没有制止住，更谈不到治理环境、形成良性循环"[2]。

（三）统筹协调布局的重要性

中华人民共和国成立后，以"一五"时期苏联援建的 156 个项目的开发和建设为重点，国家已经摸索出了生产力布局与资源能源供给、生产协作配套、交通线网、城镇布局等全面统筹协调的经验，并在实践中取得了较好的效果。后来受国内政治运动频发、国际政治形势风云变幻、国家经济发展大起大落等多重因素的影响，这些好的做法在"大跃进"、"三线"建设及"文革"期间受到了冲击，导致生产力布局出现许多不合理的现象，如在水资源贫乏的地区建了大量的耗水型工业，能源资源匮乏地区建了许多高耗能项目，运量很大的工厂建在交通条件很差的山区里，这些都成为改革开放后认识统筹协调布局重要性的"反面教材"。只有遵循客观规律，将国土的开发、利用、治理、保护正确地结合起来，才能求得最好的经济效益和生态效益，成为这一时期决策部门重要的共识。

（四）对外开放、国际交往的重要成果

改革开放、国门打开之初，国家如饥似渴地学习西方国家优秀的技术、管理和法制经验，是引入和开展国土规划的重要"引擎"。十一届三中全会后，时任四川省省委书记的赵紫阳在出访西欧三国回来后在中央报告中指出，"西欧国家进行地区整治的许多经验，……特别是在整治中，围绕一个目标，协调各方面行动，使措施落实，成效比较显著，是值得我们学习和借鉴的。"此后，中央和国务院领导高度重视这项工作，不断推进国土规划工作，理论界和学术界许多同志在报刊、会议上提出开展国土规划相关建议，为

---

① 全国第三次（1984～1988 年）全国森林资源清查结果表明，与第二次（1977～1981 年）调查相比，森林覆盖率虽然由 12% 提高到 12.98%，但森林蓄积量减少了 3.08 亿方，尤其是用材林大幅度下降，由 69.40 亿方减少到 61.60 亿方。上述数据，转引自毕维铭编著的《国土整治与经济建设》（1993 年版）第 69 页。

国土规划的开展进行"预热"。沿海特区和开放城市、沿海石油勘探和开发,通过与日本、美国、德国、法国、英国等进行的广泛合作,对其规划和建设先进经验的认识与学习不断深入。特别是这一时期中日合作研讨和编制海南岛开发规划,更成为中国直接学习先进国家国土和区域规划的典范。

三、第一轮国土规划取得的成效

历时 10 年(1981～1990 年)的第一轮国土规划研究和编制过程,在摸清国家资源家底、引进国外经验、确定编制内容、推动重大问题研究等方面,发挥了非常重要的作用。

(一)深入组织资源综合调查

摸清国土现状,是从事国土规划的基础性工作。在第一轮国土规划中,政府组织科研机构、大专院校和统计部门,对国土资料进行了全面的调查、整理、分析和评价,对全国的水资源、草地资源、森林资源、待开发土地资源、海岸带、土地沙漠化等进行了深入调查,组织了全国地质勘探计划,编制汇总了全国 19 省(区)的资源地图集,开展了全国和省级国土资源信息系统建设。

(二)推动了重大问题研究

在第一轮国土规划中,前瞻性地研究了国家和地区长远发展的重大战略问题,如京津冀水资源评价、黄河可利用水资源分配方案、长江中上游综合开发利用、南水北调西线工程、国土卫星资源研究、北方地区沙漠化发展趋势预测、大城市地区综合开发整治政策、小城镇布局、全国交通综合运输网、主要矿产资源对经济发展的保障程度、19 个重点综合开发地区地质环境评价等。

(三)国土规划编制内容逐步得到规范

1982 年,原国家计委在京津唐、吉林松花湖、湖北宜昌、浙江宁波沿海地区、新疆巴音郭勒蒙古族自治州及河南豫西地区等开展国土规划试点,1983 年在各省区市进行试点,1984 年开始组织编制《全国国土总体规划纲要》,并在 1987 年正式公布。纲要提出了以沿海地带和横跨东西的长江、黄河沿岸地带为主轴线,以其他交通干线为二级轴线的我国国土开发与生产力布局的总体框架。同时,还确定了京津唐、长三角等为代表的国家重点开发区域,以红水河水电矿产开发区、乌江干流沿岸地区开发等为代表的流域开发,以山西、新疆克拉玛依等为重点的能源基地开发的 19 个重点开发地域(图 3—1)。

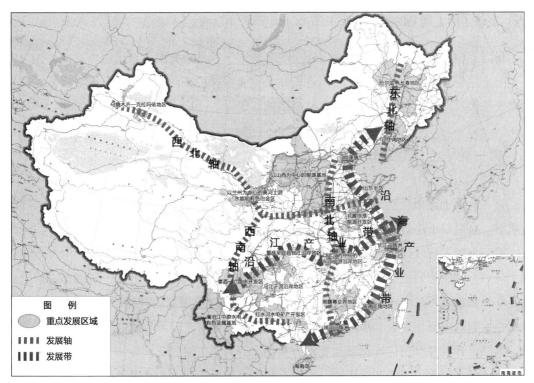

图 3—1 《全国国土总体规划纲要》重点开发地区

资料来源：中国城市规划设计研究院谭纱萌根据《全国国土总体规划纲要》（1987 年）绘制。

1987 年，原国家计委还公布了《国土规划编制办法》。《国土规划编制办法》对国土规划的性质、作用、任务、内容、编制原则、审批程序等做出了规定，标志着国土规划编制的内容和方法基本成熟，编制体系得到规范。在《国土规划编制办法》公布后，还陆续开展一些跨省（区市）的国土规划，如攀西—六盘水地区、湘赣粤交界地区、晋陕蒙接壤地区、金沙江下游地区、乌江干流沿岸地区等。

（四）将水、土地等重要资源纳入计划管理

针对当时已经出现的建设用地规模失控、浪费严重的情况，自 1987 年起，国家开始对非农建设占用耕地实行计划管理，1988 年建设用地计划被正式纳入国民经济和社会发展计划，1989 年又增加了土地开发利用计划。

自 1989 年起，我国开始探索建立水资源供需计划，并在辽宁、山西、河北、北京、沈阳、青岛、哈尔滨等省、市进行试点，将水资源供求计划纳入国民经济和社会发展计划。

（五）推动了国土规划的地方立法工作

在国土整治与规划编制过程中，还组织和制定了一批地方国土整治法律法规，如《山西省国土综合开发整治条例》、《四川省长江水源涵养保护条例》、《珠江口滩涂资源综合开发保护条例》、《湘西自治州国土开发整治条例》等。

四、第一轮国土规划工作的不足

第一轮国土规划虽然开创了综合性空间规划工作，但这项工作并没有能够持续开展，在喧嚣一时后归于平静。现在看来，主要原因可能有三个。

第一，国家行政体制改革影响了国土规划的进一步开展。1998年国家机构改革，将国土规划行政主管职能从原国家计委划归新成立的国土资源部。虽然国土资源部对国土规划工作也非常重视，但新组建的国土资源部以地质矿产等领域的规划、勘探和管理见长，对国土规划这项更加宏观、战略和综合的工作，显然还有个经验积累和熟悉的过程。

第二，计划经济的传统思维和管理方式仍大行其道，对如何实施国土规划这个从西欧发达市场经济国家引入的新鲜事物，并没有找到有效的途径。中央各部门在"条条"垂直管理思想指导下都要求强化对地方的指导。地方"块块"分割和竞争，又使地方政府实质上的事权和职能得到强有力的扩张。只要行政体制沿着这种惯性运行，就很难给国土规划提供施展舞台的空间。

第三，第一轮国土规划开展的10年，正值中国改革开放和经济发展红利的"爆发性收获期"。"发展是硬道理"，尽快改变各地贫困落后的面貌，显然是从中央到各级地方政府压倒一切的战略性任务。在传统粗放的增长方式仍具有很强的体制适应性时，基于生态保护、资源有效利用和统筹合理布局这些"超前"理念编制的国土规划，显然还难以在全社会形成共识，这也是此轮国土规划轰轰烈烈开场、悄无声息收场的最主要因素。

第二节　新一轮国土规划的开展和实施

一、开展情况

国土资源部成立后，在1998年启动了新一轮国土规划的试点。首先在天津、辽宁、广东、新疆四地，以部省合作方式，编制完成了四地的国土规划。后来，福建、重庆、山东、浙江、上海、贵州等省区，也陆续开展了省级国土规划的编制。在区域层面，河南中原城市群、广西北部湾经济区、湖南长株潭经济区国土规划的编制也相继完成。2009 年，国土资源部还启动了全国国土规划的编制工作，目前，纲要已经编制完成并报送国务院审批。

二、面临的新形势

应该说，新一轮国土规划的编制与上一轮相比，在经济社会基础、技术手段、发展理念、法制建设等方面，都已经有了翻天覆地的变化。市场经济体制的确立，资源环境约束的"硬化"，政府之间、部门之间利益博弈的加剧，使新一轮国土规划的编制和研究有了不同寻常的意义。

（一）规划成为市场经济条件下政府重要的公共政策

1992 年，我国确定了以建立社会主义市场经济体制为改革的目标。围绕这个目标，以发挥市场在资源配置中的核心作用为方向，政府的管理职能、对象和手段逐步发生变化，以项目、资金、资源分配、审批等为主的计划经济时期的微观管理手段，逐步让位给规划、土地、财政、货币金融等为主的宏观调控和引导政策体系。这期间，中央及有关部门、地方政府编制和公布的各类规划，成为强化部门事权、体现发展意图、引导资源配置、协调各方利益的重要公共政策。在这个背景下，国土规划作为国土部门落实国土资源配置的综合性政策工具，它的重生和复兴，是顺应市场经济发展趋势、水到渠成的结果。

（二）自然资源的行政管理、法律法规和编制体系不断完善

新一轮国土规划编制的重新启动，国家自然资源规划管理体制实现了由分散管理走向相对集中的统一管理，也伴随着国家空间规划技术和法律体系逐步完善。原国家地质矿产部、国家土地管理局、国家海洋局和国家测绘局共同组建了国土资源部，使得国土资源的管理由各部门"分治"实现了集中统一的管理，这为国土空间资源实现优化配置奠定了基础。

土地资源规划方面，由土地利用总体规划、专项规划、详细规划构成的土地利用规划体系基本确立，国家、省、市、县、乡（镇）五级土地利用总体规划体系不断完善[3]。在矿产资源规划方面，《全国矿产资源规划（2008～2015 年）》获批并正式公布实施，省级矿产资源总体规划全部完成编制，许多市、县开展了矿产资源规划编制，全国、省、市、县四级矿产资源规划体系基本建立；《中国海洋功能区划》、《全国海洋开发规划》相继编

制完成和实施，使国土资源规划完成了从地上到地下、从陆域到海域的全覆盖。

有关国土资源管理、空间资源配置和管理的法律法规不断健全。土地管理、农田保护、矿产资源、城乡规划、森林、海洋、草原、风景名胜区、地质公园、森林公园、水资源等相关的法律法规不断健全，为国土资源规划编制、空间管理提供了法律依制。

(三) 空间冲突和矛盾不断加剧

然而，事与愿违，自然资源行政管理、规划编制体系和法律法规的完善，并未实现国土空间资源配置的优化和开发的有序化。自第二轮国土规划编制启动至今，在经济发展取得历史性成就的同时，我国空间开发的无序、生态环境的恶化、国土资源使用的粗放，已经达到了历史上最严重的地步。如我们有号称"世界上最严格的耕地保护制度"，有耕地"占补"平衡和农田转用年度指标的严格控制，但优质耕地依然被大量蚕食，大量中低产田甚至坡耕地成为耕地保护对象，导致国家耕地总体质量下降；我们有为促进城市集约紧凑发展而制定的人均城镇建设用地国家标准（GB 50137—2011），以及城市总体规划编制、审批、修改、公众参与等严格的法定程序，但全国人均城乡建设用地依然从 2000 年的 152.8m²/人快速攀升至 2010 年的 175.5m²/人[①]；我们虽有工业用地严格的审批和供地程序，但以各类新城新区、开发区、经开区、文化创意园区、旅游会展、现代农业等名义开发建设的园区面积超过 5 万平方千米，与全国所有的城镇建设用地总规模相近，沿江、临海等大规模的产业、港口的开发建设，使宝贵的生态岸线大量被蚕食。大气、水体等的污染，更是达到历史最严重程度。我国空气污染的范围已经从局地的一次污染转变为区域性的二次污染[②]，各大城市的细颗粒物（PM2.5）浓度普遍超过了美国新标准（年均浓度 15 μg/m³）的 2~8 倍。江、河、湖、海大多受到有机物、氮磷营养物、重金属、持久性有机污染物、内分泌干扰物、生态激素、药品和个人护理品等各类污染物共存的复合污染，严重危及饮用水的安全，对人体健康造成极大威胁。化肥、农药和水污染造成了严重的土壤污染，直接影响到食品安全，危及人体健康[4]。

空间规划编制体系、法律法规制度的不断完善，与空间资源保护与开发的混乱及无序形成了鲜明对比和"反差"。为破解这种"尴尬"，行业主管部门希望通过编制综合性的国土规划，将其作为指导各种空间规划的"规划"，进而推进空间资源配置的优化，成为重要的政策选择方案。

---

① 数据来自 2011 年《中国城乡建设统计年鉴》。其中，市、县口径为建设用地面积，镇、乡口径为建成区面积，村庄口径为现状用地面积。

② 具体表现为一次污染物 SO₂、PM10 等浓度逐年下降，而城市和区域环境空气中大气氧化性的代表物质臭氧浓度逐年升高。

（四）区域尺度的"三规"开始"殊途同归"

城市总体规划、土地利用总体规划和经济社会发展规划这三个对空间资源配置有重要影响的规划，都在不断地进行编制技术和方法的探索，各规划间的"共识"不断形成。在区域层次上，规划编制内容也逐步"靠拢"。

1. 城市总体规划实现了由城市向区域的拓展

随着城市综合实力的不断增强，城市之间的竞争也日益激烈，城市与城市之间、城市与区域之间、城市与乡村之间的矛盾不断出现，对省级政府作为一级区域政府发挥宏观调控的需求不断增强，因此，省域城镇体系规划于20世纪90年代中后期开始受到重视。浙江省率先于1996年开展此项工作，此后各省份均积极开展此项工作并相继获批。特别值得一提的是，原建设部（现住房和城乡建设部，下同）主持的《全国城镇体系规划》于2005年开始编制，虽然规划报送成果没有得到国务院的最终批复，但该规划提出的未来15年中国城镇化的方针和区域政策，提出以城镇群为主体的全国城镇空间结构，成为指导当时城镇化发展的纲领性文件。

作为促进区域经济快速协调发展的城镇群规划，自2003年后也呈现"井喷"态势。原建设部先后组织和指导编制了珠江三角洲、长江三角洲、京津冀、海峡西岸、成渝等地区的城镇群规划。一些省市也先后组织开展了山东半岛、北部湾、中原、长株潭、武汉、太原、合肥、呼包鄂等地区的城镇群规划。这些规划以城镇组群的方式组织产业发展、功能布局、城乡统筹、基础设施建设和环境保护，尽管其主要的目的仍然是促进经济发展，但统筹的思想还是体现在了方方面面[5]。无论是省域城镇体系规划，还是城镇群规划，都通过限制建设区、禁止建设区等的空间管制要求，以及对区域性重大基础设施布局等规划的强制性内容的编制要求，实现了空间规划在编制范围内的全覆盖。

2. 土地利用总体规划实现了"升级"

作为土地利用总体规划"升级版"的国土规划，从广东、辽宁等完成编制的省级规划以及广西北部湾经济区这个率先完成的区域性规划来看，其编制理论、技术、内容和方法，已经与城镇体系规划、城镇群规划实现了"靠拢"。

以辽宁省国土规划为例，其编制任务包括：全面评价省内国土资源开发、利用、治理、保护情况及存在的问题，提出资源合理开发利用的时序和规模；科学制定行政区内国土综合整治方案，协调经济、人口、资源、环境的关系，实现地区经济可持续发展和资源可持续利用；探索经验，为全国或其他地区开展国土规划工作提供借鉴。从辽宁省国土规划的编制内容来看，它包括了国土资源的综合开发利用（包括土地资源、矿产资源、海洋资源、水资源、森林资源、草地资源等）、国土综合整治（包括土地整理、土地退化防治、矿山环境治理、地质灾害治理、生态环境建设等)、区域分工与战略研究(包括区域性质、地位、战略对策、重大基础设施建设、主要产业布局设想、城镇发展与空间布局等)[6]。从广东省国土规划的编制内容看，它包括了国土规划和国土开发的战略目标、提升核心区域——珠三角、国土均衡开发与协调发展、优化生活空间、调整生产空间、整治生态空间、国土支撑体系建设、土地资源的统筹配置、规划实施的保护措施等。

《广西北部湾经济区国土规划(2011～2030)》则从经济区国土开发建设重点空间类型出发，以海陆统筹为基本导向，以土地用途管制为基本平台，划定了永久基本农田、重点生态保护空间、水源地保护空间，构成了空间类型体系中的"三条红线"。此外，根据广西北部湾经济区客观发展需要，对各类型国土空间类型变化进行科学规划和引导，确定了城市与工业开发、农村和农业发展、生态环境保护三类陆域国土空间开发保护格局，以及七类海岸线开发保护规划部署。规划希望通过建设富有竞争力的国土、一体化的国土、开放合作的国土和绿色安全的国土，构筑由重要增长极、发展轴以及产业功能组团、农产品主产区、生态功能区等点、线、面要素构成的多中心网络型空间开发格局，推动国土资源的有序发展。

3. 主体功能区规划成为经济社会发展规划的"空间升级版"

国民经济和社会发展五年规划("十一五"规划之前称为五年"计划")体现了一定时期内政府的发展意图和战略部署，是"政府履行经济调节、市场监管、社会管理和公共服务职责的重要依据"[7]。自中华人民共和国成立以来，该规划就是一定时期经济社会发展的纲领性文件。随着政府职能的转变，土地、环境、城乡规划建设等涉及空间资源配置的行政职能不但"名花有主"，而且都通过立法获得了法律的授权与许可，使得发展规划的实施缺乏强有力的政策工具；适应市场经济的发展、从空间方面强化重大项目的管理依据是该规划管理和实施的客观需要。同时，推动区域协调发展也必须立足各地区的本底，实行差异化的空间政策。因此，通过编制和实施主体功能区规划，改变发展规划"宣传式"、"动员式"的现状地位，是具有战略意义的空间"尝试"。主体功能区规划的核心价值在于它是通过对资源环境承载能力、开发强度和开发潜力的整体分析，确定了不同区域的主体功能①。

从2011年出台的《全国主体功能区规划》来看，将全国国土空间划分为"优化开发、重点开发、限制开发和禁止开发"四类区域，配套安排了财政、投资、产业、土地、人口、环境保护、绩效评价与政绩考核七类政策，并由此提出了国土开发强度控制的概念和调控的具体方向。从"计划"到"规划"，再到主体功能区规划，发展规划表现出"管空

---

① 姚昭辉："关于'三规合一'在浙江省的试点和认识"(内部讨论稿)，2008年。

间，要落地"的强烈意图[8]。

从省级主体功能区规划编制内容来看，以四川省为例，除了规划背景、指导思想与规划目标等常规内容外，其主要的工作是国家主体功能区在省级空间的细化以及省内其他部门相关规划在空间的落实。以重点开发区为例，除了涵盖全国主体功能区规划中确定的成都经济区（以成都平原地区为主）外，还包括了川南、川东北、攀（枝花）西（昌）等区域以及点状分布的城镇。在限制开发区域中，对划定的国家级限制开发地区（农产品主产区和重点生态功能区）扣除了城镇现状及规划区、分散于重点开发区域和重点生态功能区的基本农田面积，还扣除了重点生态功能区（57 个县、市）中的县城及重点镇的建成区和规划区。当然，也增加了大小凉山这个省级重点生态功能区作为限制开发区域[1]。

4. 技术的快速进步为规划的科学性创造了基础和条件

新一轮国土规划的技术手段和数据基础，与上轮国土规划的开展已经不可同日而语。国内外规划同行交流的日益密切，使我的规划行业能够及时了解和掌握国外同行最新的规划理念、成果与技术手段。自 1999 年开展国土资源大调查的土地利用动态遥感监测项目起，连续 12 年利用高分辨率卫星影像，对全国 50 万人口以上重点城市、经济快速发展地区和重大工程地区的土地利用变化进行动态监测，一举改变了过去主要依靠人工调查的方法，在全国初步建立了高速、有效的土地监控体系，为空间规划的开展提供了高效、科学的基础数据。综观我国土地利用遥感监测，在技术手段上经历了从航片调查到 TM 资料为主，再到利用多源、多分辨率卫星影像与野外核查相结合的过程；影像信息提取经历了早期人工目视判读、手工编绘及面积量算，中期（20 世纪 80 年代中后期到 90 年代初期）结合 GIS 技术的人工判读、手工编绘并数字化及计算机量测汇总，再到目前遥感与 GIS 一体化的人机交互判读及计算机量测汇总阶段[2]。

近年来，计算机技术和地理信息系统的发展为土地资源利用与决策过程中分析空间数据提供了重要的技术支撑。将数学方法和 GIS 技术相结合，实现土地资源数量上和空间上的合理配置，成为当前的研究热点，推动了土地资源优化配置科学研究的发展。应对规划的不确定性和决策者的不同期望，对模型和决策过程进行动态的干预和调整，为规划的多目标、多情景分析提供了强大的分析工具。

———

① 四川省发展和改革委员会："四川省主体功能区规划"（送审稿），2011 年。
② 住房和城乡建设部城乡规划管理中心等："城镇体系规划动态监测关键技术研究（2006BAJ15B02）综合报告"，内部讨论稿，第 6～8 页。

第三节　顺应新时期背景的省级国土空间规划的编制

一、充分借鉴发达国家宏观层次空间规划的经验

与20多年前开展第一轮国土规划时相比，现在我们对国外空间规划编制体系、运行机制、技术内容和管理实施等各方面的熟悉程度，已经与当初不可同日而语了。规划体系要立足本国的实际国情，不能生搬硬套先进国家的经验，已成为共识。而且，我们对省级空间规划编制和实施中存在的问题，认识也已经非常全面和深刻。结合我国省级空间规划存在的问题，审视发达国家宏观层次空间规划的成功经验，我们认为最值得借鉴的经验有以下四点。

第一，规划过程比规划结果重要。作为宏观层次的空间规划，它的实施需要通过下位规划的落实，也需要各部门之间的协作。因此，规划在编制过程中，通过规划委员会、政府联席会、文告、征询意见等多种公众参与的方式，使规划的核心内容能够形成基本共识，是规划能够发挥指导性作用的关键所在。

第二，要管住生态底线和发展底线。空间规划的重要特色，就是要通过空间管制等措施，实现空间资源的合理配置，使得区域的生态、风景名胜和历史文化区域、农业的生产潜力和耕地保护等事关可持续发展的关键要素，能够落实到空间上并加以保护。虽然省级空间规划空间管制的边界只能是示意性的，但要通过强化下位规划的具体"配合"和"落实"，来实现空间管制的目标。

第三，要考虑和尊重地方及各利益主体的权利诉求。随着市场经济的推进、地方利益的多元化、民间物权意识的增强，空间规划如果只强调维护国家和公共利益，不尊重地方和民间的发展权与财产权，则规划只能成为无法实施的理想化"蓝图"，或者实施因执行成本巨大而难以操作。

第四，形成适合我国国情的规划事权机制是当前规划体制改革的当务之急。当前是我国空间规划编制与实施事权明晰化的关键时期，要求规划的编制体系、行政体系与法规体系的事权架构应有高效协调机制。因此，对于省级国土空间规划，应该以事权为线索，纵向要求不同空间尺度规划的管控要求逐层深化，从中央到地方各级政府的规划管理权责明晰。横向要求不同部门协作，对不同类型的空间资源分类管理，各司其职。

第三章　我国国土规划的历史回顾与总结　83

二、顺应"多规"协同的规划体制变革趋势

针对当前多种区域规划并存且难以有效衔接的局面，中央城镇化工作会议和《国家新型城镇化规划（2014～2020）》明确提出要"建立空间规划体系，推进规划体制改革"，"推动有条件的地区经济社会发展总体规划、城市规划、土地利用规划等'多规合一'"。从省级尺度来看，我们认为应该顺应省级主体功能区规划、省域城镇体系规划和省级土地利用总体规划（试点中的省级国土规划是其"升级版"）既有的技术"趋同"趋势，把握国家规划体制改革的大方向，对"三规"既有的变革进行合理引导，这既是政府职能改革的重要举措，也是推进国家治理体系和治理能力现代化必须面对的难题[9]。

从省级尺度来看，"三规协同"意味着三个主要的空间规划仍将由相关法律或行政法规授权的行政主管部门负责牵头编制，只不过规划的技术成果在部门间、地方间进行了充分的沟通和协商，使得各个规划达成广泛共识而具有权威性和实施性。"三规协同"的潜台词就是三个主要的空间规划仍作为独立的规划进行编制、审批和实施，各部门事权和相关的法律法规不做大的变革。这种方式的优点是规划体制改革推行的阻力小，各个部门仍旧各司其职、相互制衡，从而可以避免空间规划权力的过度集中。而且，发展改革部门、国土部门和规划建设部门由于职责不同，对空间关注的视角和认识有明显的差异。所以，三个空间规划事权的分置，对国家和省级政府更全面、多视角地认识省域空间问题、实现空间资源的合理配置，是有利的。

"三规合一"则意味国家规划的法律和行政体制有比较大的改革，即通过推动国家空间规划的行政主管部门合并或新建，推动三个主要的空间规划的合并，这样规划间的协调问题也就迎刃而解了。这种"大刀阔斧"式的改革，对提高省级空间规划的效能自然裨益良多，但也是需要付出代价的。首先，三个规划经多年积累形成和沉淀的技术创新与特色有丧失的风险；其次，空间规划和主导的权力过度集中，可能导致参与规划的博弈方减少，不利于规划在更大的范围内讨论、参与和形成共识。

鉴于空间规划体制改革的复杂性，我们难以对此做更深入的讨论。但从国内外宏观尺度空间规划的发展趋势和特点来看，无论是"三规合一"还是"三规协同"，我们认为省级综合性的空间规划应集成"三规"各自特点，扬长避短，优势互补，使规划能够更加全面综合，能够凝聚共识，而且具备更好的实施性和操作性。具体可以从以下四个方面进行深化。

首先，应使省级空间规划更加结构化。从现有的主体功能区规划、省域城镇体系规划和省级国土规划（试点）来看，已经成为综合性的规划，都是在对接国家总体发展战略的

基础上，结合省情，形成省域发展目标、发展战略，确定重大基础设施和布局，提出资源管控和用地布局的要求等。总体来看，规划内容显得过于庞大复杂，而且对"一级政府，一级事权，一级规划"的考虑不足，自上而下的特点过于突出。建议在既有的"三规"技术框架内容的基础上，厘清省级政府核心管理职能，突出重点，使规划表达方式更加简洁、清晰，体现省级政府的"区域政府"特色。

其次，协调"三规"空间管制内容，突出重点。通过梳理"三规"的"最大公约数"，形成共同认可的空间分类体系，突出空间管制的核心内容，继续保持区域/空间规划的"空间"资源管控特色。"三规"目前对空间核心资源的利用和管控，已经形成共识。如省级主体功能区规划中的生产、生活和生态空间功能分区，依据开发强度、开发潜力和生态承载能力确定的主体功能区（禁止发展区、限制发展区、优化发展区和重点发展区），再如省域城镇体系规划依据建设适宜性确定的"三区"（禁止建设区、限制建设区和适宜建设区）的空间管制，还有省级国土规划及土地利用总体规划根据土地利用方式进行的用途管制等，在划定原则上，"三规"没有根本性的矛盾和冲突。尤其是我国省级空间尺度比较大，在这个尺度上空间类型的划分和管制只能是示意性的表达，无须也无法准确划定空间管制边界。空间管制的细化和明确要求，可以通过下位规划去分解和落实。

再次，强化下位规划对省级空间规划的落实。汇集发展改革部门、规划建设和国土部门的优势，将省级空间规划确定的发展与空间管制的原则和目标，通过下位规划逐级深化并通过政策措施予以落实。特别是要注重整合各部门落实规划的相关政策措施，如发展改革部门落实主体功能区提出的财政、投资、产业、土地、人口管理、环境保护、绩效评价和政绩考核七类配套政策，国土部门的各级土地利用规划、用途管制、农转用制度、耕地占补平衡、"三界四区"（建设用地规模边界、扩展边界、禁止建设边界、允许建设区、有条件建设区、限制建设区、禁止建设区）等制度，规划建设部门的各级总体规划和详细规划、"一书三证"（建设项目选址意见书、建设用地规划许可证、建设工程规划许可证、乡村建设规划许可证）和"三区四线"（禁止建设区、限制建设区、适宜建设区；绿线、蓝线、紫线、黄线）等行政许可和政策措施，将省级空间规划逐级予以落实（图3—2）。

最后，"三规"都应把尊重主体权益作为共同责任。一方面，省级空间规划作为落实国家和公共利益的空间管制安排及土地发展权配置，侧重自上而下的责任分解，具有"责任规划"的典型特征；另一方面，让市场在资源配置中发挥决定性作用的改革又是大势所趋。无疑，不同层级的土地发展权将成为各类利益主体关注的重点。尊重多元主体的权益，促进多元利益主体之间形成一种良性关系，在国家与地方、上级政府与下级政府博弈，地方政府、潜在土地权利人与现有土地权利人的博弈过程中寻求"最大公约数"，应

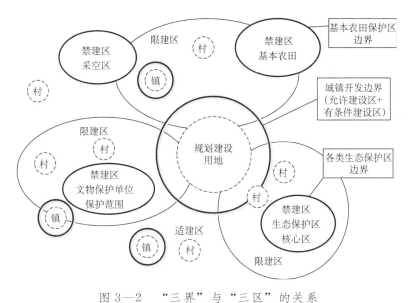

图3—2 "三界"与"三区"的关系

资料来源：中国城市规划设计研究院编："县（市）城乡总体规划编制导则"（内部讨论稿）。李海涛、张永波等绘制。

成为各类空间规划的共同责任，同时也是规划管理者、编制技术人员的共同责任[8]。

三、利用新的信息和技术手段深化空间规划的研究

（一）应用信息技术分析空间演变的内在规律

省域空间是一个尺度较大的复杂巨系统，空间格局的形成，是经济社会、城镇布局、人口流动、基础设施建设、国家和区域政策、政府间博弈等长期综合作用的结果。缺乏对复杂巨系统的分析技术和手段，是长期制约我们认识空间变化规律的主要"瓶颈"。如果空间规划不能与空间自身发展的客观规律有机"契合"，那么，规划很可能就只是"空中楼阁"或者艺术蓝图。当然，根据空间变化的规律进行规划战略的制定，并不是要排除政府主动地对空间资源进行有效的配置和干预，只不过顺应规律会使规划的实施相对顺利，付出的代价也相对较小。如果违背规律，规划往往难以实施或者实施的代价高昂。

信息、遥感、建模等技术的飞速发展，使空间规划分析和研究可利用的技术手段日新月异。包括遥感影像数据、经济社会统计数据、地理信息等数据在内的数据信息系统的不断丰富和完善，使空间变化规律的研究可以在丰富数据的支持下得到更深入的挖掘。如20世纪80年代以来，随着遥感与GIS技术在土地研究中的广泛应用，对典型地区土地利用和土地覆盖动态变化的监测蓬勃发展，为土地利用的定量分析和优化决策奠定了

基础。国土变化驱动力建模技术的日趋成熟，使省级大尺度空间建模分析手段有了借鉴的经验和方法，可以使空间的分析能够通过忽略次要影响因素而快速识别出核心的驱动因素，抓住影响空间格局变化的主要矛盾。经济和人口统计数据"空间化"方法的逐步成熟，使 GIS 平台能够分析和处理的数据范围有了很大的扩展，模型处理复杂数据的能力和水平有了很大的提高。这些技术和方法的最新进展，都为大尺度的空间分析提供了扎实的基础。

(二) 研究信息技术对时空变化的影响趋势

随着信息技术的不断发展，互联网和智能手机、RFID、无线传感器、视频设备等接入网络的智能终端设备分分秒秒都在产生并传播海量的信息数据。同时，信息技术也加速了知识、技术、人才、资金等的时空交换，使得城乡生产与居民活动范围持续扩大，类型更加复杂，并促进了产业重构和空间重组，进而改变着城乡的空间格局。这一过程中，时间、空间及其相互关系都会发生新的变化，流空间已经成为区域、城市以及居民活动的主要载体，并通过大量而复杂的网络或信息设备数据的形式表现出来。由于时空概念被重新定义，传统城乡规划在研究数据和方法上逐渐表现出不适应，亟须从理论、方法及技术层面进行扩展，以引导不断变化的城乡经济社会发展。

在新的城乡发展形势和要求下，基于大数据的城乡规划技术具有较大的优势，但是还存在一些问题和挑战。首先，现有城乡规划领域的大数据获取和处理技术尚未成熟，在数据有效性、冗余处理、剥离等方面还有技术盲点，且缺乏大数据运行的基础设施保障；其次，由于涉及利益和保密性等因素，政府部门和企业数据整合与共享很难在较短时间内实现，限制了规划编制大数据获取的广度和深度；再次，虽然大数据在模拟和分析要素相关性方面具有较大的科学性，但是在原因和机制研究方面还存在不精确问题，如何与传统数据分析相结合来避免类似问题还需进一步探索；最后，现有基于大数据的空间规划还停留在理论和方法层面的讨论，尚未形成完善的技术体系，如何在行业内推广来指导实践工作，以何种形式参与国家法定规划体系将成为未来研究的挑战[①]。

(三) 利用信息技术突破"三规"协同的技术障碍

正如前面谈到的，"三规"协同还面临着比较大的体制障碍。但是，这种体制障碍的存在，并没有制约各规划在技术层面的创新和探索，在某种程度上反而推进了各规划在专业领域内的创新。随着数据库技术的发展，许多地方已经在不改变规划管理和

---

① 金晓春、翟健、石亚男等："城镇区域规划与动态监测"（内部讨论稿），2014 年。

运行机制的情况下，借助数据库和数据共享的技术发展，推动了"三规"的统筹协调。如有些地方政府，以翔实的测绘地理信息作为基础数据支撑，在此基础上建立房屋、道路、水系、城市绿地等专题数据库，并叠加土地利用总体规划、建设用地红线图、基本农田保护区、土地利用现状等国土专题数据。将各部门的各类基础数据标准化之后，再建立一个"多规"管理信息互通机制，实现部门间信息共享、管理互通、联动审批。今后各项规划的调编、修编将在信息联动平台上实时更新体现，以此保证信息联动平台作为规划协同工作的权威平台。数据标准化是搭建信息联动平台的基础，而联动平台建立之后将要面对的是如何让该平台能够可持续地运行下去，这就需要进一步完善信息联动平台的运行机制。应明确运行信息联动平台的责任机构，建立专门的信息化建设队伍，负责平台的建设和实施。

当然，目前的"三规"协调的推广工作还是试点性、探索性的，未来还有很大的应用空间。如进行多源数据融合技术的研究，包括开展多源的非结构化数据融合、非结构化数据与结构化数据融合技术研究，以实现大数据和传统数据的综合分析运用；再如推进城乡规划多源数据库的建设，包括建立分布式数据库，实现多源数据的存储、管理与维护；还有就是借助空间规划多源信息服务平台、多源数据辅助分析平台，整合部门基础数据、分析数据和成果数据，为实施空间规划编制的各责任部门协同制定、管理和使用"一张蓝图"提供支撑等。建立多规融合的城乡用地分类标准，实现同一用地、同一分类。制定多规融合的城乡规划编制技术导则。

第四节　湖南省省级空间规划的编制进展

一、湖南省概况

（一）自然地理情况①

湖南省位于我国的中南部地区，是有名的"鱼米之乡"，素有"湖广熟，天下足"的美誉。它位于洞庭湖以南，东邻江西，南毗两广，西接渝黔，北连湖北，土地肥沃，资源丰富，地形多样，气候温湿。

---

① 对湖南省自然地理状况的概括，主要参考了"湖南省人民政府关于印发《湖南省主体功能区规划》的通知"（2012 年）有改动。

1. 地形

湖南地处我国大陆第二级与第三级阶梯的交接地带，东、南、西三面环山，东为幕阜、罗霄山脉，南为南岭山脉，西为武陵、雪峰山脉，中部是丘陵型盆地，北部为洞庭湖平原。境内以山地、丘陵为主，整个地貌岭谷相间，丘陵盆地交错，地势由南向北倾斜，境内有洞庭湖和湘、资、沅、澧四大水系。

2. 气候

湖南属大陆型中亚热带季风湿润气候，光热水资源丰富，年平均气温 16～18℃，降水量 1 200～1 700 毫米，占全国降水量的 5% 左右。日照 1 300～1 900 小时。气候年内与年际变化较大，冬寒冷夏酷热，春温多变，秋温陡降，春夏多雨，秋冬干旱，气候垂直变化明显。

3. 资源

湖南土地总面积 21.18 万平方千米，居全国第 10 位，但山地多，平地少，开发难度大。水资源丰富，境内多年平均水资源量约 1 682 亿立方米，技术可开发利用的水力资源 1 323 万千瓦。矿产资源种类多，分布面广，是著名的"有色金属之乡"和"非金属矿之乡"，锑、钨、锰等有色矿产储量居全国乃至世界前列，但伴生矿较多、品位低。

4. 植被

湖南植被繁茂，植物种类丰富，起源古老，珍稀树种多。2010 年森林覆盖率 57%，居全国前列，主要分布在东、南、西三面的山区。境内拥有丰富的山坡草原资源，集中分布于湘西及湘南的山丘区，为众多野生动物提供了适宜的生存环境[10]。

(二) 经济社会状况

2013 年，湖南全省生产总值达到 2.45 万亿元，在全国排名第 10 位。人均 GDP 超过 3.7 万元（按 2013 年汇率折算，接近 6 000 美元）。常住人口 6 639 万人，其中城镇人口 3 097 万人，城镇化水平达到 46.7%。三次产业结构调整为 12.7∶47.0∶40.3。

长株潭城市群及其周边地区，是湖南省经济社会发展的核心区域。2013 年，长株潭城镇群及环长株潭城镇群生产总值分别达到 1.05 万亿元和 1.96 万亿元，分别占到全省地区生产总值的 43% 和 80% 以上。

基础设施日臻完善。交通、通信和电力网络不断完善，基本覆盖全省城乡。2013 年，全省铁路营运里程超过 4 000 千米，公路通车总里程 23.5 万千米，其中高速公路通车总里程 5 084 千米，乡镇公路通畅率达 99.9%，建制村公路通畅率达 93%。所有的村庄都实现了通电，90% 以上的村庄实现了通电视、电话和通邮。

人民生活水平明显提高。2013 年，湖南省农村居民人均纯收入 8 372 元，城镇居民人均可支配收入 23 414 元。随着城乡居民收入不断增加，居民消费方式和消费结构发生重大变化，对生活环境和公共服务提出了越来越高的要求[①]。

(三) 存在的主要问题

1. 可开发的空间有限

湖南省国土以山地、丘陵为主，山地面积占全省总面积的 50%，丘岗地占 30%，平原仅占 20%，适合规模开发的国土空间少。同时，由于全省人口基数较大，随着人口不断增长和工业化、城镇化步伐进一步加快，工业、交通和城市建设空间进一步扩大，不断挤占可用的农业空间和生态空间，人地矛盾日益尖锐。

2. 资源环境负荷重

湖南虽是全国资源禀赋和生态条件较好的区域之一，但各类资源人均水平低，总体质量也难以满足可持续发展的要求。如 91% 的土地资源已处于开发利用状态，人均耕地只有全国平均水平的 61%，人口负荷为全国的 1.7 倍。水资源时空分布不均，结构性和水质性缺水严重，近 60% 的城市和 70% 的县城存在不同程度的供水紧张问题，20% 以上的河段水质为 IV 类以下。

3. 自然灾害威胁大

受地形、地貌、气候等因素影响，湖南省洪涝、干旱、台风、泥石流等传统自然灾害频繁，每年约有 70% 以上的市县受到不同程度的灾害威胁，其中以洪涝灾害和旱灾影响最为严重。

4. 经济发展方式比较落后

湖南作为后发地区，而且资源型产业的比重相对较高，因此，经济增长方式还是较为粗放。经济增长在很大程度上仍是依靠资金、劳动力和自然资源等要素投入拉动，工业技术水平与设备落后，钢铁、有色、建材、化工等高耗能产业比重较大。全省单位 GDP 能耗比全国平均水平高出 10% 以上，水耗高出 20% 左右。

5. 基础设施和公共服务差距大

改革开放以来，湖南省的基础设施和公共服务水平有了飞跃发展，有力地支撑了湖南经济社会发展和人民生活水平的提高。但大量优质资源主要集中在以长株潭为核心的环长株潭城市群地区，集中在经济较发达的城市地区，而湘西等经济落后地区和农村地区基础设施依然薄弱，发展速度较慢，水平较低，导致不同地区人民的生活水平和享有的公共服务差距过大。

---

① 经济社会数据引自湖南省统计局发布的《湖南省国民经济和社会发展 2014 年统计公报》。

（四）未来发展面临的挑战

今后相当长的一段时期，仍是湖南省发展的重要机遇期，但面临的挑战也很严峻，对空间资源的合理保护和利用带来的压力很大。突出表现在以下三个方面。

第一，经济发展与环境保护统筹协调困难。如交通、电力等基础设施的不断完善，为其承接东部和国外产业转移奠定了良好的基础，但也容易造成对省域资源的过度消耗，使环境问题雪上加霜，不利于资源节约型、环境友好型社会的建设。特别是国家经济社会发展已经进入转型时期，如何在保持稳定增长的同时，实现产业结构的升级和创新能力的提高，仍需要进行不懈探索。

第二，城乡用地布局的优化是个长期历史过程。湖南仍处于城镇化加速发展阶段，大量农村人口将不断进入城市就业和居住，城市人口快速增加，既需要继续扩大城市建设空间，也带来了农村居住用地闲置等问题。城乡用地的布局和优化，实现省域空间的集约、紧凑和高效，仍需要付出长期努力。

第三，基础设施不断扩展与建设空间持续扩大的矛盾。湖南全省交通、能源、水利等基础设施仍处于不断扩容完善阶段，众多的基础设施建设必然占用更多空间，甚至不可避免地占用一些耕地和绿色生态空间。

总之，全省既要满足人口增长、城镇化发展、经济发展、社会进步所需要的国土空间，又要为保障农产品供给而保住耕地，还要为保障生态和人民健康，应对环境污染、气候变化等，保持并扩大绿色生态空间，国土空间开发面临诸多两难挑战。

二、湖南省各类规划统筹与协调问题研究

湖南虽然没有被纳入国家省级国土规划编制的试点省份，但按照《土地管理法》、《城乡规划法》和国家主体功能区规划编制的相关要求，省级的土地利用总体规划、省域城镇体系规划都编制过多轮，主体功能区规划也在 2012 年编制完成并正式印发。

（一）湖南省三个主要空间规划的核心内容

1.《湖南省主体功能区规划（2012～2020)》

在《湖南省主体功能区规划（2012～2020）》中，根据国家《省级主体功能区域划分技术规程》，以湖南省 2010 年数据为基数，对全省各县级行政单元人口集聚度、经济发展水平、交通优势度、生态系统脆弱性、生态重要性、人均可利用土地资源、可利用水资源、自然灾害危险性和环境容量八类指标进行了综合评价。在此基础上，将评价结果归并

为发展类、保护类、资源类三大指标，据此计算出国土空间开发综合评价指数（A 值），A 值大于 0 的评价单元原则上以"开发"为主要方向，小于 0 的评价单元以"保护"为主要方向。评价将湖南全省县区分为八个等级，并据此进行主体功能的划分（表 3—1、图 3—3）。

表 3—1　国土开发综合评价指数分级

级别（A 值）	空间单元
第一等级 （2.991～5.03）	长沙市辖区、株洲市辖区、湘潭市辖区、益阳市辖区、娄底市辖区、湘潭县
第二等级 （1.531～2.990）	衡阳市辖区、常德市辖区、岳阳市辖区、郴州市辖区、永州市辖区、邵阳市辖区、怀化市辖区、冷水江市、醴陵市、汨罗市、临澧县、津市市
第三等级 （0.271～1.530）	衡阳市南岳区、张家界市辖区、长沙县、浏阳市、韶山市、湘乡市、石门县、澧县、安乡县、华容县、岳阳县、双峰县、衡南县、茶陵县、资兴市、宜章县、临湘市
第四等级 （－0.289～0.270）	双牌县、中方县、宁乡县、望城区、平江县、湘阴县、汉寿县、桃源县、沅江市
第五等级 （－0.809～－0.290）	古丈县、沅陵县、吉首市、安化县、溆浦县、新化县、洪江市、株洲县、攸县、炎陵县、桂东县、靖州县、绥宁县、武冈市、城步县、东安县、江永县、宁远县、永兴县
第六等级 （－1.259～－0.810）	临武县、嘉禾县、桂阳县、耒阳市、衡东县、衡山县、衡阳县、祁东县、邵东县、新邵县、会同县、芷江县、辰溪县、涟源市、保靖县、龙山县、慈利县
第七等级 （－1.809～－1.260）	南县、桃江县、麻阳县、隆回县、洞口县、邵阳县、新宁县、祁阳县、常宁市、新田县、安仁县、汝城县
第八等级 （－2.290～－1.810）	道县、蓝山县、江华县、通道县、新晃县、凤凰县、泸溪县、花垣县、永顺县、桑植县

资料来源：湖南省人民政府：《湖南省主体功能区规划（2012～2020）》，2012 年。

此外，湖南主体功能区规划还提出了建立"一核五轴四组团"为主体的城市化战略格局，"一圈一区两带"为主体的农业战略格局，以及"一湖三山四水"为主体的生态安全战略格局。

2.《湖南省城镇体系规划（2010～2020）》

在《湖南省城镇体系规划（2010～2020）》中，提出城镇建设用地指标按 102 平方米/人控制，到 2020 年，城镇建设总用地控制在 3 940 平方千米以内，城镇用地逐步下降到 140 平方米/人以下，到 2020 年村镇建设总用地控制在 4 984 平方以内（表 3—2）。

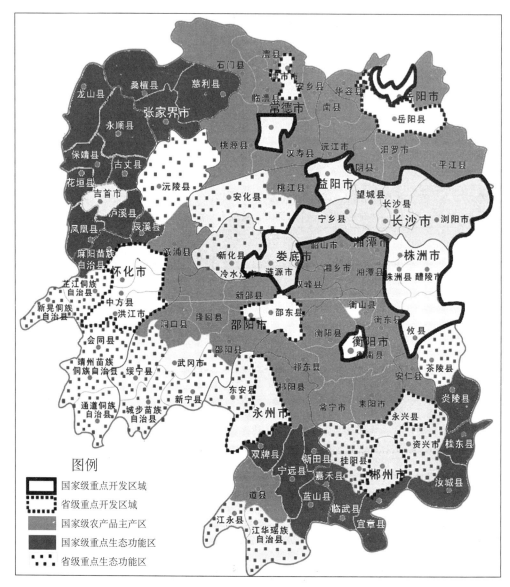

图 3—3 湖南省主体功能区规划（2012～2020）

资料来源：同表 3—1。

表 3—2 2020 年城镇用地规模控制

城镇规模等级	人口（万）	控制指标（m²/人）	用地规模（km²）	增加用地（km²）	备注
特大城市（>100 万人）	840	100	840	600	包括大城市升位
大城市（50～100 万人）	550	95～105	550	190	包括城市升位

续表

城镇规模等级	人口 (万)	控制指标 (m²/人)	用地规模 (km²)	增加用地 (km²)	备注
中等城市（20～50 万人）	600	95～105	610	100	
小城市（<20 万人）	310	100～105	320	90	包括县改市
县城	500	100～105	1 100	578	县改市除外
其他建制镇	1 050	105～115	1 100	578	
合计	3 850	100～115	3 940	1 688	

资料来源：湖南省人民政府：《湖南省城镇体系规划（2010～2020）》，2011 年。

空间管制是省域城镇体系规划的特色内容。规划除了对自然保护区、森林公园、生态敏感地带、水体和城镇建控地区提出管控要求外，将农田和生态林地也作为管制对象。规划提出 2020 年耕地保有量不少于 377 万公顷，其中基本农田保护面积不少于 323.53 万公顷[11]。

3.《湖南省土地利用总体规划（2006～2020）》

《湖南省土地利用总体规划（2006～2020）》提出，到 2010 年和 2020 年，确保全省耕地保有量分别不低于 378.73 万公顷和 377.00 万公顷。到 2010 年，全省非农建设占用耕地面积控制在 3.33 万公顷以内，土地整理复垦开发补充耕地面积不低于 3.33 万公顷。到 2020 年，确保 323.53 万公顷基本农田数量不减少，质量有提高[12]。

此外，规划提出的城镇空间用地格局为"一核两圈四轴"。到 2010 年，建设用地总规模控制在 140.37 万公顷以内，新增建设用地控制在 7.00 万公顷以内，人均城镇工矿建设用地面积不超过 90 平方米。到 2020 年，建设用地总规模控制在 152.58 万公顷以内，城镇工矿用地在城乡建设用地总量中的比例由 2005 年的 19.87% 提高到 2020 年的 31.85%，人均城镇工矿建设用地面积不超过 96 平方米（表 3—3）。

（二）湖南省省域"三规"的矛盾与冲突

通过上面对"三规"主要指标和结构的梳理，虽然规划期限都是到 2020 年，但仍然存在着内容不衔接、内涵不统一所带来的实施难题，在空间结构、各类用地规模等方面，还没有实现统一。

1. 空间结构的表述不统一

城镇空间结构表述不一致。如在主体功能区规划中，对省级城镇空间结构表述为"一核五轴四组团"（图 3—4），即以长株潭城市群为核心，以京港澳、长（沙）益（阳）常

表 3—3　湖南省建设用地指标

行政单位	2005 年建设用地总规模（hm²）	2010 年建设用地				2020 年建设用地总			
		总规模（hm²）	城乡建设用地			总规模（hm²）	城乡建设用地		
			总规模（hm²）	城镇工矿用地规模（hm²）	人均城镇工矿用地（m²）		总规模（hm²）	城镇工矿用地规模（hm²）	人均城镇工矿用地（m²）
湖南省	1 338 730	1 403 700	1 064 000	260 000	90	1 525 800	1 139 800	363 000	96
长沙市	134 257	152 207	130 893	53 678	107	183 851	156 762	85 404	103
株洲市	83 832	89 672	74 159	22 092	103	100 084	81 118	32 014	101
湘潭市	67 422	72 474	57 994	15 381	91	81 365	63 197	23 555	100
衡阳市	130 840	137 158	108 285	23 859	82	148 475	115 437	33 679	99
邵阳市	104 249	108 178	79 516	14 613	65	116 275	83 773	20 179	79
岳阳市	126 538	130 417	92 666	19 807	78	137 717	96 924	25 994	84
常德市	175 143	178 877	127 344	20 086	87	186 414	131 097	25 785	96
张家界	37 999	39 509	30 887	4 454	74	42 784	31 809	6 143	89
益阳市	90 518	93 526	64 548	11 570	67	99 757	67 429	15 795	80
郴州市	98 795	102 365	64 083	20 125	100	109 532	67 871	25 316	97
永州市	95 066	98 125	78 097	19 580	107	104 059	81 347	24 042	98
怀化市	80 404	83 113	61 707	14 408	88	88 698	64 966	18 698	96
娄底市	72 746	75 335	60 577	12 916	90	80 136	63 366	16 883	98
湘西州	40 921	42 744	33 244	7 431	86	46 653	34 704	9 513	95*

资料来源：湖南省人民政府：《湖南省土地利用总体规划（2006～2020）》，2009 年。

（德）张（家界）、（湘）潭娄（底）邵（阳）怀（化）、常（德）娄（底）邵（阳）永（州）、张（家界）吉（首）怀（化）五条交通走廊为轴线，以洞庭湖经济区、大湘南、大湘西、湘中四大城市组团为重点；省域城镇体系规划中，则表述为"一核四轴五心"的城镇空间结构（图 3—5），即以长株潭城市群为核心，岳（阳）—郴（州）、株（洲）—怀（化）、石（门）—通（道）、常（德）—永（州）四条城镇发展轴，岳阳、衡阳、常德、邵阳、怀化五大区域中心城市为主体的网络结构；土地利用总体规划中提出的则是"一核两圈四

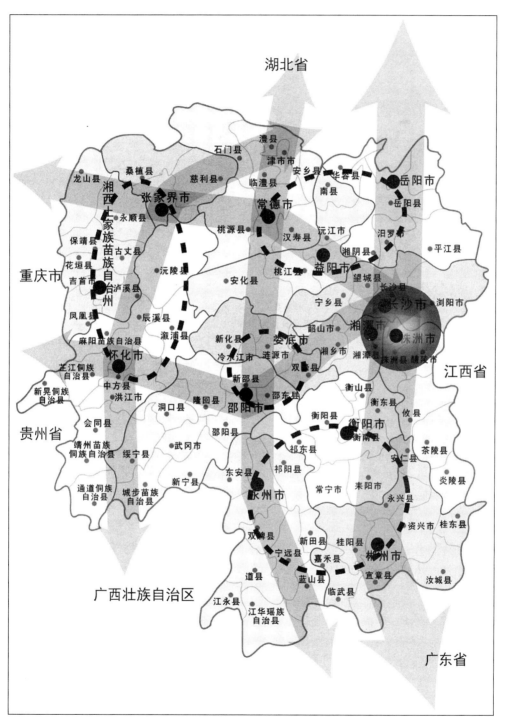

图 3—4　湖南省"一核五轴四组团"空间结构

资料来源：湖南省人民政府：《湖南省主体功能区规划（2012～2020）》，2012 年。

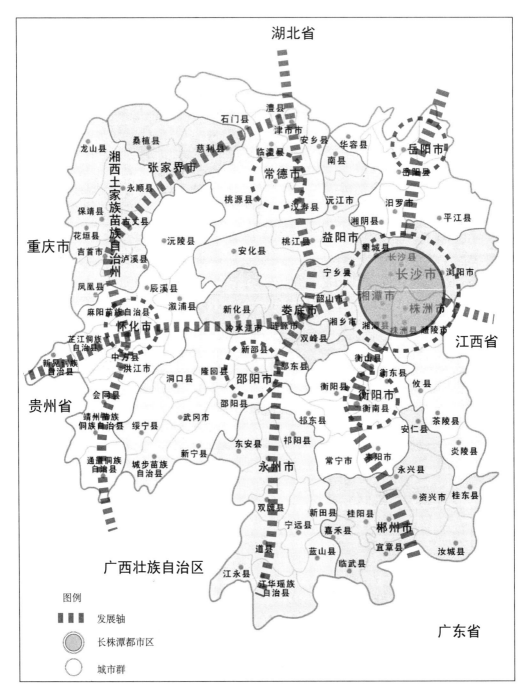

图 3—5　湖南省"一核四轴五心"空间结构

资料来源：湖南省人民政府：《湖南省城镇体系规划（2010～2020）》，2011 年，有改动。

轴"城乡建设用地布局,即以现有城镇体系为基础,遵循城镇发展规律,充分考虑交通区位条件,构建以长株潭城市群为核心,以"3+5"城市群中的常德、益阳、岳阳、娄底、衡阳五个城市为紧密圈,以郴州、永州、邵阳、怀化、吉首、张家界等市(州)中心城市为辐射圈,以京广、洛湛、枝柳、湘黔四条铁路干线为轴线,以县城及中心城镇为基础。空间结构表达的差异,其背后体现出不同的政府部门对省域重点发展空间认识的不同。

对生态空间结构和内容的表述也不一致。如《湖南省主体功能区规划(2012~2020)》提出建立以"一湖三山四水"为主体的生态安全战略格局,即以洞庭湖为中心,以湘、资、沅、澧四条主要江河为脉络,以武陵—雪峰、南岭、罗霄—幕阜山脉为自然屏障的生态安全战略格局(图3—6)。但在《湖南省土地利用总体规划(2006~2020)》中,提出的生态用地布局是重点加强洞庭湖和山地的生态功能建设,发挥湿地效应,构建以武陵山脉、雪峰山脉、南岭山脉、罗霄山脉"四山"为自然屏障的生态安全格局。两个规划对生态安全格局表述差异的背后,是对江河流域是否作为生态安全屏障认识的不统一。

2. 建设用地规模控制的依据不一致

如省域城镇体系规划中提出城镇建设用地指标按102平方米/人控制,到2020年,城镇建设总用地控制在3 940平方千米以内,城镇用地逐步下降到140平方米/人以下,到2020年村镇建设总用地控制在4 984平方千米以内。土地利用总体规划则提出到2010年,人均城镇工矿建设用地面积不超过90平方米。到2020年,人均城镇工矿建设用地面积不超过96平方米,城乡建设用地中的城镇工矿建设用地3 630平方千米,农村居民点用地7 768平方千米。建设用地内涵和界定的不统一,导致规划的衔接和协调很困难。

3. 用地分类依据和技术标准不统一

主体功能区规划是基于空间作用和功能的差异,从生产、生活和生态角度,对空间进行识别和分类。这样,限制开发地区和禁止开发地区,主要针对的就是重点生态功能区域。在湖南省主体功能区规划中,提出的限制开发的重点生态功能区主要是洞庭湖和湘、资、沅、澧"四水"水体湿地及生物多样性生态功能区,武陵山区生物多样性及水土保持生态功能区(含雪峰山区),南岭山地森林及生物多样性生态功能区,罗霄~幕阜山地森林及生物多样性生态功能区四个片区,共计44个县市区,面积约10万平方千米,占全省国土面积的47.3%。提出的禁止开发的生态功能区域主要是指依法设立的各级各类自然、文化资源保护区域,以及其他禁止进行工业化城镇化开发、需要特殊保护的重点生态功能区,这些区块点状分布于重点开发和限制开发区域之中。主要包括:各级各类自然保护区、风景名胜区、森林公园、地质公园、重要湿地、历史文化自然遗产、基本农田、蓄滞洪区、重要水源地等。除基本农田、重要水源地和重点文物保护单位外,全省禁止开发区域共有370处,面积约4.55万平方千米,占全省国土面积的21.5%(表3—4)。

图 3—6　湖南省生态安全空间格局

资料来源：湖南省人民政府：《湖南省主体功能区规划（2012～2020）》，2012 年。

表 3—4　湖南省主体功能区划分情况统计

指标项		重点开发区域			重点生态功能区			农产品主产区（全部为国家级）
		合计	国家级	省级	合计	国家级	省级	
县域数量	个数（个）	43	30	13	44	24	20	35
	全省占比（%）	35.2	24.6	10.6	36.1	19.7	16.4	28.7
面积	面积（km²）	40 211	25 012	15 199	100 271	48 548	51 723	71 373
	全省占比（%）	19	11.8	7.2	47.3	22.9	24.4	33.7
扣除基本农田后的面积	面积（km²）	33 101	20 287.3	12 813.7				
	全省占比（%）	15.6	9.6	6				
总人口	数量（万人）	2 206	1 613.8	592.2	1 896.2	941.1	955.1	2 804.8
	全省占比（%）	32	23.4	8.6	27.4	13.6	13.8	40.6

注：①表中采用的是 2009 年统计数据。

②表中统计以县级行政区划为基本单元，重点开发区域未包括划为农产品主产区和重点生态功能区的有关县城关镇与重点建制镇，以及国家级、省级产业园区。

③禁止开发区域点状分布于重点开发区域、重点生态功能区和农产品主产区之中，本表中未作统计。

资料来源：湖南省人民政府：《湖南省主体功能区规划（2012～2020）》，2012 年。

仍以生态空间为例，由于土地利用总体规划是基于地物覆盖的差异来进行用地分类的，这样林地（包括天然林地以及大部分人工林地）、草地、湿地、部分未利用地以及生态治理和环境恢复的部分用地，就构成了生态用地的主体。在《湖南省土地利用总体规划（2006～2020）》中"生态保护与建设篇"中，提出要"建设集中连片的林地、草地和基本农田等绿心、绿带为主体的土地生态安全屏障，……加强自然保护区、生态功能保护区、森林公园、地质公园等生态用地建设，保持天然林地、草地、湿地等生态用地的基本稳定，积极培育人工林地、草地，到 2010 年，公益林面积达到 535.27 万公顷；到 2020 年，公益林面积达到 527.27 万公顷。到 2010 年，森林覆盖率 56%；到 2020 年，森林覆盖率稳定在 57% 左右"。此外，要"协调建设用地与生态用地的比例，加强'四水'流域上中游以及洞庭湖区生态建设和环境保护，促进人水、人地和谐……"（表 3—5）。由于主体功能区规划和土地利用总体规划关于生态空间的界定与内涵不统一，其相关指标和规模也就难以衔接与协调。

另外，省域城镇体系规划中的用地分类采用的标准是《城市用地分类与规划建设用地标准》（GB 50137—2011），土地利用总体规划中采用的标准是《土地利用现状分类》（GB/T 21010—2007）。虽然都是国家标准，但从标准的规格来看，《城市用地分类与规划建设用地标准》高于《土地利用现状分类》和土地利用总体规划编制规程（前者是强制性

表 3—5　土地利用结构调整　　　　　　　　　　（万 km²）

地类	2005 年		2006～2010 年增减	2010 年		2011～2020 年增减	2020 年		2006～2020 年增减
	面积	(%)		面积	(%)		面积	(%)	
全省合计	2118.55	100.00	0.00	2118.55	100.00	0.00	2118.55	100.00	0.00
一、农用地	**1 793.17**	**84.64**	**−2.09**	**1 791.08**	**84.54**	**−6.39**	**1 784.69**	**84.24**	**−8.48**
1. 耕地	381.60	18.01	−2.87	378.73	17.88	−1.73	377.00	17.80	−4.60
2. 园地	49.76	2.35	−0.02	49.74	2.35	0.05	49.79	2.35	0.03
3. 林地	1189.18	56.13	7.49	1196.67	56.49	2.20	1198.87	56.59	9.69
4. 牧草地	10.46	0.49	−0.08	10.38	0.49	−0.15	10.23	0.48	−0.23
5. 其他农用地	162.17	7.66	−6.61	155.56	7.33	−6.76	148.80	7.02	−13.37
二、建设用地	**133.87**	**6.32**	**6.50**	**140.37**	**6.62**	**12.21**	**152.58**	**7.20**	**18.71**
1. 城乡建设用地	102.09	4.82	4.31	106.40	5.03	7.58	113.98	5.38	11.89
其中:城镇工矿用地	20.29	0.96	5.71	26.00	1.23	10.30	36.30	1.71	16.01
农村居民点用地	81.80	3.86	−1.40	80.40	3.79	−2.72	77.68	3.67	−4.12
2. 交通水利用地	28.50	1.35	2.19	30.69	1.45	4.63	35.32	1.67	6.82
其中:交通用地	9.16	0.43	1.60	10.76	0.51	2.50	13.26	0.63	4.10
水利设施用地	19.34	0.92	0.59	19.93	0.94	2.13	22.06	1.04	2.72
3. 其他建设用地	3.28	0.15	0.00	3.28	0.15	0.00	3.28	0.15	0.00
其中:特殊用地	3.28	0.15	0.00	3.28	0.15	0.00	3.28	0.15	0.00
盐田	0.00	0.00	0.00	0.00	0.00	0.00	0.00	0.00	0.00
三、未利用地	**191.51**	**9.04**	**−4.41**	**187.10**	**8.84**	**−5.82**	**181.28**	**8.56**	**−10.23**

资料来源:湖南省人民政府:《湖南省土地利用总体规划（2006～2020）》,2009 年。

标准,后者只是推荐性标准）,但土地利用总体规划依然没有参考城市用地的分类标准,给两规的协调带来不少问题。如铁路客货站场用地,在城乡规划中属于城市建设用地,包含在城市建设用地规模中,属于强制性指标。但在土地部门属于交通水利用地,不属于土地规划的约束性用地指标。另外,在土地管理过程中,同一处土地,在国土和城乡规划部门分属不同类型,使得用地单位无所适从。如殡葬用地,在城乡规划部门用地分类中属于区域公用设施用地,在土地部门分类中属于特殊用地,而规划部门用地分类的特殊用地又不包括殡葬用地,将会造成用地单位的不理解[①]。

---

　　① 李海涛、张永波等:"县（市）城乡总体规划编制导则"（内部讨论稿）,中国城市规划设计研究院,2014 年。

（三）空间规划与部门专项规划不统一

由于资料所限，仅以湖南省林业局相关规划为例对该问题进行简要说明。湖南省林业局对全省坡耕地情况进行的摸底调查表明[①]，截止到 2012 年年底，湖南全省现状耕地为 6 637 万亩，确需退耕还林面积 990.82 万亩（表 3—6），其中 25 度以上坡耕地 639.82 万亩，15～25 度水土流失严重坡耕地 205.91 万亩，严重沙化耕地 73.85 万亩，石漠化耕地 71.24 万亩。如果宜林耕地全部实现退耕还林，那么 2020 年的耕地保有量应为 5 646.18 万亩。但是，根据《湖南省土地利用总体规划（2006～2020）》的要求，湖南全省 2020 年

表 3—6　湖南省 2013～2020 年退耕还林初步规划　　　　　　　　（万亩）

地区	总计	2013～2015 年	2016～2020 年	2021～2030 年	地区	总计	2013～2015 年	2016～2020 年	2021～2030 年
全省	990.82	530.09	224.92	235.81	祁东县	6.48	3.47	1.47	1.54
新化县	69.00	36.92	15.66	16.42	道县	6.25	3.34	1.42	1.49
安化县	41.82	22.37	9.49	9.95	冷水滩	5.99	3.20	1.36	1.43
邵阳县	27.30	14.61	6.20	6.50	苏仙区	5.69	3.04	1.29	1.35
桑植县	24.85	13.29	5.64	5.91	蓝山县	5.30	2.84	1.20	1.26
溆浦县	31.30	16.75	7.11	7.45	东安县	4.90	2.62	1.11	1.17
凤凰县	13.19	7.06	2.99	3.14	浏阳市	4.58	2.45	1.04	1.09
龙山县	13.05	6.98	2.96	3.11	衡东县	4.45	2.38	1.01	1.06
泸溪县	11.90	6.37	2.70	2.83	资兴市	4.36	2.33	0.99	1.04
辰溪县	23.71	12.68	5.38	5.64	常宁市	4.30	2.30	0.98	1.02
武冈市	36.95	19.77	8.39	8.79	江永县	3.96	2.12	0.90	0.94
涟源市	25.52	13.65	5.79	6.07	临武县	2.74	1.47	0.62	0.65
新宁县	25.10	13.43	5.70	5.97	嘉禾县	2.64	1.41	0.60	0.63
安仁县	19.85	10.62	4.51	4.72	攸县	2.55	1.36	0.58	0.61
永定区	20.47	10.95	4.65	4.87	北湖区	1.14	0.61	0.26	0.27
麻阳县	12.63	6.76	2.87	3.01	双牌县	0.66	0.35	0.15	0.16
石门县	15.70	8.40	3.56	3.74	宁乡县	11.80	6.31	2.68	2.81

资料来源：根据湖南省林业局退耕办提供的调研数据整理。

[①]　湖南省林业局："湖南省退耕还林工程情况"（内部工作报告），2013 年。

耕地的保有量应为 377 万公顷（合计 5 655 万亩），该规模已经大于宜林耕地退耕以后的面积了。如果再考虑到城镇、交通水利等基础设施建设等对耕地的合理占用，要实现 2020 年的耕地保有量目标，难度可想而知。

三、"地下"与"地上"规划建设统筹协调困难

要实现"地上"各项规划、建设、生态环境保护和空间管控等活动有序进行，离不开"地下"矿产资源规划、勘探、开采、保护等各项活动的统筹协调，对矿产资源大省而言，实现"地上"资源和"地下"资源一体化的规划、配置与管理，尤其重要。"地上"与"地下"的各项行为如果实现了统筹协调，那么就可以做到互不干扰、相得益彰；否则，就会导致严重的生态环境和安全问题、资源浪费问题，严重影响可持续发展。

（一）湖南省矿业发展带来的问题

湖南省是全国有名的"矿产之乡"，有 15 种金属和非金属矿产，储量位居全国前三位。其中，钨、锑、铋保有储量分别占世界的 34.8％、9.3％、37.2％[13]，其地位在全球举足轻重。截止到 2012 年，全省矿山企业近 9 000 家，从业人员逾 33 万人，采掘业及其延伸加工业的产值占据全省工业 35％的份额。中华人民共和国成立以来，一批资源型城市因矿而生，郴州、娄底、冷水江、耒阳、桃林等是其中的典型代表。需要引起关注的是，长期粗放式的矿业生产，也给湖南带来了比较严重的生态和环境问题，主要表现在以下四个方面。

1. 生态环境遭受严重破坏

截止到 2007 年，全省矿山固体废弃物累计积存量约 2.20 亿吨，废水约 16 亿立方米，废气 537 461 万标立方米①。"三废"的乱堆乱放、缺乏处理，对湖南省众多河流及地下水造成污染，全省"四水一湖"水质均受到不同程度影响，其中以湘江水污染最为严重。仅衡阳市水口山矿区就有近 800 万吨重金属污染危险固体废渣露天堆放，对湘江流域沿岸城市的供水安全形成巨大威胁。

截止到 2012 年年底，湖南全省有 1 000 多个矿山因矿业活动引发过地面坍塌、地面沉降、地裂缝、滑坡、泥石流，占全省矿山总数的 16％。以邵东县为例，近 20 年采空区发生沉陷就有 44 次，破坏房屋 541 栋，影响 8 350 人的生活[14]。再如冷水江市的锡矿山地区，地下已接近采空状况，地质灾害频繁发生，威胁当地居民达 8 800 余人，水土流失导致近 80％农田无法耕作[15]。

---

① "三废"总量数据来自湖南省人民政府：《湖南省矿产资源总体规划（2008～2015 年）》，2009 年。

2. 遗留大量的矿区及污染用地需要治理

矿业长期粗放式的发展，给湖南全省留下了大量的污染和各类灾损严重地区，需要进行长期治理（图3—7）。这些区域涉及麻阳铜矿区、永州市零陵锰矿区、湘潭锰矿区、冷水江—涟源—双峰煤矿区、花垣—民乐—李梅锰铅锌矿区等众多矿区，受到影响的人口在25万以上。此外，根据湖南省农业厅多年来的定位监测显示，截至2013年，湖南将近1/3的耕地被不同程度污染，重度污染和轻度污染的面积分别为470万亩和950万亩，其中湘江流域耕地受到的影响尤其严重。

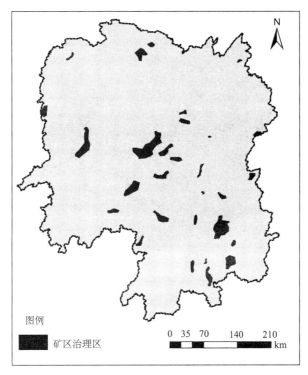

图 3—7 湖南省重要的矿区治理区

资料来源：根据湖南省国土资源规划院提供的资料绘制。

3. 矿业生产导致土地利用矛盾突出

对湖南省矿产资源储藏与生产现状分析表明（图3—8），矿业生产与生态保护、农业生产和城市建设的矛盾突出。在矿产资源勘探开采与规划范围内，涉及的农业生产用地、城镇建设用地和生态高度敏感区[①]分别达到14 800、294、11 550平方千米以上（图3—9），

---

① 包括各类自然保护区、森林公园、地质公园、风景名胜区、湖泊水系、地质灾害高易发区、海拔1 200米以上山区和25度以上坡地等。

占湖南省全部耕地、建设用地和生态高度敏感区的 37%、17% 和 14.6%。如果不能对这些区域的建设开发与保护做出统筹与合理安排，势必影响湖南的可持续发展。

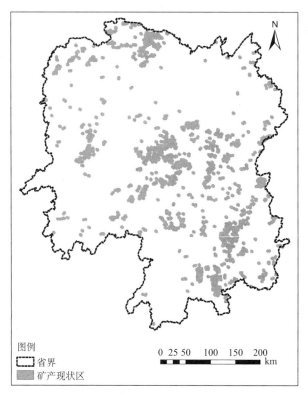

图 3—8　湖南省矿产开采现状区域
资料来源：同图 3—7。

4. 矿产资源压覆引发的问题比较严重

矿产资源大省的资源压覆问题，是影响矿业可持续发展的重要问题之一。由于没有获得湖南全省矿产资源压覆的准确数据，这里仅以掌握的山东、安徽和河南等省煤炭资源压覆相关数据进行简要说明。由于都是矿业大省，问题的严重性是相似的。根据国家发改委和国土资源部的调查数据，目前，山东、安徽两省被城镇建设压覆的煤炭资源量分别达到 42.7 亿吨和 60.6 亿吨，分别占资源储量的 20.4% 和 28.1%。河南省煤炭保有储量中的可采部分不足 90 亿吨①，其中被压覆的已经占到 30%～40%。如果加上村庄、水体、公路、铁路压煤等历史遗留问题，全部被压覆的资源量占资源储量的比例估计已经超过 40%。资源压覆浪费了国家宝贵的煤炭资源，使资源型城市提前进入衰退期，不利于城市

---

① 根据目前的开采技术和条件，基于安全考虑，国家严格禁止对 1 000 米以下的煤炭资源进行开采，因此，可采的保有储量指埋藏深度小于 1 000 米的资源。

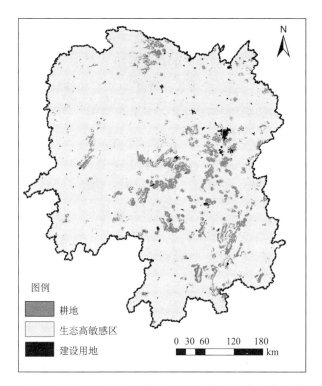

图 3—9　矿产开采现状区分布的农田、建设用地和生态高度敏感区

资料来源：同图 3—7。

接续产业的培育。

　　此外，矿业企业的生产布局和开采计划是个系统性很强的工作。一般而言，企业要提前 1～2 年布置生产系统，如果因城市扩张导致拟采资源压覆，将会打乱矿井的正常开拓布局，造成已开拓巷道报废，缩短矿井的生产年限，打乱生产接续，增加企业管理难度，也危及矿井安全生产。以淄矿集团济（宁）北矿区矿井为例，在 1997～2011 年的 14 年里，被城市压覆的煤炭资源总量已达 12.79 亿吨，较建矿时增加 10.38 亿吨，资源压覆比例由原来的 14.9％增加到 89.1％，按照目前生产能力，矿井服务年限将减少 17 年以上。山东鲁西、安徽"两淮"（淮南和淮北）基地的三个大型煤矿，是国家"八五"、"九五"重点建设项目，因资源压覆导致矿井服务年限缩短了 20～30 年[1]，给国家和企业带来的经济损失难以估算。

---

　　[1]　导致矿井服务年限大幅度缩减的原因，既有被城市建成区压覆的煤炭资源，也有被村庄建设和重大交通设施建设等压覆的资源，后者的影响程度往往更为严重。

(二) 湖南省矿业生产 "乱象" 的原因分析

1. 资源型地区和贫困地区对矿业生产的高度依赖

湖南省的大批资源型城市,接续产业发展滞缓,技术装备落后,导致城市对矿业发展的依赖程度过高,对环境造成的压力过大。以涟源市为例,2012 年全市共有规模以上工业企业 154 家,其中涉煤企业就有 100 家 (煤矿 86 家、洗煤 14 家),占据 65% 的份额。煤炭开采及洗选行业增加值 33.2 亿元,占整个规模以上工业增加值的 55%。可以说,整个城市的发展严重依赖矿业,"一荣俱荣、一损俱损"。郴州市 2011 年矿业经济占 GDP 的比重达到 34.3%,利税总额占全市工业企业利税总额的 60% 以上。冷水江市采掘业一直是经济发展的支柱,在其矿业发展高峰时的 2002 年,采掘业对当地财政的贡献率高达 53.3%,从业人员一度达到 7 万人,占全市总人口的 20% 以上。

湘西等国家级贫困地区,生态敏感脆弱,但由于交通闭塞、高素质劳动力外流、产业基础薄弱,外来投资主要涌向资源的开采,给生态环境带来很大的破坏。2012 年,湘西锰锌铝矿产业增加值达 62.5 亿元,占到全州规模以上工业的 78.2%[①]。由于锰矿业长期粗放发展,导致全州地表水水质受到不同程度的锰污染,化垣河、力溶江等处尤为严重。2012 年全州尾矿产生量达到 1 092.53 万吨,较 2010 年的 106.27 万吨增加了 10 倍以上,而对尾矿的综合利用率却只有 1.26%[②],大量累积的尾矿对全州水体和土壤构成严重威胁。

2. 生态和环境治理的历史 "欠账" 过多

长期计划经济的影响,我国注重 "先生产,后生活",对矿区污染的危害认识不足,投入有限,废弃物随意丢弃、堆积,导致污染点多面广、危害巨大。如湖南铬渣受资金、技术等制约,并没有被 "解毒",而是被堆放在水边、居民区,有些被非法转运和随意填埋,甚至用于道路基建及农村房屋建筑,导致重大的生态危机。位于湘乡的湖南铁合金厂,铬渣堆场面积虽只有 1 500 平方米,但污染土层深度达 10 米以上,严重影响周边 14 个村庄、3 万多人的身体健康,并导致上千亩农田荒废。再如长沙铬盐厂与湘江仅一条公路之隔,20 世纪 70 年代就曾将部分铬渣转运到洞庭湖附近,环境隐患遗留至今。该厂 2003 年虽被责令关闭,但遗留在湘江边的 42 万吨铬渣对长沙、株洲和湘潭几百万人的供水安全形成巨大威胁。

湖南省重金属污染治理较难,世界上还没有经济、可行的成熟修复技术。另外,污染

---

① 湘西土家族苗族自治州人民政府:《2013 年湘西土家族苗族自治州国民经济和社会发展统计公报》。
② 根据湘西土家族苗族自治州人民政府 2010～2012 年的固体废物污染环境防治信息整理。

治理需要大量资金，收益又有限，各级政府和企业投入的积极性普遍不高。以国务院批准的首个重金属污染治理试点方案《湘江流域重金属污染治理实施方案》为例，初步投入就需要 595 亿元。如果要达到预期效果，长期投入超过 4 000 亿元，当地很难筹措到这笔资金[16]。

3. 法律法规与行政执法的完善是个渐进的过程

首先，湖南省矿产资源大规模开采的历史早于国家法律法规颁布。国家关于矿产资源开发、环境保护、城乡规划、风景名胜区、自然保护区等管理的法律法规是逐步完善的，如 1986 年才出台《矿产资源法》，1996 年进行了修订；《城市规划法》、《环境保护法》都是在 1989 年立法，两个法律分别在 2007 年、2014 年进行了修订；《自然保护区条例》是 1994 年颁布的，《风景名胜区条例》则是在 2006 年才颁布。这些法律法规的相继出台，才使矿产资源开发、资源管理、环境保护等有法可依。在此之前，湖南省作为资源大省，大规模的矿产资源开发一直在持续进行，企业生产没有相应的法律法规进行约束，环境的污染有历史的原因。

其次，法律法规操作性不强，行政执法也不严格。如 1996 年颁布实施的《矿产资源法》，虽然提出对机场、铁路、公路、水利、市政等重大基础设施、水域、堤坝、各类保护区和历史文物等一定距离内禁止开采矿产资源，但对"一定距离"缺乏明确界定，导致政府矿业权划界的自由裁量权过大；虽然在第 23 条也提出"开采矿产资源，必须遵守有关环境保护的法律规定，防止污染环境"，但只有原则性的规定，缺乏具有操作性的实施细则。再如 1989 年通过并实施的《环境保护法》，虽然对需要保护的生态系统（第 17、18 条）、对造成污染的企事业单位提出限期治理（第 29 条）、处罚、关停等措施（第 39 条），但是法律出台的 20 多年，正值中国经济快速增长的 20 多年，"发展是硬道理"、"先污染、后治理"等观念盛行一时，使法律的相关规定形同虚设，全国许多地方的环境危机达到历史上最严峻的时期，湖南省当然也不会置身事外。2014 年，国家对《环境保护法》进行了修订，强化了政府责任，提高了处罚标准及环保门槛，法律是否能得到很好的实施还有待时间检验。

再次，矿产资源多头管理，条块分割，行政管理不到位。据初步统计，矿产资源、国土空间和环境保护由 10 多个部门共同管理，各部门的管理目的、原则和力度不统一，部门利益严重阻碍了矿产开发问题的解决。在矿业城市中，国有大型矿山企业是经济发展的主体，长期以来，这些企业受中央主管部门或省级部门垂直管理，往往拥有矿业生产和社会服务双重职能，政企不分，与地方政府协调性差。

最后，矿产资源的分级管理也是导致开发乱象的重要原因。我国的矿产资源管理按照矿种、储量规模和开采主体分为四级管理，大中型以上矿区的开采权由国务院地质矿产主管部门负责，其他小型矿区的开采则分散到省及以下的市和县管理。这导致了矿权出让管理的混乱，形成了大量散乱布局的小微矿企。湖南省近20年出现的矿企中，这种散乱布局的小微矿企有5 717个，占矿企总数的99%以上。这些企业因为规模小，实力弱，治污设施难以到位，短期行为严重，对资源的破坏和环境的污染都非常严重。

(三) 各类规划不衔接也是导致资源配置矛盾的重要因素

1. 省域空间尺度的规划缺乏统筹和协调

矿产资源总体规划，与土地利用规划、城镇体系和城市总体规划以及交通道路、环境保护、风景名胜区、自然保护区等许多涉及空间资源配置的规划密切相关。如果这些规划技术标准不统一，空间管制内容不一致，空间布局不衔接，就会导致矿产资源规划与环境保护、城乡和基础设施建设、农业生产等活动产生矛盾。以《湖南省矿产资源总体规划 (2008～2015)》为例，许多指标因子缺乏定量表述和空间定位，对矿产资源的规划分区多是一些原则性描述 (表3—7)，核心保护区、缓冲范围缺乏明确边界，致使规划分区难以落实，与其他空间规划也难以衔接。特别是矿产资源规划分区中的禁勘禁采区、限勘限采区、重点开采区，城乡规划中的禁止建设区、限制建设区和建成区及其规划区，以及土地利用总体规划中的基本农田、城乡建设用地、城镇工矿用地、交通水利建设用地等边界的衔接和协调，是实现"地上"和"地下"空间管制与用途协调的重要手段。但是，目前各类规划还没有针对这些技术问题进行充分的统筹和协调。

表3—7　湖南省矿产资源总体规划 (2008～2015) 的规划分区

	禁勘禁采区	限勘限采区
位置	省级以上自然保护区、国家森林公园、省级以上地质公园等园区和重要历史文化遗产的核心区； 重大基础工程设施区、城区及城镇规划区； 交通主干线两侧一定范围内 (露天开采矿可视距离500m、地下开采矿200m)； 军事禁区； 重要水源地的一级保护区； 国家法律法规规定不得进行矿产勘查的其他区域	国家限制开采总量的优势矿种集中分布的区域； 重要饮水区水源保护区的二级保护区和准保护区； 省级以上自然保护区、国家森林公园、省级以上地质公园； 重要历史文化遗产保护区的核心区之外的区域

续表

	禁勘禁采区	限勘限采区
措施	除公益性地质调查工作外，禁止勘查区内禁止从事矿产资源勘查活动，不允许设置新的探矿权，已设置的探矿权要依法有序退出； 在禁止开采区内，不准新建矿山；现有矿山不再扩界，并应逐步退出；关闭矿山应做好矿山地质环境恢复治理，及时复垦被破坏的土地	适度提高准入门槛，限制商业性勘查投入，允许国家财政投资和战略投资者进行适度的风险勘查。编制和实施单矿种的勘查专项规划，严格控制限制商业性勘查区内探矿权数量，新设探矿权必须经过规划审查。优势矿产集中分布区的资源实行整装勘查； 在限制开采区内，适当提高开采准入条件，控制采矿权数量和开采总量；新设采矿权要严格规划审查，进行专门的规划论证，对现有矿山进行必要的整合

　　资料来源：陈明、马嵩："从避免资源压覆看空间规划的协调——基于东中部煤炭城市调研分析"，《城市规划》，2014 年第 9 期。

2. 城市尺度的空间规划缺乏技术统领

　　从城市尺度的空间规划来看，以资源型城市为例，其涉及空间资源配置的规划主要有发展改革部门负责的矿区总体规划[①]，国土部门负责的土地利用总体规划，规划建设部门负责的城市总体规划，以及矿产资源管理部门负责的矿产资源总体规划等。这些空间规划的衔接与协调，是解决资源压覆和城市发展问题的重要环节。

　　《城乡规划法》要求城市总体规划与土地利用总体规划衔接，《土地管理法》要求城市的总体规划要与土地利用总体规划衔接，城镇建设用地规模不得超过土地利用总体规划确定的用地规模；国家发改委要求煤炭矿区总体规划的编制，要与省级人民政府批准的城镇总体规划衔接。《全国矿产资源总体规划（2008～2015）》也明确要求，规划要与土地利用总体规划等相衔接。因此，依据上述法律法规及相关规划的编制要求，各类规划最终都需要和土地利用总体规划衔接。通过土地利用总体规划，理论上就可以实现地上地下空间资源的整合，协调好资源压覆和城乡发展间的矛盾。

　　国土资源部门作为矿产和土地资源的主管部门，应对地上地下一体化的空间管理和协调发挥核心作用。因此，国土资源部在其行政法规中要求，市级土地利用总体规划编制阶段，应根据当地已探明重要矿产资源储量分布状况、矿产资源规划安排的矿产资源勘查、开发利用和保护情况，充分考虑城市建设发展涉及压覆重要矿产资源问题，合理确定城市发展方向和建设用地布局。

---

① 编制依据是《煤炭矿区总体规划管理暂行规定》（国家发改委 2012 年第 14 号部令）以及相关的实施细则等。

但是，土地利用总体规划基本不研究空间布局问题。长期以来，土地利用总体规划以耕地保护为出发点，控制城乡建设用地总量、对建设用地指标依行政层级分解和落实，是土地利用总体规划编制的技术特点，也是其权威性的主要体现，至于与建设用地增量相对应的空间"坐标"，并不是其关注的重点。虽然国土资源部要求在编制土地利用总体规划时，要考虑当地矿产资源储量分布、矿业权出让和资源压覆等情况，但从土地利用总体规划的编制框架、技术内容、技术队伍、专业配置等来看，其难以胜任上述工作。因为确定合理的城市空间布局，需要统筹研究城市各组团功能、基础设施和公共服务的配置、"三区四线"划定、空间管制等许多复杂的技术问题，绝非只考虑资源压覆单个因素。与城市总体规划在该领域几十年的技术研究和实践积累相比，土地利用总体规划在该领域的研究和积累基本上处于空白[17]。

(四) 推动"地上"与"地下"统筹协调发展的初步思考

1. 充分发挥规划的"龙头"作用，加强空间资源的统筹

在国家和省级的各类空间规划就"地上"与"地下"资源实现合理配置的原则、技术依据、总体布局、空间管制等形成共识的基础上，在城市尺度上，特别是在国家新兴能源基地的开发和建设过程中，要实现城市总体规划、土地利用总体规划、矿区总体规划和矿产资源总体规划的"四规合一"。从区域开发和建设伊始，就做到地上地下空间资源的统筹规划和配置，避免走资源型城市地上地下权属和空间管制不统一的老路。另外，矿区总体规划的编制理念，要吸取国内外资源型城市发展的经验教训，不要再走"依矿生城"的发展老路，应充分利用现有城镇作为矿区的服务基地，以机动化通勤方式解决职住分离的问题。这样即使未来资源枯竭，依然会保持相对有活力的城区，减缓城市转型的阵痛。

如果实现"四规合一"有困难，建议土地利用总体规划在编制过程中，要发挥城乡规划技术编制单位的空间布局专长，让城乡规划编制单位参与土地利用总体规划的空间布局专题研究。通过城市规划编制单位专业性的研究，将资源压覆、储量分布、矿业权出让等要素，作为确定城市拓展方向、建设用地布局和划定城市增长边界的重要依据，这样也能减少未来资源压覆和城市发展的矛盾。

要统一城市总体规划和矿产资源总体规划的规划分区。城市总体规划在用地综合性评价时，应将资源压覆和矿业权分布作为重要的禁、限建条件，统筹进行"三区"的划定。建议将包括焦煤在内的国家34种稀缺矿产以及省级矿产资源管理部门确定的省内重要矿产资源的规模储量区、采矿沉陷区、露天矿坑、排土场等划定为禁止建设区，将已出让的矿业权区域作为限建区。矿产资源总体规划进行规划分区时，建议将城市建成区和规划区划为禁勘禁采区。通过"地上"与"地下"规划分区的统筹，避免造成新的矛盾。

2. 加强"地上"和"地下"建设行为的统筹，实现互惠共赢

资源型城市普遍存在着矿业权和城市规划区重合的历史遗留问题。城市建设确实难以避免资源压覆，要充分做好与矿业企业生产计划的衔接，兼顾双方利益。矿业企业可以有步骤地调整生产计划和技术工艺，与建设项目在空间和时间上相互配合，并做好"地下"的安全技术处理，保证重大项目的顺利实施。如道路工程项目压覆矿产资源的，可先按照临时路面进行建设，边采边修，待资源回收稳沉后再建设永久路面。在城市桥梁建设中，也可利用新技术设计成为抗采动桥梁，实现采矿交通兼顾。地方政府还可按照"先搬后采"、和谐安置的原则，将村庄搬迁安置点建设与城镇建设、新农村建设、工矿建设结合起来，探索城郊社区型、依镇建村型、矿村结合型、中心集聚型等多种搬迁模式，既解放了大量被占压的资源，又改善了农民的生产生活条件。还可试验和探索在采空区上方进行城市建设的新方法与新技术，促进采矿沉陷区土地的集约利用，为资源型城市先采后建积累经验。

3. 完善政府职能，承担纠纷调解人和市场监管者的责任

要完善矿业权出让制度，将地面开发建设现状、城乡规划空间分区和管制等形成的资源压覆作为影响矿业权出让、定价及储量核算的重要因素。要全面完成城市建成区和规划区范围内的资源压覆状况调查，根据压覆状况核减企业可采储量；完善供地预审，在行政审批环节，将是否占压资源作为项目选址的重要因素进行考量，尽可能不占或少占矿产资源。

做好市场经济"守夜人"角色，协调矿业企业和地面业主就资源压覆、地面搬迁、受损、环境修复等达成公平的赔偿，减少双方交易成本；强化政府监管职能，严格公正执法，引导"地下"和"地上"主体依法生产与建设，制止以"机会主义"方式谋取不正当利益，维护国家法律法规的严肃性。

4. 以经济手段激励资源型城市保护环境的积极性

探索在沉陷区土地和采矿废弃地上进行城市建设的新技术与新方法，并根据城市建设占用的采矿沉陷区面积，相应奖励建设用地的指标，提高城市利用沉陷区进行城市建设和污染治理的积极性。

目前，在煤炭生产企业中，通过矸石膏体充填、高水充填、矸石置换充填等绿色开采方式，可以消除和减少煤炭生产对城市环境的影响，但会使吨煤开采成本提高 150 元左右。可以用税收减免、基金奖励、政府优先采购和优先发运等方式，激励企业采取绿色生产方式[18]。

鼓励企业对资源压覆区土地"先征收、后使用"，"先搬迁，后开采"，并积极申报土地综合整治项目。在符合规划和用途管制的条件下，对参与土地整理项目的企业可以赋予地面开发建设一定的自主权，使参与土地整治的企业有利可图，达到环境治理和企业利益的"双赢"。

加强科技的联合攻关，对塌陷地的修复和治理、创新开采技术、沉陷区抗形变建筑等重点研究领域，给予更多的技术和资金支持。要妥善处理矿产生产历史遗留问题。对采矿区域的生态修复和治理给予更多的政策支持，在资金和政策层面对塌陷区的治理给予更多的倾斜。

四、本次湖南省省级空间规划研究的特点

作为国家"十二五"科技支撑"国土空间优化配置关键技术研究与示范"项目（图3—10），本次研究主要是从科学技术研究的角度，对省级空间变化的特征和规律、空间的生态和安全格局、各类空间的综合承载能力和开发潜力、空间规划的环境和社会影响评价、空间规划的动态实施和评估等方面，建立国土空间规划的决策支持与管理平台，研究省级国土空间规划的分析、研究和编制的技术规程，并通过对湖南以及若干矿区数据平台和系统的研发，为省级空间规划的分析和研究摸索经验、提供示范应用。鉴于规划编制与规划研究是两个相关但又不完全一致的范畴和领域（规划编制要更多地体现公共政策角色，规划研究要更多地体现科研创新特点），为体现省级空间规划研究的特点，我们的分析和研究有以下几个特点。

一是合理确定省级空间的用地分类。从有利于建立空间驱动力分析模型、结构性地把握省级空间总体格局、合理分析和评价各类用地的现状及潜力等角度，在借鉴规划建设部门、国土部门等采用的国家用地分类标准的基础上，我们将省级空间划分为建设用地、林地、农业和农村用地、未利用地、草地、水域六类用地。

二是实现了多源、异构数据的空间集成和数据整合。研究充分借助GIS分析平台，以栅格网数据为基础，实现了经济社会统计数据，重大基础设施数据，生态环境、影像数据，地理信息、矿产资源等多个来源、不同结构、不同时相的数据的统一分析和评价，从而使经济社会分析、生态敏感性分析、发展动力和潜力分析、空间管制和约束分析、"地上"和"地下"资源一体化的分析与评价，实现了充分的整合和统筹。

三是通过建模来预测用地格局的变化。在梳理和分析影响省级用地格局情景要素的基础上，通过建立大尺度的空间驱动力分析模型，在把握用地变化规律的基础上，预测与模拟了省级空间在不同发展目标、不同约束条件、不同时限要求、不同设施水平下的空间格局和用地布局，这就使得省级空间规划在战略和方案的制订上，有了比较扎实的研究和分析基础。

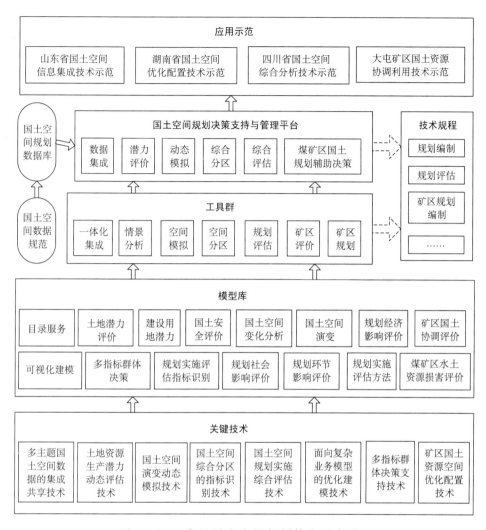

图 3—10 省级国土空间规划技术研究路线

四是能够提出各类空间资源比较理想的配置方案。空间资源配置的背后，体现的是不同政府、不同群体、不同部门目标和利益诉求的差异化。依据行政层级来分解目标和配置资源，虽然在某种程度上具有合理性和实施操作性，但也导致生态安全、耕地保护、经济发展、公共利益等的总体优化目标难以落实。在本次研究中，我们对省域生态空间、建设空间、农业生产空间和地下资源开发空间等提出了优化布局的思路，并建立了省域空间资源整体的优化配置目标。在研究过程中，基于简化研究和分析框架的目的，暂没有考虑规划实施、公共参与和利益博弈等因素对资源配置的影响。但需要强调的是，这些因素不是不重要，甚至是空间规划更重要的因素，只不过还没有找到更为理想的分析技术，使其能够与现有的资源配置研究实现合理的整合。

最后需要指出的是,对国内外空间规划的编制历史、编制类型、编制过程、空间管制、实施机制和法律法规等的分析充分表明,宏观空间规划是典型的公共政策,是公共参与的过程,是利益博弈的结果,但这并不排斥科学研究和分析能够发挥的合理作用。扎实的科学研究和技术分析,能够使规划长远的目标更加清晰,能够使空间发展规律的展示更加深刻,能够使规划者拨开利益纷扰的"迷雾"认清理想的"蓝图"。顺应科学和发展规律的规划,才能得到更加有力的贯彻和实施,也使得其与公共政策的属性越走越近。违背科学规律的规划,只能是"海市蜃楼"和"艺术蓝图",离现实的世界越来越远。

参 考 文 献

[1] 强海洋、兰平和、张宝龙:"中国国土规划研究综述及展望",《中国土地科学》,2012年第6期。

[2] 毕维铭编著:《国土整治与经济建设》,首都师范大学出版社,1993年,第18页。

[3] 潘文灿:"21世纪我国国土资源规划工作",《国土资源科技管理》,2005年第2期。

[4] 徐框迪主编:《中国特色新型城镇化发展战略研究》,中国建筑工业出版社,2014年,第22~24页。

[5] 王凯、陈明:"近30年快速城镇化背景下城市规划理念的变迁",《城市规划学刊》,2008年第1期。

[6] 辽宁省国土规划总项目组:《区域(辽宁)国土规划研究》,辽宁人民出版社,2010年,第94~95页。

[7] 武廷海:"新时期中国区域空间规划体系展望",《城市规划》,2007年第7期。

[8] 林坚、许超诣:"土地发展权、空间管制与规划协同",《城市规划》,2014年第1期。

[9] 石楠:"历史地看待三规合一问题",载城市规划杂志社编:《三规合一——转型期规划编制与管理改革》,中国建筑工业出版社,2014年,第6页。

[10] 湖南省人民政府:《湖南省主体功能区规划(2012~2020)》,2012年。

[11] 湖南省人民政府:《湖南省城镇体系规划(2010~2020)》,2011年。

[12] 湖南省人民政府:《湖南省土地利用总体规划(2006~2020)》,2009年。

[13] 湖南省人民政府:《湖南省矿产资源总体规划(2008~2015)》,2009年。

[14] 赵腊平、邹礼卿:"邵东采空区治理的'一石三鸟'",《中国矿业报》,2012年8月23日。

[15] 吴向家、冷水江:"资源枯竭的阵痛与重生",《湘声报》,2009年7月25日。

[16] 高胜科、谢莹孜:"求治重金属污染",《财经》,2014年第13期。

[17] 陈明、马嵩:"从避免资源压覆看空间规划的协调——基于东中部煤炭城市调研分析",《城市规划》,2014年第9期。

[18] 王丽丽等:"淄矿集团广泛推行绿色开采",《中国煤炭报》,2010年9月15日。

[19] 张泉、刘剑:"城镇体系规划改革创新与'三规合一'的关系——从'三结构一网络'谈起",《城市规划》,2014年第10期。

[20] "基于3S4D的城市规划设计集成技术研究"课题组:《空间信息技术在城市规划编制中的应用研究》,中国建筑工业出版社,2012年。

[21] 毕维铭编著:《国土整治与经济建设》,首都师范大学出版社,1993年,第65~75页。

[22] 穆东、杜志平:"矿区与矿业城市协同发展适应性对策研究",《中国矿业》,2004年第13期。

[23] 刘云中:"关于完善我国矿权和资源税(费)政策的建议",《中国市场》,2013年第36期。

[24] 彭益民："建设生态湖南须加强矿产资源管理",《湖南行政学院学报》,2006 年第 6 期。

[25] 姚鹏："湖南省滑坡地质灾害现状、发育特征、生成因素及防治对策研究",《科学之友》,2010 年第 6 期。

[26] 周健奇、梁海林："中东部煤炭矿区城镇化应做到区域发展与资源开发统筹规划",《中国煤炭》,2013 年第 6 期。

第四章　土地利用数据解译及空间变化分析

第一节　土地利用数据在空间演变分析中的作用与特点

一、土地利用数据在空间演变分析中的作用

土地利用状况既是人类社会经济活动的结果，也是空间规划重要的依据。通过分析土地利用数据的历史变化，建立空间演变分析的驱动力模型，是模拟未来用地趋势和格局的重要的基础性工作。

对比、分析土地利用的历史和现状数据，可以为我们预判空间未来的演变趋势、制定空间发展规划与战略提供参考。土地利用数据既是建立空间演变驱动力模型的重要基础数据，也是模型重要的验证数据。

二、土地利用数据现状

土地利用数据包括由国家行业主管部门发布的统计数据和有关机构发布的带有地理信息的栅格或矢量数据。

统计数据主要是以行政区划为单元的各种土地利用数据的汇总数值，该种数据不带有各用地图斑间空间位置关系信息，常用于行政单元内各类用地总量的变化分析，常见的有国土资源部发布的《中国国土资源统计年鉴》、住房和城乡建设部发布的《城市建设统计年鉴》等统计年鉴数据。

带有地理信息的土地利用数据可以表达各用地图斑之间的空间关系，可以进行各类用地的图斑级演变分析。根据此次的研究任务和目标，我们需要采用带有地理信息的土地利用数据进行建模与分析。多年来，国内外相关的部门、机构积累了大量的此类数据。其中大尺度覆盖的数据集主要有两次全国普查数据、测绘部门的数据以及其他相关机构的数据。

（一）全国土地普查数据

我国国土部门 1984~2009 年开展了两次全国性的土地普查工作。第一次全国土地调查从 1984 年 5 月开始，到 1997 年年底结束，调查采用的基础图件主要是不同比例尺的航摄影像和部分正摄影像图。很多影像图是 1980~1987 年获取的，大多数的外业调查是在 20 世纪 90 年代初进行的。由于基础数据获取与信息提取的时间跨度大以及基础地图质量、精度差异较大，影响了这次土地利用调查的数据质量。

第一次全国土地调查土地利用分类标准采用了 1984 年制定的《土地利用现状调查技术规程》和 1989 年发布的《城镇地籍调查规程》中的相关规定。《土地利用现状调查技术规程》将全国土地分为八大类、46 小类，其中八大类土地是：耕地、园地、林地、牧草地、居民点及工矿用地、交通用地、水体和未利用地。《城镇地籍调查规程》将全国的城镇土地分为 10 个一级类、24 个二级类，其中 10 个一级类包括商业金融业用地、工业用地、仓储用地、市政用地、公共建筑用地、住宅交通用地、特殊用地、水体用地、农用地和其他用地。

国土资源部 2001 年制定并公布了城乡统一的《土地分类》[1]，将原《土地利用现状调查技术规程》中的"土地利用现状分类及含义"和《城镇地籍调查规程》中的"城镇土地分类及含义"同时停止使用，试行的《土地分类》采用了三级分类体系。一级类设三个，即《土地管理法》规定的农用地、建设用地和未利用地。二级类设 15 个，原土地利用现状分类八个一级类中的耕地、园地、林地、牧草地及新设的"其他农用地"五个地类共同构成农用地；原城市土地分类的商服、工矿仓储、公用设施、公共建筑、住宅五个一级类和原来两个分类中的特殊用地、交通用地（除农村道路），以及从土地利用现状分类的水体中分离出来的水利建设用地共八个地类构成了建设用地；原土地利用现状分类的未利用地（除田坎）和未进入农用地、建设用地的其他水体共同构成了未利用地。三级地类设 71 个。

全国第二次土地调查在 2007 年 7 月 1 日全面启动，于 2009 年完成。在本次土地调查中普遍采用了卫星遥感影像和地理信息技术，同时土地利用分类统一采用了 2007 年颁布的国家标准《土地利用现状分类》（GB/T 21010—2007）中确定的分类，因此大大缩短了土地利用调查的周期并提高了数据质量。《土地利用现状分类》（GB/T 21010—2007）采用一级、二级两个层次的分类体系，共分 12 个一级类、57 个二级类。其中一级类包括耕地、园地、林地、草地、商服用地、工矿仓储用地、住宅用地、公共管理与公共服务用地、特殊用地、交通运输用地、水体及水利设施用地和其他土地。

(二) 地理信息基础测绘数据

我国另外一个重要的土地利用资料来源是地理信息基础测绘部门测绘的地形图。其中1∶5万及以下的中小比例尺地形图覆盖全国,其分类标准在2006年以前执行国家标准《1∶5 000 1∶10 000 1∶25 000 1∶50 000 1∶100 000 地形图要素分类与代码》(GB/T 15660—1995),在2006年以后执行国家标准《基础地理信息要素分类与代码》(GB/T 13923—2006),该标准将地物要素划分为以下八大类:定位基础、水系、居民地及设施、交通、管线、境界及政区、地貌和植被、土质。由于地形图测绘生产有着严格的质量控制程序,其数据质量一般比较高。但其数据更新周期一般比较长,而且不固定。按照我国相关法规的规定,比例尺大于1∶25万的地形图数据属涉密数据,国家严格控制使用范围与对象,目前国家测绘管理部门已经发布了解密版的1∶25万地形图数据。

(三) 城乡规划部门使用的用地分类标准

城乡规划部门的土地利用数据在采集过程中使用的数据标准,2011年以前用的是国家标准《城市用地分类与规划建设用地标准》(GBJ 137—90),用地类别主要以城市建设用地为主,城市建设用地分类采用大类、中类和小类三个层次的分类体系,共分10大类、46中类、73小类。其中10大类分别是:居住用地、公共设施用地、工业用地、仓储用地、对外交通用地、道路广场用地、市政公用设施用地、绿地、特殊用地和水体。

2011年以后城乡规划部门开始按国家标准《城市用地分类与规划建设用地标准》(GB 50137—2011)的规定进行城乡用地分类,其用地类型包括城乡用地与城市建设用地两部分。

城乡用地包括建设用地和非建设用地。城乡建设用地指市(县)域范围内所有土地,包括建设用地与非建设用地。建设用地包括城乡居民点建设用地、区域交通设施用地、区域公用设施用地、特殊用地、采矿用地等;非建设用地包括水体、农林用地以及其他非建设用地等。

城市建设用地包括8大类、35中类、44小类,其中8大类分别为:居住用地、公共管理与公共服务用地、商业服务业设施用地、工业用地、物流仓储用地、交通设施用地、公用设施用地和绿地。

(四) 其他机构积累的用地数据

我国一些科研机构也通过国家、部门重大研究项目积累了一批省域范围以上的土地利用数据,如中国科学院、国家基础地理信息中心等机构积累的数据集。

中国科学院从国家"八五"开始，在国家科技支撑计划、中国科学院知识创新工程等多项重大科技项目的支持下，经过多年的积累而建立的覆盖全国陆地区域的多时相 1 : 10 万比例尺土地利用现状数据库[2]。数据生产制作是以 Landsat TM/ETM 遥感影像为基础数据，通过人工目视解译生成。目前公开发布的是 1 000 米分辨率全国解译数据，最高可以提供 100 米分辨率的解译数据。中国 1 : 10 万比例尺土地利用现状遥感监测数据库覆盖全国，而且数据包括 20 世纪 80 年代末期（1990）、1995 年、2000 年、2005 年、2008 年五期，但原始的 30 米分辨率解译数据尚无法获得。其解译的土地利用类别包括 6 个一级类和 25 个二级类，其中 6 个一级类为耕地、林地、草地、水体、居民地和未利用土地。

国家基础地理信息中心依托全球地表覆盖遥感制图项目，以美国 Landsat 系列遥感卫星获取的分辨率为 30 米的 TM、ETM 影像为基础数据，结合其他辅助信息，解译全球地表覆被信息，于 2014 年 9 月发布了全球 30 米分辨率的土地覆被数据集[3]。该数据集是全球 30 米分辨率土地覆盖数据集（2010）的一部分，包括 2000 年和 2010 年两期数据（GCL30-2000 与 GCL30-2010），其土地利用类型包括人造地表、耕地、森林、草地、灌木地、苔原、水体、湿地、裸地冰川和永久积雪 10 大类。该数据集是目前全球范围土地利用数据集中分辨率最高的数据集。

由于土地覆盖数据的重要意义，世界各国和许多国际组织相继运用不同的图像处理技术和数据，如 Landsat、AVHRR、SPOT4 VEGETATION、EOS 计划的 Terra 及 Aqua 星上的中分辨率成像光谱仪（MODIS）数据，开展了以土地利用和土地覆盖为主体的区域、洲际及全球尺度的土地覆盖遥感制图研究。至今，国际上已经建立起来四个流行的 1 千米分辨率的全球土地覆盖数据集：美国地质调查局为国际地圈和生物圈计划建立的全球土地覆盖数据集（IGBPDIScover）[4]；美国马里兰大学建立的全球土地覆盖数据集（UMD）[5]；欧盟联系研究中心（JRC）空间应用研究所（SAI）为了更新已有的全球土地覆盖数据，建成的 2000 年全球土地覆盖数据产品；MODIS 每季度更新的全球土地覆盖数据产品。其用地类型包括森林、灌木草地、农田、裸地、城市、湿地。

此外，欧空局全球陆地覆盖数据（ESA GlobCover）为全球陆地覆盖数据[6]，分辨率 300 米。GlobCover 全球陆地覆盖数据是以 Envisat 卫星获取的遥感影像为基础数据解译获得的，发布的土地利用数据集包括 2009 年和 2005~2006 年两期，其土地利用分类采用"联合国粮农组织的土地覆盖分类系统"（UN Food and Agriculture Organization's Land Cover Classfication）。

三、土地利用数据特点

从上述的数据积累情况看，土地利用数据具有以下五个特点。

（一）数据覆盖周期长

以此次研究对象湖南省为例，土地利用数据时间上从 20 世纪 90 年代至今有多期数据覆盖，至少每五年覆盖一期。

（二）数据具有多尺度性

以湖南省土地利用数据为例，其比例尺可以涵盖 1∶1 万、1∶5 万、1∶10 万、1∶25 万、1∶100 万、1∶250 万等一系列不同尺度的数据，但主要以 1∶10 万以上的中低比例尺数据为主。

（三）部分数据获取受到限制

一般而言，土地利用数据的比例尺（分辨率）越低越容易获取，其中 1 000 米、300 米分辨率的土地利用数据均可以免费获取。比例尺较大的国家第一次土地调查和第二次土地调查的土地利用数据由于涉密，一般无法获得。中国科学院解译的五期 1∶10 万土地利用数据，通过常规的渠道也无法获得。1∶5 万和 1∶10 万的地形图数据由于涉密以及购买费用等因素，基本无法实现使用。

（四）分类技术标准不统一

由于不同部门的应用目标不同以及不同历史时期管理、认识、发展阶段上的差异，土地利用分类采用的技术标准存在着较大的不同。

首先，国内外不同机构由于使用和研究目的不同，土地利用数据分类采用的技术标准不同。土地部门侧重于土地管理，城乡规划部门注重的是城乡建成区的规划管理，国际机构主要侧重于全球变化。

其次，同一部门在不同历史时期采用的技术标准往往随着认识与政策法规的变化不断调整，我国土地管理部门和城乡建设部门的用地分类标准就是不断变化的。

最后，同一地类名称在不同的技术标准中内涵会存在差异，如国土资源部将 2001 年公布的《土地分类》（试行）中"未利用地"类别的"荒草地"划分到 2007 年发布的国家标准《土地利用现状分类》（GB/T 21010—2007）"草地"中。不同部门同一地类名称的内涵也存在差异，如林业部门与土地部门对"林地"的定义，测绘部门与水利部门对于水体界线的确定，往往存在差异。

（五）卫星遥感影像数据已成为主要的基础数据

20 世纪 90 年代后，涉及提取省级以上区域土地利用信息的基础数据，多采用卫星遥感影像作为基础数据，其中包括测绘行业的地形图更新。

第二节　湖南省土地利用遥感分类

我们以湖南省域为研究对象，对土地利用基础数据的选择要求、现状获取数据的适用性、本次研究对基础数据和辅助的提取要求、土地利用分类的依据等，进行了相关研究。

一、土地利用信息的基础数据选取要求

湖南全省面积约为 21 万平方千米，如果研究中使用的土地利用数据比例尺过大，就会导致土地利用数据细节过多，不利于重大情景要素的研究。如果比例尺过小，则会导致一些重大情景要素信息在制图时被综合。因此，本研究中提取土地利用数据的基础数据比例尺宜满足 1∶10 万～1∶25 万的制图要求为好。

由于本研究涉及国土空间演变动态分析模型构建等内容，因此土地利用数据至少为三期，其中两期为建立模型等试验性数据，一期为验证性数据，每期能够反映研究区域内社会经济发展的重要节点。本次研究的湖南省国土空间演变时间跨度为 1990～2010 年。

由于是针对影响省级空间演变的重大情景要素研究，因此，基础数据只要能够反映研究区域内与重大情景要素相关的生态、重大基础设施、建设用地等土地利用信息即可，并不需要所有类别的用地信息。

研究的目标是对省级国土空间进行情景分析与动态模拟，因此，提取多期土地利用信息的数据尽量采用相近比例尺（或分辨率）的基础数据，以便于多期数据按照相同或相近的标准进行比对分析。

受研究的时间和经费所限，在数据采集和数据处理与信息提取上，在保证研究达到预期目标的基础上，尽量降低费用，提高效率。

二、现有土地利用数据的适用性评价

国外机构的土地利用数据最高分辨率为 300 米，可以满足的最大成图比例尺为 1∶100 万左右，因此，在比例尺上无法满足本次研究省级国土空间演变分析的需求。

土地利用部门的第一次土地利用调查数据与第二次土地利用调查数据，由于涉密以及两次详查间技术标准经过了三次调整，相关的技术处理需要投入大量工作才能为课题所用，因此研究中也无法采用该数据。

城乡建设部门尚未收集到能覆盖研究区域内的多期土地利用数据。

中国科学院的各期土地利用数据，从解译使用的原始数据分辨率（比例尺）与覆盖时间范围看，可以满足研究的需求。但其目前只提供 100 米分辨率的土地利用数据，无法达到本研究在比例尺上的需求。而且，其成果内容与质量是否可以满足本次研究的要求，也无法评估。

基础地理信息部门地形图数据的更新周期、更新时间无法满足本研究对多期数据的需求。2014 年，国家基础地理信息中心对解译的 2000 年和 2010 年两期土地利用数据成果进行了发布，但本次研究核心内容开展的时间为 2011～2013 年，数据无法满足课题进展的要求。

因此，现有的常规数据均不能满足本次研究的需求，课题组需利用其他相关数据提取湖南省的土地利用数据。

三、遥感数据（基础数据）及辅助数据

（一）遥感影像数据的特点

从技术发展的趋势、国外机构土地利用数据提取情况，以及我国两次土地利用调查的经验来看，以卫星遥感影像为基础，结合其他信息，成为普遍采用的快速提取土地利用数据的方法。这是因为遥感影像具有以下特点。

（1）客观性。遥感卫星获取的影像不受人为因素影响，能够客观反映影像获取时刻地面覆被的情况。

（2）多期性。一般获取遥感影像的卫星使用寿命为几年至几十年，只用十几天甚至更短的周期就可重复获取同一地区的遥感影像，便于研究者利用这些数据对同一区域开展相关动态变化研究。

（3）对比性。同系列的卫星获取的遥感影像常可以获得在光谱上、空间分辨率上相同或相近参数的数据，如 Landsat 系列卫星、SPOT 系列卫星、中巴资源卫星等，便于研究者利用这些数据在统一的标准下提取相关研究数据，进行对比研究。

因此，本次研究采用遥感影像来提取湖南省土地利用数据，开展湖南省国土空间演变分析工作。

目前在比例尺（分辨率）上可以满足本研究的商业卫星影像包括中巴系列资源卫星、Landsat 系列卫星、SPOT 系列卫星等拍摄的影像。从比例尺、时间序列、地物反映影响国土空间演变重大情景要素、影像的可对比性、经费与解译的技术成熟性等多方面的综合因素考虑，Landsat 系列卫星获取的 TM 影像能够更好地满足本研究的需要。

Landsat 系列卫星获取的 TM 影像已面向全球免费分发，该系列卫星中 Landsat5 卫星分辨率为 30 米，可以满足 1∶10 万～1∶25 万制图的需要。该卫星从 1984 年发射到 2011 年连续获取了近 30 年的影像数据，同一卫星光谱、空间分辨率的参数一致，便于按照统一的标准提取土地利用数据，同时国内外学者对于该影像的土地利用信息提取技术经过多年研究已经相当成熟。影响国土空间变化的主要公路（高速、国道、省道）、铁路、水库等重大基础设施，均可在影像图上识别。反映国土空间变化的镇以上建成区、农田、林地等重要土地覆被状态可在影像上识别。该卫星影像的光谱质量好，多年来利用其提取的植被指数等信息被广泛应用于生态评价分析研究中。因此，本次研究也采用该遥感影像数据。

（二）本次研究采用 Landsat 影像

目前免费分发 TM 影像的平台较多，主要有美国地质勘探局（United States Geological Survey，USGS）、美国马里兰大学、中国科学院计算机网络数据中心的地理空间数据云等[7]。本次研究采用的 TM 数据源为 USGS 发布的免费数据[8]，并在该平台获取了覆盖湖南全省影像云量小于 5％（且云覆盖区域无重要建成区、重大基础设施）四期影像，四期影像分别为 1990 年、2000 年、2005 年和 2010 年，每期影像 19 景。鉴于湖南省的空间跨度大，部分地区由于天气等原因影像获取相对困难，USGS 免费发布的合格数据有限，每期影像的获取时间以基准年份为基础前后分别增减一年，在数据质量相近的情况下选取夏秋季影像，以便进行生态分析研究。

本研究中选取的 TM 影像投影为 UTM，坐标系为 WGS84，空间分辨率为 30 米，原始数据分别分布于 N49 和 N50 两个带。

（三）辅助数据

为提高用地数据的解译精度，本研究的合作单位湖南省国土资源规划院提供了以 2005

年发布的 1：10 000 湖南省土地利用详查数据为基础，经解密处理的 1：50 万土地利用数据作为本次解译的参考信息。同时，研究在用地解译过程中还引入了谷歌地球影像数据作为用地解译标识和精度验证的辅助数据，以及百度地图作为土地利用解译数据辅助核实数据。

四、湖南省土地利用遥感分类体系

（一）湖南省土地利用遥感解译分类体系的建立

在确定了以 TM 影像作为提取湖南省土地利用信息的基础数据后，研究的关键就是根据需求和 TM 影像特点，确定湖南省土地利用的分类体系。本次研究需要识别的地物包括影像区域内经济发展的建设用地，影响区域内土地利用变化的重大基础设施，如交通干线、水利设施等，还有区域内与生态相关的林地、草地等空间分布等。

根据研究内容要求和 TM 影像的特点，在满足研究需求的前提下，公路、铁路等线状用地不参与用地面积统计，这是因为尽管 TM 影像可以识别公路、铁路等线状地物，但其解译的地物宽度一般都大于实际地物宽度。下面用公路和铁路影像解译进行示例说明。

图 4—1 中 TM 影像上白色箭头所指的南北向公路为 2 个像素、东西向为 1 个像素，按照影像空间分辨率 30 米计算，宽度分别为 60 米和 30 米，而在谷歌地球通过 0.6 米分

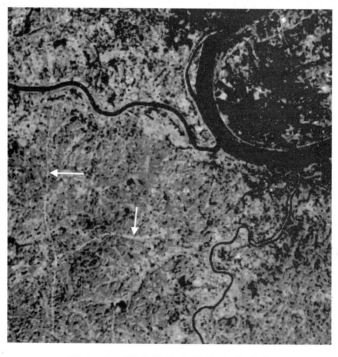

图 4—1　TM 影像上影像公路宽度

辨率的影像实际测量分别为 26 米和 23 米。

图 4—2 中 TM 影像上白色箭头所指的铁路桥图像上显示为 1 个像素，按照影像空间分辨率 30 米计算，宽度为 30 米，在谷歌地球通过 0.6 米分辨率的影像实际测量宽为 14 米。

图 4—2　TM 影像上影像铁路桥宽度

可见，如果按照 TM 影像解译的面积统计公路、铁路等交通线用地面积会存在较大偏差，统计其面积数量的参考意义不大。因此，在本次研究中，只提取公路、铁路的线性分布信息，而不统计其面积。

湖南省的农村建设用地，在 TM 影像上光谱和纹理特征不同于河北、山东等我国北方农村建设用地。

图 4—3 为河北任丘市 30 米分辨率的 TM 影像经拉伸处理的 543 波段合成数据，该图是一张比较典型的我国北方农村建设用地影像特征示例图。图中白色箭头所指的暗灰色图斑为农村建设用地，可以看出农村建设用地的光谱和纹理特征明显，与其他用地间界线清晰。用现有的遥感影像分类技术易于提取精度较高的农村建设用地，图 4—4 为河北任丘市周边 5 米分辨率和 1 米分辨率的影像（影像源自谷歌地球），从图上可以看出河北农村的建设用地中植被所占比例较低，这些地物显示在更低的 30 米分辨率影像上特征明显。

图 4—5 为湖南省湘潭市周边的 TM 影像经拉伸处理的 543 波段合成数据，与图 4—3 相比其农村建设用地的图斑在光谱和纹理上特征不明显。从图 4—6 所示的湖南省 5 米分辨率和 1 米分辨率的遥感影像（影像源自谷歌地球）上可以看出：白色箭头所指的湖南省

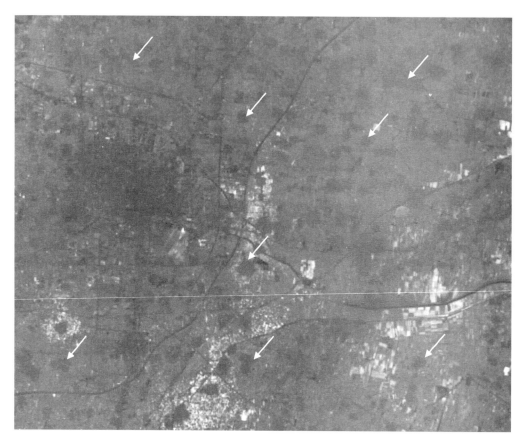

图4—3　河北任丘市周边农村建设用地TM影像

　　农村建设用地单个图斑面积小且分布较为零散。而且，由于湖南农村建设用地周边常有林木、菜地等植被分布，在TM影像上农村建设用地常表现为植被特征，从光谱上、纹理上很难识别。因此，TM影像上可识别的农村建设用地面积与实际用地面积存在较大的偏差。此外，在中西部经济欠发达地区，农村建设用地与第一产业生产相关性较高，因此在本研究中将农村住宅等建设用地与耕地等合并为农业和农村用地大类。

　　根据住房和城乡建设部发布的国家标准《城市用地分类与规划建设用地标准》（GB 50137—2011）中规定的城市建设用地分类，本研究中的城镇建设用地应包括城市建成区内包含的林地、草地、水体等相关地物，而常规的遥感解译常将这些地物解译为人工构筑物之外的地物，其中，水体中对于穿过城市建成区的大型河流（如本研究中穿过长沙市的湘江等区域性大江大河）的水面面积不统计在城镇建设用地的面积内。

图 4—4　河北任丘市周边影像（左：5 米分辨率；右：1 米分辨率）

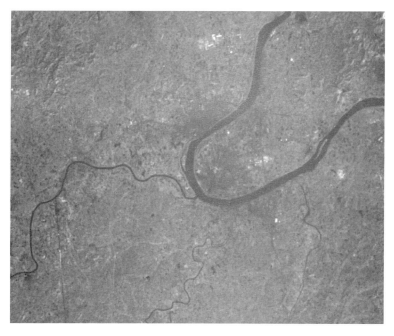

图 4—5　湖南湘潭市局部 TM 影像

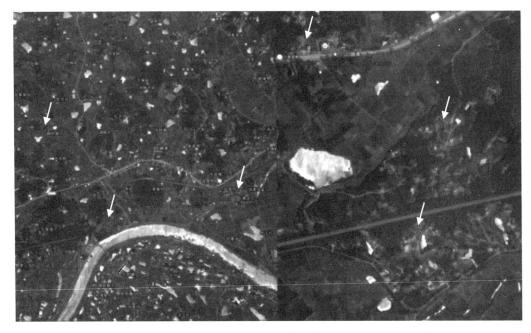

图4—6   湖南省局部影像（左：5米分辨率；右：1米分辨率）

此外，湖南省存在着一定量的在建和已经完成土地整理的开发区、高新区等用地。这类用地在 TM 影像上常表现为形态规则的裸地（有些分布有规则的路网及少量人工构筑物）、植被中分布有高密度规则路网等形式，在研究中将此类用地也归于城镇建设用地。

图 4—7 中左上水平箭头所指区域尽管从光谱和纹理特征上看为裸地和植被，但从周围的路网以及已开发建成的相关建筑信息，结合城市规划等背景知识可知：该区域为新的开发区，因此，外围路网所包括的裸地和植被图斑均归为城镇建设用地。另外，图 4—7 中间的水平箭头所指的黑色较小图斑（代表地物为水体）及植被图斑，由于周围均为暗灰色的城镇建设用地，因此，根据国家标准《城市用地分类与规划建设用地标准》（GB 50137—2011）和国家标准《土地利用现状分类》（GB/T 21010—2007），也将这些图斑归并为城镇建设用地，但图中下部竖直箭头所指呈斜 "U" 字形的黑色的湘江则不计入城镇建设用地。

(二) 遥感解译的用地分类

结合上面的分析，本研究最终确定的分类是交通用地、城镇建设用地、农业和农村用地、林地、草地、水体、未利用地与其他用地七大类。除交通用地外，其他各类用地均为面状用地。

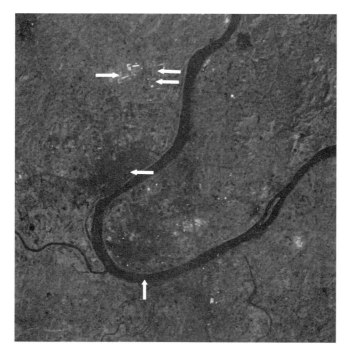

图 4—7　湖南省城镇建设用地解译标准

1. 面状用地

面状用地包括城镇建设用地、农业和农村用地、林地、水体、草地、未利用地与其他用地。

城镇建设用地：该类用地为镇以上行政单位所在地、TM 影像可以明确确定的城镇建设用地，其定义与国家标准《城市用地分类与规划建设用地标准》（GB 50137—2011）中的"城市建设用地"相同。

农业和农村用地：该类用地包括耕地、茶园、果园等用地以及农村建设用地。

林地：该类用地与国家标准《土地利用现状分类》（GB/T 21010—2007）中定义的"林地"相同。

水体：该类用地与国家标准《土地利用现状分类》（GB/T 21010—2007）中定义的"水体"相同。

草地：该类用地与国家标准《土地利用现状分类》（GB/T 21010—2007）中定义的"草地"相同。

未利用地与其他用地：该类用地包括国家标准《土地利用现状分类》（GB/T 21010—2007）中定义的"未利用地"以及上述用地以外的用地。

2. 交通用地

交通用地包括：高铁、铁路、高速公路、省道、国道、机场、其他高等级公路等。上述交通用地包括遥感影像上可以识别的在建和已经运行的交通设施。其中，其他高等级公路为遥感影像上可以识别，但现有相关资料无法确定其公路级别，属性有待进一步确定的交通线。

五、湖南省土地利用遥感解译

由于 TM 影像的用地解译技术经过近 30 年的研究，其影像处理、分类技术均已相当成熟，本书不再赘述，感兴趣的读者可自行参考相关文献资料。下面仅就几点内容进行说明。

(一) 研究中采用的分类方法

遥感解译分类方法有多种，其中按照计算机的参与程度来划分，可分为目视解译分类法、计算机解译分类法以及人机交互分类法。目视解译方法的优点是解译精度高，缺点是解译效率低，分类正确率受人为因素影响大。计算机解译分类包括监督分类和非监督分类两种，其中监督分类又可分为面向对象分类和基于像素的分类。计算机解译的效率高，但受分类规则影响较大，后处理工作量比较大。人机交互法是目视解译和计算机解译分类两种方法的结合，可以在保证解译效率的前提下提高分类精度。本次对 TM 影像解译即采用这种方法。

(二) 换带处理

覆盖本研究区 19 景 TM 影像的投影均采用 UTM 投影，坐标系为 WGS84，其中 17 景在 N49 带，2 景在 N50 带，在本研究中将 N50 带的 2 景影像经换带处理后，均转为 N49 带数据。

(三) 遥感影像解译结果及验证

经解译后的用地数据，采用 kappa 系数法以及通过土地利用详查数据及谷歌地球等验证，各类用地的解译精度均大于 70%，能够满足本次研究的精度要求。

(四) 用地面积统计偏差解释

本次研究解译面积与国土资源部、住房和城乡建设部等相关行业主管部门发布的官方数据存在一定偏差，主要有四个原因。

第一，在分类标准体系上，采用的是参照了我国土地管理部门和城乡建设部门技术标准基础上自定义的分类体系，因此，在这方面会造成一定程度上的不一致。

第二，线性地物（公路与铁路谷歌量测实际宽度和影像测量宽度）未计入面积统计。

第三，城镇建成区只包括实际人工构筑物面积加上这些人工构筑物所包围的绿地、水体（大江、大河除外）面积。城乡结合部隶属于公园等设施的林地、草地、水体等在遥感影像解译过程中，可能会出现未计入城镇建成区面积的现象。

第四，本次研究中，水体面积为获取遥感影像水体覆盖的实时面积，与水利、基础地理信息测绘部门测量水面时采用的水涯线、等高线等统计面积可能不完全一致。

第三节　1990～2010 年湖南省土地利用变化

一、湖南省用地总体分布规律

湖南省农业和农村用地主要分布在湖南省的中东部洞庭湖周边以及湘江流域，大致呈南北向带状分布。林地主要分布在湖南的西部、东部及南部，西部呈南北向带状分布，东部和南部呈东北—西南向带状分布。

水体包括江河、湖泊、水库以及小型坑塘等类型，洞庭湖为区域内最大湖泊。主要江河包括湘江、资江、沅江、澧水等。主要水库包括涔天河水库、双牌水库、欧阳海水库、东江水库、酒埠江水库、青山垅水库等。区域内的小型坑塘主要集中在湖南省的中东部沿洞庭湖至湘江等主要江河流域，呈南北向带状分布。

城镇建设用地主要分布在湖南省的中东部，其中长株潭地区为主要分布地区。湖南省的草地和未利用地与其他用地零星分布于区域内。

二、湖南省用地时空变化总体特点

（一）城镇建设用地变化特点

1990～2010 年，湖南省的城镇建设用地呈增长趋势。从图 4—8 可以看出，建设用地的增长基本呈现线性特征，这与湖南省快速的经济发展和建设是密切相关的。

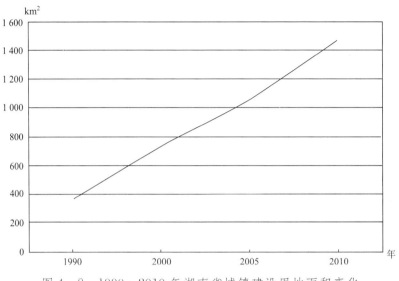

图 4—8   1990～2010 年湖南省城镇建设用地面积变化

(二) 林地变化特点

1990～2010 年，湖南省的林地面积也呈现持续增加的趋势。如图 4—9 所示，2005 年以后林地面积增加速度尤其明显。

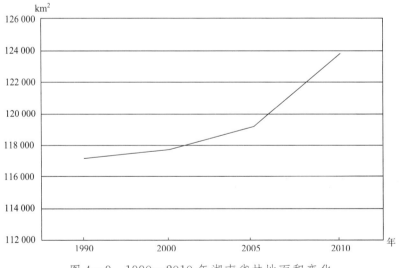

图 4—9   1990～2010 年湖南省林地面积变化

（三）农业和农村用地变化特点

1990～2010 年，伴随林地和城镇建设用地的增长，湖南省的农业和农村用地呈加速减少趋势（图 4—10）。从 1990～2000 年、2001～2005 年、2006～2010 年三个不同的时期看，2006～2010 年，农业和农村用地减少的速度最为迅猛。

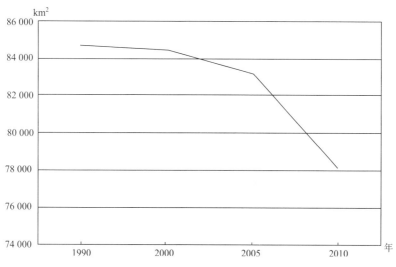

图 4—10　1990～2010 年湖南省农业和农村用地面积变化

（四）水体变化特点

图 4—11 表明，1990～2005 年，湖南省水体面积总体呈减少趋势。但从 2005 年开始，水体面积有所回升。

（五）其他用地变化特点

1990～2010 年，湖南省草地总体面积变化不大，未利用地与其他用地变化受洞庭湖水位变化影响较大。

三、湖南省分阶段用地变化特点

（一）1990～2000 年湖南省用地变化

表 4—1 为湖南省 1990～2000 年土地利用转置矩阵。数据表明，湖南用地面积减少的

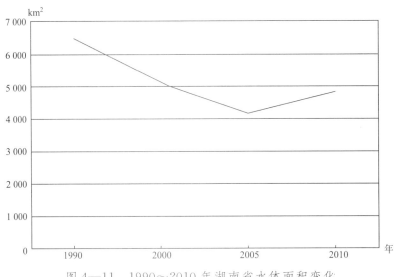

图 4—11　1990～2010 年湖南省水体面积变化

部分主要为农业和农村用地、水体、未利用地与其他用地，其主要转化为城镇建设用地、农业和农村用地、水体、林地等。其中，水体变化最大，减少了约 1 500 平方千米（其中洞庭湖区约 700 平方千米）。新增城镇建设用地约 360 平方千米，主要由农业和农村用地转化而来，比重占到 90% 以上。

表 4—1　1990～2000 年湖南省土地利用转置矩阵　　　　　（km²）

	城镇建设用地	草地	农业和农村用地	水体	未利用地与其他用地	林地	合计
城镇建设用地	373.82	0.11	331.89	5.09	7.17	13.39	731.47
草地	0	1 477.39	0.72	11.66	0	0	1 489.77
农业和农村用地	0	0	83 768.31	703.41	4.69	0.13	84 476.54
水体	0	0	68.92	4 983.01	2.02	47.50	5 101.45
未利用地与其他用地	0	0	86.96	701.96	1 701.72	0.32	2 490.96
林地	0	0	472.55	112.31	31.41	117 145.20	117 761.47
合计	373.82	1 477.50	84 729.35	6 517.44	1 747.01	117 206.54	212 051.66

　　林地主要转化为水体，主要发生在石门县和慈利县境内，修建水库是主要原因。

　　农业和农村用地主要转化为城镇建设用地与林地。转化为林地的部分主要分布在环洞庭湖和湘江等主要河流沿线。转化为城镇建设用地的部分的分布比较集中，主要发生在长株潭和岳阳地区（图 4—12）。

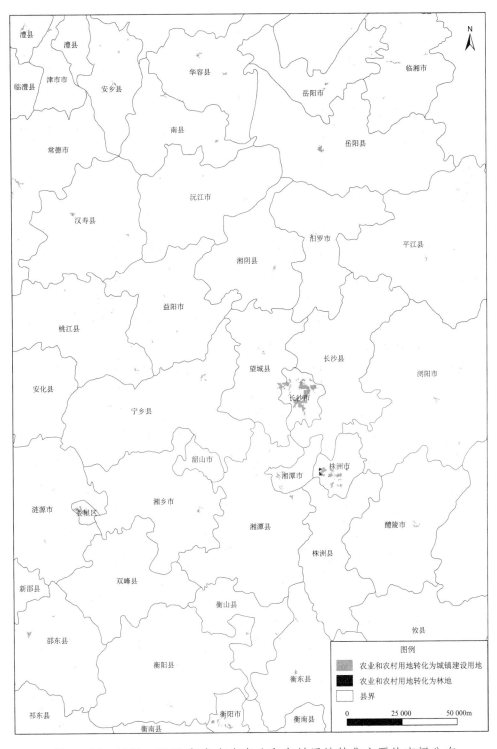

图 4—12　1990～2000 年湖南省农业和农村用地转化主要的空间分布

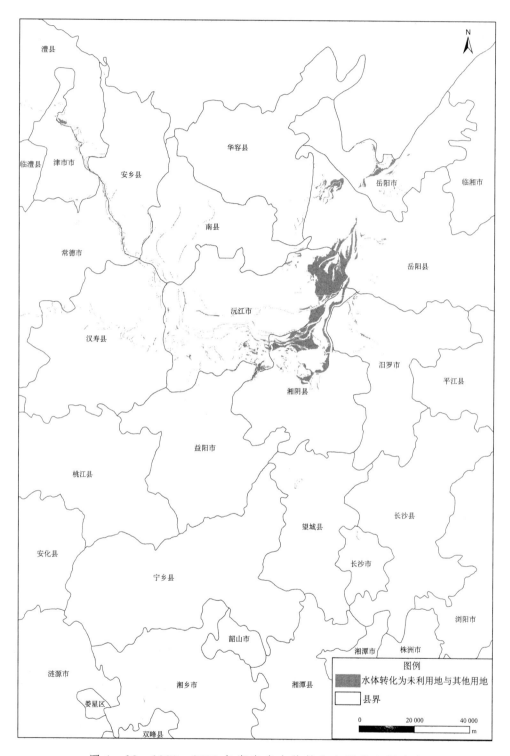

图 4—13 1990～2000 年湖南省水体转化主要的空间分布

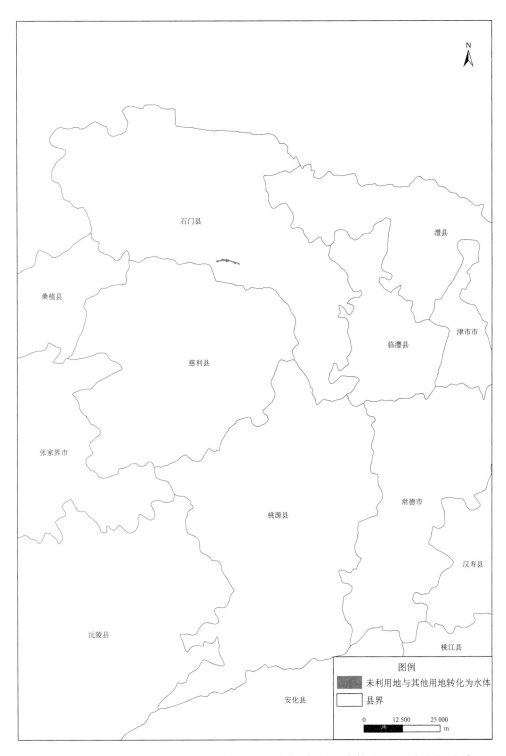

图 4—14　1990～2000 年湖南省未利用地与其他用地转化主要的空间分布

图 4—15　1990 年湖南省主要交通用地分布

水体主要转化为未利用地与其他用地和农村用地。水体转化的未利用地与其他用地，主要是洞庭湖因水位下降形成的滩涂。小型坑塘湖泊主要转化为农业和农村用地，主要在环洞庭湖及湘江沿线。水体转化空间分布见图4—13。

1990～2000年，湖南省未利用地与其他用地向林地转化的特点比较显著，尤其在石门县发生比较明显（图4—14）。

1990年，湖南省的主要交通用地类别为机场、铁路、国道和省道（县乡道因影像的分辨率较低而不可识别，在本次解译中没有提取相关信息，以下各期亦未解译）。从整体上看，湖南省路网分布较为均衡（图4—15）。

（二）2001～2005年湖南省用地变化

表4—2表明，湖南省2001～2005年减少的用地主要为农业和农村用地、水体及林地，上述用地主要转化为城镇建设用地、林地、未利用地及其他用地，其中变化面积最大的是水体。新增的城镇建设用地约310平方千米，其中90%左右由农业和农村用地转化而来。

表 4—2 2001～2005年湖南省土地利用转置矩阵 （km²）

	城镇建设用地	草地	农业和农村用地	水体	未利用地与其他用地	林地	合计
城镇建设用地	731.47	0	279.72	1.09	2.84	30.87	1 045.99
草地	0	1 489.52	0	2.39	0	0	1 491.91
农业和农村用地	0	0	82 803.55	410.66	0	0	83 214.21
水体	0	0.25	43.53	4 102.46	36.65	2.72	4 185.61
未利用地与其他用地	0	0	0	491.67	2 451.48	0	2 943.15
林地	0	0	1 349.75	93.19	0	117 727.88	119 170.82
合计	731.47	1 489.77	84 476.55	5 101.46	2 490.97	117 761.47	212 051.69

林地主要转为城镇建设用地，主要分布在益阳—长沙—浏阳一带（其空间分布特征见图4—16）。

这一时期，农业和农村用地还是主要转化为城镇建设用地与林地。其中城镇建设用地的转化相对较为分散，增加的地区除了长株潭和岳阳以外，中南部的邵阳、永州、郴州、耒阳均见明显的扩展图斑（农业和农村用地转化的空间分布见图4—17）。林地的扩展主要分布在东部到南部。

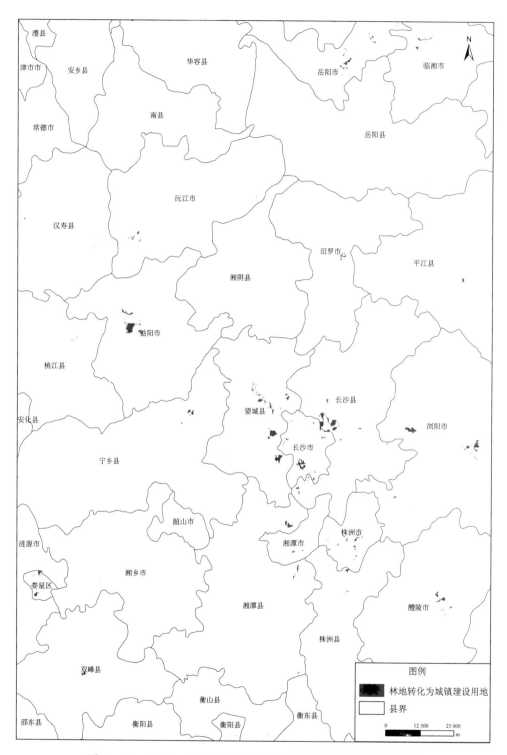

图 4—16 2001～2005 年湖南省林地转化主要的空间分布

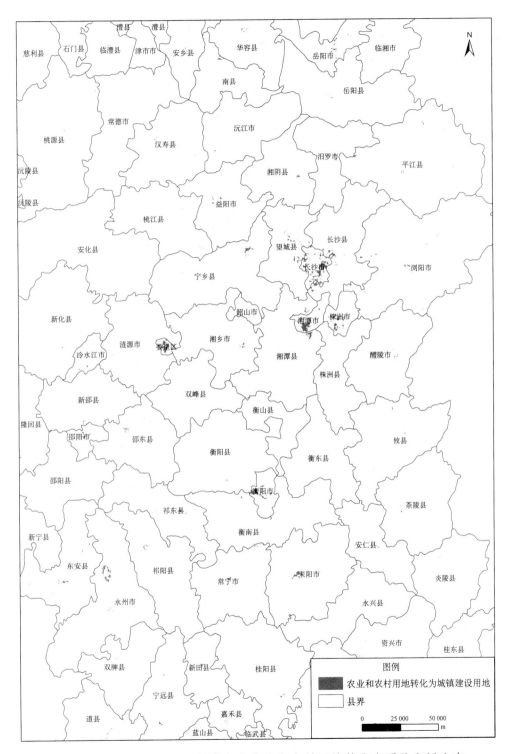

图 4—17　2001～2005 年湖南省农业和农村用地转化主要的空间分布

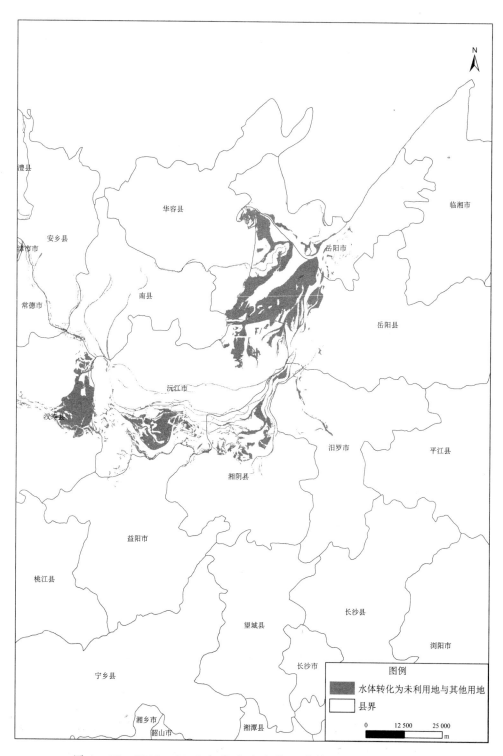

图4—18　2001～2005年湖南省水体用地转化主要的空间分布

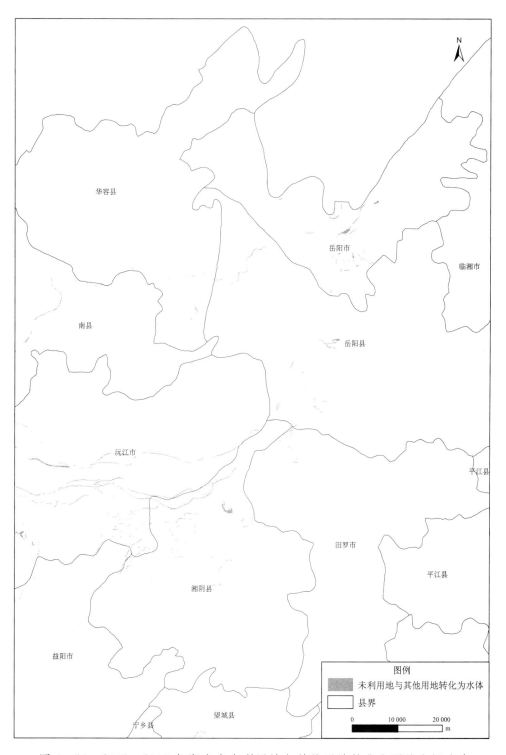

图 4—19　2001～2005 年湖南省未利用地与其他用地转化主要的空间分布

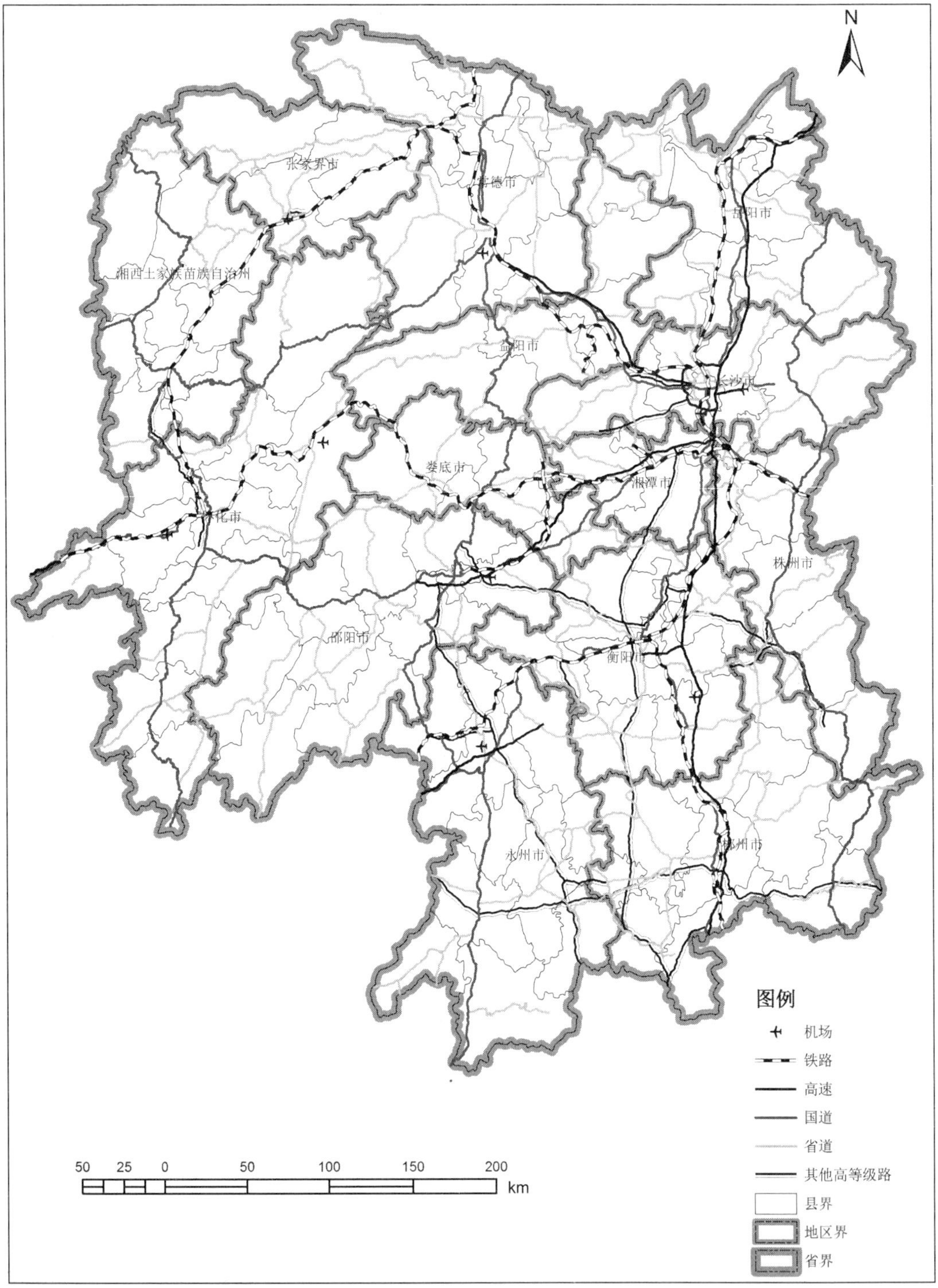

图 4—20 2000 年湖南省主要交通用地分布

大型水体转变也主要发生在环洞庭湖及湘江沿线。小型水体主要转换为农业和农村用地，水面主要转化为未利用地与其他用地以及农业和农村用地（空间分布见图4—18）。

本期未利用地与其他用地的转化主要是洞庭湖因水位下降形成的滩涂（其空间分布见图4—19）。

从交通用地变化看，湖南省东部路网明显加密，其中南北向的高速公路干线沿京广铁路线分布，并以此为基础，开始形成东西干线雏形。在该时期，浏阳—醴陵的铁路线也完成建设。但在湖南省西部地区，路网未见明显增加。2000年湖南省交通线路与机场空间分布见图4—20。

（三）2006～2010年湖南省用地变化

表4—3表明，湖南省2006～2010年土地利用发生变化的主要类别为农业和农村用地、水体、未利用及其他用地。上述用地转化的主要土地利用类别为城镇建设用地、林地、水体、农业和农村用地。其中农业和农村用地转化为林地面积最大，为4 588平方千米。

表4—3　2006～2010年湖南省土地利用转置矩阵　　　　　（km²）

	城镇建设用地	草地	农业和农村用地	水体	未利用地与其他用地	林地	合计
城镇建设用地	1 045.96	0.54	357.39	0.65	14.95	45.34	1 464.83
草地	0	1 488.97	0	2.03	0	0	1 491.00
农业和农村用地	0	0	77 827.55	230.23	0	0.16	78 057.94
水体	0	2.41	441.06	3 801.23	537.23	55.80	4 837.73
未利用地与其他用地	0	0	0	31.28	2 390.97	0	2 422.25
林地	0	0	4 588.21	120.20	0	119 069.47	123 777.88
合计	1 045.96	1 491.92	83 214.21	4 185.62	2 943.15	119 170.77	212 051.63

本期林地主要转化为城镇建设用地，主要分布在长株潭地区（林地转化的空间分布见图4—21）。

本期农业和农村用地主要转化为林地、城镇建设用地及水体。其中转化的林地主要分布在洞庭湖外围的常德、益阳和浏阳一带，中南部也见明显的转换图斑；转化的城镇建设用地分布较为集中，主要分布在长株潭地区；转化的水体主要分布在环洞庭湖地区（图4—22）。

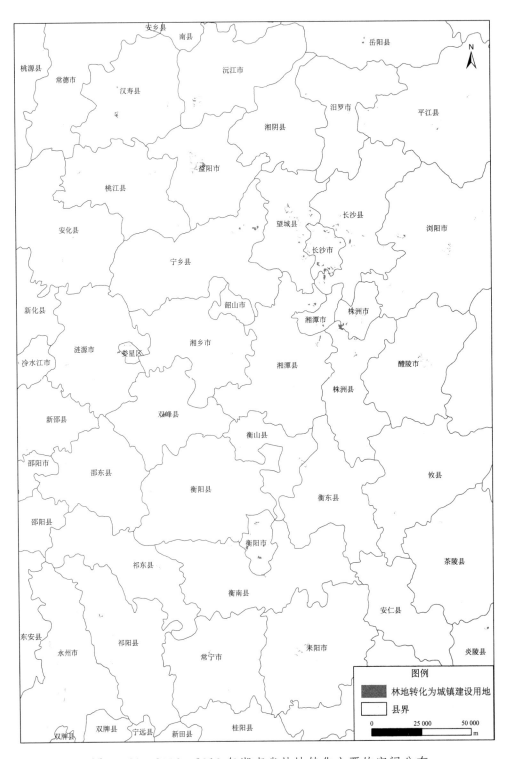

图 4—21　2006～2010 年湖南省林地转化主要的空间分布

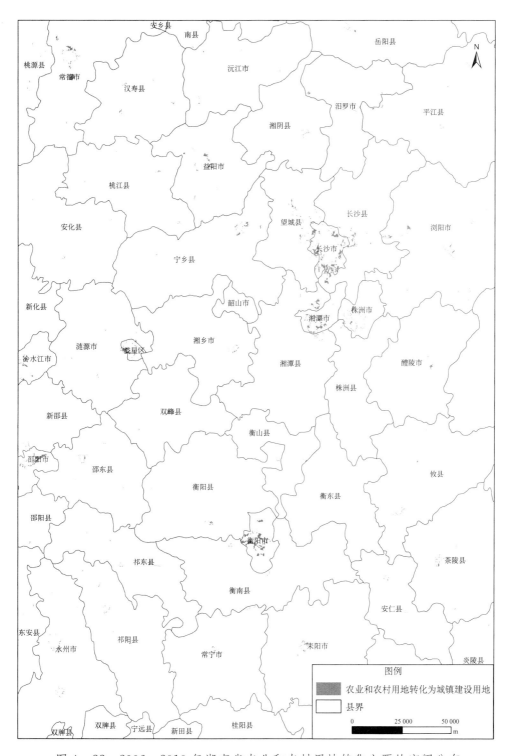

图 4—22 2006～2010 年湖南省农业和农村用地转化主要的空间分布

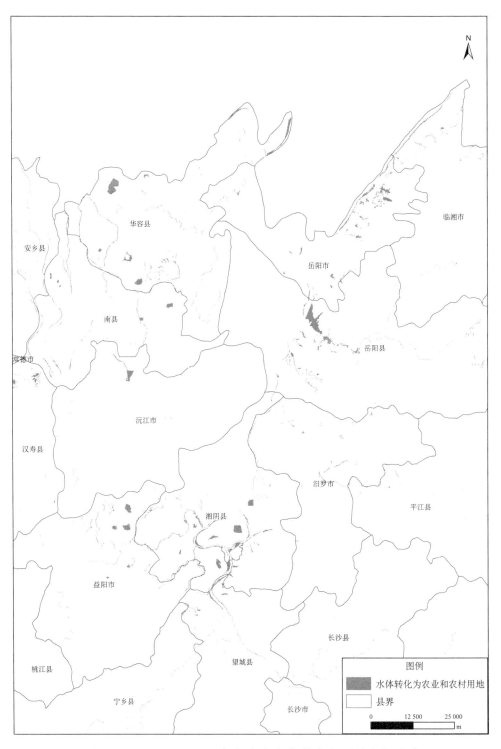

图 4—23　2006～2010 年湖南省水体转化主要的空间分布

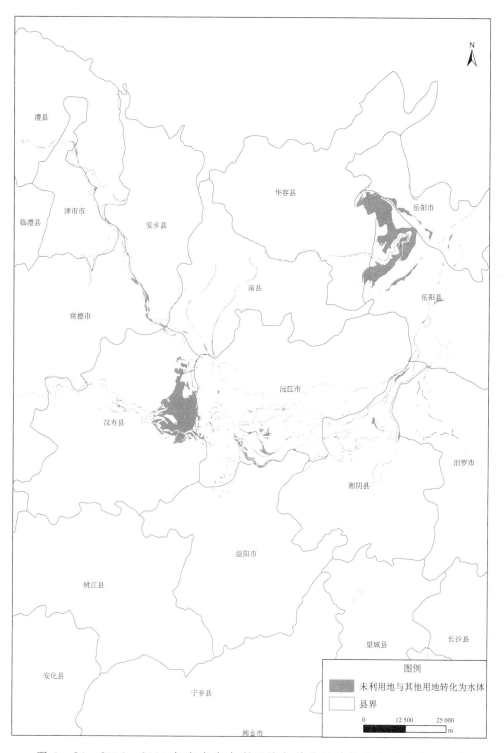

图 4—24　2006～2010 年湖南省未利用地与其他用地转化主要的空间分布

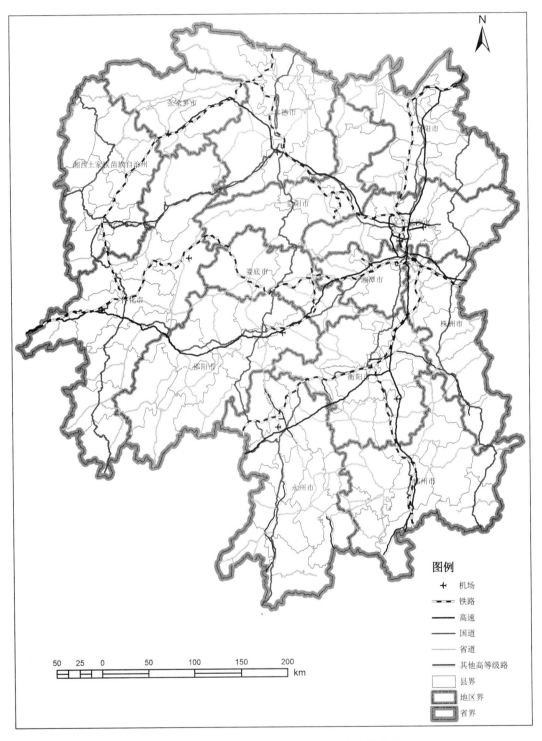

图 4—25 2005 年湖南省主要交通用地分布

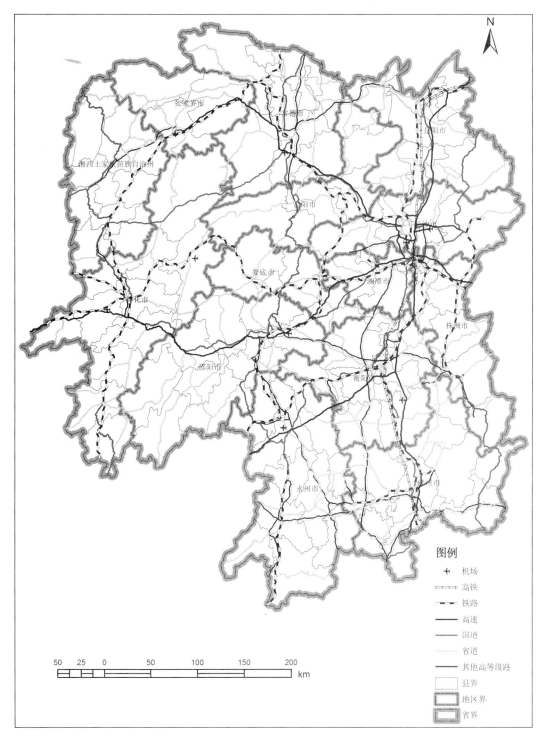

图 4—26　2010 年湖南省主要交通用地分布

本期湖南省水体主要转化为农业和农村用地，主要分布在环洞庭湖地区（图 4—23）。

本期湖南省未利用地与其他用地主要转化为水体，主要分布在洞庭湖及周边地区（图 4—24）。

2006～2010 年，湖南省交通用地变化还是比较显著的。2005 年，湖南省新增加了中部南北向邵阳—永州的铁路线以及西部东西向怀化—贵州的铁路线；三条东西向的高速公路干线形成，西部省道密度明显加大（图 4—25）。2010 年，湖南沿岳阳—长株潭—郴州的南北向交通路网密度明显高于其他地区，该沿线分布着高铁、铁路、南北向与东西向交叉的网状高速公路网以及国道、省道多级别的交通干线，形成了东部、中部、西部路网密度逐级递减的特征（图 4—26）。

四、湖南省土地利用变化原因初步分析

总体来看，1990～2010 年的 20 年，是湖南省土地利用变化比较大的时期。初步分析，以下因素对用地变化影响较大。

一是快速推进的工业化和城镇化。湖南省 1990 年的城镇化水平为 17.55%，2000 年为 29.75%，2005 年为 37.00%，2010 年为 43.00%，20 年间湖南省的城镇化年均增长率为 1.2% 左右。因此，城镇建设用地在图 4—8 中表现为各阶段的增长速率大致相同。各种类型的开发区，也在该时期大量涌现，成为建设用地迅速扩张的重要推手。

二是政策性因素。湖南省在保持着经济快速增长的同时，也在逐年加大生态环境保护力度，主要体现在制定了退耕还林（还草）、退耕还湖等一系列政策。因此，湖南省的林地面积逐年增长，2005 年后还呈加速增长的趋势。水体面积在经历了 1990～2005 年面积的减少之后，2006～2010 年开始了恢复性增长。

三是重大基础设施因素。随着湖南省经济的快速发展，重大基础设施建设方面也取得了长足进展，特别是交通设施从 1990 年的以京广线为主轴的铁路、国道、省道等方式，发展到如今集高铁、铁路、高速公路、国道、省道等多种运输方式为一体，网络化、复合型的交通体系。

参 考 文 献

［1］国土资源部：《关于印发试行〈土地分类〉的通知》（国土资发〔2001〕255 号）。

［2］http：//www. resdc. cn/Default. aspx，2014 年 12 月。

［3］http：//www. globallandcover. com/GLC30Download/index. aspx。

［4］美国地质调查局全球土地覆盖数据集（IGBPDIScover）：http：//bioval. jrc. ec. europa. eu/products/ glc2000/products. php。

〔5〕美国马里兰大学全球土地覆盖数据集：http：//glcfapp. glcf. umd. edu：8080/esdi/index. jsp。

〔6〕http：//due. esrin. esa. int/globcover。

〔7〕http：//www. gscloud. cn。

〔8〕http：//earthexplorer. usgs. gov。

第五章　土地利用现状评价与分析

　　对土地利用现状进行科学的评价和分析，是实现空间资源优化配置的前提，也是空间规划的重要基础性工作。长期以来，片面强调耕地保有数量而忽视质量，片面强调发展而忽视生态环境和安全风险，片面进行资源开发而忽视与"地上"和环境保护的协同，导致大量优质耕地被蚕食，水土流失加剧，生态和环境风险累积，环境污染加剧，给人民生产和生活带来极大影响。

　　目前，国土、建设、农业、环保、矿产等相关行业主管部门，结合各部门的工作和规划，建立了耕地适宜性、生态敏感性、建设用地适宜性、矿产资源开发等方面的技术规程和评价依据。但值得关注的是，这些技术方法虽然都涉及空间资源的配置和优化，但由于对各种空间要素缺乏系统和综合的分析，再加上受部门和行政分割的影响，往往导致资源配置虽在局部得到优化，但开发管控在整体上失序的局面。因此，本章以空间资源的整体优化配置为目标，统筹各要素资源的评价体系和方法，对耕地适宜性、生态敏感性、建设用地适宜性和矿产资源开发适宜性等进行了全面系统的分析，希望为形成空间用途管制提供合理依据，并能够明确各类空间优化配置的方向。

第一节　耕地适宜性评价

一、国内外耕地评价的理念和方法

（一）国外研究进展

　　早在 15～17 世纪，国外就展开了土地的研究工作，其目的是用于课税。1834 年，英国建立了土地测量师学会，主要进行土地评价和测量。之后，土地研究大致经历了土地分类定级、土地潜力评价、土地适宜性评价、土地资源可持续利用评价四个阶段。

　　土地评价研究在 20 世纪以后才以系统的方式来开展工作。德国财政部于 1934 年编写了《土地鉴定材料》，美国于 1937 年提出斯托利指数分级。这期间的研究主要是针对土地对于某一单项技术目的适宜性。

20 世纪 50 年代以后，全球工业化的快速发展及人口的增长、城市的扩张等带来了耕地减少、土地退化和环境污染等一系列的问题，尤其是耕地的大量减少所带来的粮食问题。因此，斯坦纳（F. R. Steiner）等学者通过对土地适宜性与可行性进行的分析，依据"适地适用"原则，将土地分配到不同的适宜土地利用类型上[1]。

1961 年，美国农业部土壤保持局颁布了国际上第一个较为全面与科学的土地评价系统，即土地潜力分类系统。随后，很多国家在此基础上，与本国实际情况相结合，相继推出适合于本国的土地评价系统。如 1963 年，日本的农林水产技术会议事务局、澳大利亚的哈恩田斯（Haantjens）制定了土地评价系统。1969 年，英国的麦克内（Y. D. Machney）和比贝（J. S. Bibby）以及加拿大都制定了土地潜力分类系统等。但由于这些系统没有考虑到许多自然因素的制约，所以它们的应用是有限的。1972 年，荷兰的比克（K. J. Beek）等针对美国的土地利用潜力分类系统存在的不足，提出了为农业土地利用规划服务的土地适宜性和分类系统。

20 世纪 70 年代，随着各国土地资源调查、土地资源评价、土地利用规划深入和广泛的开展，迎来了土地资源优化配置研究的实质性阶段[2][3]。这期间很多国家都形成了自己的土地评价系统，但由于不同国家自然环境、技术、经济、社会制度和文化背景的不同，导致彼此间成果的相互对比和交流非常困难。因此，为了使全世界各国的土地评价有据可依，联合国粮农组织（Food and Agriculture Organization of the United Nations，FAO）在 1976 年颁布了《土地评价纲要》。该纲要是目前使用范围最广、最具影响力的评价纲要。这一纲要的颁布，使国际上土地资源研究得到了极大的发展[4]。

到了 20 世纪 80 年代，随着信息技术和计算机技术的快速发展，耕地评价研究无论在理论上还是方法上，都朝着系统化、精确化、定量化、生态化及综合化的方向发展。进入 90 年代以来，随着全球可持续发展战略方针的提出，耕地的适宜性评价与耕地的供需潜力研究越来越重要，耕地适宜性评价已经成为新的研究热点，许多新的土地适宜性评价方法不断涌现。其中，地理信息系统与多指标决策方法（MCDM）相结合，大大促进了传统地图叠加方法在土地适宜性方面的应用。佩雷拉（J. M. C. Pereira）等基于多指标决策模型和 GIS 技术，对濒危的格雷厄姆山红松鼠栖息地的适宜性做出评价[5]。艾哈迈德（T. R. N. Ahamed）等基于 GIS 技术，运用模糊隶属度模型对罗马的农用地适宜性进行研究，得出研究区内比较适合种植棉花的结论[6]。塞瓦约斯-席尔瓦（A. Ceballos-Silva）等基于 MCDM 和 GIS 技术，评价了墨西哥中部燕麦的适宜性[7]。霍尔（G. B. Hall）等提出了在 GIS 环境下表达和处理模糊信息的方法，并在此基础上发展出了一种土地适宜性模糊分等法[8]。戴维森（D. A. Davidson）等结合 GIS 技术、逻辑运算和数学模型，进行了土地评价分析，得到了较为满意的结果[9]。梅辛（Messing）等在土地适宜性评价中引入土壤侵蚀模型，增加了耕地调查与评价研究的综合性及实用性[10]。同时，人工智能的方法也广泛地应用于土地适宜性评价中。隋（D. Z. Sui）将神经网络方法运用于对大量待开发土地的适宜性分析中，并和传统的模型结果进行对比[11]。曼森（S. M. Manson）将智能体与遗传算法相结合，进行了土地适宜性评价，取得了较好的效果[12]。吉马良斯（Guimaraes）将基于 GIS 多指标评价方法与遗传算法相结合，进行土地适宜性评价。目前，这些方法中多准则决策模型在土地适宜性评价中应用最为广泛，但该方法存在很多不确定性，国外一些学者将多指标决策方法与敏感性分析、误差传播分析相结合来解决这些问题[10]。陈（Y. Chen）等基于 GIS 运用层次分析法——敏感性分析（AHP-SA）工具，在对澳大利亚灌溉耕地运用多准则决策模型进行耕地适宜性评价的基础上，进行了敏感性分析，得到的研究评价结果相对稳定[13]。

（二）国内研究进展

中国早在 4 000 年前就有关于土地性质研究的相关记录，是世界上最早开展土地分类研究的国家之一。20 世纪 30 年代，《整理地籍》对我国的土地进行了分类。中华人民共和国成立后，我国开始有计划地对土地资源进行科学研究与考察。50 年代，以制定农业税为目的，全国对土地的经营条件与自然条件等展开了相关评价工作。1963 年，中国科学院综考会提出了我国的四级分类系统，即土地类—土地亚类—土地等—土地组，这意味着中国已基本形成了较完善的土地评价分类系统。20 世纪 70 年代，我国土地资源评价进入迅猛发展时期，一方面，在之前的基础上进一步研究和探讨土地评价理论并结合我国实际情况建立了合理的评价系统；另一方面，通过借鉴国外一些先进的土地评价理论与方法，开展我国土地适宜性评价的研究工作。这期间建立了我国两个比较权威的土地评价系统：一个是参考 FAO 颁布的《土地评价纲要》，结合我国实际情况拟定了土地资源分类系统，即《1∶100 万中国土地资源图》；另一个是参考美国土地潜力分类系统构建的全国第二次土壤普查时运用的土地评价系统，并在此基础上完成了全国第二次土壤普查任务。20 世纪 70 年代晚期，随着我国经济的快速发展，土地资源的开发利用程度不断加大，我国耕地资源数量也不断增加，但同时这也造成我国耕地后备资源的减少。

80 年代后期，我国土地适宜性评价逐渐深入，开启了土地适宜性评价新的篇章。尤其是随着计算机技术、地理信息系统、遥感和专家系统等技术的发展及研究的不断深入，评价方法得到不断更新，逐步走向成熟。同时，数理统计方法在土地资源的评价中得到广泛应用，促使土地适宜性评价方法向定量化、信息化和精确化方面发展。国内很多学者在该领域进行了研究，取得了大量的成果，为我国土地适宜性评价的发展奠定了坚实的基础。1999 年，赵庚星等运用 GIS 技术对山东省垦利县的农用地进行了定量化和自动化的评价[14]；黄跃进等探讨了基于 GIS 技术的农用地适宜性评价模型框架[15]。2000 年，夏建国等利用主成分分析法对农用地质量进行分等，取得良好的效果[16]。2002 年，陈松林等利用加权指数法对福州市晋安区的耕地、园地及林地的适宜性进行评价，得到较好结果[17]。2004 年，方大春等在 GIS 技术支持下，在常规土地适宜性评价模型的基础上引入模糊模型、灰色模型加以修正，使评价结果更加科学[18]。聂艳等对汉江平原地区的土地适宜性进行评价，主要利用模糊物元和 GIS 技术相结合的方法，获得了较好的结果[19]。2007 年，陈守煜等基于 GIS 技术，运用模糊数学评价法对长乐市进行综合分析和研究，得到长乐市的农用地适宜性评价结果[20]。全斌（B. Quan）等在 2007 年，基于 RS 和 GIS 技术，运用加权叠加分析法对福建省土地适宜性进行了评价[21]。2001 年，陈颖利用 GIS 技术，运用加权叠加分析法对泸定县耕地的适宜性进行了评价，并在此基础上对耕地的供需潜力进行了分析，为有效地利用和保护耕地提出了科学的建议[22]。杨超在 GIS 技术的支持下对桐乡市龙翔街道的五个村庄进行了村庄用地的适宜性评价，并在此基础上提出了研究区的整治规划方案[23]。2012 年，舒帮荣等将局部惩罚型变权法和空间模糊综合评价法相结合，对江苏省太仓市的扩展城镇用地的生态适宜性进行评价，该法突出了"瓶颈"因素的否决效应，更加精确和合理地反映了扩展的城镇用地的生态适宜性情况[24]。2013 年，许尔琪（E. Xu）等提出一种集土地适宜性评价和空间敏感性分析于一体的新方法，并利用该方法对伊犁新垦区小麦的适宜性进行了评价，结果表明该区域对小麦的适宜性表现为局部敏感总体稳健[25]。

（三）研究进展评述

通过以上对国内外土地适宜性评价研究进展的梳理和总结，可以看出国内外学者在评价方法、理论及研究手段等方面都进行了深入研究，评价方法正从传统的定性评价过渡到定量评价，从简单的叠加分析向多指标决策、人工智能及多种方法相结合来进行土地适宜性评价。土地评价获得了很好的成果，在实践中发挥着重要的作用，该领域正朝着系统化、精确化、定量化、生态化及综合化的方向发展。但目前而言，在某些方面仍存在不足。如在土地适宜性评价中应用非常广泛的多指标决策法就存在很多的不确定性，需要对评价结果进行敏感性分析。敏感性分析对数值模型的验证和校准至关重要，可以用来检验相对于输入数据的轻微变化最终结果的稳定性，能有效评估或辅助减少多目标决策中的不确定性。但是国内外学者，尤其是国内学者，在该领域对敏感性分析的研究较少。而且，目前的敏感性分析大多采用非空间形式，几乎不用于空间多标准决策领域。针对以往进行评价结果的敏感性分析缺乏对空间信息的表达和挖掘，本次研究尝试将指标权重敏感性分析方法引入到耕地适宜性评价中来，通过构建综合敏感性评价指标——基于适宜性评价得分的平均绝对变化率（MACR），测试各参评指标权重的微小变化对综合评价结果的影响程度并进行可视化展示，判断评价结果的稳定性，为后续耕作资源的合理利用提供科学依据。

二、湖南省耕地适宜性评价

湖南省是我国的农业大省，长期以来为全国农业生产特别是保障粮食安全做出了巨大贡献。作为重要的粮食主产区，其粮食安全的保障事关全省经济发展和社会稳定，对全国粮食安全也具有较大影响。湖南稻谷产量常年稳居全国第一，用占全国 3% 的耕地生产了全国 6% 的粮食。但是，湖南耕地也存在着许多问题，如土地后备资源不足，人地矛盾突出，各种自然灾害发生频繁，受灾面积较广，尤其是滑坡泥石流等自然灾害及水土流失造成局部土地损毁较重。同时，受复杂地形和耕作条件的影响，湖南省的耕地主要分布在湘北洞庭湖平原及湘中丘陵盆地。开展土地适宜性评价，对合理利用开发宝贵的耕地资源、提高全省土地的集约利用水平、促进耕地资源的保护和社会经济的持续发展，都具有重要的现实意义。

（一）确定评价单元

评价单元是土地适宜性评价的基本单元。叠置法、网格法、地块法及多边形法等是比较常用的评价单元划分方法[26]。基于栅格单元进行评价的优点是有利于图像的空间叠加和模型运算，可以相对降低主观性因素的干扰，且每个栅格单元既是信息提取源，又是结果显示单元。评价单元的划分需要考虑工作量和成果的应用范围，结合专家和评价者的经验及评价因子的差异性综合决定[27]。本研究中，选取 90 米×90 米的栅格作为评价结果的显示单元，这个评价单元尺度与多个数据源一致。

（二）确定评价体系

参照 FAO 颁布的《土地评价纲要》及《农用地分等规程》等相关规程，根据耕地对评价用途的适宜性和限制程度及生产能力的高低，将湖南省耕地适宜性分为高度适宜（S1）、中度适宜（S2）、勉强适宜（S3）和不适宜（N）四个等级[28]。各等级的具体含义如下。

高度适宜（S1）：耕地的适宜程度最佳，各项参评指标均处于最好或较好的状态，具有较好的效益和较高的生产率，且有利于所定用途的可持续利用。从宜耕性来看，属于优质耕种区。

中度适宜（S2）：耕地适宜程度中等，耕地质量较好，各项参评因子处于一般状态，经济效益一般，且对所定用途有一定的限制性。从宜耕性来看，属于良好耕种区。

勉强适宜（S3）：勉强适宜于耕地，耕地质量较低，其生产的生产率和效益很低，容易引起当地的耕地退化，且对所定用途有着较高的限制性。从宜耕性来看，属于一般耕种区。

不适宜（N）：土地对耕地具有绝对的限制性。在目前的技术水平和可接受的成本投入条件下，土地对耕地来说不能利用或不能持续利用。从宜耕性来看，属于不适宜耕种区。

（三）构建耕地适宜性评价指标体系

指标体系是耕地适宜性评价的关键，影响耕地适宜性的因素众多，为确保评价结果的精确性和客观性，在选取评价因子时应遵循以下六个原则[29][30]。

1. 综合分析原则

耕地适宜性评价涉及因素较多，要多角度、全面考虑自然因子、社会因子、经济因子和生态因子等方面的综合适宜性。

2. 主导因素原则

从影响耕地适宜性的众多因素中选择制约耕地用途的主要因素，增强耕地适宜性评价的科学性和准确性。

3. 稳定性原则

选择那些持续影响耕地用途的较稳定因素，尽量不要选择短期内可能发生变化的因子，使耕地适宜性评价成果在较长一段时间内具有应用价值。

4. 差异性原则

选择对特定土地用途或土地利用方式有明显影响，并且在本区内有明显差异，能出现临界值的因素作为参评因子。

5. 独立性原则

尽量选择那些相对独立的因素，或从几个紧密相关的因素中选择一个。

6. 现实性原则

耕地适宜性评价涉及的因素较多，应尽量选择基础资料较完整、可进行计量或估量的因素，以便于定量分析。

研究基于以上原则，参考 FAO《土地评价纲要》、《中国 1：100 万土地资源图》、《耕地地力调查与质量评价技术规程》、《省级主体功能区划技术规程》等相关规程，以及欧阳志云、支刚、刘殿伟等相关学者的研究[31~33]，结合湖南省的自然条件、社会经济条件及生态状况等方面的具体情况，经分析比较、专家讨论，从土壤质地、有机质、土壤 pH、有效土层厚度、土壤类型、土壤中 N、P、K 含量、坡度、坡向、高程、土壤侵蚀强度、地质灾害易发性、≥10℃积温、降雨量、交通优势度 16 个因子中，选取 11 个构建了湖南省耕地适宜性评价指标体系（表 5—1）。

表 5—1　湖南省耕地适宜性评价指标体系

目标层	准则层	指标层
耕地适宜性评价	土壤条件	土壤质地 有机质 土壤 pH 有效土层厚度
	地形条件	坡度 高程
	生态安全因子	土壤侵蚀强度 地质灾害易发性
	气候条件	≥10℃积温 降雨量
	区位条件	交通优势度

（四）参评因子的分级量化

由于耕地适宜性评价中选取的因子其指标值、单位及其对耕地适宜性评价结果的影响程度各不相同，因此，需根据各参评因子对耕地适宜类的影响程度对其进行分级量化，以便于定量地比较和计算各因子对耕地适宜性程度影响的大小。因子的量化采用 1～10 分的闭区间，参考国家农用地分等定级等相关规程以及全斌、金涛、张雁等学者的相关研究[21][34][30]，结合湖南省的实际情况确定各指标的分级与量化标准，具体见表 5—2。

（五）确定评价因子权重

层次分析法（AHP），是一种整理和综合了人们主观判断的客观分析方法，能有效地将主观与客观、定性与定量分析相结合的系统化、层次化的分析方法，而且操作简便。该方法广泛应用于土地适宜性评价中，如蒋翌帆、柯新利、陈松林、唐秀美等均采用该法[35][36][17][37]。本次评价即采取层次分析法确定各指标的权重。

层次分析法计算的一般步骤如下。

表 5—2 耕地适宜性评价指标分级赋值

分值	有效土层厚度 （cm）	有机质 （%）	土壤质地	土壤 pH	坡度（°）	高程（m）
10	＞100	≥4.0	壤土	6.5～7.4	≤2	
9			粉砂壤土、砂质黏壤土	7.5～8.5		＜300
8	61～100	3.0～3.9	黏土	5.5～6.4	3～8	300～500
7			粉砂黏壤土、黏壤土			501～800
6		2.0～2.9		4.5～5.4	9～15	
5	20～60		砂质壤、壤质砂土			801～1 200
4		1.0～1.9				
3	＜20			＜4.5	16～25	＞1 200
2						
1					≥25	

分值	土壤侵蚀强度	地质灾害易发性	≥10℃积温（℃）	降雨量（mm）	交通优势度
10	微度		＞5 500	＞2 500	
9		低易发区	5 201～5 500	2 001～2 500	
8	轻度		4 901～5 200	1 501～2 000	0.6～1
7			4 601～4 900	1 001～1 500	
6	中度	中易发区			0.4～0.5
5			≤4 600	≤1 000	
4	强烈				0.2～0.3
3		高易发区			
2					＜0.2
1	极强烈、剧烈				

1. 建立递阶层次结构

构建递阶层次首先需对所研究的问题进行全面而深入的了解和分析，然后将这个问题分解为不同的元素，之后按照其属性划分为若干的组，即形成不同的层次。同一层次的元素一方面受到上一层元素的支配，另一方面，又作为准则层支配下一层次的某些元素。

在保证系统主要特征不丢失的前提下，通常将指标体系划分为目标层、准则层、方案层三层。

2. 构建判断矩阵

两两比较每一层次上所有参评因子的相对优劣程度，采用九级标度法构造判断矩阵。"1"表示两元素的重要性相同，"3"表示前者比后者稍重要，"5"表示前者比后者明显重要，"7"表示前者比后者强烈重要，"9"表示前者比后者极端重要；而 2，4，6，8 为上述判断的中间值。

$$A = \begin{bmatrix} a_{11} & a_{12} & \cdots & a_{1n} \\ a_{21} & a_{22} & \cdots & a_{2n} \\ \cdots & \cdots & \cdots & \cdots \\ a_{n1} & a_{n2} & \cdots & a_{nn} \end{bmatrix}$$ （式 5—1）

式 5—1 中，a_{ij} 必须满足 $a_{ij} = 1/a_{ji} = W_i/W_j (i \neq j)(i, j = 1, 2, \cdots n)$

$$a_{ij} = 1(i = j)$$

3. 层次单排序计算及一致性检验

利用方根法、和积法等很多方法可以确定参评因子的权重。本次研究特征向量和特征值的计算采用方根法，直到通过一致性检验，其所求得的特征向量即为各参评因子的权重排序。具体计算步骤如下。

（1）分别计算判断矩阵每一行元素的乘积 M，其公式为：

$$M_i = \prod_{i-1}^{n} a_{ij}(i, j = 1, 2, \cdots n)$$ （式 5—2）

（2）分别计算各行 M 的 n 次方根（即几何平均值），公式为：

$$\overline{W_i} = \sqrt[n]{M_i}$$ （式 5—3）

（3）对向量 $\overline{W}$ 作正规化处理，公式为：

$$W_i = \overline{W_i} / (\sum\nolimits_{(j=1)}^{n} \overline{W_j})$$ （式 5—4）

（4）计算判断矩阵的最大特征根：

$$\lambda_{max} = \sum_{i=1}^{n} \frac{(AW)_i}{nW_i}$$ （式 5—5）

式中，$(AW)_i$ 表示向量 (AW) 的第 i 个元素。

（5）一致性检验

判断矩阵通过两个要素对比评分构建的，如果每两个元素的评分在客观上具有一致性的话，则整个判断矩阵必将具有完全的一致性。一致性检验的实质是验证对专家构造的判断矩阵的满意程度。

$$CI = \frac{\lambda_{max} - n}{n - 1}$$ （式 5—6）

$$CR = \frac{CI}{RI}$$ （式 5—7）

其中，CR 为判断矩阵的随机一致性比率；CI 为一致性指标；RI 为平均随机一致性指标；取值如表 5—3 所示。

表 5—3　平均随机一致性指标

矩阵阶数 n	1	2	3	4	5	6	7	8	9	10	11	12
RI	0.00	0.00	0.58	0.9	1.12	1.24	1.32	1.41	1.45	1.48	1.52	1.54

4. 层次总排序及总的一致性检验

层次总排序是计算方案层的所有元素相对于目标层的重要性的权重值排序，这是由上自下、从最高层向最低层进行。

$$B_n = \sum_{j=1}^{m} a_j b_{nj} \qquad (式 5—8)$$

式中，B_n 是方案层各元素的总权重，a_j 为准则层各个元素相对于目标层的权重，b_{nj} 为方案层各元素相对于准则层的权重。

总的一致性检验公式为：

$$CR = \frac{\sum_{j=1}^{m} a_j CI_j}{\sum_{j=1}^{m} a_j RI_j} \qquad (式 5—9)$$

当 $CR < 0.1$ 时，认为判断矩阵具有满意的一致性，否则就需要调整判断矩阵元素的取值，直至具有满意的一致性。

按照上述步骤计算各指标权重。

（1）建立层次结构

耕地适宜性评价指标层次结构如图 5—1 所示，图中 G 为目标层，C 为准则层，A 为指标层。

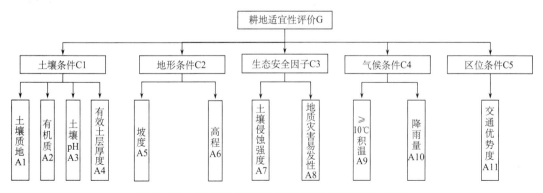

图 5—1　湖南省耕地适宜性评价指标层次结构

（2）构建判断矩阵并计算各级权重

根据耕地各评价指标层次结构，分别构造准则层和指标层的判断矩阵。运用方根法进行层次单排序计算，检验层次单排序的一致性。判断矩阵如表5—4所示。

表5—4　判断矩阵

	C1	C2	C3	C4	C5
C1	1	3/2	3	4	6
C2	2/3	1	4/3	3	5
C3	1/3	3/4	1	2	4
C4	1/4	1/3	1/2	1	3
C5	1/6	1/5	1/4	1/3	1

其中：C1为土壤条件，C2为地形条件，C3为生态安全因子，C4气候条件，C5区位条件。

① 利用上述计算方法，所求特征向量：

$$W（权重）=[0.402，0.265，0.181，0.104，0.049] \quad （式 5—10）$$

评价矩阵的最大特征根 λ_{max}：

$$AW=\begin{bmatrix} 1 & 3/2 & 3 & 4 & 6 \\ 2/3 & 1 & 4/3 & 3 & 5 \\ 1/3 & 3/4 & 1 & 2 & 4 \\ 1/4 & 1/3 & 1/2 & 1 & 3 \\ 1/6 & 1/5 & 1/4 & 1/3 & 1 \end{bmatrix} \times \begin{bmatrix} 0.402 \\ 0.265 \\ 0.181 \\ 0.104 \\ 0.049 \end{bmatrix} \quad （式 5—11）$$

$$\lambda_{max}=\sum_{i=1}^{n} \frac{(AW)_i}{nW_i}=5.076 \quad （式 5—12）$$

② 进行一致性检验：

$$CI=\frac{\lambda_{max}-n}{n-1}=0.019 \quad （式 5—13）$$

$$RI=1.12$$

$$CR=\frac{CI}{RI}=0.019/1.12=0.017<0.1 \quad （式 5—14）$$

通过一致性检验。

同理，运用上述方法即可获得各指标对目标层的总权重，最终进行总层次排序，直至通过一致性检验。最终结果如表5—5所示。

表 5—5 湖南省耕地适宜性评价各因子权重

准则层	土壤条件	地形条件	生态安全因子	气候条件	区位条件	综合权重
	0.401 95	0.264 53	0.181 01	0.103 96	0.048 55	
有效土层厚度	0.445 724 3					0.179 2
有机质	0.284 792 47					0.114 5
土壤质地	0.164 425 01					0.066 1
土壤 pH	0.105 058 22					0.042 2
坡度		0.65				0.171 9
高程		0.35				0.092 6
土壤侵蚀强度			0.500			0.090 5
地质灾害易发性			0.500			0.090 5
≥10℃积温				0.600		0.062 4
降雨量				0.400		0.041 6
交通优势度					1.000	0.048 6

三、湖南省耕地适宜性评价结果及分析

（一）评价因子的提取

1. 地形因子

地形因子包括高程和坡度。高程，通俗理解即为海拔高度。一个地区的海拔高度可以反映出该地区水分和热量等环境状况，不同的海拔高度上具有不同的水分和热量特征，不同的水热条件影响农作物的生长、布局。坡度是对地形表面倾斜程度的定量化描述，是基本的地貌特征，坡度也是影响地表径流、农田条件建设、耕作条件及土地利用等的主要因素之一。研究所采用的高程数据为 90 米分辨率数字高程模型（DEM），坡度是利用 DEM 数据计算得到。

2. 土壤条件因子

土壤条件是影响土地质量和土地生产力的重要因素。研究利用收集到的土壤资料提取了有效土层厚度、土壤质地、土壤 pH 及土壤有机质含量等数据（表 5—6）[1]，为湖南省耕地适宜性评价指标体系的构建提供了有利数据源。

---

① 地球系统科学数据共享网，http://www.geodata.cn，全国 1：400 万土壤类型分布图。

表5—6　土壤条件因子

土壤条件因子	因子说明
有效土层厚度	有效土层厚度、有效水分涵蓄量、土壤养分等的大小有着密切关系，直接影响植物根系的发育状况和对土地的固着能力，对保水保肥能力有重要的制约作用。因此，土层厚度是影响作物生长的重要条件
土壤质地	土壤质地关系到土壤的物理性质、工程性质及保水保肥和抗蚀能力。一般而言，壤土最适宜农业利用，砂土和黏土次之，砾质土最差，一般不适合农业利用
土壤有机质含量	土壤有机质指的是土壤系统的基础物质，它影响土壤的理化性质和生物学性质及土壤的生产能力，是反映土壤状况的指标
土壤pH	不同pH土壤对作物的生长状况会有一定影响，土壤pH是反映土壤条件的一个重要因子

3. 气候条件因子

积温是重要的热量资源，也是影响作物生长的一个重要因子，对于指导农业生产具有非常重要的意义[38]。积温与其他资源相比具有明显的地域分异和时间差异[39]。一个地区的积温主要受到该地区的地理位置（如经度、纬度）、海拔高程和大地构造单元等因素的影响[40]。研究参考积温数据栅格化方法[41]，选取湖南省及其周围的47个站点，根据图5—2所示的计算步骤，通过"回归树建模＋空间残差"的方法，得到湖南省的栅格化的≥10℃积温数据。

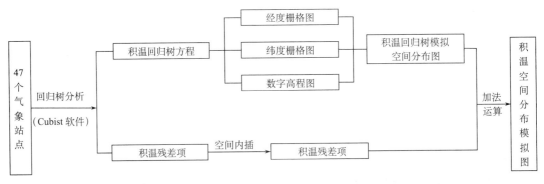

图5—2　≥10℃积温计算流程

首先，进行数据预处理。审查收集到的气象数据，为保证数据的代表性、稳定性和可行性，剔除观测年份少于20年的气象站点，原则上均采用1970～2001年累年平均积温建模。最终选取湖南省及其周边47个气象站点，其中随机选取湖南省四个气象站点作为验证点，不参与建模。

其次，进行模型构建。利用 Cubist 软件，构建回归树积温栅格化模型：

$$Y=10\,823.77-18.73h+0.11\alpha \cdot h+0.17\beta \cdot h-1.58\alpha \cdot \beta \quad (\beta \cdot h>5\,361.4)$$

$$Y=10\,156.78+1.314\alpha \cdot h-128.01h-0.86\beta \cdot h-1.36\alpha \cdot \beta$$
$$(\beta \cdot h \leqslant 5\,361.4,\ \alpha \cdot \beta>2\,872.943)$$

$$Y=7\,376.57-3.11\beta \cdot h+0.65\alpha \cdot h \quad (\beta \cdot h<5\,361.4,\ \alpha \cdot \beta \leqslant 2\,872.943)$$

$$(式5—15)$$

式中：Y 为某时段积温的实测值，α 为经度，β 为纬度，h 为海拔高度。

再次，进行栅格化处理。运用 ArcGIS 的栅格计算器，带入构建的模型计算出湖南省积温数据；对实测值与模型计算值的残差利用反距离权重法进行空间内插，得到栅格化的积温残差；对模型计算结果和残差空间插值结果进行求和计算即得到最后的积温栅格化结果，如图 5—3 所示。

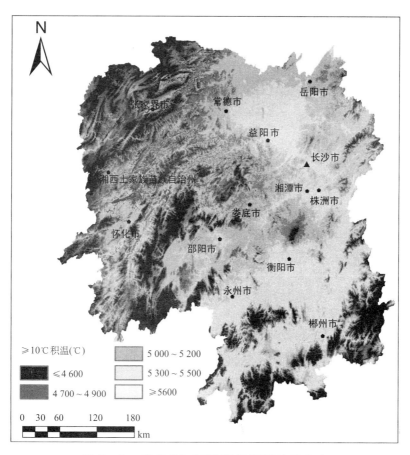

图 5—3　湖南省≥10℃积温预测结果分布

最后，进行精度验证。利用预留的四个站点对积温栅格化结果进行验证，验证结果如表 5—7 所示。可以看出，四个站点的绝对误差都在 150℃以下，相对误差均小于 3%，平均绝对误差为 1.62%。说明基于上述回归树模型的积温栅格化结果精度较高，可以用于此次的耕地适宜性评价研究。

表 5—7　积温预测值精度验证

站点名称	经度（°）	纬度（°）	拔海高度（m）	≥10℃积温观测值（℃）	≥10℃积温预测值（℃）	绝对误差（℃）	相对误差（%）
常德站	29.05	111.68	35.0	5 473.62	5 530.31	56.69	1.04
望城站	28.22	112.92	68.0	5 540.52	5 596.14	55.62	1.00
芷江站	27.45	109.68	272.2	5 361.55	5 508.12	146.57	2.73
永州站	26.23	111.62	172.6	5 805.10	5 705.48	99.62	1.72

4. 生态安全因子

（1）土壤侵蚀因子

土壤侵蚀可能造成土地资源退化、土壤理化性质恶化、土壤肥力下降，从而导致土地利用率不同程度地下降甚至生态环境的恶化，是影响耕地适宜性的重要因素。

由于湖南省丘陵山地分布广泛，坡度较大，选用修正土壤侵蚀方程（RUSLE）进行计算，其表达式如下：

$$A = K \times R \times L \times S \times C \times P \qquad \text{（式 5—16）}$$

式中：A 为年平均土壤流失量，$t/(hm^2 \cdot a)$；R 为降雨侵蚀因子，$MJ \cdot mm/(hm^2 \cdot h \cdot a)$；$K$ 为土壤可蚀性因子，$t \cdot h/(MJ \cdot mm)$；L 为坡长因子；S 为坡度因子；C 为覆盖与管理因子；P 为水土保持措施因子。图 5—4 为土壤侵蚀强度计算流程。

（2）降雨侵蚀力因子

降雨侵蚀力 R 值采用章文波等提出的利用日雨量估算半月侵蚀力的降雨侵蚀力模型[42][43]，对每半月侵蚀力进行统计，汇总得到各测站 1960～2001 年近 42 年平均降雨侵蚀力，然后再利用空间插值得到湖南省降雨侵蚀力因子。已有研究表明，该模型在降雨量丰富的地区具有很好的适用性[44][45]，同时也是第一次全国水利普查（2010 年）中推荐的降雨侵蚀力计算方法[46]，该模型计算公式如下：

$$M_i = \alpha \sum_{j=1}^{k} D_j^{\beta} \qquad \text{（式 5—17）}$$

式中：M_i 表示第 i 个半月时段的侵蚀力值，$MJ \cdot mm/(hm^2 \cdot h)$；$\alpha$ 和 β 是模型参数；k 表示半月内的天数；D_j 表示半月时段内第 j 天的日雨量，要求日雨量≥12 mm，否则以

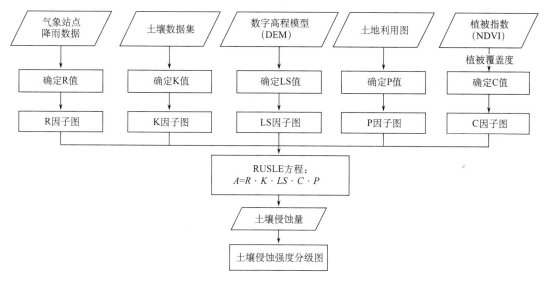

图 5—4 土壤侵蚀因子评价流程

0 计算，12 mm 与侵蚀性降雨标准对应；P_{d12} 表示日雨量≥12 mm 的日平均雨量，P_{y12} 表示日雨量≥12 mm 的年平均雨量。参数 α 和 β 反映了区域降雨特征，根据逐日雨量资料按下式估算不同测站的 α 和 β 值：

$$\beta = 0.836\,3 + \frac{18.144}{P_{d12}} + \frac{24.455}{P_{y12}} \qquad (式 5—18)$$

$$\alpha = 21.586\beta^{-7.189\,1} \qquad (式 5—19)$$

利用以上公式计算各气象站点多年平均半月降雨侵蚀力和多年平均年降雨侵蚀力，利用克里金（Kriging）插值法对 44 个气象站点的多年平均年降雨侵蚀力数据进行空间内插，生成 90 米×90 米栅格的降雨侵蚀力数据。

（3）土壤可蚀性因子

EPIC（Erosion Productivity Impact Calculator）模型是威廉姆斯（Williams）等在 1990 年建立的。根据史东梅等的研究，在湖南省采用 EPIC 法进行 K 值估算精度较高[47]。

其公式为：

$$K_{EPIC} = \left\{0.2 + 0.3\exp\left[-0.025\,6SAN\left(1 - \frac{SIL}{100}\right)\right]\right\}\left(\frac{SIL}{CLA + SIL}\right)^{0.3}$$

$$\times \left[1.0 - \frac{0.25C}{C + \exp(3.72 - 2.95C)}\right]\left[1.0 - \frac{0.7SN1}{SN1 + \exp(-5.51 + 22.9SN1)}\right]$$

$$(式 5—20)$$

式中：SAN 为砂粒含量（%）；SIL 为粉砂含量（%）；CLA 为黏粒含量（%）；C 为有机碳含量（%）；$SN1 = 1 - SAN/100$。该模型中各指标值采用实测数据，K 值单位为美国制，经换算转化为国际制（即乘以 0.131 7）。

利用地球系统科学数据共享平台——寒区旱区科学数据中心基于世界土壤数据库（HWSD）的中国土壤数据集的数据①，运用 EPIC 模型计算 K 值，将含有 K 值的矢量数据转化为 90 米×90 米的栅格，在 ArcGIS 中运用 Spatial Analyst Tools 中的 Zone-Zonal Statistics as Table 工具，统计中国土壤分类体系下每种土壤类型的 K 值。

（4）坡度、坡长因子

坡度、坡长计算采用刘宝元等[48]通过实验得出的坡度、坡长公式，该算法被曾凌云、吴艳、钟德燕等许多学者应用[49~51]，汪邦稳等还验证了利用该算法计算 LS 的准确性[52]。

$$S = \begin{cases} 10.8\sin\theta + 0.036 & \theta < 5° \\ 16.8\sin\theta - 0.5 & 5° \leqslant \theta < 10° \\ 21.9\sin\theta - 0.96 & \theta \geqslant 10° \end{cases} \qquad （式 5—21）$$

式中：S 为坡度因子，θ 为由 DEM 提取的坡度值（°）。

$$L = \left(\frac{\lambda}{22.1}\right)^m \qquad （式 5—22）$$

$$m = \begin{cases} 0.2 & \theta \leqslant 1° \\ 0.3 & 1° < \theta \leqslant 3° \\ 0.4 & 3° < \theta \leqslant 5° \\ 0.5 & \theta > 5° \end{cases} \qquad （式 5—23）$$

式中：L 为坡长因子，λ 为坡长（m），m 为坡长指数，θ 同上，根据坡度不同取不同的值。

根据以上 LS 因子的算法，利用 AML 语言程序，基于 DEM 数据，最终得到 LS 因子。

（5）植被与作物管理因子

本次研究采用蔡崇法等采用的方法，即根据植被覆盖与管理因子 C 和植被覆盖度 c 的关系公式进行 C 值的估算，其值介于 0~1[53]。具体过程如下。

首先，利用像元二分模型[54][55]计算植被覆盖度 f_c：

$$f_c = (NDVI - NDVI_{siol})/(NDVI_{veg} - NDVI_{soil}) \qquad （式 5—24）$$

---

① 具体数据可查询网站 http://westdc.westgis.ac.cn。

式中：$NDVI_{soil}$ 代表无植被覆盖或裸土区域的 $NDVI$ 值；$NDVI_{veg}$ 表示纯植被像元的完全为裸土或无植被覆盖区域的 $NDVI$ 值；$NDVI_{veg}$ 则代表完全被植被所覆盖像元的 $NDVI$ 值。根据 $NDVI$ 的频率累积统计表，$NDVI_{soil}$ 的值取土地利用单元内累积频率为 0.5% 的 $NDVI$ 值，$NDVI_{veg}$ 值取土地利用单元内累积频率为 99.5% 的 $NDVI$ 值，然后利用式 5—24 计算 f_c。

其次，计算植被覆盖与管理因子 C[54]：

$$c = \begin{cases} 1 & f_c = 0 \\ 0.68 - 0.34 \lg f_c & 0 < f_c \leqslant 78.3\% \\ 0 & f_c > 78.3\% \end{cases} \qquad (式 5—25)$$

利用上述算法，得到湖南省 90 米×90 米的 C 因子栅格图层[①]。

（6）水土保持措施因子

水土保持措施因子（P）的取值范围在 0～1，其值越小，表示其对土壤侵蚀的抑制作用越明显；等于 0，说明没有水土流失现象；等于 1，表明未采取任何措施或完全无法抑制土壤侵蚀。已有研究中经常采用土地利用类型赋值的方法来确定 P 值，参考相关研究成果[56][57][49]，草地、未利用地一般未采取水土保持措施，因此赋值为 1；林地取 0.8；水体、建设用地为 0；通常情况下坡度越大，耕地的水土保持措施的作用越突出，依据表 5—8 按照坡度的不同给耕地赋予不同的值。

表 5—8　不同坡度范围耕地的 P 值分级

坡地范围	5°	5°～10°	10°～15°	15°～20°	20°～25°	>25°
P 值	0.100	0.221	0.305	0.575	0.705	0.800

在 ArcGIS 10.0 Raster Calculator 模块中对解译好的土地利用图给各土地利用类型赋值，耕地可赋以特殊值（如 100），然后利用 Raster Calculator 的条件函数 Con 和坡度数据给耕地赋值。最终得到湖南省的 P 因子数据。

利用土壤侵蚀方程 RUSLE 各因子图层，根据式 5—1～11 得到湖南省土壤侵蚀模数，然后将国际制转乘以 100 换成 [t/(km² • a)]，依据中华人民共和国水利部颁布的《土壤侵蚀分类分级标准（SL190-2007）》（表 5—9），将土壤侵蚀模数按侵蚀强度划分为微度侵蚀、轻度侵蚀、中度侵蚀、强烈侵蚀、极强烈侵蚀和剧烈侵蚀六级，分级结果如图 5—5。

---

① 其中，$NDVI$ 数据源自：MODIS 16 天合成 250 米分辨率 NDVI 产品（MOD13Q1），http：//ladsweb. nascom. nasa. gov/data。

表5—9 土壤侵蚀轻度分级

侵蚀强度级别	平均侵蚀模数 [t/(km² · a)]
微度侵蚀	≤500
轻度侵蚀	501～2 500
中度侵蚀	2 501～5 000
强烈侵蚀	5 001～8 000
极强烈侵蚀	8 001～15 000
剧烈侵蚀	＞15 000

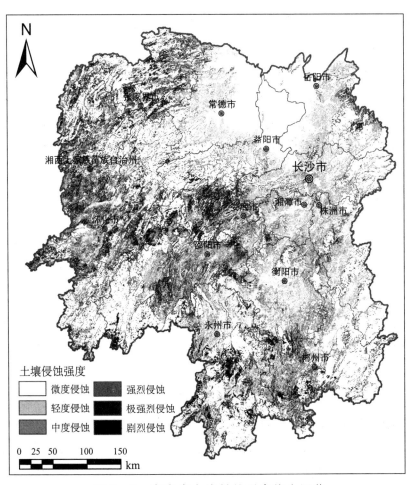

图5—5 湖南省土壤侵蚀强度综合评价

　　根据计算结果，湖南省的侵蚀呈现点多面广的分布特点，主要以微度、轻度、中度侵蚀为主，剧烈侵蚀所占的比重较小。土壤侵蚀主要分布在：湘西、湘西北武陵山地带包括湘西自治州和张家界市全部及怀化市的麻阳、芷江等地；湘中丘陵地区，主要包括娄底、益阳、邵阳、衡阳、湘潭等地；湘南山地、丘陵地区，主要包括郴州市、永州市部分地区。

5. 区位条件因子

交通是区域进行物资交换的主要通道，它对农产品的交换和流通有重要作用。交通的便捷程度直接影响人们进行农业生产的难易程度，是进行土地适宜性评价的主要因子。用交通优势度来代表区位条件因子。交通优势度指在特定的或是相对的目标区域内，区域交通基础设施网络所反映出的支持区域社会经济发展的状态和水平，是衡量区域交通优势高低的一个重要集成性指标[58]。

参考国家省级主体功能区划的技术规程，从交通路网密度、交通干线影响度和区位优势度三个方面构建交通优势度的评价模型。

（1）交通路网密度

研究采用核密度估计方法计算湖南省交通路网密度，该方法采用复杂的距离衰减测度局部密度变化，探索事件分布的热点区域，对于具有一阶密度和平稳性的分布模式是有效且实用的检验方法[59]。

（2）交通干线影响度

交通干线影响度要依据交通干线的技术—经济特征，首先计算与各交通干线的欧氏距离，然后采用分类赋值的方法，对不同交通干线的技术等级赋值，然后进行加权汇总。具体赋值方法见表5—10。

表 5—10　交通干线技术等级评价

类型	子类型	等级	标准	权重赋值
铁路	铁路	1	距离铁路 15km	2
		2	距离铁路 16～30km	1.5
		3	距离铁路 31～60km	1
		4	其他	0
公路	高速公路	1	距离高速公路 15km	1.5
		2	距离高速公路 16～30km	1
		3	距离高速公路 31～60km	0.5
		4	其他	0
	国道	1	距离国道 15km	1
		2	距离国道 16～30km	0.5
		3	其他	0

（3）区位优势度

区位优势度主要指由与中心城市间的交通距离所反映的区位条件和优劣程度，其计算要根据与中心城市的交通距离远近进行分级，并依此进行权重赋值。计算分级或赋值如表5—11。

表5—11　与中心城市距离的分级与评价赋值

级别	距离（km）	权重赋值
1	0～100	2.00
2	101～300	1.50
3	301～600	1.00
4	601～1 000	0.50
5	>1 000	0.00

依据《省级主体功能区划分技术规程》中关于中心城市的说明，选择长株潭及岳阳、常德、益阳、娄底、衡阳"3+5"个城市为中心城市，其中由于长沙、株洲、湘潭同属于长株潭城市群，且距离在50千米以内，所以根据重要性进行相应取舍，选择长沙市为中心城市。

（4）总体评价

首先，对以上三个要素按照式5—26进行各指标的无量纲处理，使数据值介于0～1；然后，将这三个指标按照"1∶1∶1"的比例进行加权求和，得到湖南省的交通优势度分布图。

$$T_i = (t_i - min)/(max - min) \qquad （式5—26）$$

其中：T_i 为标准化后的像元值，t_i 为原始像元值，max 和 min 分别为最大值和最小值。

计算得到的湖南省交通优势度如图5—6所示。

（二）耕地适宜性综合评价

根据各参评因子的分级得分值及其权重，利用加权指数和模型计算耕地适宜性综合得分值。

$$R = \sum_{i=1}^{n} W_i A_i \qquad （式5—27）$$

式中：R 为综合得分，W_i 为第 i 个因素的权重；A_i 为第 i 个因素的分级分值；n 为参评因子数。

基于上述评价模型，各参评因子进行加权叠加计算，得到湖南省耕地适宜性综合评价

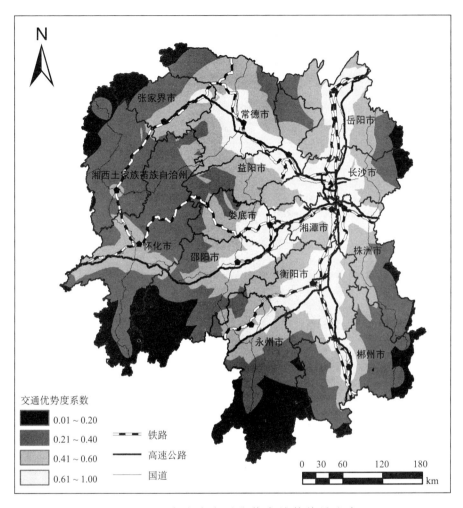

图 5—6　湖南省交通优势度计算结果分布

值 3.776~9.582 。湖南省内河网密布，为了消除结果中水体的影响，以全国 1：400 万基础地理中的河流湖泊图层为掩膜，将评价结果中水体区域统一赋值为 0，根据所得综合得分并结合研究区特点，利用自然断点法进行分级。将湖南省的土地适宜性分为四级：高度适宜（S1）、中度适宜（S2）、勉强适宜（S3）、不适宜（N）。具体分级标准见表 5—12，分级结果见图 5—7。同时，对于各地区利用统计各不同适宜等级的像元个数，进而计算各种适宜等级所占的面积（表 5—13、图 5—8）。

表 5—12　湖南省耕地适宜性评价结果

耕地适宜性等级	得分	所占比例（%）	面积（km²）
高度适宜（S1）	＞8.421	24.34	49 976.51
中度适宜（S2）	7.602～8.421	27.70	56 868.05
勉强适宜（S3）	6.759～7.601	32.35	66 408.21
不适宜（N）	＜6.759	15.61	32 049.93

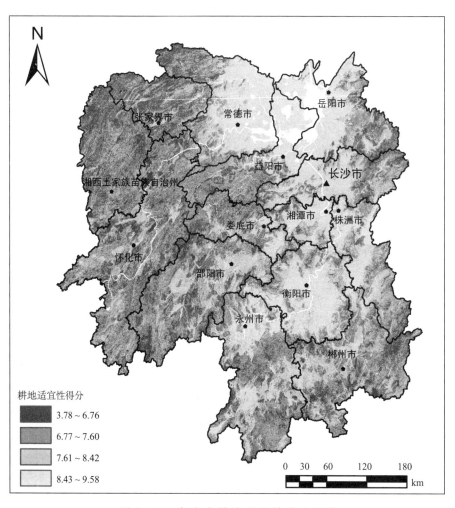

图 5—7　湖南省耕地适宜性综合评价

表5—13　湖南省各市不同适宜等级所占面积　　　　（km²）

市（州）名	高度适宜（S1）	中度适宜（S2）	勉强适宜（S3）	不适宜（N）
长沙市	4 471.94	3 398.67	2 794.95	987.88
株洲市	3 715.02	3 571.29	2 976.39	854.28
湘潭市	2 326.81	1 474.68	873.55	312.00
衡阳市	7 681.87	4 049.21	2 671.79	752.48
邵阳市	2 294.82	6 258.46	8 058.25	4 136.34
岳阳市	6 254.98	2 617.26	2 596.51	1 142.15
张家界市	201.33	2 143.66	3 999.50	3 154.63
益阳市	3 974.47	2 243.25	3 376.04	1 142.75
常德市	8 480.33	3 582.24	3 302.39	1 750.79
娄底市	1 222.06	2 445.92	2 954.28	1 464.29
郴州市	2 393.97	6 250.62	7 317.38	3 243.35
永州市	5 375.57	6 303.02	7 254.30	3 064.65
怀化市	1 410.46	8 495.19	1 1636.23	5 463.06
湘西自治州	172.89	4 034.59	6 596.63	4 581.27

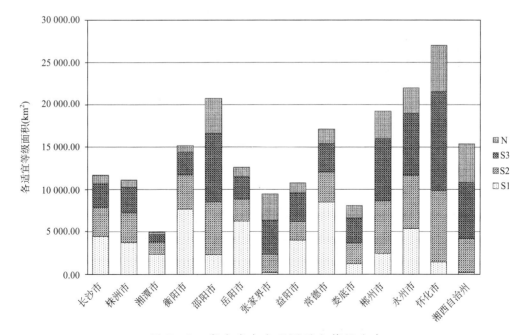

图5—8　湖南省各市不同适宜等级分布

通过以上分析可知，湖南省的耕地适宜性表现出明显的地域差异，总体呈现东高西低的特点。

高度适宜（S1）。高度适宜的面积占全省面积的 24.24%，主要位于湘北洞庭湖区、湘中南丘陵岗地部分地区。其中湘北洞庭湖平原区，包括常德、岳阳、益阳部分地区以及长沙、株洲、湘潭中心城市外围部分地区，该区域地势平坦、降雨丰沛、光照充裕、土层较厚、肥力较高，水域宽广，光、温、水、土条件优越，且经济地理区位条件良好，耕地投入和产出效益都较好，自古以来是我国农业的精华地带，农业资源非常丰富，素有"鱼米之乡"、"洞庭粮仓"的美誉；湘中南丘岗地区，主要包括衡阳、永州、邵阳部分地区，该区域气候温和、降水充沛、光照充足、无霜期长，农业自然条件比较优越。其中，常德、岳阳、益阳、衡阳这四个地区的高度适宜性面积占了全省高度适宜性耕地面积的 52.8%，达一半以上。

中度适宜（S2）。中度适宜的面积占全省面积的 27.7%，主要位于湘中、湘南、湘西部分地区。湘中邵阳、娄底部分地区及湘南永州、衡阳、郴州等部分地区，虽然农业生产的自然条件相对优越，但降雨时空分配不均，降雨主要集中在春夏两季，加之渠系配套设施年久失修，干旱和洪涝灾害较为严重，一定程度上影响了耕地适宜性。同时，湘西怀化市部分地区，位于西部雪峰山脉和武陵山脉之间的农业带，表现为中度适宜。怀化、郴州、衡阳、邵阳四个地区的中度适宜性耕地占全省中度适宜性耕地面积的 55.14%。

勉强适宜（S3）。勉强适宜面积占全省面积的 32.35%，主要位于湘西、湘南和湘西北部分地区，包括湘西的怀化市，湘南的永州市、郴州市，湘西北的湘西州、张家界等地部分地区。该区域坡度较大、土层较薄，土壤耕性差，生产能力较低，降水空间分布不均匀，自然灾害较为严重。怀化市、张家界市、湘西土家族苗族自治州及邵阳市的勉强适宜性面积占全省勉强适宜性耕地面积的 45.6%

不适宜（N）。不适宜面积占全省面积的 15.61%。主要位于湘西、湘西北，武陵山—雪峰山山地，包括湘西州、怀化市、张家界市、邵阳市等部分地区。该区域地势陡峭、峡谷幽深、坡度大，光热偏少，土壤质地差，土层贫瘠，土地没有集中连片，水土均缺。同时，该区域降水特征时空变化大，年际变化也大，降雨主要集中在 4～9 月份，常发生集中暴雨，土壤侵蚀强度大，水土流失严重，也容易诱发山洪等自然灾害和滑坡等地质灾害。怀化市、张家界市、湘西土家族苗族自治州及永州、郴州的不适宜面积占全省不适宜耕地面积的 60.9%。

（三）权重对评价结果的敏感性分析

基于多指标决策（MCDM）框架的耕地适宜性评价，存在很多不确定性，其中，评价因子的权重是引起争议和导致结果不确定的主要因素之一。基于 AHP 法计算的各参评因子的权重，是主观和客观相结合的计算方法，其结果在一定程度上受到决策者的偏好、知识、经验的影响，尤其是当涉及多个决策者时，可能会有多组权重，从而产生多个结果集[13]。本文得出的耕地适宜性综合评价结果，也不能被认为是唯一的评价结果，因此，需要通过敏感性分析对耕地适宜性评价结果给予验证和校验。

敏感性分析，主要是通过权重的变化研究以下四个方面的问题：①通过多次改变评价因子的权重得出评价结果的稳定性；②识别敏感性大的因子；③定量分析因子排名和评价结果的变化；④评价结果空间动态变化的可视化。本次重点是集中研究评价结果相对于因子权重空间变化的稳定性。

1. 敏感性分析框架

OAT（one-at-a-time）法，即通过一次只改变一个因子的权重值，而其他因子尽可能保持不变的情况下，来反映单因子权重变化对结果变化的影响程度和规律性。该方法能在相当程度上增加结果的可比性，且简单易行。

根据许尔琪[13][25]等的研究成果，确定 OAT 运算的具体步骤如下。

（1）定义 RPC。RPC 为一组具有原始基础数据的离散百分比变化有限集。本研究中，将 RPC 定义为标准权重的变化范围，如将其取值为 $\pm40\%$，即表示所有标准权重的变化范围为 $-40\%\sim+40\%$。

（2）定义 IPC。IPC 表示在 RPC 范围内，标准权重每次所变化的百分数。如将 IPC 取值为 $\pm2\%$，即表示在 RPC 范围内，标准权重将以 2% 的量增加或减少。

（3）计算权重值。选取其中一个标准 C_m 为主要标准，在定义了 RPC 和 IPC 的范围下，它的权重 $W（C_m，PC）$ 在改变 PC 数量级后，计算如下：

$$W(C_m，PC)=W(C_m，0)+W(C_m，0)\times PC \quad (1\leqslant m\leqslant n) \quad （式5—28）$$

其中，$W（C_m，0）$ 表示主要标准 C_m 的初始权重值，n 为标准个数。

为了满足所有标准的权重总和为 1，其他指标的权重 $W(C_i，PC)$ 必须根据 $W(C_m，PC)$ 进行适当的调整，计算如下：

$$W(C_i，PC)=[1-W(C_m，PC)]\times W(C_i，0)/[1-W(C_m，0)] \quad (i\neq m，1\leqslant i\leqslant n)$$

$$（式5—29）$$

其中，$W（C_i，0）$ 是第 i 个标准 C_i 的初始权重值。

（4）计算每次权重改变的综合评价结果：

$$R(C_m，PC)=W(C_m，PC)\times A_m+\sum_{m\neq j}^{n}W(C_i，PC)\times A_j \quad （式5—30）$$

式中，$R(C_m，PC)$ 为随着 C_m 权重的改变而得到的综合土地适宜性评价结果。$W（C_m，$

PC) 为改变权重的指标的权重；A_m 为改变权重的指标对应的标准分级得分值；W (C_i, PC) 为其他指标的权重；A_j 为其他指标的分级得分值。

本次研究将 RPC 和 IPC 分别取值为 $\pm 40\%$ 和 $\pm 2\%$，将其运用到所有指标中，将产生 440 组权重值，每组权重将伴随一次评价运算，同时产生一个新的耕地适宜性综合评价图。

2. 敏感性指标

主要依据每个像元和整幅图像综合适宜性得分的变化率，确定各参评因子的敏感性和整幅图像的鲁棒性。具体是以 AHP 法计算求得的权重为初始权重，以此权重为基础产生的适宜性综合评价图为初始评价图，利用 OAT 方法依次改变参评因子的权重，测试和观察耕地适宜性综合得分与各适宜类型面积及其空间分布格局的趋势及规律性，从而评估各参评因子权重的不确定性对本研究结果的影响程度。

（1）局部不确定性

针对每个像元，计算结果的不确定性可以用变化率表示。基于 GIS 技术，随着权重的变化，每个像元的不确定性都可以可视化展示。变化率计算公式：

$$C_k (C_m, PC) = \frac{R(C_m, PC) - R_0}{R_0} \times 100\% \qquad （式 5—31）$$

式中：$C_k (C_m, PC)$ 是权重改变时像元 k 的评价结果的变化率。$R (C_m, PC)$ 为由式 5—30 得到的随着 C_m 权重的改变，综合耕地适宜性评价结果；R_0 为由式 5—27 计算得到的初始的耕地适宜性评价结果。

图 5—9 为各参评因子权重变化率为 30% 时，耕地适宜性评价结果变化率的可视化图。不同指标的计算结果空间差异较大。

此外，同一指标，权重变化率绝对值相同时（取 $\pm n\%$），得到的耕地适宜性综合评价结果变化率的空间分布基本一致，只是变化率的值有正负之分。图 5—10（a）、图 5—10（b）分别是高程权重变化率为 $\pm 30\%$ 时，耕地适宜性综合得分变化率分布图，即各像元不确定性分布图；图 5—10（c）、图 5—10（d）分别是高程权重变化率为 $\pm 30\%$ 时，耕地适宜性综合得分变化率绝对值的分布图，这两幅图的空间分布基本一致，说明权重变化的绝对值相同时（无论权重变大还是变小），像元对其具有相同的敏感性。

（2）综合敏感性分析

为了便于决策，需要计算综合敏感性。综合敏感性用平均绝对变化率（$MACR$）表示，其计算公式为：

$$MACR(C_m, PC) = \sum_{k=1}^{N} \frac{1}{N} \times \left| \frac{R(C_m, PC) - R_0}{R_0} \right| \times 100\%$$

$$= \sum_{k=1}^{N} \frac{1}{N} \times |C_k(C_m, PC)| \times 100\% \qquad （式 5—32）$$

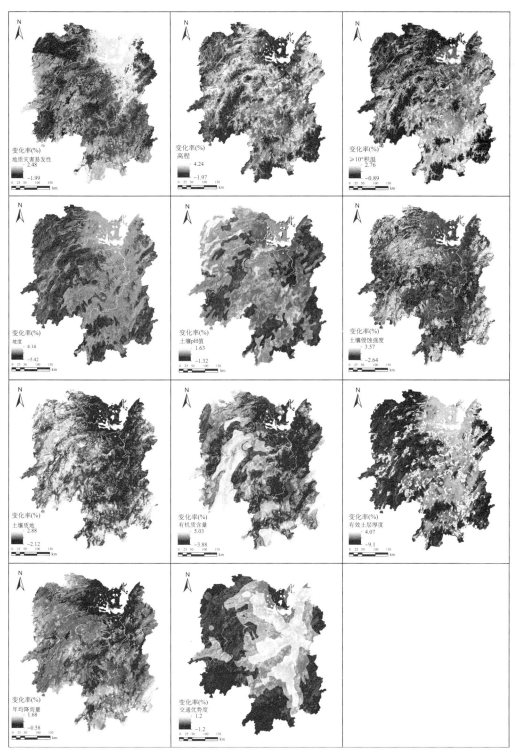

图 5—9　各指标权重增加 30％时耕地适宜性得分变化率分布

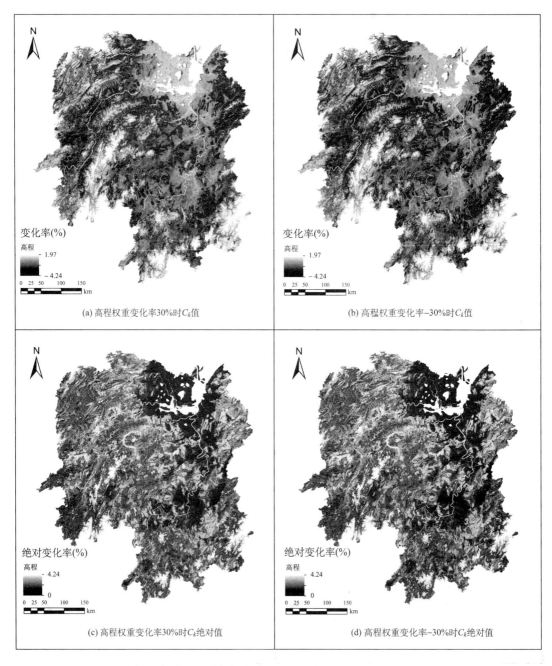

图 5—10　权重变化率为±30%时耕地适宜性得分变化率和得分变化率绝对值比较

式中，$MACR(C_m，PC)$ 是随着 $W(C_m，PC)$ 改变时其对应的平均绝对变化率，N 为所有像元数。$R(C_m，PC)$ 为由式 5—30 得到的随着 C_m 权重的改变，综合耕地适宜性评价结果；R_0 为由式 5—27 计算得到的初始的耕地适宜性评价结果。

计算各参评因子以 2% 的步长，从原始权重的 -40% 增加到 +40%，所得到的耕地适宜性评价综合评价结果的平均绝对变化率（表 5—14、图 5—11）。

表 5—14　各参评因子变化时 *MACR* 值

Change (%)	有效土层厚度	土壤有机质	土壤质地	土壤pH	坡度	高程	土壤侵蚀强度	地质灾害易发性	≥10℃积温	年平均降雨量	交通优势度
-40	2.588 0	0.889 0	0.591 8	0.290 8	2.168 6	0.520 3	1.204 9	1.129 3	0.446 4	0.255 2	0.697 1
-38	2.458 6	0.844 5	0.562 2	0.276 2	2.060 2	0.494 3	1.144 6	1.072 8	0.424 0	0.242 4	0.662 3
-36	2.329 2	0.800 1	0.532 6	0.261 7	1.951 7	0.468 3	1.084 4	1.016 4	0.401 7	0.229 6	0.627 4
-34	2.199 8	0.755 6	0.503 0	0.247 2	1.843 9	0.442 3	1.024 2	0.959 9	0.379 4	0.216 9	0.592 6
-32	2.070 4	0.711 2	0.473 4	0.232 6	1.734 9	0.416 3	0.963 9	0.903 5	0.357 1	0.204 1	0.557 7
-30	1.941 0	0.666 7	0.443 8	0.218 1	1.626 4	0.390 2	0.903 7	0.847 0	0.334 8	0.191 4	0.522 8
-28	1.811 6	0.622 3	0.414 3	0.203 5	1.518 0	0.364 2	0.843 4	0.790 5	0.312 5	0.178 6	0.488 0
-26	1.682 2	0.577 8	0.384 7	0.189 0	1.409 6	0.338 2	0.783 2	0.734 1	0.290 1	0.165 9	0.453 1
-24	1.552 8	0.533 4	0.355 1	0.174 5	1.301 2	0.312 2	0.722 9	0.677 6	0.267 8	0.153 1	0.418 3
-22	1.423 4	0.488 9	0.325 5	0.159 9	1.192 7	0.286 2	0.662 7	0.621 1	0.245 5	0.140 4	0.383 4
-20	1.294 0	0.444 5	0.295 9	0.145 4	1.084 3	0.260 2	0.602 4	0.564 7	0.223 2	0.127 6	0.348 6
-18	1.164 6	0.400 0	0.266 3	0.130 9	0.975 9	0.234 2	0.542 2	0.508 2	0.200 9	0.114 9	0.313 7
-16	1.035 2	0.355 6	0.236 7	0.116 3	0.867 4	0.208 1	0.482 0	0.451 7	0.178 5	0.102 1	0.278 8
-14	0.905 8	0.311 1	0.207 1	0.101 8	0.759 0	0.182 1	0.421 7	0.395 3	0.156 2	0.089 3	0.244 0
-12	0.776 4	0.266 7	0.177 5	0.087 2	0.650 6	0.156 1	0.361 5	0.338 8	0.133 9	0.076 5	0.209 1
-10	0.647 0	0.222 2	0.147 9	0.072 7	0.542 1	0.130 1	0.301 2	0.282 3	0.111 6	0.063 8	0.174 3
-8	0.517 6	0.177 8	0.118 4	0.058 2	0.433 7	0.104 1	0.241 0	0.225 9	0.089 3	0.051 0	0.139 4
-6	0.388 2	0.133 3	0.088 8	0.043 6	0.325 3	0.078 1	0.180 7	0.169 4	0.067 0	0.038 3	0.104 6
-4	0.258 8	0.088 9	0.059 2	0.029 1	0.216 9	0.052 0	0.120 5	0.112 9	0.044 6	0.025 5	0.069 7
-2	0.129 4	0.044 4	0.029 6	0.014 5	0.108 4	0.026 0	0.060 2	0.056 5	0.022 3	0.012 8	0.034 9
0	0	0	0	0	0	0	0	0	0	0	0
2	0.129 4	0.044 4	0.029 6	0.014 5	0.108 4	0.026 0	0.060 2	0.056 5	0.022 3	0.012 8	0.034 9
4	0.258 8	0.088 9	0.059 2	0.029 1	0.216 9	0.052 0	0.120 5	0.112 9	0.044 6	0.025 5	0.069 7
6	0.388 2	0.133 3	0.088 8	0.043 6	0.325 3	0.078 1	0.180 7	0.169 4	0.067 0	0.038 3	0.104 6
8	0.517 6	0.177 8	0.118 4	0.058 2	0.433 7	0.104 1	0.241 0	0.225 9	0.089 3	0.051 0	0.139 4
10	0.647 0	0.222 2	0.147 9	0.072 7	0.542 1	0.130 1	0.301 2	0.282 3	0.111 6	0.063 8	0.174 3

续表

Change（%）	有效土层厚度	土壤有机质	土壤质地	土壤pH	坡度	高程	土壤侵蚀强度	地质灾害易发性	≥10℃积温	年平均降雨量	交通优势度
12	0.776 4	0.266 7	0.177 5	0.087 2	0.650 6	0.156 1	0.361 5	0.338 8	0.133 9	0.076 5	0.209 1
14	0.905 8	0.311 1	0.207 1	0.101 8	0.759 0	0.182 1	0.421 7	0.395 3	0.156 2	0.089 3	0.244 0
16	1.035 2	0.355 6	0.236 7	0.116 3	0.867 4	0.208 1	0.482 0	0.451 7	0.178 5	0.102 1	0.278 8
18	1.164 6	0.400 0	0.266 3	0.130 9	0.975 9	0.234 2	0.542 2	0.508 2	0.200 9	0.114 8	0.313 7
20	1.294 0	0.444 5	0.295 9	0.145 4	1.084 3	0.260 2	0.602 4	0.564 7	0.223 2	0.127 6	0.348 6
22	1.423 4	0.488 9	0.325 5	0.159 9	1.192 7	0.286 2	0.662 7	0.621 1	0.245 5	0.140 3	0.383 4
24	1.552 8	0.533 4	0.355 1	0.174 5	1.301 2	0.312 2	0.722 9	0.677 6	0.267 8	0.153 1	0.418 3
26	1.682 2	0.577 8	0.384 7	0.189 0	1.409 6	0.338 2	0.783 2	0.734 1	0.290 1	0.165 9	0.453 1
28	1.811 6	0.622 3	0.414 2	0.203 5	1.518 0	0.364 2	0.843 4	0.790 5	0.312 5	0.178 6	0.488 0
30	1.941 0	0.666 7	0.443 8	0.218 1	1.626 4	0.390 2	0.903 7	0.847 0	0.334 8	0.191 4	0.522 8
32	2.070 4	0.711 2	0.473 4	0.232 6	1.734 9	0.416 3	0.963 9	0.903 5	0.357 1	0.204 1	0.557 7
34	2.199 8	0.755 6	0.503 0	0.247 2	1.843 3	0.442 3	1.024 2	0.959 9	0.379 4	0.216 9	0.592 6
36	2.329 2	0.800 1	0.532 6	0.261 7	1.951 7	0.468 3	1.084 4	1.016 4	0.401 7	0.229 6	0.627 4
38	2.458 6	0.844 5	0.562 2	0.276 2	2.060 2	0.494 3	1.144 6	1.072 8	0.424 0	0.242 4	0.662 3
40	2.588 0	0.889 0	0.591 8	0.290 8	2.168 6	0.520 3	1.204 9	1.129 3	0.446 4	0.255 2	0.697 1

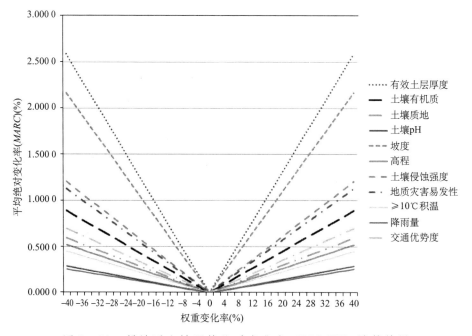

图 5—11　耕地适宜性平均绝对变化率（MACR）计算结果

由图 5—11 可知，各指标的 *MACR* 基本都是以权重变化率为 0 值呈中心对称分布，随着权重变化率绝对值的增加呈现近似线性的增加，只是各指标的变化率（斜率）不同。同一参评因子，当权重变化率的绝对值相同（权重变化±n%，0≤n≤40）时，*MACR* 值基本一致，即同一指标权重增加或减少相同的值时，其对评价结果的敏感性相同。斜率越大的指标对耕地适宜性评价的敏感性就越大。各参评因子的 *MACRs* 排序为：有效土层厚度＞坡度＞土壤侵蚀强度＞地质灾害易发性＞土壤有机质＞交通优势度＞土壤质地＞高程＞10℃≥积温＞土壤 pH＞年平均降雨量。这与权重的排序有相似之处但也有不同，有效土层厚度的权重最大，其敏感性最大，年平均降雨量的权重最小，其敏感性也最小。由图表分析，以权重变化率 30% 为例，有效土层厚度对权重变化的敏感性最高，当权重增加 30% 时，其 *MACR* 值为 1.941 0%，而年平均降雨量的 MACR 仅为 0.191 4%。即当权重变化 30% 时，最大的 *MACR* 值为 1.941 0%，*MACR* 值远远低于权重变化率，说明耕地适宜性的评价结果相对稳定。

同时，由图 5—10 可知，当高程的权重增加 30% 时，耕地适宜性综合得分值变化率为−1.972 71%～4.236 08%，而计算得到的综合敏感性指标 *MACR* 值为 0.390 2%。两者之间存在较大的差异，为了确定哪些地区变化较大，有较高的敏感性，将其变化率绝对值的图像与高程分级赋值的图像进行比较。如图 5—12，两图对比可知，高程权重改变时，评价结果变化较大的区域，主要是高程得分较低、高程较不适宜的地区。高程适宜性高的地区，则具有更好的稳定性。由此可知，高度适宜地区相对稳定，这是由于该区域各

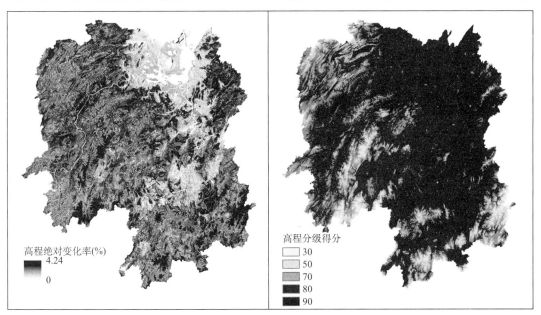

图 5—12 高程权重增加 30% 时绝对变化率与高程分级

指标的分值都相对较高，不易受到单因子变化的影响。然而，低适宜性的地区敏感性较高，特别是当权重变化到该区域的因子限制范围内时，具有较高的敏感性。

基于敏感性分析可知，有效土层厚度对评价结果有相对较高的敏感性；各指标随着权重变化率绝对值的增加呈线性增加，即当各指标权重增加或减少相同的量时（变化±n%），其对评价结果的影响程度基本一致；当权重改变30%时，最大的 MACR 值只有1.941 0%，说明评价结果总体相对稳定；同时，通过分析表明，低适宜性的地区具有更高的敏感性。因此，湖南省耕地适宜性表现为整体稳定局部敏感。

四、小结

本次研究在梳理和总结国内外耕地适宜性评价研究进展的基础上，针对湖南省的实际情况，构建了湖南省耕地适宜性评价指标体系，在 GIS 技术的支持下，运用回归树、核密度等方法提取计算参评因子数据，构建评价因子数据库。基于 MCDM 框架，利用 AHP 确定各参评因子的权重，选择加权叠加法进行耕地适宜性进行综合分析，将耕地适宜性分为高度适宜、中度适宜、勉强适宜和不适宜四类。最后，为了评估评价结果的不确定性，通过权重敏感性分析对评价结果的稳定性加以分析。得到的结论如下。

1. 构建了湖南省耕地适宜性评价指标体系。针对湖南省的实际情况，依据综合性、针对性、代表性、可获得性等原则，构建湖南省比较完整的、多级别的评价体系。包括湖南省耕地适宜性（目标层）、土壤条件、地形条件、气候条件、生态安全条件和区位条件（准则层）及 11 个指标（指标层）。具体指标包括有效土层厚度、土壤有机质、土壤质地、土壤 pH（土壤条件）；坡度、高程（地形条件）；土壤侵蚀强度、地质灾害易发性（生态安全条件）；≥10℃积温、年均降雨量（气候条件）；交通优势度（区位条件）。

2. 建立了较为完备的耕地适宜性评价因子数据库。利用"回归树建模＋空间残差"的方法得到湖南省高精度的栅格化积温数据。选用修正土壤侵蚀方程（RUSLE）对湖南省土壤侵蚀强度进行定量分析，得到湖南省的侵蚀呈现点多面广的分布特点，以中度及其以下侵蚀为主，剧烈侵蚀比重较小。同时，计算了交通优势度。

3. 运用 AHP 计算各参评因子权重并对各参评因子进行量化分级。通过计算，有效土层厚度获得最大权重为 0.179 2，其次为坡度 0.171 9。参考其他学者的研究成果和相关技术规程，对各参评因子进行分级量化。

4. 评价了湖南省耕地适宜性并界定了各适宜等级的空间分布。基于 GIS 技术的空间分析功能，利用加权叠加法求得湖南省耕地适宜性评价综合结果，并通过自然间隔分类法将评价结果重分类为：高度适宜（S1）、中度适宜（S2）、勉强适宜（S3）、不适宜（N）

四类，所占比例分别为：24.34％、27.7％、32.35％、15.61％。总体来说，湖南省的耕地适宜性呈现东高西低的特点，耕地高度适宜和中度适宜区域主要分布在湘北洞庭湖平原以及湘江平原地区，其次为湘中丘陵区盆地；耕地勉强适宜和不适宜区域主要分布在湘西、湘西北和湘东湘南山地，该区域主要是山地丘陵，交通相对不便，土地没有集中连片，不利于进行机械化作业。

5. 基于权重的敏感性分析。本次研究尝试将指标权重敏感性分析方法引入到耕地适宜性评价中来，并且针对以往对评价结果进行敏感性分析缺乏对空间信息的表达和挖掘，通过构建综合敏感性评价指标——适宜性评价得分平均绝对变化率（MACR），测试各参评指标权重的微小变化（−40％～＋40％，每次改变2％）对综合评价结果的影响程度。结果表明，有效土层厚度对评价结果有相对较高的敏感性；各指标随着权重变化率绝对值的增加呈线性增加，即当各指标权重增加或减少相同的量时（变化±n％），其对评价结果影响程度基本一致；当权重改变30％时，最大的MACR值只有1.941 0％，说明评价结果总体相对稳定；同时，通过分析表明，低适宜性的地区具有更高的敏感性。因此，湖南省耕地适宜性表现为整体稳定局部敏感。

第二节　生态敏感性分析

一、因子选取、评价及叠加原则

通过生态敏感性的分析，来指导区域经济社会发展的空间布局，是保障生态底线安全、实现全面协调可持续发展的前提。随着GIS技术的成熟，在GIS支持下建立各评价单因子的图层，并通过加权叠加的方法进行多因子综合评价的生态敏感性研究方法，得到了广泛的应用。对湖南省的生态敏感性的分析，就是采用了这种方法。

（一）生态敏感性因子选择

影响生态系统敏感性的因子有很多，常见的敏感性因子包括海拔、植被、地质、水体等。尹海伟等在对吴江东部地区进行生态敏感性分析时，选用了水域、海拔与堤防、植被、耕地地力四个生态因子[60]。宗光跃等在对大连城市化地区进行生态适宜性分析时，选用了高程、坡度、水域、海岸线、植被五个生态因子[61]。展安等在对福建长汀县中心城区进行生态适宜性分析时，选用了水域、植被、农田、水土流失、洪水安全、地质灾害六个生态因子[62]。可见，除了地形地貌、植被水体等常规选项外，因子的影响范围、生态系统本底条件和空间尺度的差异，都会影响到因子的选择。因此，针对研究对象，因地制宜地选择因子，是进行科学分析和评价的前提。

在确定湖南省的生态因子时，在分析湖南地域和发展特征的基础上，结合当地的环境保护和生态功能分区规划并征求专家意见，选定了生态敏感度比较高的三个方面的因子。

第一，国家和省级政府划定的保护型区域及生态敏感脆弱的区域。这些区域主要包括森林山体、河湖水系、湿地、生态风景区、自然景观旅游区等重要的生态系统的核心区及其外围的缓冲地带。这些区域自然度高，一旦受到干扰不易恢复，是需要特别加以保护的区域。此外，对生态较为敏感的地形地貌区，如高程、山地、林地等，应根据具体特征赋予适当的敏感性等级。以高程为例，它是生态环境中一个重要因素，空气温度随着海拔升高而降低，造成了植物分布呈现出明显的分层特征，整个生态也呈现出明显的垂直分布。随着温度降低，生态多样性随之降低，生态系统也变得脆弱[63]，因此需根据海拔梯度分布由高到低进行分级。

第二，具有安全隐患的地区，包括地质灾害危险区和坡度较大的区域。地质灾害易发程度根据历史灾害发生点进行概率分析后得出。坡度着重考虑大于 25°的地区，该坡度以上通常会对植物生长、植被覆盖产生较大影响。植被覆盖率低将直接导致表层风化较为严重，再加上大坡度本身的重力作用强，滑坡易发，生态环境较为脆弱。因此，根据其灾害易发程度、坡度等级予以相应的敏感性评级。

第三，用地控制和资源储备型的区域，如与农业生产及粮食安全相关的区域。包括高质量农田、重要的未利用地等。虽然农田并不对环境造成直接的影响，但考虑到湖南作为国家重要的粮食生产区，对其质量较高的耕地赋予中度敏感性。

(二) 单因子因子分级

根据湖南省实际情况、依据国家相关的标准和技术规程，并借鉴其他学者的研究成果，选取生态敏感评价要素 (表 5—15)，确定分级阈值。以此为基础将省级空间依据生态敏感程度划分为高敏感区、中敏感区和低敏感区。

将选出的各生态评价因子的原始信息统一标准，进行等级化和格式标准化。将评价等级分为 V＝{V₁，V₂，V₃}＝{高敏感，中敏感，低敏感} 三个等级表示。然后为每个单因子的图层栅格化，根据每种因子所设立的具体阈值进行敏感性分级。

高敏感区：对开发建设活动极为敏感，一旦出现破坏干扰，有可能给区域生态系统带来严重破坏，属于自然生态重点保护地带。

中敏感区：对人类活动具有一定敏感性，生态恢复困难，对维持最敏感区的良好功能及气候环境起到重要作用，开发时必须慎重。

低敏感区：能承受一定程度的开发建设，但若遭受严重与生态环境保护相左的开发行为，将对区域内的生态环境稳定性产生不利影响。

表 5—15　生态敏感性评价要素

生态分区	要素	备注
高敏感区	陆域保护区	包括国家和省确定的森林公园、地质公园、自然保护区、风景名胜区等的核心保护区及缓冲区等
	水域保护区	指海洋自然保护区、海滨风景名胜区、重要渔业水域及其他需要特别保护的区域等
	水系	指河湖湿地，包括河流、江河、湖泊、运河、渠道、水库等水域
	地质灾害危险性严重	地质灾害包括崩塌、滑坡、泥石流、塌岸、地面塌陷（含岩溶塌陷和开采塌陷）、地裂缝、地面沉降和采矿地表移动等
	海拔 1 200m 以上的山区	
	坡度 25°以上的陡坡	
中敏感区	未利用地	依据《土地基本术语》（GB/T 19231—2003）界定
	陆域保护区 3km 缓冲地带内	包括自然保护区实验区等
	水系 2km 缓冲地带内	
	地质灾害危险性中等	
	海拔 1 000～1 200m 的山区	
	坡度 10°～25°中等坡地	
	林地	指国家和省级森林公园之外的防护林、用材林、经济林、薪炭林、特种用途林等
	高质量农田	
低敏感区	除高敏感区和中敏感区以外的其他地区	

（三）叠加分析方法

本次研究的生态敏感性评价基于多因素评价，从定量化的角度可以看作是一组变量按照一定规则组合后形成新的评价等级。它最早出现于 20 世纪 70 年代，被看作是一种可以很好支持公共决策过程的方法[64]。

将多因素评价法应用到生态敏感性分析中，即将保护区、高程、坡度、地质灾害等各类生态因子图层中的斑块赋予相应的等级指数值，制作单因子生态敏感性图，然后采用特定方法进行叠加计算。目前，国内外普遍采用的是"加权重叠"的方法以合并所有变量，然而，各变量所赋权重的判定带有很强的主观因素，并且生态敏感性分析中各个因素通常具备"一票否决"的特征，例如某区域一旦确定为自然保护区，则无论其他因子指标如何，都将划分为高敏感区。针对这种"占一即否"原则，本研究采用"取最大值"的原则对多图层进行叠加，即比较各图层属性值，取其中最大值作为新的属性值。

$$ESI = max(ES_i) \qquad (式5—33)$$

式中：ESI 为生态敏感性总指数，ES_i 为第 i 个生态因子的得分值。

将各个因子按照相应的标准进行分级处理，高敏感区域设为 5 分，中敏感区域设为 3 分，低敏感区域设为 1 分（表 5—16）。最后将所有图层叠加，计算单位栅格所对应的各个图层敏感性属性值，取所有图层中的最大值，确定为该栅格最终的生态敏感性分值。通过对叠加结果的聚类、分级，将湖南全域划分为高敏感区、中敏感区和低敏感区三个生态敏感性等级。

表 5—16　生态敏感因子分级标准

要素		分级与分值		
		高敏感（5 分）	中敏感（3 分）	低敏感（1 分）
水域	河流	河流河道	＜2km	＞2km
	湖泊	湖泊水体	＜2km	＞2km
植被	林地	—	林地	林地之外
	未利用地	—	未利用地	未利用地之外
耕地		—	高质量农田	一般质量农田
保护区	自然保护区	自然保护区	＜3km	＞3km
	森林公园	森林公园保护区	＜3km	＞3km
	风景名胜区	风景名胜区	＜3km	＞3km
	地质公园	地质公园	＜3km	＞3km
地形地质	高程	＞1 200m	1 000～1 200m	＜1 000m
	坡度	＞25°	10°～25°	＜10°
	地质灾害	高易发区	中易发区	低易发区

在单因子生态敏感性评级图的基础上，将各个单因子评级图叠加计算，最终形成全省的生态综合评价。为了和驱动力模型及优化配置模型的数据标准保持统一，成果以 200 米×200 米栅格数据存储。具体的操作步骤与技术路线如图 5—13 所示。

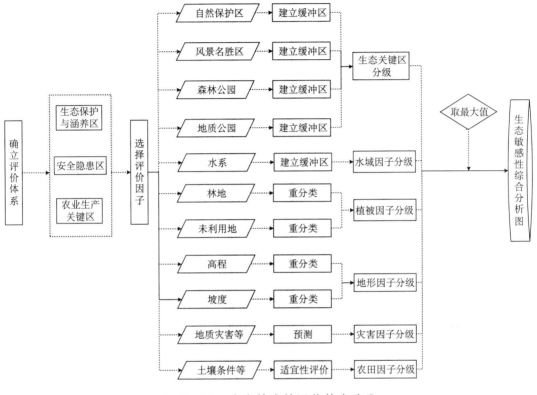

图 5—13　生态敏感性评价技术路线

二、单因子生态敏感性分析

（一）生态关键区

生态关键区是指生态系统功能、资源生产力具有特别价值的关键区域，在生态环境综合管理中通常应给予特别的关注和保护。湖南省的生态关键区主要包括国家和省级的地质公园、自然保护区、风景名胜区和森林公园等①。

湖南省共有地质公园 27 个，涵盖 0.31 万平方千米。其中世界级地质公园 3 个，它们

---

①　根据湖南省国土资源规划院提供的湖南保护区数据计算整理，数据截止到 2009 年。

同属于张家界地质公园范围内；国家级地质公园 10 个，如凤凰县的凤凰国家地质公园等；省级地质公园 14 个，如浏阳市的大围山地质公园等。

湖南省有自然保护区 25 个，涵盖 0.47 万平方千米。其中国家级自然保护区 6 个，如岳阳市的东洞庭湖国家自然保护区等；省级自然保护区 19 个，如新宁县的紫云山自然保护区等。

湖南省有风景名胜区 23 个，涵盖 0.17 万平方千米。其中国家级风景名胜区 3 个，如长沙市的岳麓山风景名胜区等；省级风景名胜区 20 个，如凤凰县的凤凰古城风景名胜区等。

湖南省有森林公园 40 个，涵盖 0.25 万平方千米。其中国家级森林公园 18 个，如桃源县的桃花源国家森林公园等；省级森林公园 22 个，如沅陵县的凤凰山森林公园等。

按照生态敏感性分级表的分类，将湖南省境内的风景名胜区、地质公园、森林公园和自然保护区设置为高敏高区（图 5—14）；将保护区周边三千米划定为生态缓冲地带，作为生态中敏感区；将保护区以及缓冲区以外的其他地区，划定为生态低敏感区（图 5—15）。

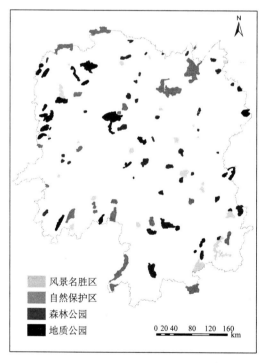 

图 5—14　湖南省生态关键区布局　　　图 5—15　湖南省生态关键区因子评价
　　　资料来源：根据湖南省国土　　　　　　　　资料来源：同图 5—14。
　　资源规划院提供的资料绘制。

(二) 植被类型

在省域尺度，植被能够调节小气候，保护区域生物多样性，改善生态环境质量，在生态系统中起着调节与反馈的重要作用。在城市尺度，植被提供美好的景观、新鲜的空气、宜人的环境。为保护植被多样性，在植被丰富的地区应尽量减少开发建设活动。

1. 林地

林地是重要的生态调节和生态保育类型，尽管不同植被类型的生态敏感性是有差异的。湖南省林地资源丰富，素称"广木之乡"，森林覆盖率高达 55%，排名全国前五位，尤其是湘西和湘南，大范围地区都为林地所覆盖（图 5—16）。考虑到湖南为南方重点林区和木材生产主要基地之一，对林业资源的适度合理开发也是必要的，因此，将土地利用中的林地设为中敏感区，其他地区设置为低敏感区（图 5—17）。

图 5—16　湖南省林地分布
资料来源：同图 5—14。

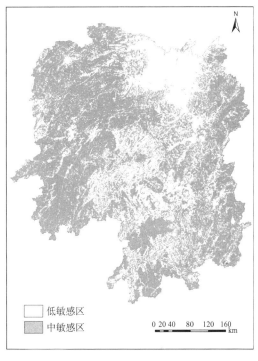

图 5—17　湖南省林地因子评价
资料来源：同图 5—14。

2. 未利用地

鉴于未利用土地①虽然不对生态涵养起到直接的促进作用，但在稳定生态格局、土地节约集约利用、防止建设用地盲目扩张上却起着重要作用（图5—18）。因此，将未利用地设为中敏感区，其他地区设定为低敏感区（图5—19）。

图5—18　湖南省未利用地分布 图5—19　湖南省未利用地因子评价
资料来源：同图5—14。 资料来源：同图5—14。

（三）地形

地形条件对区域内的生态分区和空间结构有显著的影响，是影响生态敏感性的一个重要方面。由于研究区范围比较大，地形复杂多变，这里主要从高程和坡度两方面进行分析。

1. 高程

湖南地处我国中部地区，属于云贵高原向江南丘陵和南岭山地向江汉平原的过渡地带。地形为东、西、南三面环山，中北部低落，呈蹄形。位于西北部的石门县境内的壶瓶

---

① 根据国土资源部的土地分类标准，未利用土地指还没有利用的土地，包括荒草地、盐碱地、沼泽地、沙地、裸土地、裸岩石砾地、田坎和其他八个二级地类。

山海拔 2 099 米，为省内最高点，中部大都为丘陵，多宽广的盆地和谷底，北部为洞庭湖平原，地势低平，海拔大都在 50 米以下①。将海拔 1 200 米以上的山区划定为高敏感区，1 000～1 200 米的山区划定为中敏感区。可以看到，省内按高程区分的高敏感区多分布在东、南、西三面的山林地带。相对而言，中部平原和低丘地带生态敏感性较低（图 5—20、图 5—21）。

图 5—20　湖南省高程因子分析

资料来源：同图 5—14。

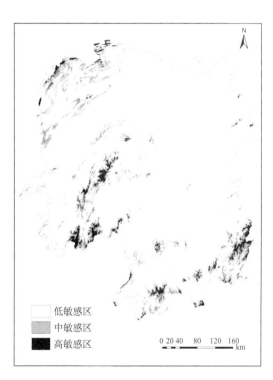

图 5—21　湖南省高程因子评价

资料来源：同图 5—14。

2. 坡度

坡度对生态环境影响也比较大。坡度不超过 3°～5°时，植物的生长最为顺畅，当坡度超过 15°时，部分植物便不适宜生长，当坡度超过 25°时，将对植物的生长产生重要的影响，灌木或小乔此时还能生长和分布。但是当坡度超过 45°时，便很不利于植物的生长。且坡度很高的情况下，坡地稳定性较差，容易造成各种地质灾害。

湖南坡度的特征与高程特征一致，中部平原与丘陵地带坡度较小，而西部和南部山区坡度较大。将坡度大于 25°的地区设为高敏感区，将坡度 10°～25°的地区设为中敏感区

---

① 湖南省地质地貌概要，http://news.sohu.com/28/62/news202756228.shtml。

（图5—22、图5—23）。

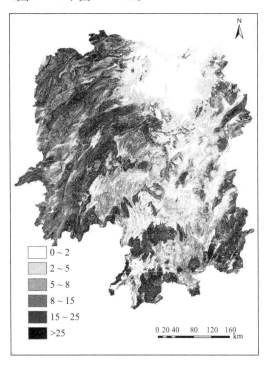
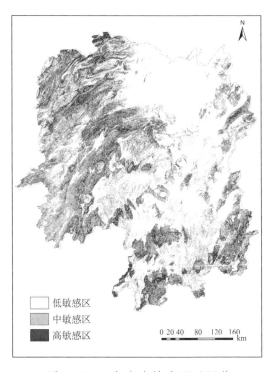

图5—22　湖南省坡度因子分析

资料来源：根据中国科学院地理科学与资源研究所：
"基于共享平台数据挖掘的省域灾害分区评价"（内部
讨论稿）（2014年）绘制。

图5—23　湖南省坡度因子评价

资料来源：同图5—22。

（四）地质灾害

湖南地质构造较为稳定，岩浆活动较弱，属于弱震、少震区。地质灾害主要为崩塌、滑坡和泥石流。滑坡的发生由地理条件和外界诱发条件共同决定，其中地理条件主要有地形地貌因素和土壤类型，外界诱发条件主要是暴雨因素。据统计，湖南已发生的滑坡和崩塌90％以上发生在雨季。

对历史灾害点进行空间分布的相关统计，崩塌点共计854个，滑坡点共计6 044个，在湘西北、湘西以及湘东南地区分布较为密集。地质灾害发生最多的县市是沅陵县，其次是石门县、桂东县、张家界市、郴州市等[①]。

考虑到历史灾害发生点并不意味着灾害将在同一地点发生，只反映出在某一点灾害发生的概率较其他区域更大，因此，通过对过去地质灾害发生点的统计研究，结合分析单元的其

① 根据湖南省国土资源规划院提供的湖南地质灾害数据计算整理。

他影响地质灾害发生的地质及环境特征，进行回归分析，从而得出灾害预测概率图。将预测变量定为地形地貌、气候因子和土壤因子三个一级指标、七个二级指标（表5—17）。

表 5—17 湖南省灾害易发性分区评价指标体系

一级指标	二级指标	指标说明
地形地貌	高程	90m 分辨率栅格数据集
	坡向	
	坡度	
	地貌类型	低海拔平原、低海拔台地、低海拔丘陵、小起伏山地、小起伏中山、中起伏低山、中起伏中山、大起伏中山
	地形位置指数	以栅格像元为单位，每个像元值由中心点高程值减去周围高程的平均值算出
气候因子	年均降雨量	由 NCEP/NCAR 全球气候再分析资料统计得出的年均降雨量
土壤因子	土壤类型	轻黏土、粉黏壤土、黏壤土、粉壤土、壤土、砂黏壤土、砂壤土、壤砂土

资料来源：中国科学院地理科学与资源研究所："基于共享平台数据挖掘的省域灾害分区评价"（内部讨论稿），2014 年。

灾害预测用多元回归或者逻辑回归是比较经典的方法，但是对于面积较大的研究区域，不同的地形地貌条件下自变量和因变量可能有不同的关系，因此，这里采用回归树的方法进行回归模拟。首先，利用核密度估计法，以已有的滑坡灾害点数据为基础探索灾害发生热点区域；其次，基于回归树法[①]，建立灾害热点的空间位置同七个灾害预测变量之间的函数关系；最后，根据函数关系算出灾害发生概率值，将模拟结果标准化，使其值域为 −1～1，并根据中国地质调查局颁布实施的《〈县（市）地质灾害调查与区划基本要求〉实施细则》，将模拟结果分为高易发区、中易发区和低易发区三区。其中，概率值在 −1～0.1 的区域划定为灾害低易发区，概率值在 0.1～0.4 的区域划定为灾害中易发区，概率值在 0.4～1 的区域划定为灾害高易发区，分别对应高敏感区、中敏感区和低敏感区（图 5—24、图 5—25）。

① 回归树法能够很好地解决经典回归中假设过于严格的问题，广泛应用于灾害预测等自变量与因变量间关系复杂的建模。回归树原理及代码参见：http://gist.github.com/newchance/6103011。

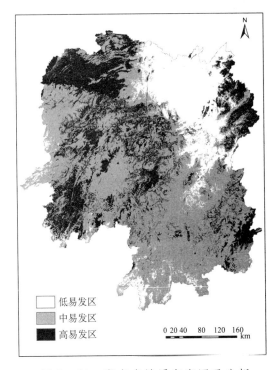

图 5—24　湖南省地质灾害因子分析
资料来源：同图 5—22。

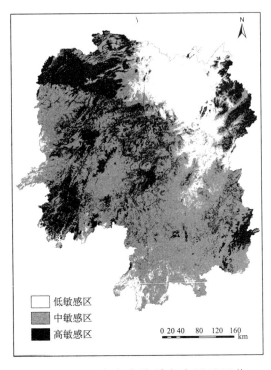

图 5—25　湖南省地质灾害因子评价
资料来源：同图 5—22。

（五）水系

河流、湖泊是维系整个生态系统必不可少的因子，是区域的"血脉"，在改善区域环境质量、维持正常生态循环等方面发挥着重要作用。河湖湿地不仅本身可维持生态系统平衡，还是区域生态格局安全的重要廊道。因此，水域的合理利用与保护对生态格局稳定性和社会经济可持续发展都至关重要。

湘江是湖南境内最大的河流，为长江主要支流之一，全长 856 千米，发源于广西省临桂县，从湖南省永州市向北流入湖南省全境，至湘阴的濠河口分左右两支汇入洞庭湖。东北部洞庭湖水系发达，湖荡众多。湘江以及沅江、澧水等，构成了湖南省全境主要的水系网络①（图 5—26）。将水体部分设为高敏感区，予以重点保护。水域两岸与水体本身有密切的生态交互，属于水体涵养范畴，因此将距离水体两千米范围内设为中敏感区，其余地区为低敏感区（图 5—27）。

---

① 湖南省的流域情况，http：//news.sohu.com/54/61/news202756154.shtml。

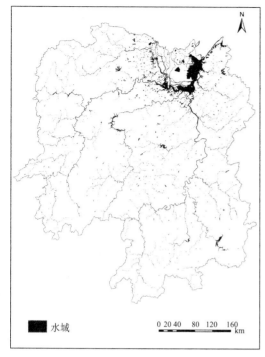

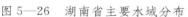

图 5—26 湖南省主要水域分布

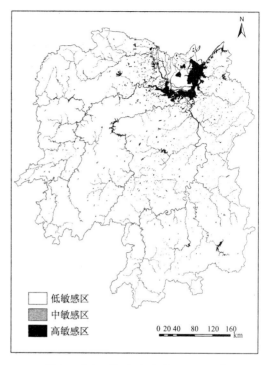

图 5—27 湖南省水域因子评价

(六) 耕地

湖南是农业大省，对耕地特别是优质耕地的保护，是长期面临的任务。当然，从生态角度来看，优质耕地也是具有一定生态价值的。结合前面耕地适宜性的分析和评价，湖南省优质耕种区占全省面积的 24.34% 和耕地总量的 50.60%，主要位于湘北洞庭湖区、湘中南丘陵岗地部分地区；良好耕种区占全省面积的 27.70% 和耕地总量的 40.50%，主要位于湘中、湘南、湘西部分地区。这两类耕地质量较好、区位条件优越、经济效益较好，属于比较适宜的耕作区，应纳入生态控制的范围。

考虑到从生态脆弱性和对区域生态环境平衡的角度来讲，宜耕条件并不直接对生态产生影响，因此将优质和良好耕种区，在生态敏感性评级中设为中敏感区。而一般适宜区（占全省面积的 32.35%，主要位于湘西、湘南和湘西北部分地区）和不适宜区（占全省面积的 15.61%，主要位于湘西、湘西北，武陵山—雪峰山山地），由于坡度大、土壤耕性差、生产能力较低、降水不充分、水土流失严重，从宜耕性看，将其作为低生态敏感区考虑。

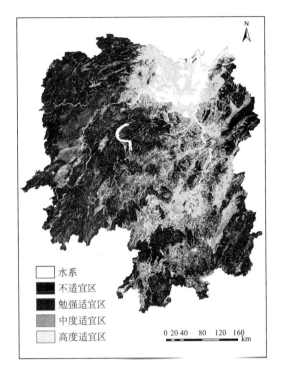

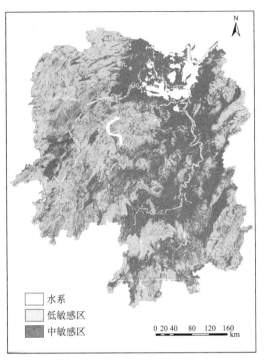

图 5—28   湖南省耕地适宜性因子分析

资料来源：中国科学院地理科学与资源研究所："基于权重敏感性分析的湖南省耕地适宜性评价"（内部讨论稿），2014年。

图 5—29   湖南省耕地适宜性因子评价

资料来源：同图 5—28。

三、生态敏感性评价结果分析

（一）不考虑优质农田因子的生态敏感性评价

传统生态敏感性评价中，耕地由于并不作为直接影响生态环境的因素，并不将其作为因子之一纳入敏感性评价过程中。因此，本研究首先将依照传统的思路进行评价，将农田之外的其他所有生态敏感性因子进行叠加分析，得到湖南全域的生态敏感性综合分析图（图5—30、表5—18）。

湖南全省生态高敏感区约7.9万平方千米，占湖南全域面积的37%，主要分布在湘西、湘南以及湘东与江西交界地带的山区。这些地区往往海拔较高，坡度较陡，容易发生滑坡、崩塌等自然灾害。此外，山林资源丰富的地区往往会成为风景名胜区、自然保护区、森林公园等，属于需要特别关注的生态保育区域。河流湖泊分布较为密集的洞庭湖区也有大片地区归为生态高敏感区，其余的河流经流地带也是重点生态涵养区。

生态中敏感区约 8.7 万平方千米，占湖南全域面积的 41%，广布于除湘中平原的其他地区。林地和未利用地在研究中归为中敏感区，因此，大量的海拔并不太高且坡度不大的丘陵地带也被算为中度敏感地带。此外，高敏感区附近的区域作为重要的生态缓冲区，纳入中敏感区予以考虑，包括河流湖泊以及各类自然保护区的缓冲区。根据预测有地质灾害发生可能性但并不常见的区域，如湘南的主要地区都在中敏感区之列。

生态低敏感区约 4.7 万平方千米，占湖南全域面积的 22%，集中分布在湘中及北部的洞庭湖平原。这些区域地势较为平坦，海拔较低，坡度较缓，不易发生地质灾害，植被主要以农田和苗圃等经济作物为主，属于人工培育的对象，在自然生态环境中的影响作用较小，属于生态敏感性较低的地区。

表 5—18　生态敏感性评价结果（不考虑农田因子）

生态敏感性等级	面积（万 km²）	百分比（%）
高敏感区	7.9	37
中敏感区	8.7	41
低敏感区	4.7	22

（二）考虑优质农田因子的生态敏感性评价

耕地对湖南这一农业大省的重要性较其他地区更为突出，因此，在进行生态敏感性评价时需要对湖南的特殊情况进行有针对性的分析，故而将耕地适宜性的分析结果作为生态敏感性评价的因子之一。通过生态敏感性因子的叠加分析得到湖南全域的生态敏感性综合分析图。农田因子的加入，对生态敏感性评价的结果产生了深刻影响（图 5—31、表 5—19）。

生态高敏感区约 7.9 万平方千米，占湖南全域面积的 37%。与不考虑农田因子的分析结果相一致，主要分布在湘西、湘南以及湘东与江西交界地带的山区。

生态中敏感区约 11.0 万平方千米，占湖南全域面积的 52%。由于农田因子的加入，中敏感区的范围相较不考虑农田因子的情况发生了巨大的变化。通常地势平坦、土质稳定、区位较好的区域都不作为重点的生态保护区域，属于低敏感区。然而这些区域恰恰又非常适宜耕作，分布大量优质农田。在本研究中，将高度适宜耕作的优质农田的区域纳入中敏感区。因此，在考虑了农田因子的生态敏感性评价总图中，有为数不少的适宜耕作区从低敏感区划入中敏感区，使得生态中敏感区的分布范围更广。

生态低敏感区约 2.3 万平方千米，占湖南全域面积的 11%。可以明显地看到，考虑了优质农田因子的生态敏感性评价总图中，低敏感区在省域尺度上分布更加分散，而不考

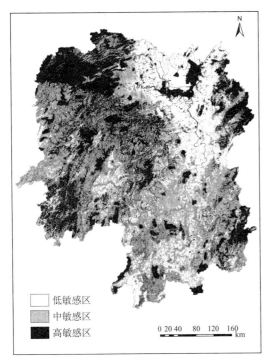

图 5—30　湖南省生态敏感性评价结果
（不考虑农田因子）

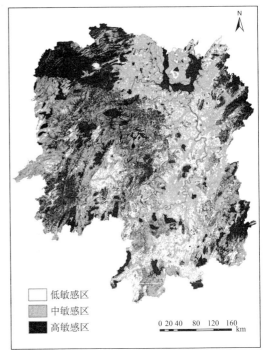

图 5—31　湖南省生态敏感性评价结果
（考虑农田因子）

虑农田因子的评价图中，低敏感区更为连片集中。当然，这仅仅是基于全省尺度的观察，具体到城市和建成区，仍有大量的低敏感区是连片的，但有为数不少的适宜耕作区域穿插其中，从某种角度来讲，这样的划分对湖南省有效耕地的保护更具指导意义。

表 5—19　生态敏感性评价结果（考虑农田因子）

生态敏感性等级	面积（万 km²）	百分比（%）
高敏感区	7.9	37
中敏感区	11.0	52
低敏感区	2.3	11

四、政策指引

基于生态敏感性评价，湖南全域的生态功能格局得到体现。从生态敏感性的角度将湖南省域分为高敏感区、中敏感区和低敏感区，并提出相应的用地发展管制对策。

（一）生态高敏感区

该区域对保障生态安全、实现可持续发展具有重要意义，生态敏感程度极高，一旦出现破坏干扰，在短时间内很难恢复，不仅会影响该区域，而且也可能会给整个区域的生态系统带来严重破坏，属自然生态重点保护地段。因此，除了必要的基础设施建设以及旅游服务基地等重点规划建设以外，严禁一切建设开发活动，并通过政策性扶持，对部分生态脆弱地区实施生态移民。

（二）生态中敏感区

该区域生态敏感程度一般，可承受轻度的人类干扰。应坚持生态保护优先，在有条件且不与生态保护相冲突的地区，在控制规模和强度的前提下，经审查和论证后，可选择部分城镇适度点状开发。要防止低密度、分散式蔓延对生态环境的破坏，积极引导促进人口和经济活动合理集中。特别对于河流湖泊两岸、自然保护区缓冲区内的地区，开发建设要进行谨慎的环境影响评价和严格的审批。

（三）生态低敏感区

该区域生态敏感程度较低，可承受一定强度的人类干扰，土地可作多种用途开发。从目前的分析评价结果来看，低敏感区主要集中在湖南中东部平原，特别是环洞庭湖地带，该区也是当下湖南经济发展最活跃的地区。虽然从生态保护与平衡的角度来看，相较其他地区，此区域内的开发活动对生态环境的影响较小，但开发过程中应注重提升促进城镇土地利用结构优化，提高土地利用效率，特别是要避免破坏自然环境原本肌理的连绵式建设开发。与此同时，应加快植被恢复，减少水土流失和环境污染，将对生态环境的不利影响降到最小。

第三节　建设用地适宜性评价

一、建设用地适宜性评价指标体系

进行建设用地适宜性的评价，是保证城市安全、保护人民群众生命和财产安全的重要前提。针对市域空间尺度，城乡规划建设部门对禁止建设区、限制建设区和适宜建设区的划定技术标准及规范已经比较成熟，而且在城乡规划的技术编制中已经得到广泛应用。但针对省级这个更大的空间尺度，相关的方法和技术尚未成熟。本研究在参考"三区四线"划定方法的基础上，结合湖南省情，咨询相关领域专家，从生态环境限制、公共安全限制、矿产资源储藏与开发、经济发展潜力四个方面，建立了建设用地综合评价指标体系（表5—20）。

表 5—20　建设用地综合评价指标体系

评价类别	要素		高阻力（0）	中阻力（2）	无阻力（5）	
生态环境类限制性要素	水源保护区	河流	河流河道	—	—	分级
		湖泊	湖泊水体	<500m	>500m	
	农地	土地质量		土地质量一级	土地质量一级以下	
		基本农田	中高阻力（1）			
	保护区	自然保护区	自然保护区	<1 000m	>1 000m	
		风景名胜区	风景名胜区	<1 000m	>1 000m	
		地质公园	地质公园	<1 000m	>1 000m	
		森林公园保护区	森林公园保护区	<1 000m	>1 000m	
公共安全类限制性要素	地质环境	坡度	>25°	10°～25°	<10°	
		滑坡	高易发区	中易发区	低易发区	
矿产资源	资源储藏与开发		重点采矿区	允许采矿区	—	
县区发展潜力评价	固定资产投资累积		0.15			分值
	常住人口规模		0.28			
	地区生产总值		0.15			
	大专以上受教育人口		0.28			
	外来人口流入规模		0.14			

　　其中，生态环境类限制性要素和公共安全类限制性要素，与前面研究的生态敏感度的分析是一脉相承的，只不过呈现逆相关的关系，即生态敏感度越高的区域，越不适宜建设；生态敏感度越低的区域，越适宜于建设。研究的核心，是对生态敏感性的阈值与建设用地适宜性的阈值进行有机的统筹。

　　矿产资源储藏与开发，涉及"地上"与"地下"建设开发活动的统筹。研究中，将重点采矿区作为禁止建设区，赋予中高阻力值；允许采矿区作为限制建设区，赋予中等阻力值。

　　为更加全面地研究建设用地的适宜性，研究除了考虑生态环境类、公共安全类、资源利用类禁限制要素外，还对湖南省县级行政单元进行了发展潜力评价研究，并将其纳入建设用地评价。基于县区尺度分析该区域的经济发展潜力，是希望提高建设用地的使用效率，将经济发展潜力作为建设用地适宜性评价的重要指标。

二、生态敏感性因素

　　结合前面对生态敏感度高、中、低的分析，将生态的高敏感区、中敏感区和低敏感区分别对应禁建区、限建区和适建区，分别用5、3、1代表建设阻力的高低。然后利用空间分析原理与方法，对各因子图层进行取大值合并叠加运算（图5—32）。

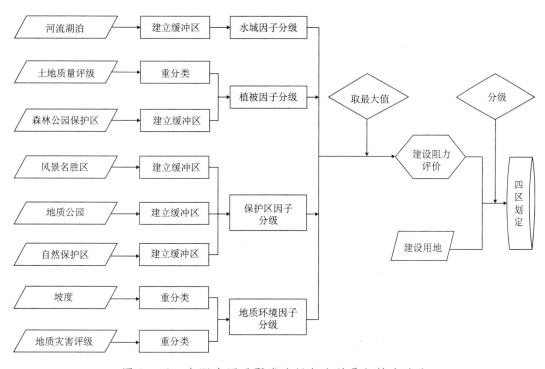

图5—32 各阻力因子聚类分级与合并叠加技术路线

因为水域存在生态脆弱性，不适宜开展建设活动，因此，研究中将水域自身赋予最高等级的阻力值，即完全不适宜开展建设；水域缓冲区设为中等阻力，超出缓冲区视为无阻力区，分别赋值为0、2、5，分值越低，越不适宜建设。

针对耕地的适宜建设性评价，因为前述的生态敏感性分析已经考虑了耕地质量的因素，这里不再对耕地适宜性相关指标进行研究。但需要指出的是，基本农田作为重要的限制建设的要素，需要对其单独建立一个图层进行分析。这里对湖南全省的基本农田进行了空间识别，并对其赋予中高阻力分值（1分），以约束快速的城镇化进程及建设活动对基本农田的大量侵占（图5—33）。

三、矿产储藏与开发要素

湖南是矿产资源大省，矿产资源开发与城市建设冲突较多。这里既有城市建设压覆重要

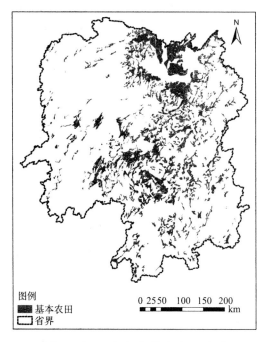

图 5—33　湖南省基本农田分布

矿产资源的问题，也有矿产资源开发影响城市建设的问题。初步分析表明，2010 年除长沙、岳阳、常德、益阳和湘潭外，其余各市县的建设用地大多与有矿地区重叠，重叠区域约占矿区的 2%（图 5—34）。近几年，随着建设用地进一步扩张，重叠区域面积进一步扩大，避免压覆重要矿产、合理保护矿产资源是湖南省城乡发展建设过程中需要解决的重要问题。邵阳、冷水江、涟源、株洲、衡阳、资兴等地的城市建成区和规划区范围内广泛分布有矿产开发用地，矿产用地容易引发地质灾害，产生的"三废"及固体废弃物、废水和废气会对城乡建设用地原有的生态系统、地貌景观、社会生活等方面造成较大破坏及影响（图 5—35）。

　　研究中，将矿产资源规划分区作为建设用地适宜性评价的重要因子，具体是将重点采矿区作为禁止建设区域，将允许采矿区作为限制建设区域。将相关数据、评价指标进行空间分析和叠加，生成湖南省建设用地适宜性评价图。这样，就将湖南省矿产分区纳入建设用地的"四区"划定，使建设用地适宜性评价的分析更加全面和综合。湖南省矿产资源规划分区的研究，将在后面详细介绍。

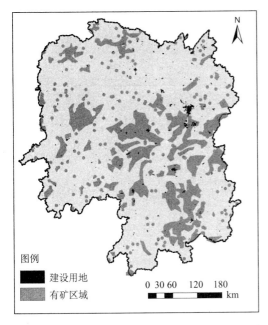

图 5—34　湖南省建设用地和有矿地区分布

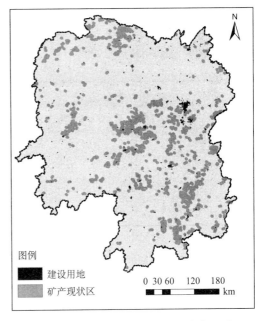

图 5—35　湖南省建设用地和矿产现状区

四、区县经济发展潜力评价

表 5—20 中，已经将县区经济发展潜力作为建设用地适宜性评价的重要因子。选取近 10 年全社会固定资产投资累计规模、常住人口规模、地区生产总值、大专以上受教育人口的规模和外来人口流入规模五个因子，作为评价县区经济发展潜力的因子。因子的选取基于以下认识。

首先，决定县区竞争力的核心在于人才和当地常住人口的规模，这是产业结构升级和内需导向经济的最重要因素；其次，历年的全社会固定资产投资所形成的基础设施、公共服务、生产设施和资本存量，必然转化为生产能力和发展实力，这也是决定区域发展潜力的重要因素；最后，现状地区生产总值、经济实力和外来人口流入规模，是经济发展实力和活力的重要体现，也是获取未来竞争力的现实基础。研究认为，矿产、土地、水源等资源禀赋条件，虽然在一定时期内对经济发展作用明显，但从来不是一个区域获取长久竞争力的核心要素。国内外"资源诅咒"、"资源枯竭型"、"资源依赖型"城市的衰败案例，不胜枚举。因此，资源禀赋条件未纳入区域经济发展潜力评价指标。

表 5—21 对县区经济发展潜力的评价指标和权重以及相关的资料来源进行了说明。其中，固定资产投资累积数据由各县区 2000～2011 年全社会固定资产投资数据加总获得，

常住人口规模、大专以上受教育人口和外来人口规模依据湖南省"六普"人口数据，而地区生产总值数据由 2010 年《湖南统计年鉴》得到。各因子的权重根据专家咨询获取。

表 5—21　湖南省地区发展潜力评价指标

指标	权重	指标说明
固定资产投资累积	0.15	2000～2011 年各县（区）全社会固定资产投资累加
常住人口规模	0.28	湖南省"六普"人口资料中分区县的常住人口数据（2010 年）
地区生产总值	0.15	2011 年各区县的地区生产总值
大专以上受教育人口	0.28	湖南省"六普"人口资料中各区县大专以上受教育的人口总数（2010 年）
外来人口流入规模	0.14	湖南省"六普"人口统计资料中各县区外来常住人口总数（2010 年）

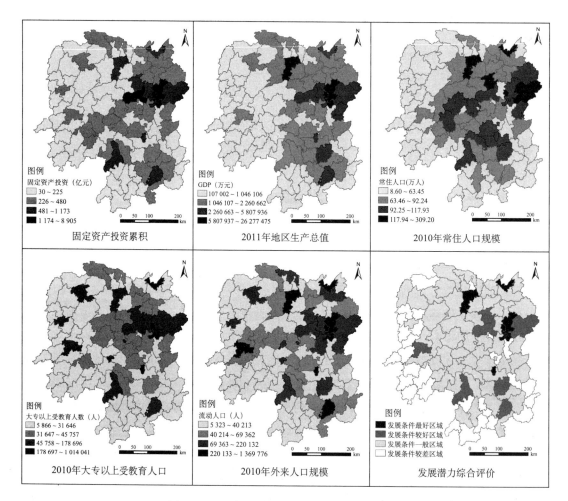

图 5—36　湖南省县区发展潜力评价结果

　　在对指标进行归一化处理之后，按 0～100 的分值对湖南省全部县区进行潜力综合评分，再按照分数高低及分值集中区间将所有县区划分为：发展条件最好区域、发展条件较好区域、发展条件一般区域和发展条件较差区域（图 5—36）。其中，发展条件最好区域的县区一共有七个，分别是长株潭三市市辖区、衡阳市市辖区、常德市市辖区、岳阳市市辖区和长沙县。这些县区的经济、资本和人口等要素整体优于湖南省其他县区，是湖南省最具发展潜力的区域。

五、建设用地适宜性评价结果

　　由于生态环境类限制性要素、公共安全类限制性要素和矿产资源类要素对建设用地适宜性评分是不连续分值，而地区发展潜力评价对建设用地适宜性评分是连续分值，因此我们先利用生态环境类限制性要素、公共安全类限制性要素和矿产资源类要素对湖南省建设用地适宜性进行综合评价，再叠加分县区的经济发展潜力评价分析，最终形成建设用地适宜性综合评价结果。研究认为，经济社会发展潜力对建设用地适宜性的影响要比自然条件、能源资源等的影响大一些，因此给予前者 0.6 的权重，给予后者 0.4 的权重。最终，通过空间分析与数据叠加，生成湖南省建设用地综合评价结果，分值区间为 0～100 分，以 200 米×200 米栅格数据进行存储（图 5—37）。

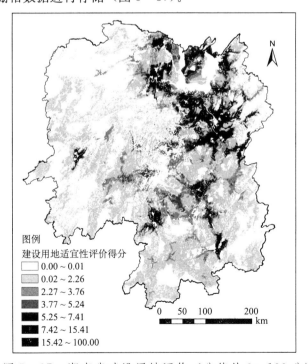

图 5—37　湖南省建设用地评价（分值从 0～100 分）

从分析结果可知，湖南省适宜建设的区域集中在环洞庭湖、长株潭地区以及湘中南的一些地区，这些地区地处平原，自然条件良好，地理区位适宜，并且有很好的城镇化基础和较好的经济社会发展潜力；而湘西、湘中和湘东有多数区域地处山地、灾害频发以及有重要矿产资源和优质耕地，因此不适宜大规模开发建设。

第四节 矿产资源开发适宜性评价

一、完善湖南省禁勘禁采区划定研究

（一）明确保护性空间范围

《湖南省矿产资源规划（2008～2015）》虽然将自然保护区、国家森林公园、省级以上地质公园和重要历史文化遗产的核心区、交通干线①及其外围一定距离、河流湖泊的核心区作为禁勘禁采区，但除交通干道之外，对其他核心保护空间的边界并没有明确规定。

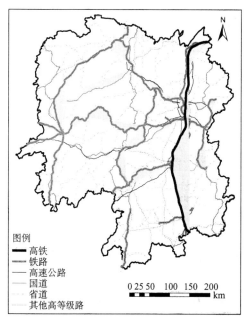

图 5—38 湖南省交通路网禁勘禁采范围

资料来源：根据湖南省国土资源规划院提供的资料绘制。

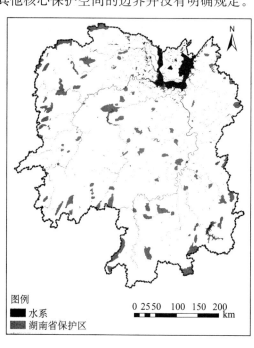

图 5—39 湖南省各类保护区及
水系禁勘禁采范围

资料来源：同图 5—38。

---

① 本研究所用交通干线包括湖南省现有铁路及高铁快线、高速公路、国道和省道。

在多方征求业内专家并参考其他省域保护性空间规划、政策性法规等的基础上，本次研究将湖南省江河湖泊核心区外围 1 000 米范围以内的区域也纳入禁勘禁采区。对干线道路的保护范围，仍延续湖南省确定的"露天开采，道路及道路两侧 500 米内设为交通干线核心区；地下开采，将道路及道路两侧 200 米内设为交通干线核心区"的规定（图5—38）。对自然保护区等保护性空间，将国家划定的核心区纳入禁勘禁采区范围（图5—39）。

（二）确定灾害高发区空间范围

在地质灾害高发区进行矿产资源的勘探与开发，危险性很大，因此，应将地质灾害高发区作为矿产资源的禁勘禁采区。结合生态敏感性分析中对地质灾害的分析，湖南省地质灾害高发区主要集中于湖南省西部、西北及东部的部分山区，有 9 318 平方千米的采矿现状区分布于灾害高发区，约占全部采矿现状区的 28%（图5—40）。

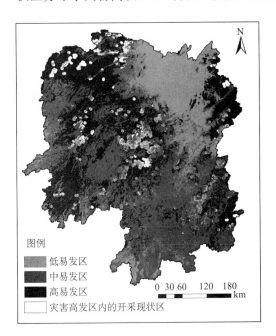

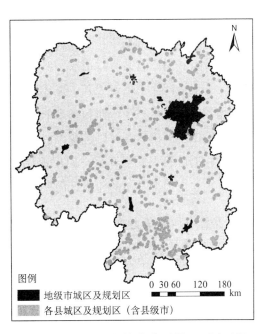

图 5—40　湖南省灾害分区评价

资料来源：中国科学院地理科学与资源研究所："基于共享平台数据挖掘的省域耕地适宜性评价"（内部讨论稿），2014年。

图 5—41　湖南省禁勘禁采城区及规划区

（三）合理划定城镇规划区范围

将城镇建成区及其规划区作为禁勘禁采区，是避免城、矿矛盾的主要措施，也是推动湖南省发展城市型经济、促进产业升级的重要措施。在省级空间上，以科学合理、简捷实用的技术方法，相对准确地落实城镇规划区的空间区位，是此次研究的重点。

1. 地级市规划区范围的确定

对湖南省 14 个地级市（州）的城市规划区范围进行了数字化，并以栅格数据格式存储。

2. 县（市）规划区范围的确定

湖南省县城众多，而且各县（市）城市总体规划等资料获取困难，因此无法像地级市那样准确地对城市规划区进行数字化。研究结合各类县城的空间形态、地形地貌、发展经验，将全省县（市）划分为平原型、河谷型和山地型三种类型，并依据未来发展潜力和空间拓展方向，相对准确合理地划定规划区范围（图 5—41）。

平原型：湖南省共有以汨罗市、宁乡县等为代表的平原型县城 10 个。该类县城，一般依现状建成区，以蔓延式向外逐步拓展。因此，研究将现状建成区外围半径三千米范围内作为未来的城市规划区。

河谷型：湖南省共有以道县、麻阳苗族自治县等为代表的河谷型县城 33 个。河谷型县城，一般沿河流上下游展开，建成区形态往往呈狭长形。研究将河谷型现状建成区沿河流两端各向外拓展三千米作为未来的城市规划区。

山地型：湖南省共有以涟源市、东安县等为代表的山地型县城 44 个。典型的山地县建设往往沿山谷方向展开，空间用地比较紧张，建成区向外拓展困难。研究依据经验判断，将现状山地型县城的建成区向外拓展三千米作为未来的城市规划区。

（四）依据县区竞争力完善矿产资源规划分区

县区经济的竞争力和未来发展潜力，是确定资源型产业在区域经济中地位和作用的重要依据。经济竞争力和发展潜力突出的区域，不宜再将矿业作为经济发展的主导，应作为禁勘禁采区；县域经济发展落后、潜力不足的区域，在一定时间内对资源型产业有较强依赖，也属客观和正常现象，不宜"一刀切"地对这些地区的矿业生产活动进行禁止和限制。

结合前面对湖南县区经济发展潜力的评价研究，湖南七个发展条件最好的县区，即长株潭三市市辖区、衡阳市市辖区、常德市市辖区、岳阳市市辖区和长沙县，将其行政辖区范围列为禁勘禁采区（图 5—42）。

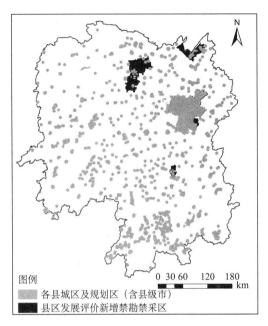

图 5—42　湖南省县区发展评价新增禁勘禁采区

二、明确限勘限采区空间范围

（一）确定保护性空间的外围缓冲距离

虽然矿产资源规划将"自然保护区、国家森林公园、省级以上地质公园和重要历史文化遗产的外围一定区域、交通干线核心区外一定区域、河流湖泊的缓冲区域"作为限勘限采区，但对"一定区域"、"缓冲区"并没有明确的定量要求和法律规定，也容易引发"地下"与"地上"、保护与开发、规划与建设等方面的矛盾。

因此，此次研究在参考各省域保护性空间规划、广泛征求业内专家建议的基础上，对限制进行矿产资源勘探和开发的外围缓冲区域提出以下规定：

（1）各类保护区核心区外三千米缓冲范围划定为保护区的外围缓冲区域；

（2）将河流湖泊核心区外一千米缓冲范围划定为水系的外围缓冲区域；

（3）对于交通干线分两种情况制定：对于露天开采，将干线核心区外 500 米设为外围缓冲区；对于地下开采，将干线核心区外 300 米设为外围缓冲区。

按照上述方法来确定保护性空间的外围缓冲区域，并将其列为限勘限采区。

（二）把优质耕种区作为限勘限采区

由于采矿对耕地造成的影响是可以治理和恢复的，因此，许多地方的矿产资源规划中，并没有将耕地作为禁、限制要素，或者仅仅只有原则性的要求，如规定"耕地、草原、林地因采矿受到破坏的，矿山企业应当因地制宜地采取复垦利用、植树种草或者其他利用措施"①。但从全国实际情况来看，矿业生产对耕地普遍造成了损害。因此，限制在耕地上，特别是优质耕地上进行矿业生产，在中国发展的现阶段，有其合理性和必然性。

湖南省矿产资源分布与耕地高度重合，矿业生产不可避免地会对耕地质量造成影响。虽然采用新方法、新工艺进行矿业开采（如膏体回填、绿色开采等），可以最大限制地减少甚至消除对耕地的影响，但受耕地整理机制不健全、企业对耕地治理投入不足、新工艺导致企业成本增加、环境负外部性尚未纳入企业成本等多重因素的影响，耕地复垦和治理的效果并不好。湖南省作为国家重要的粮食主产区，将优质耕种区纳入限勘限采区是有必要的。当然，对宜耕条件差的耕地，则不作为矿业生产勘探的限制性条件。

结合前面耕地适宜性评价的研究，叠加采矿现状区后发现，湖南省耕地的高度适宜区和中度适宜区分别占湖南省耕地总量的 50.6% 和 40.5%，共计 37 000 余平方千米。目前有 11 969 平方千米的采矿现状区位于其中（图 5—43），约占全省采矿现状区的 36%。我们将这些优质耕种区列为限勘限采区。

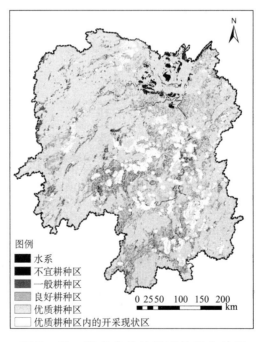

图 5—43　湖南省耕地适宜性评价结果

---

① 详见《中华人民共和国矿产资源法》第 32 条。

三、优化禁、限建要素后的评价结果

根据上述对禁勘禁采区和限勘限采区的研究与完善，湖南省禁勘禁采区和限勘限采区占地面积分别为 16 515 平方千米和 9 878 平方千米，分别约占湖南省有矿区域的 32% 和 19%（图 5—44）。目前，现状开采区中有 12 170 平方千米位于禁勘禁采区（占现状开采区总面积的 37%），有 13 600 平方千米位于限勘限采区（占现状开采区总面积的 41%）。对于禁勘禁采区内的矿区要逐步关停，并对当地受污染地区进行恢复治理；对于限勘限采区内的矿区要提高准入门槛，明确限定要求并加强审查监管。

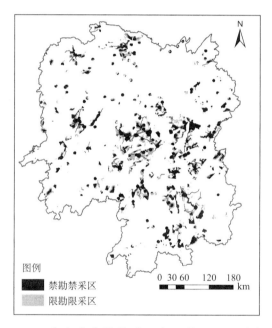

图例
■ 禁勘禁采区
▨ 限勘限采区

图 5—44 湖南省禁勘禁采区和限勘限采区划定结果

参 考 文 献

[1] Steiner，F. R.，Y. Gerald and Z. Ervin 1987. Ecological Planning：Retrospect and Prospent. *Landscape*，Vol. 7，No. 2，pp. 31- 39.

[2] Anderson，J. R. 1977. Land Use and Land Cover Change - A Framework of Monitoring. *United States Geological Survey Journal of Research*，Vol. 5，No. 25，pp. 143-153.

[3] FAO 1983. Guidelines：Land Evaluation for Rain Fed Agriculture. *FAO Soils Bulletins*，No. 52. Rome，Italy.

[4] FAO 1976. A Framework for Land Evaluation. *FAO Soil Bullettins*，No. 32，p. 92. Rome，

Italy，1976.

[5] Pereira，J. M. C.，Duckstein，L. 1993. A Multiple Criteria Decision-Making Approach to GIS-based Land Suitability Evaluation. *International Journal of Geographical Information Science*，Vol. 7，No. 5，pp. 407-424.

[6] Ahamed，T. R. N.，Rao，K. G.，Murthy，J. S. R. 2000. GIS-based Fuzzy Membership Model for Crop-Land Suitability Analysis. *Agricultural Systems*，Vol. 63，No. 2，pp. 75—95.

[7] Ceballos-Silva，A.，López-Blanco，J. 2003. Evaluating Biophysical Variables to Identify Suitable Areas for Oat in Central Mexico: A Multi-Criteria and GIS Approach. *Agriculture*，*Ecosystems & Environment*，Vol. 95，No. 1，pp. 371-377.

[8] Hall，G. B, Wang，F.，Subaryono 1992. Comparison of Boolean and Fuzzy Classification Methods in Land Suitability Analysis by using geographical Information Systems. *Environment and Planning A*，Vol. 24，No. 4，pp. 497-516.

[9] Davidson，D. A.，S. P. Theocharopoulos，R. J. Bloksma 1994. A Land Evaluation Project in Greece using GIS and based on Boolean and Fuzzy Set Methodologies. *International Journal of Geographical Information System*，Vol. 8，No. 2，pp. 369-384.

[10] 何英彬、陈佑启、杨鹏等："国外基于 GIS 土地适宜性评价研究进展及展望"，《地理科学进展》，2009 年第 6 期。

[11] Sui，D. Z. 1993. Integrating Neural Networks with GIS for Spatial Decision-Making. *Operational Geographer*，Vol. 11，No. 2，pp. 13-20.

[12] Manson，S. M. 2000. Agent-based Dynamic Spatial Simulation of Land Use/Cover Change in the Yucatan Peninsula，Mexico. Fourth International Conference on Integrating GIS and Environmental Modeling (GIS/EM4)，Banff，Canada.

[13] Chen，Y.，Yu，J.，Khan，S. 2010. Spatial Sensitivity Analysis of Multi-Criteria Weights in GIS-based Land Suitability Evaluation. *Environmental Modelling & Software*，Vol. 25，No. 12，pp. 1582-1591.

[14] 赵庚星、李玉环、李强："GIS 支持下的定量化、自动化农用土地评价方法的探讨"，《农业工程学报》，2003 年第 6 期。

[15] 黄跃进、唐锦春、孙柄楠："基于 GIS 的农用土地适宜性评价模型的建立"，《浙江林学院学报》，1999 年第 4 期。

[16] 夏建国、李延轩、邓良基："主成分分析法在耕地质量评价中的应用"，《西南农业学报》，2000 年第 2 期。

[17] 陈松林、刘强、余姗等："福州市晋安区土地适宜性评价"，《地球信息科学》，2002 年第 1 期。

[18] 方大春、刘国林、王芳等："基于 GIS 的土地适宜性评价模型研究"，《测绘与空间信息地理》，2004 年第 1 期。

[19] 聂艳、周勇、于婧等："基于 GIS 和模糊物元分析法的农用地等级评价研究"，《农业工程学报》，2004 年第 5 期。

[20] 陈守煜、柴春岭、苏艳娜："可变模糊集方法及其在土地适宜性评价中的应用"，《农业工程学报》，2007 年第 3 期。

[21] Quan，B.，H. Zhu，S. Chen，et al. 2007. Land Suitability Assessment and Land Use Change in Fujian Province，China. *Pedosphere*，Vol. 17，No. 4，pp. 493-504.

[22] 陈颖："基于 GIS 的泸定县耕地适宜性评价及供需潜力分析"（博士论文），成都理工大学，2011 年。

[23] 杨超："村庄用地综合适宜度评价及其应用"（硕士论文），浙江大学，2011 年。

[24] 舒帮荣、黄琪、刘友兆等："基于变权的城镇用地扩展生态适宜性空间模糊评价——以江苏省太仓市为例"，《自然资源学报》，2012 年第 3 期。

[25] Xu E., H. Zhang. 2013. Spatially-Explicit Sensitivity Analysis for Land Suitability Evaluation. *Applied Geography*, Vol. 45, No. 5, pp. 1-9.

[26] 龙辉："地理信息系统在农用地分等定级中的应用"，《国土资源科技管理》，2002 年第 2 期。

[27] 郑文发："基于 GIS 的城镇居住用地生态适宜性评价研究"（硕士论文），华东师范大学，2010 年。

[28] 倪绍祥：《土地类型与土地评价概论（2 版）》，高等教育出版社，2005 年，第 23~50 页。

[29] 吴文斌："基于遥感和 GIS 的土地适宜性评价研究"（硕士论文），中国农业科学院，2005 年。

[30] 张雁："基于 RS、GIS 的喀斯特地区土地适宜性评价研究"（硕士论文），北京林业大学，2007 年。

[31] 欧阳志云、王如松、符贵南："生态位适宜度模型及其在土地利用适宜性评价中的应用"，《生态学报》，1996 年第 2 期。

[32] 支刚："云南县域山区土地利用适宜性评价研究"（硕士论文），昆明理工大学，2011 年。

[33] 刘殿伟、黄妮、王宗明等："基于 GIS 的三江平原耕地适宜性评价研究"，《农业系统科学与综合研究》，2009 年第 4 期。

[34] 金涛："基于 GIS 的土地适宜性评价研究"（硕士论文），湖南师范大学，2006 年。

[35] 蒋翌帆："基于 GIS 云南省高山地区土地适宜性评价"（硕士论文），昆明理工大学，2009 年。

[36] 柯新利、荣庚午、韩冰华："基于 AHP 和 GIS 的湖北省耕地适宜性评价"，《国土与自然资源研究》，2011 年第 4 期。

[37] 唐秀美、陈百明、路庆斌等："栅格数据支持下的耕地适宜性评价研究——以山东省章丘市为例"，《资源科学》，2009 年第 12 期。

[38] 王永光、艾婉秀："东北地区≥10℃有效积温的分析及预报"，《中国农业气象》，1997 年第 3 期。

[39] 于荣环、孙孟梅："黑龙江省热量资源及积温带的划分"，《黑龙江气象》，1997 年第 1 期。

[40] 张立伟、秦步云："吉林省≥10℃积温的分区研究"，《吉林气象》，2000 年第 1 期。

[41] 廖顺宝、李泽辉："积温数据栅格化方法的实验"，《地理研究》，2004 年第 5 期。

[42] 章文波、谢云、刘宝元："利用日雨量计算降雨侵蚀力的方法研究"，《地理科学》，2002 年第 6 期。

[43] 章文波、付金生："不同类型雨量资料估算降雨侵蚀力"，《资源科学》，2003 年第 1 期。

[44] 吴昌广、林德生、肖文发等："三峡库区降雨侵蚀力时空分布特征"，《应用生态学报》，2011 年第 1 期。

[45] 刘斌涛、陶和平、宋春风等："我国西南山区降雨侵蚀力时空变化趋势研究"，《地球科学进展》，2012 年第 5 期。

[46] 第一次全国水利普查办公室水土保持专项普查工作组：《第一次全国水利普查技术规则》，2010 年。

[47] 史东梅、陈正发、蒋光毅："紫色丘陵区几种土壤可蚀性 K 值估算方法的比较"，《北京林业大学学报》，2012 年第 1 期。

[48] 刘宝元等：《土壤侵蚀预报模型》，中国科学技术出版社，2001 年，第 32 页。

[49] 曾凌云："基于 RUSLE 模型的喀斯特地区土壤侵蚀研究"（硕士论文），北京大学，2008 年。

[50] 吴艳："基于 GIS 的长武县土壤侵蚀危险性评价"（硕士论文），西北农林科技大学，2011 年。

[51] 钟德燕："基于 USLE 模型的黄土丘陵沟壑区土壤侵蚀研究"（硕士论文），西北农林科技大学，2012 年。

[52] 汪邦稳、杨勤科、刘志红等："基于 DEM 和 GIS 的修正通用土壤流失方程地形因子值的提取"，《中国水土保持科学》，2007 年第 2 期。

[53] 蔡崇法、丁树文、史志华等："应用 USLE 模型与地理信息系统 IDRISI 预测小流域土壤侵蚀量的

研究"，《水土保持学报》，2000 年第 2 期。

[54] 陈晋、陈云浩、何春阳等："基于土地覆盖分类的植被覆盖率估算亚像元模型与应用"，《遥感学报》，2001 年第 5 期。

[55] 杨冉冉、徐涵秋、林娜等："基于 RUSLE 的福建省长汀县河田盆地区土壤侵蚀定量研究"，《生态学报》，2013 年第 10 期。

[56] 许月卿、邵晓梅："基于 GIS 和 RUSLE 的土壤侵蚀量计算——以贵州省猫跳河流域为例"，《北京林业大学学报》，2006 年第 4 期。

[57] 李天宏、郑丽娜："基于 RUSLE 模型的延河流域 2001～2010 年土壤侵蚀动态变化"，《自然资源学报》，2012 年第 7 期。

[58] 李玉森："辽宁省交通优势度综合评价研究"（硕士论文），辽宁师范大学，2012 年。

[59] 刘锐、胡伟平、王红亮等："基于核密度估计的广佛都市区路网演变分析"，《地理科学》，2011 年第 1 期。

[60] 尹海伟、徐建刚、陈昌勇等："基于 GIS 的吴江东部地区生态敏感性分析"，《地理科学》，2006 年第 1 期。

[61] 宗跃光、王蓉、汪成刚等："城市建设用地生态适宜性评价的潜力—限制性分析——以大连城市化地区为例"，《地理研究》，2007 年第 6 期。

[62] 展安、宗跃光、徐建刚等："基于多因素评价 GIS 技术的建设适宜性分析——以长汀县中心城区为例"，《华中建筑》，2008 年第 3 期。

[63] 余焱："基于 GIS 的风景名胜区生态敏感性分析"，《规划与设计》，2011 年第 5 期。

[64] 姚鹏："湖南省滑坡地质灾害现状、发育特征、生成因素及防治对策研究"，《科学之友》，2010 年第 6 期。

第六章　经济社会数据的空间化

经济社会的发展与人口的增长，是推动用地变化的重要动力。但是，要揭示经济发展、人口增长与空间用地变化的内在规律和定量关系，基于行政区划的经济和人口统计数据，无法直接用于以 GIS 为平台、栅格数据为基础的空间建模和分析，因为这些经济社会的统计数据与栅格数据存在着数据结构不一致、空间单元不匹配、数据在空间单元内均一化等问题[1]。对社会经济数据进行空间化处理是解决上述问题的有效途径。

社会经济数据的空间化就是把以行政区为单元进行统计的数据，采用适宜的参数和模型方法，反演出社会经济数据在一定时间和一定地理空间中的分布状态的过程，其实质就是创建区域范围内连续的社会经济数据表面。经过合理空间化后的统计数据能在一定程度上符合其在空间上的实际分布规律，展现出统计数据中隐含的空间信息，以地理栅格或其他形式呈现出客观世界中的统计数据分布，并与空间型数据相结合，形成统一的空间化地理信息数据库。这样，进一步的分析和研究就有了基础。

栅格数据是由按行和列（或格网）组织的单元（或像素）矩阵组成的，每个单元都包含一个信息值。统计数据栅格化，就是基于统计数据空间分布模型或采用一定的计算方法、算法，对统计数据进行离散化处理，利用其隐含的空间信息，分配到每个栅格中，来模拟客观世界的统计数据地理分布情况。

第一节　经济社会数据空间化的最新方法和进展

怎样精确模拟统计数据的空间分布特征，受到越来越多研究人员的关注。多年来，许多国家的学者从不同角度对此进行了大量深入研究，取得了丰硕的成果。目前，人们对社会统计数据空间化的研究主要集中在人口数据和经济数据空间化两个方面，其他类型的数据空间化开展得比较少。

一、国际有影响力的主要研究成果

古德柴尔德（Goodchild）等于 1993 年提出基于 GIS 以面插值法进行经济社会数据的空间化技术框架，1994 年全球就人口制图达成共识并在 1995 年建立了全球人口的栅格数据（Gridded Population of the World，GPW）。GPW 和全球城乡测绘工程（Global Rural-Urban Mapping Project，GRUMP）数据由美国航空航天管理局（NASA）资助，现由哥伦比亚大学国际地球科学信息网络中心（GIESIN）主持。GPW 第 3 版（GPWv3）于 2005 年发布，包括了 1990、1995、2000 年数据集和 2005、2010、2015 年的估计数据集。数据的最高空间分辨率为 2.5′（相当于赤道处的 5 千米）。GRUMP 第 1 版于 2011 年发布，空间分辨率达到 30″（相当于赤道处 1 千米），包括 1990、1995、2000 年的数据。

美国橡树岭国家实验室（ORNL）1998 年研制开发的 LandScan 数据集是一个世界范围 1 千米分辨率人口数据集，在发展、制作全球人口格网数据方面居于全球领先地位。该项目组开发了适应不同数据条件和区域特征的人口分配算法，算法每年更新一次，同时相应地更新数据集。目前，该数据集中包括 1998 年和 2000~2011 年的全球数据。

全球资源信息数据库（UNEP/GRID）是由联合国环境计划署支持的全球资源信息数据库。它构建了人口密度分布模型，目前能够提供非洲（1960~1990 年）、亚洲（1995 年）和拉丁美洲（1960~1990 年和 2000 年）的 5 千米分辨率的人口数据。

AfriPop、AsiaPop 和 AmeriPop 是由美国佛罗里达大学地理系与新型病原研究所主持的百米格网人口数据空间化项目，目的在于提供欠发达地区的高分辨率和高精度的人口空间化信息。上述三个项目分别于 2009 年、2011 年、2012 年启动，已经完成并发布了部分国家的数据集。数据分析方法有：收集各国 2010 年官方或权威部门发布的人口统计数据，与相应的行政区划数据连接；基于 TM 数据，结合多种数据源，提取居住区数据；对少数无法用上述方法进行人口空间化的农村地区，则通过土地利用类型法实现人口的空间化。

上述的研究和数据集，除了 LandScan 数据集为商业数据集之外，其他数据集均为开放无偿共享数据集。除了这些公共的数据集外，还有一些针对特定需求开发的数据集，如本特森（Bengtsson）等在 2006 年基于全球气候变化模式和城镇扩张而构建的全球 1990~2020 年人口分布数据集（空间分辨率为 0.5°），席尔瓦（Silva）等在 2013 年基于土地利用和基础地理数据开发的欧洲地区 2006 年百米格网人口分布数据集[2]。

从经济社会空间化的发展看，国外研究已经进入多学科、跨学科的应用，国内的研究仍处于探索性的阶段，比较注重方法的研究和试验。影响比较大的数据集主要是中国科学院资源环境科学数据中心生产的我国 1995 年、2000 年和 2003 年的公里格网人口数据集。

二、主要的空间化方法进展

区域空间尺度不同，经济社会空间化的方法、精度和工作的复杂程度，会有很大的差异。针对省级这个大的空间尺度，目前应用比较成熟的方法可以概括为两种类型：面积权重内插法和插值法。此外，基于遥感和 GIS 的空间化方法，也是近些年来讨论的热点。

(一) 面积权重内插法

面积权重内插法（Areal Weighting Interpolation）是一种比较简单且直观的统计数据空间化方法，它根据目标区域内的各源区域所占面积百分比来确定目标区域属性值。面积权重内插法通常假设：源区域属性值分布均匀；目标区域属性值分布均匀；控制区域属性值分布均匀。这种方法是由目标区域确定源区域的权重，所以被称为面积权重内插法。

面积权重内插法对统计数据空间化的步骤为：假设统计数据在源区域内为均匀分布，并在源区域上叠加目标区域，找出落在各个目标区域上的源区域的面积比重，该比重作为目标区域相对于源区域的一个权重值，并按照该权重值分配源区域的属性值。

该方法的优点是简便易行、具有数量保值性，同时也能消除行政界线两侧数据的突变特征。由于该方法的前提假设是各区域属性分布均匀，因此，当区域内存在着比较复杂的地形地貌，如湖泊、河流、沼泽、未利用地等斑块时，需要对方法进行改进，这样才能使模拟结果与实际状况更加吻合。当然，在没有其他已知信息时，也不失为一种社会经济数据空间化的有效方法。

(二) 插值法

插值法是根据有限的样本点数据来预测栅格数据中其他单元的值，常用来预测其他地理点的位置数据值。插值法的假设条件是空间上分布的现象具有空间相关性，即距离相近的区域趋向于拥有相似的特征。其中，核密度函数法是最常用的人口数据插值方法。

1. 反距离权重法

反距离权重法插值是一种简便、常用的空间插值方法，它以插值点与样本点之间的距离为权重进行加权平均，离差值点越近的样本点赋予的权重越大。反距离权重法插值依赖于反距离的幂值。幂值是一个正实数，可基于离输出点的距离控制已知点对内插值的影响。指定较大的幂值会对距离较近的点产生更大的影响，使得表面更加详细。指定较小的幂值会对距离较远的点产生更大的影响，使得表面更加平滑。由于反距离权重法插值是加权平均距离，所以当采样点足够密集时，会获得更佳的效果。若输入点的采样很稀疏或不均匀，则结果可能不足以表达出所需的表面。

2. 样条函数法

样条函数法利用最小化表面总曲率的数学函数来估计值，从而生成恰好经过输入点的平滑表面。样条函数就像拉伸一片橡皮膜一样，通过调整数学函数使之通过所有样本点并保证整体曲率最小。

3. 克里金法

反距离权重法和样条函数法插值属于确定性插值方法，它们直接基于周围已知点的值进行计算或是用指定的数学公式来决定输出表面的平滑度。克里金法是基于包含自相关（即测量点之间的统计关系）统计模型的插值方法，不仅具有预测表面的功能，而且能够对预测的确定性或准确性提供某种度量。

克里金法假定采样点之间的距离或方向可以反映可用于说明表面变化的空间相关性。克里金法工具可将数学函数与指定数量的点或指定半径内的所有点进行拟合，以确定每个位置的输出值。克里金法是一个多步过程，它包括数据的探索性统计分析、变异函数建模和表面创建，还包括研究方差表面。该方法的优点在于估计残差值的次要变量能够弥补估计漂移值的主要变量信息不足的问题，能够充分利用多种辅助信息，理论基础扎实，估计结果精度也比较高，缺点是模型过于复杂，实现比较困难。

4. 自然邻域法

自然邻域法插值通过算法找到距离查询点最近的输入样本子集，并根据区域的大小对这些样本运用权重进行插值。该插值方法的基本属性是它具有局部性，仅使用查询点周围的样本子集，且保证插值高度在所使用的样本范围之内。

第二节　湖南省经济社会空间化的研究思路

来源于地方统计的人口与 GDP 数据是以行政区划的基本单元收集和存储的统计型数据集。传统上，人们以行政区划单元内平均分布的思想，以区域均值和总量来表达人口和 GDP 空间分布。

湖南省近几年经济高速发展，人口快速增长，这些势必会对湖南省的国土空间利用格局产生深刻影响。分析湖南省未来土地利用变化，需要先对这些影响土地利用变化的重大情景要素进行预测。而预测的基础工作，便是对人口与 GDP 统计数据进行空间化、栅格化。

以湖南省为研究区域，本次研究运用 GIS 技术作为主要的技术手段，综合各种相关的地学知识，在栅格数据模型的支持下，通过多元数据融合，从县级行政区划的尺度对统计数据空间化的模拟进行了尝试，并建立了湖南省 30 米×30 米栅格人口密度表面和 GDP 密度表面。

（1）格网尺度的确定。为了实现空间数据格式的统一，也为了更利于实现空间叠加分析，需要将矢量数据转化为一定空间分辨率的栅格数据。在综合考虑研究目的与转换过程中的精度损失的情况下，确定以 30 米×30 米像元大小的栅格数据作为统一的数据标准。

（2）统计数据的收集与整理。获取数据最直接的方法是从年鉴中获取，包括《中国统计年鉴》、省级年鉴、相关的经济社会年鉴等。对于经济社会人口数据，除了人口数据能从"五普"、"六普"中得到外，其他数据只能从年鉴中获得，当然人口数据从人口普查中也不能获得连续 10 年以上的数据。

（3）统计数据空间化。基于上述统计数据值，建立了湖南省 30 米格网人口密度和 GDP 密度表面。

第三节　湖南省城镇人口的空间化

一、城镇居民点的确定

居民点是人类按照生产和生活需要而形成的集聚定居地点，按照性质和人口规模，分为城镇居民点和乡村居民点两类。本次研究只是分析城镇建设用地变化的驱动力，所以很明显，只有城镇人口会对城镇建设用地变化产生作用，而乡村人口对城镇居民点的影响可以忽略不计。通过遥感影像解译出的城镇建设用地图斑，是基于面积而呈现的几何形状，而人口统计数据是基于行政区划获取的，其中第五次人口普查和第六次人口普查的数据都是基于乡镇和行政村界线获取的。如何将统计数据比较合理且符合实际地分配到建设用地图斑中，是研究的难点。为此，提出以下三点设想。

第一，由于分析的是城镇建设用地驱动力，因此要扣除行政村的人口数据，只考虑城市、县城和乡镇一级的人口统计数据。

第二，长沙、湘潭等地级市的建设用地面积较大，分布比较分散，但人口普查只能提供按行政辖区统计的城镇人口数据，因此，需要结合后续空间化使用的核密度分析方法，将城市简化为一个居民点看待。这样，就将整个城市的城镇人口集中于此居民点。居民点可以用市政府所在地（一般就是市中心）来代替，从而形成大城市居民点的分布。

　　第三，对于县城及乡镇等小城镇，由于其建设用地本身较小且分散，利用其县、镇政府所在地作为其居民点，且将此乡镇的人口赋予此居民点。

　　由此得到具有人口统计数据含义的空间化的居民点分布（图6—1）。

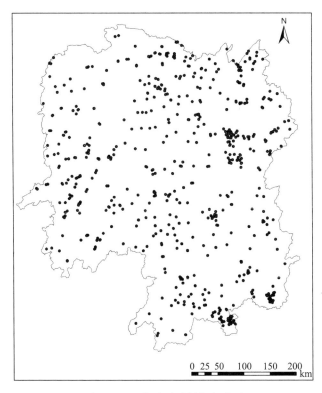

图6—1　湖南省居民点分布

二、数据的准备

　　由于只有各居民点的总人口，空间化需要的是居民点的城镇人口，故需要估计各居民点的城镇化率。城镇化率（城镇化水平）通常用市人口和镇驻地聚集区人口占全部人口（人口数据均用常住人口而非户籍人口）的百分比来表示，用于反映人口向城市聚集的过程和聚集程度。人口城镇化率的统计方法，是以统计数据得到的城镇化率为基础，以每年的人口与城镇化抽样结果进行推算。由于统计数据中只有各县城镇化率，因此需要根据各县城镇化率来估算各镇的城镇化率。

　　在研究中，假设城镇化率与人口规模呈正比。将每个县的镇根据其人口规模分为三个档次，人口规模属于同档次的乡镇，被赋予相同的城镇化率。各档次应根据其总人口所占比例，在保证整个县的城镇化率不变的情况下，算出各档的城镇化率。对每个县进行计算，最后得到各县每个镇的城镇化率。以汉寿县为例，其 2000 年各镇的城镇化率及城镇人口如表 6—1。

表 6—1　2000 年汉寿县各镇的城镇化率及城镇人口

镇	类型	所属县	所在县 城镇化率 （%）	2000 年 总人口 （人）	2000 年 城镇化率 （%）	2000 年 城镇人口 （个）
西湖镇	乡镇、街道	汉寿县	14.38	7 811	12.46	646
毓德铺镇	乡镇、街道	汉寿县	14.38	14 645	12.46	1 210
崔家桥镇	乡镇、街道	汉寿县	14.38	16 108	12.46	1 331
蒋家嘴镇	乡镇、街道	汉寿县	14.38	18 782	14.38	2 412
百禄桥镇	乡镇、街道	汉寿县	14.38	18 854	14.38	2 421
沧港镇	乡镇、街道	汉寿县	14.38	19 365	14.38	2 487
太子庙镇	乡镇、街道	汉寿县	14.38	20 933	14.38	2 688
朱家铺镇	乡镇、街道	汉寿县	14.38	21 206	14.38	2 723
岩汪湖镇	乡镇、街道	汉寿县	14.38	23 025	14.38	2 957
军山铺镇	乡镇、街道	汉寿县	14.38	24 003	14.38	3 083
坡头镇	乡镇、街道	汉寿县	14.38	24 539	14.38	3 152
罐头嘴镇	乡镇、街道	汉寿县	14.38	27 775	15.14	5 418
洲口镇	乡镇、街道	汉寿县	14.38	33 525	15.14	6 540
西港镇	乡镇、街道	汉寿县	14.38	35 851	15.14	6 993

由于只有湖南省 2000 年（第五次人口普查）和 2010 年（第六次人口普查）的数据，缺少 1990 年和 2005 年人口数据。因此，研究还需要在 2000 年和 2010 年数据的基础上，合理估算 1990 年和 2005 年湖南省各镇的总人口。估算方法如下。

依据县级单元的人口统计数据，计算 1990～2000 年各县的人口增速，将该增速赋予该县各镇，进而在 2000 年各镇总人口基础上，得到一组 1990 年各镇总人口；再根据 1990～2010 年各县的人口增速，得到另一组 1990 年各镇总人口；两者取平均，得到 1990 年各镇总人口。同样的方法，估算出 2005 年各镇总人口。然后再根据前文中确定城镇化率的方法确定各镇城镇人口。

最后，将 1990 年、2000 年、2005 年和 2010 年各镇城镇人口与居民点（图 6—1）相对应，即将各居民点城镇人口赋予各居民点。

三、核密度空间化

每个城镇都可以用一个点值来表示该镇的人口总数，但是并非所有人都聚居在该点上，若想了解人口随地区分布的情况，可以通过密度计算来得到一个显示地表人口分布状况的表面。其中，将所有单元的人口数量加在一起，等于原始点图层数据中人口的总和。

通过以上分析，得到集中在各居民点的城镇人口值后，现在需要将每个点的值散布到整个研究区域。不同区域的栅格应赋予不同的权重，靠近点中心的栅格被赋予较大的权重，随着其与点中心的距离加大，权重降低。

核密度分析用于计算要素在其周围邻域中的密度，既可以计算点要素的密度，也可以计算线要素的密度，常用于测量建筑密度、获取犯罪情况报告、预测道路或管线对野生动物栖息地造成的影响等。

在核密度分析中，落入搜索区域内的点（或线）具有不同的权重，靠近格网搜索中心的点（或线）会被赋予较大的权重，随着其与格网中心距离的加大，权重降低。在核密度分析中，设置的搜索半径越大，生成的密度栅格越平滑且概化程度越高；值越小，生成的栅格显示的信息越详细。在计算密度时，仅考虑落入邻域范围内的点或线段。如果没有点或线段落入特定像元的邻域范围内，则为该像元分配 No Data。

应用 ArcGIS 软件中的核密度分析模块进行核密度分析。经过反复验证，最终设置 18 000 米作为搜索半径，最终得到湖南省各年城镇人口密度分布（图 6—2）。

四、验证分析

以 2010 年为例进行验证分析，统计每个城镇人口密度区间内的栅格用地数，分析结果如图 6—3 所示。

通过验证分析发现，建设用地上分配的人口密度都较大；人口密度较大的区域大部分分配到了建设用地上。通过 2000～2010 年变化分析，新增建设用地上的人口密度从几乎为零增长到一定值，人口从无到有影响了建设用地的从无到有。以上分析说明：人口密度空间化在一定程度上反映了湖南城镇人口在全省的空间化分布状况。

五、湖南省城镇人口分布特点

观察湖南省四期人口密度图的变化（图 6—2）可以发现：湖南省域边缘地区的人口

密度一直较低,尤其是西北方向更为明显;人口集聚核心由长沙市区—湘潭市区演变为长株潭市区—衡阳市区—邵阳市区—娄底市区—永州市区为中心的多核心态势,且四个年份人口最为密集的地区均为长株潭区域,说明长株潭一直是湖南省的人口集聚中心。

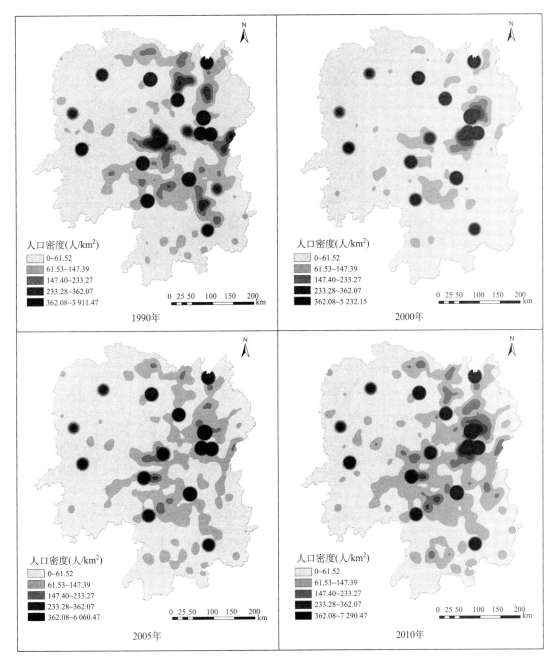

图6—2 湖南省各年城镇人口密度分布

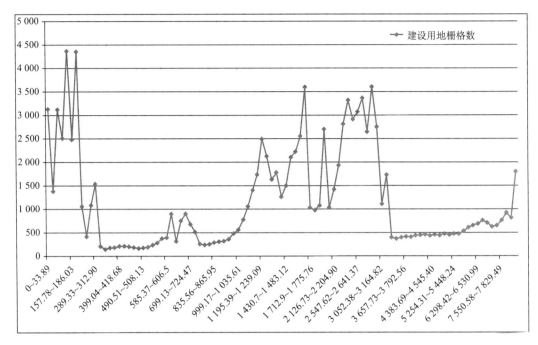

图 6—3　2010 年每个城镇人口密度区间内的栅格用地数（个）

1990～2000 年，湖南省全省呈现出人口流失现象，人口密度在全省范围内下降明显，只在长株潭地区还保持较高的水平。湖南省人口迁移流动的主流是从经济不发达地区流往经济发达地区，不仅省内如此，向省外的流动更是如此。"五普"调查登记湖南省流向省外人口有 200 多万人，而在流往省外的人口中，主要流向是东南沿海的经济发达地区，包括珠江三角洲和长江三角洲地区，主要集中于广东、福建、浙江、江苏一带。在湖南省内，由于人口总量大，且劳动适龄人口大量增加，剩余劳动力增多，加上工业不发达，城镇劳动就业压力很大，这就形成了一种对湖南人口，特别是剩余劳动力的向外推动力。在"一拉一推"、"既拉又推"的人口流动推拉原理的作用下，许多湖南人口，尤其是湖南农村人口流向了上述发达地区，从而形成了湖南人口向经济发达地区的大量跨省转移。

2000～2010 年，由于湖南省经济发展速度的增快，形成了一定的人口回流现象，但总体规模不大。湖南省的总人口稳步增长，长株潭地区始终是湖南省主要的人口增长极，且以衡阳市区—邵阳市区—娄星区为核心的人口集聚区也逐渐形成规模，省域边缘地带尤其是西北部地区的人口稀少现象也有所缓解。

第四节　湖南省经济数据的空间化

利用 1990 年、2000 年、2005 年、2010 年四期湖南省用地解译数据，以及县区三次产业统计数据，进行湖南省地区生产总值的栅格化。考虑到三次产业分布具有不同的空间特征，技术上采取将一、二、三次产业分别空间化再进行叠加的方法。

一、第一产业空间化

在进行湖南省第一产业空间化时，为简化技术路线，不再区分农、林、牧、渔类型，而将各县一产产值平均分配到各县的农业和农村用地、林地和草地中；洞庭湖和大江大河等水域、未利用地和其他用地的第一产业产值设置为 0。四期第一产业数据的空间化分布如图 6—4 所示。

二、第二产业空间化

由于第二产业不一定分布在建设用地的几何中心处，也不能说建设用地斑块越大，其产值就越高。基于上述认识，出于简化技术线路的考虑，将各县区的第二产业产值平均分配到各县区的建设用地中，即利用某一区县的第二产业产值除以该区县的建设用地面积，然后再乘以此空间化过程中所使用的栅格的面积，从而得到此栅格的第二产业产值。

湖南省四期第二产业空间化分布如图 6—5 所示。

三、第三产业空间化

由于第三产业行业类型复杂，构成多样，对用地的需求和表现特征差异极大，因此对其空间化的难度很大。基于技术可行、逻辑合理、误差可控的原则，结合湖南省实际情况，研究按如下步骤进行分析。

(一) 获取各居民点的第三产业产值

第三产业主要以人的活动为主，人的聚集程度能够反映第三产业的发展水平。因此，研究认为应从居民点的角度考虑第三产业的空间化问题。在区县一级的居民点中，将城市

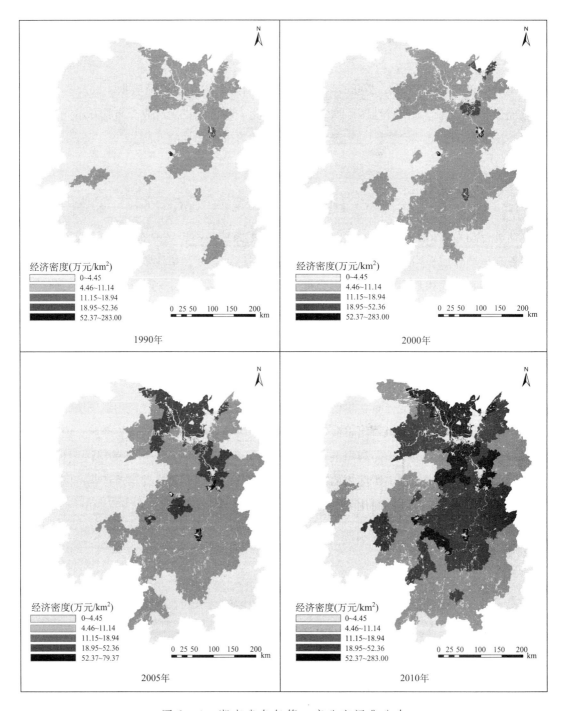

图6—4   湖南省各年第一产业空间化分布

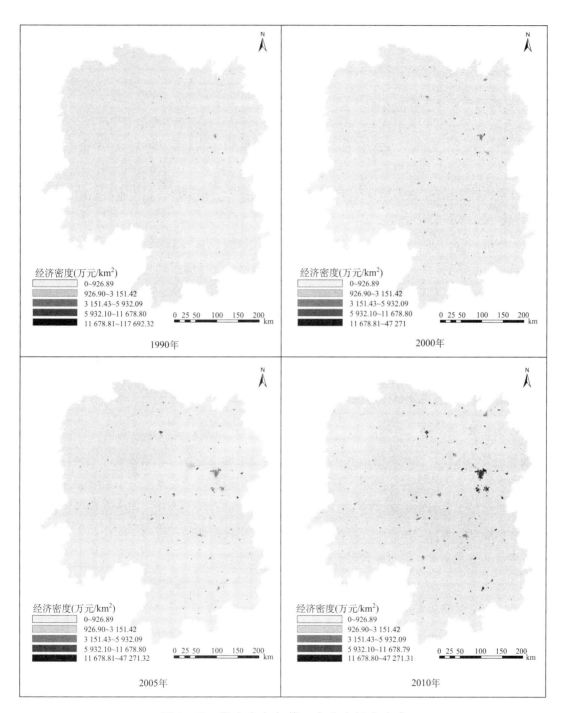

图 6—5 湖南省各年第二产业空间化分布

市辖区统一为一个点，此点选取城市市辖区建设用地图斑的重心；其他县市的第三产业分配根据居民点所在建设用地图斑的面积进行分配，面积越大，活动人口越多，相应的所提供的第三产业服务越多，分配的第三产业产值越大。

湖南省各年居民点如图 6—6 所示。

(二) 获取第三产业的空间分布

将各年居民点按照反距离权重法进行插值，得到湖南省各年第三产业空间分布图 (图 6—7)。

反距离权重插值思想：假设建设用地重心的第三产业值最高，距离重心点越远，第三产业值越低。插值方法选择反距离加权插值。

进行插值时，原始数据点为图 6—6 所示各区县居民点，该点上数值为该区县的第三产业总量值。进行反距离权重插值后，第 i 个栅格得到的插值需调整为第 i 个栅格的实际值，即乘以所在区县第三产业实际总值与插值后加和总值的比值，公式如下：

$$\text{第 } i \text{ 个栅格的实际值} = \frac{\text{所在县的实际总值}}{\text{所在县插值后的总值}} \times \text{第 } i \text{ 个栅格的插值}$$

调整后各年第三产业产值分布如图 6—8 所示。

(三) 第三产业空间化分布与建设用地图斑的关系

在图 6—9 中，横坐标选取第三产业分布区间，从左至右区间值逐渐增加，选取几何间隔确定分布区间，纵坐标值选取在此区间内建设用地栅格数占总栅格数的比例。根据这个原则，形成了湖南省各年第三产业空间化与建设用地图斑的关系图。

由关系图可以看出，随着第三产业产值区间的增加，区间内建设用地栅格数所占的比例也逐渐增加，所以第三产业还是大部分分布在了建设用地中，说明空间化的第三产业还是主要分布在城市中。模拟结果较符合常识，说明比较合理。

四、地区生产总值的空间化

将每个栅格的第一产业、第二产业、第三产业分布相加，得到湖南省各年 GDP 空间化分布 (图 6—10)。

经济数据按上述方法空间化后需要进行精度验证，才能进一步应用于国土空间模拟预测。一个地区的经济发展程度可以通过该地区的灯光强度来直观地体现，因此使用省内各期灯光强度分布图与经济空间化成果进行对比、通过栅格采样和 logistic 方法计算灯光强

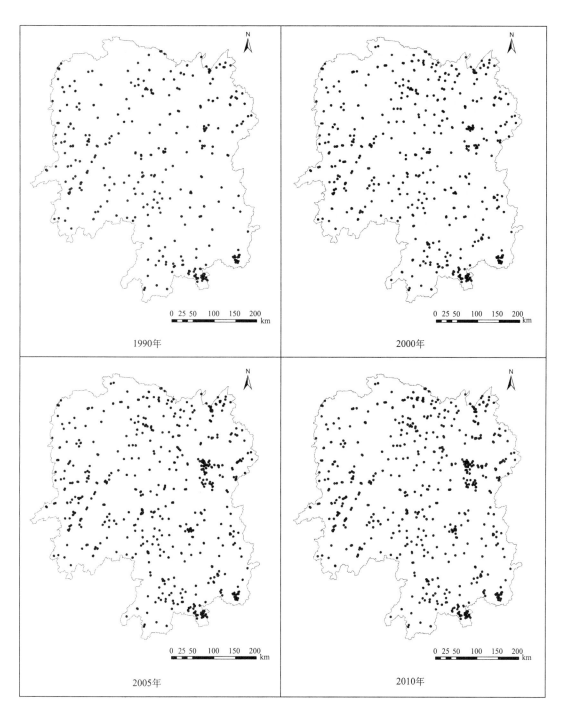

图 6—6 湖南省各年居民点分布

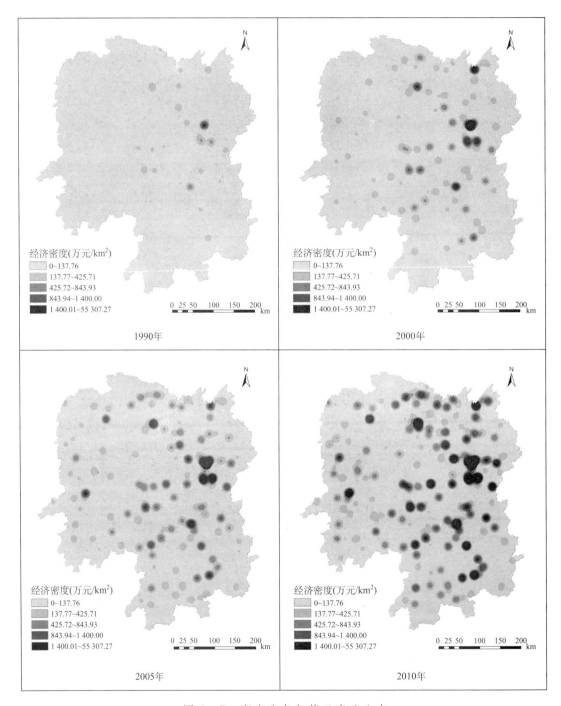

图 6—7　湖南省各年第三产业分布

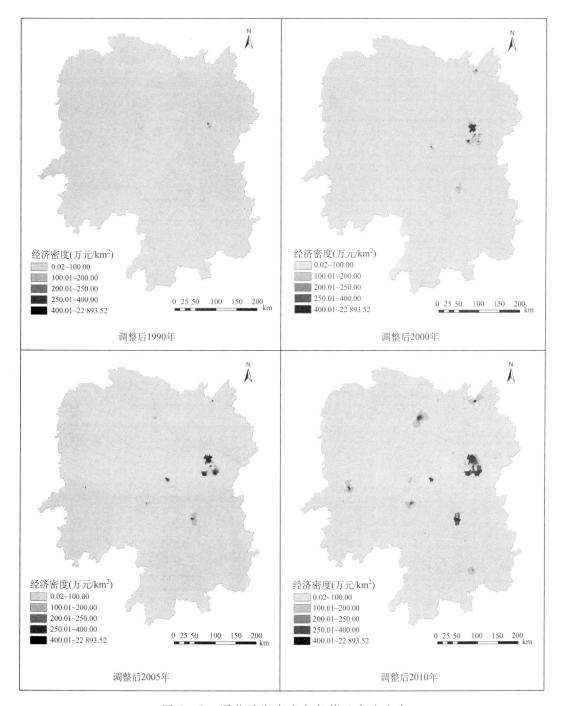

图 6—8　调整后湖南省各年第三产业分布

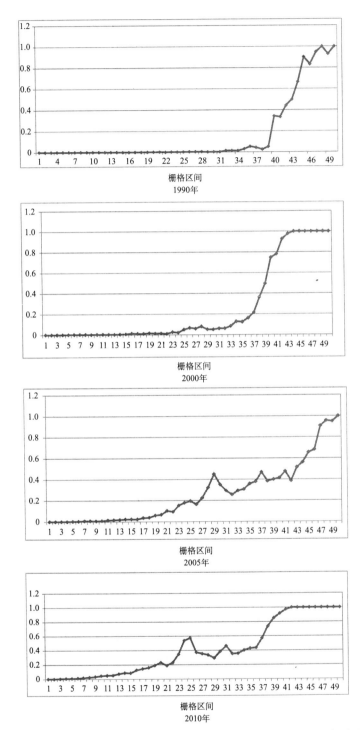

图 6—9   湖南省各年第三产业空间化分布与建设用地图斑的关系

注：栅格区间为以居民点为中心，向外扩大的栅格数；栅格数越大，统计区域内所承载的第三产业越多，直到栅格数扩大至包含所有建设用地图斑，则如纵坐标所示，承载的第三产业达到 1，即 100%。

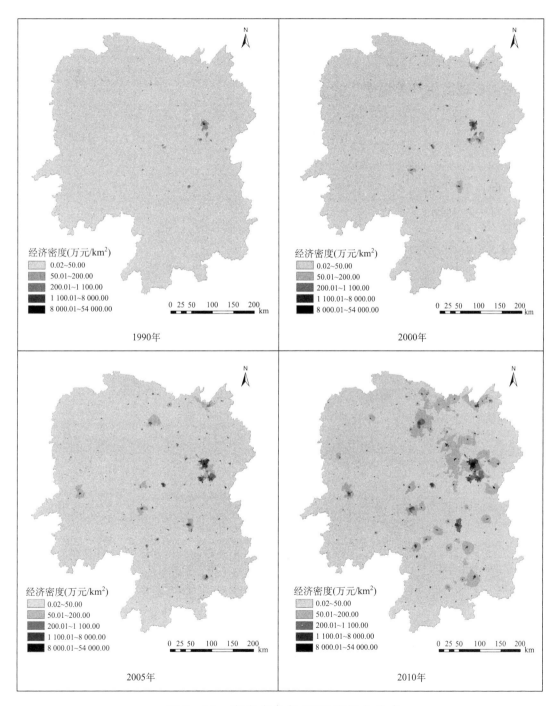

图 6—10　湖南省各年 GDP 空间化分布

度与经济数据之间的空间相关性，以此验证经济空间化成果的质量与可信度。

经过验证表明，湖南省 GDP 的空间分布与灯光数据具有比较好的拟合度（图 6—11），因此，本次研究所采用的经济和人口空间化的技术方法是比较可行的。

五、湖南省地区生产总值变化的空间特点

观察湖南省四期 GDP 空间分布图的变化发现：湖南省 GDP 一直在稳步增长，尤其是东部地区，以泛长株潭城市群为核心，经济总量增加明显。对比湖南省主要交通干线图，发现 GDP 的增长是以重要交通干线为骨架，在大中城市重点增长的，与灯光强度分布图（图 6—11）相符合。

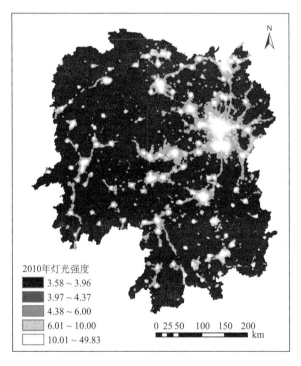

图 6—11　2010 年湖南省灯光强度分布

1990～2000 年，湖南省以现有的长沙—湘潭—邵阳—衡阳等城市中心为基础，逐步向周边辐射，在 2000 年达到了以中心城市带动周边发展的目标。2001～2005 年，各中心城市之间形成了联动发展的趋势，构成了区域同步发展的良好势头，其中长株潭地区经济中心的带动发展作用显著。2006～2010 年，湖南省进入了高速发展时期，除了先发的东部地区外，西部地区的经济状况也有了明显的提高，区域功能日趋清晰，经济发展不断集

约，城乡发展逐渐协调。

参 考 文 献

［1］李飞、张树文、杨久春等：“社会经济数据空间化研究进展”，《地理与地理信息科学》，2014 年第 7 期。

［2］柏中强、王卷乐、杨飞：“人口数据空间化研究综述”，《地理科学进展》，2013 年第 11 期。

第七章 空间驱动力模型研究

对土地利用变化进行分析研究，掌握其发展变化规律并对其未来变化进行预测，对推动区域经济发展、改善人类生活条件、完善基础设施建设、优化空间资源配置具有重要的指导意义。因此，准确识别驱动力、分析驱动力和土地利用变化之间的驱动机制是基础工作，也是非常重要的工作。驱动力研究的目的是通过历史数据的分析，得到驱动力和国土空间变化之间的驱动关系，为后续预测国土空间变化的趋势提供一种合适有效的途径，为未来更好地优化配置国土资源提供依据。

第一节 土地模拟模型的国内外进展

一、国土空间模拟模型

土地模拟模型将土地利用系统中各个自然生态系统和社会经济及它们之间的相互作用分解、剖析与综合，发掘解释土地利用变化的速度和空间格局，从而实现对土地利用的模拟和预测。从 20 世纪 90 年代开展土地利用/覆被变化（LUCC）研究计划到现在，产生了很多土地模拟模型。根据阿加瓦尔（Agarwal）等的调查研究，2000 年以前，国际上公开发表的土地模拟模型已有 19 种之多①。2000 年以后，又有更多的模型产生，大多是利用回归模型、人工智能等模型对传统元胞自动机（CA）进行改进获得的。裴彬等对上述土地模拟模型进行了系统的整理与研究，并将其划分为：基于方程的模型、系统模型、统计分析模型、专家模型、元胞模型、综合模型和主体模型七类。

基于方程的模型是指通过扩散理论、线性规划等理论构建数据方程来对土地进行模

---

① Agarwal C. Green, G. M., Grove J. M., et al. 2001. A Review and Assessment of Land-Use Change Models: Dynamics of Space, Time, and Human Choice. Bloomington and South Burlington, Center for the Study of Institutions, Population, and Environmental Change, Indiana University and USDA Forest Service. CIPEC Collaborative Report Series 1.

拟，曾用于研究人口变化问题和土地利用规划问题。该模型原理简单，但无法纳入地理区位及空间要素，影响使用范围。

系统模型是通过系统（或子系统）的信息、物质、能量的流动结构与功能建立系统方程。与方程模型相比，该方法纳入影响因素的能力有所提升，同时能够反映影响要素之间的相互作用关系，但是对空间的处理也显得不足。

统计分析模型是利用回归分析和空间统计分析等方法，根据历史数据的趋势规律来推演未来。该模型广泛用于对土地利用结构变化的分析解释，容易实现定量化分析，能够反映空间异质性和空间相互作用对土地利用变化的影响，克服了以往模型对于空间分析的不足，但在处理决策过程和一些社会因素方面（如制度因素等），因数据获取和量化的难度而难以采用。另外，回归分析方法很难根除因子之间存在的共线性、空间相关性等问题，影响了模拟的稳定性和精确性。因此，该模型在复杂区域或者大尺度地域的研究中效果不理想。

专家模型是利用贝叶斯概率判别、人工智能、基于规则的知识系统等代替传统回归分析及线性模型，对土地利用变化的原理和规律进行研究与模拟。专家模型更能体现土地变化转换规则的空间异质性，适合用于大尺度区域的土地利用模拟，但在建模实现上较为困难，尤其是神经网络模型，本身属于黑箱操作，对于模拟机制难以控制和调优。

元胞模型是指传统元胞自动机和基于元胞自动机的改进模型。元胞模型自下而上的模拟机制符合土地利用变化的实际过程，适合土地模拟研究。该模型被广泛应用于城市扩张机制和生态系统的研究。元胞模型在反映土地利用/覆被变化的生态过程的局部规则方面具有较大优势，但对经济社会、基础设施等资源要素带来的全局规则和区域规则反映能力有限。

此外，还有许多综合上述几类模型而发展起来的复杂模型，如将元胞模型和系统模型相结合形成的土地利用/覆被转换模型；将人为过程和生态过程结合形成的森林退化模拟模型 DELTA；将统计模型、元胞模型和系统模型相结合形成的大尺度模型 GEOMOD、CLUE 系列模型等[1]。

在国内，伴随着我国快速的城镇化和工业化，我国粮食安全、生态环境、土地利用变化和社会经济发展之间的关系研究等问题得到广泛关注，推动了土地利用模拟研究的发展和应用。我国早期主要通过人力调查方法研究土地利用问题，后来，随着国际 LUCC 研究的开展，所用模型相继被国内学者研究并应用于土地利用研究。相比国外研究，国内对模型的应用更加注重解决国内在城镇化和工业化的过程中产生的土地利用的具体问题，比如利用系统模型模拟经济增长、人口迁移对我国土地利用变化的影响[2]；利用元胞自动机及基于元胞自动机的改进模型对大尺度地区的用地转换规则进行分区异步获取，以解决我国区域土地资源的统筹规划问题[3]；使用多智能体模型模拟政府、企业和居民等各类主体的行为，模拟人文因素和政策因素对我国居住用地变化的影响[4]。此外，这些模型还被应用于森林景观模拟、水文系统研究、生态系统保护等各类专项规划领域。除沿用已有模型之外，一些国内学者还在此基础之上进行了综合与深化，开发出了功能丰富的、适用于解决国内土地利用具体问题的系统。例如，何春阳等利用系统动力学模型和元胞模型，发展了土地利用情景变化动力学 LUSD（Land Use Scenarios Dynamics）模型，并用此模拟我国北方 13 个省区城市用地、耕地等用地变化，更好地把握社会、经济、政策和技术等主观因素对土地利用变化的影响[2]；黎夏等在综合研究国内外主要土地模拟模型之后，将元胞模型、Logistic 模型、多智能体（MAS）和生物智能（SI）多种土地模拟模型整合在统一的平台 GeoSOS 中，成功应用于东莞、深圳、广州等城市的土地模拟及优化问题[5]。

总之，国际上大多数土地利用模型在中国的很多领域都得到了应用，而且取得了不错的成果。但是，我国幅员辽阔，地区发展规律迥异，土地转换规则存在明显的空间异质性，现有模型很难充分发掘体现规则的这种时空差异，致使各类模型应用于我国土地模拟，尤其是大区域层面的模拟时，很难对转换规则进行全盘掌握，效果不太理想。另外，相比国外，我国的城镇化、城市扩张的过程更多地受到政策因素、经济因素、人文因素等的影响，现有模型很难对其进行量化和研究，也影响了各类模型在我国土地利用研究中的应用。

二、国土空间驱动力研究

除土地模拟模型外，国内外针对国土空间变化的驱动因素也进行了大量研究，因为驱动力与国土空间变化的关系对于揭示国土空间变化的原因、内部机制、基本过程、预测未来变化方向和后果，以及制定相应的对策都至关重要。工业革命以来，人类社会 200 多年来高强度的经济和社会活动，成为国土变化的主要驱动因素。因此，目前的研究更多集中在经济和社会驱动力的研究上。如卡斯珀森（Kasperson）认为人口、技术水平、富裕程度、政治经济结构、信任和态度等构成了人类方面的驱动力。埃利希（Ehrlich）指出，人口、富裕程度和技术是研究人类驱动力的主要方面。特纳（Turner）指出，人类驱动力应包括人口、收入、技术、政治经济状况和文化。国际全球环境变化人文因素计划（International Human Dimensions Programme，IHDP）指出，影响土地利用的驱动因素可以分为直接因素和间接因素，直接因素包括对土地产品的需求、对土地的投入、城市化程度、土地利用的集约化程度、土地权属、土地利用政策、对土地资源保护的态度等，间接因素则包括技术发展、经济增长、政治政策、经济政策、富裕程度和价值取向六方面的因素。

在我国，随着城镇化进程的推进、人口快速增长及基础设施的不断完善，以经济发展、人口变化、土地政策、技术进步、生活水平等为代表的经济社会因素，成为推动我国国土空间变化的主要驱动因子。如顾朝林认为资本、土地、劳动力和技术四大生产要素在我国现代大城市（如北京等）LUCC 过程中发挥着至关重要的作用；李平、丁光伟等学者从土地利用的基本竞争模型出发，认为工业化、城镇化及土地和级差地租等因素以及不正当的土地开发行为等，是推动我国农业用地资源变化的主要驱动因素。

早期的研究主要使用经验的统计模型，如对可能影响土地利用变化的因子进行整理，使用多元线性回归模型构建因子与土地之间的关系。这种方法简便高效，但无法对土地利用政策、历史事件、技术创新等复杂驱动因素进行量化，导致对驱动因子的考虑不够全面，也无法从空间角度认识各驱动因子的作用。因此，在后续的研究中，神经网络、元胞自动机等空间模型方法的使用更加普遍。这些空间模型能很好地对地形地貌、基础设施、水文植被、温度、降水等空间驱动力进行量化研究，从一定程度上弥补了统计模型的不足。如卓莉等人利用空间分析方法对夜间灯光数据和土地利用数据进行对比研究，试图揭示 1992～1998 年中国城市用地空间拓展与区位、土地资源开发潜力等的相关性[6]。后来，多智能体模型、系统动力学模型等方法的应用逐渐普遍。以多智能体模型为例，该模型通过对研究主体的行为进行定义，并将其输入研究环境当中进行自我学习，使智能体本身的经验和知识不断扩充。刘小平等利用多智能体系统模拟城市居民在居住选择过程中复杂的空间决策行为，并应用于居民居住区位决策行为和地价动态变化的研究中[7]。这类方法使得对政策、不同群体的量化和研究成为可能，这些模型的使用进一步拓展了驱动力的研究内容和成果。

从研究对象来看，对建设用地、农业用地、林地以及生态地区等的变化和驱动力的研究，成果比较多见。如针对城市建设用地的快速扩张，许多学者通过构建驱动因子与土地利用变化之间的函数关系，来解释投资（资本）、劳动力和技术等驱动要素对城市扩张速度与方向的影响过程。徐小黎、史培军等认为，城镇化水平、人均 GDP、城市人口规模和三次产业结构的差异，是导致北京和深圳两个城市扩张规模与形态出现差异的主要因素[8]。胡德勇等以长沙市为例，通过对比多期城市用地的熵值变化，分析了城市扩张的时空特性，认为人口迅速增加是城市扩张的最主要驱动力[9]。田亚平等对衡阳市土地利用变化及其驱动力分析表明，该市土地利用变化的主要驱动因素是经济、人口的增长和城市化水平的提高[10]。

林地、水域、湿地等具有重要的生态价值，因此相关的研究成果也比较多。如徐新良等在 3S 技术支持下，利用中国资源环境数据库中 1985 年、1995 年和 2000 年三期全国林地空间分布数据，通过建立林地资源时空演变模型，从时间序列和空间尺度上探讨了 1985～2000 年中国林地资源动态变化的时空过程与内在动因[11]。乔玉良等以珠海市为研究区域，应用 1995 年 Landsat5 的 TM 数据、2002 年 Landsat7 的 ETM 数据、2009 年的 CBERS-02B 的 CCD 与 HR 数据为主体信息源，通过植被覆盖度指数与三种不同信息提取手段相结合的方法，对珠海市森林绿地的动态变化进行了遥感监测，然后对其变化结果进行了驱动力分析[12]。王海青等结合黑河流域 40 多年来水文、社会经济等方面的资料，采用趋势分析法估算人为因素对流域地表径流的影响，通过相关性和主成分分析，研究了人类活动诸因子与流域地表径流之间的关系[13]。罗先香等在分析三江平原典型沼泽性河流径流演变特征及趋势的基础上，应用灰色关联分析和径向基函数网络等方法，探讨了引起径流量减少和发生突变的原因。分析结果表明人类活动是河川径流演变的主要驱动力，气候变化在径流演变中所起的作用在相应减少[14]。孟凡德等根据北京市各县区的统计资料，分析了北京市自 20 世纪 80 年代以来水资源承载力变化的总体趋势和驱动因子，研究结果表明，人口和 GDP 是影响北京市水资源承载力变化的主要驱动因素；此外，还根据人口和 GDP 增长率，通过多元线性回归模型预测 2010 年和 2015 年北京市水资源的供需状况，提出实现水资源供需平衡的政策[15]。刘影等在分析鄱阳湖湿地生态系统退化特征的基础上，探讨了鄱阳湖湿地退化的社会经济驱动力，指出围垦、污染及滥捕等是引起湿地生态系统退化的主要原因[16]。刘明等通过构建由状态子系统、压力子系统和响应子系统组成的洞庭湖流域生态安全评价系统，重点研究了该流域的生态安全变化趋势，并采用因子分析方法探究其驱动力[17]。

针对耕地等农业用地变化的驱动力研究成果也比较多见。由于耕地等农业用地主要是被建设用地侵占的，因此，从建模角度看，其与建设用地的研究有异曲同工之处，即引起建设用地扩张的驱动因子，往往就是导致耕地减少的驱动因子。如邵晓梅等认为经济发展动态、社会系统压力和农业科技进步是影响山东省耕地数量变化的三类主要因素[18]。黄宁生分析认为，经济增长是影响广东省耕地面积变化的主要宏观驱动因子[19]。当然，还有许多其他的引起耕地变化的因素，如政策因素中的退耕还林还草还牧、农村宅基地和损毁耕地复垦、重大的交通和水利基础设施等的建设等，都会引起耕地数量的大幅增加或减少。但是，这些驱动因子具有很强的随机性和不可预见性，因此，纳入模型分析还有一定的困难。

针对生态敏感地区的研究，也是驱动力研究的热点领域。例如，张惠远等对贵州喀斯特山区土地利用变化的驱动力进行了研究[20]；彭健对贵州猫跳河流域的土地覆盖变化的驱动因子进行了分析，其纳入研究的主要驱动因子包括气温降水、人口和经济发展、农业技术进步、燃料结构、富裕程度、市场物价、体制机制等[21]；赵庚星等利用动力学仿真模型对黄河三角洲地区土地利用/覆盖变化及其动力学机制进行了研究[22]；龙花楼等认为长江沿线样带的土地利用格局受自然和社会经济因素的综合影响，在海拔高度、气温、地形坡度、经济密度和乡村劳动力密度等因素的影响下，土地利用变化驱动力在空间上表现出较大的差异[23]。董玉样认为藏北高原沙漠化是自然过程与人为过程共同作用的结果，其中气候变化是其主要驱动力[24]。徐有宁等通过对煤矿区的研究，分析了生态脆弱区的污染原因、影响因子，并提出了优化措施[25]。邓祥征等对我国北方农牧交错带土地利用变化驱动力进行了研究，使用 Logistic 方法在不同栅格尺度上进行研究，得出的结论是土壤微度、轻度和中度侵蚀对研究区耕地扩张的影响作用呈现出随研究尺度放大而显著下降的趋势[26]。

　　总之，国内学者从自然环境、地理区位、人口变化、技术发展、经济增长、公共政策、富裕程度和价值取向等各个角度，不断深化对驱动力体系的认识。不过，现有驱动力分析模型受数据约束和模型原理本身的局限，无法反映驱动要素对研究区域影响的连续变化过程，而揭示复杂的变化过程往往比研究土地利用变化结果要重要得多。另外，不同驱动要素在量化形式、统计量纲、作用时间尺度等方面差别较大，现有研究模型，如回归分析、神经网络、元胞自动机和多智能体等，无法很好地对影响土地利用的各类驱动力要素在统一的平台和模型上进行综合分析与研究，这也是全面系统研究国土空间演变驱动机制的一个难点。

第二节　湖南省建设用地驱动力分析

一、分析主线

　　对湖南省建设用地、草地、农业和农村用地、水体、未利用地和林地六类用地解译的初步分析表明，只有建设用地与时间序列和经济社会的发展水平呈现出比较明显的相关性，其他五类用地的变化更多地与国家耕地政策、水文条件变化、重大基础设施建设等相关，没有明显的规律。湖南省农村建设用地增长变化呈现点多面广的特征，虽然总体上也是随着经济社会的发展逐步增长，但受农村建设用地斑块总量多、规模小等因素的影响，其解译的精度很难得到保障，海量的数据也难以纳入空间模型进行建模分析，因此，此次对驱动力模型的研究对象将限定在建设用地上。研究对象限定在建设用地上，还有以下三个方面的考虑。

第一，建设用地是导致省域空间用地变化的核心。从省域用地影像数据来看，建设用地的增加，是导致农业和农村用地、水域、草地、林地和未利用地减少的重要因素。因此，从某种程度上来看，驱动建设用地增长的因素同时也是导致其他用地减少的驱动因子。

第二，可借鉴的研究成果较多。既往关于城市建设用地驱动因子的研究较多，如对城市建设用地与人口变化、地区生产总值、交通等重大基础设施、技术进步等相关因子建立的模型较多，而且也比较有共识。此次研究虽然是针对省域这个尺度更大的空间，但如果能够充分借鉴城市尺度比较好的研究基础，能使省级空间驱动力更快地找到分析主线。

第三，能够简化技术框架。针对建设用地的驱动分析，可以重点分析经济发展、人口增长、交通网络建设等推动因子，结合地形地貌、高程坡度等限制性条件的分析，就能够比较完整地梳理出导致建设用地变化的主要因素。

二、技术框架

建设用地驱动力模型的核心，是通过对历史上的建设用地变化规律的分析，建立驱动因子与建设用地之间的定量和逻辑关系，从而能够相对准确地预测未来建设用地的变化。

分析建设用地变化驱动力问题，可以从总量模拟和空间位置模拟两个维度出发。总量模拟从统计上解决影响建设用地总量变化的问题，空间位置模拟是在空间上研究具体的矢量地块转化为建设用地的可能性问题。从技术上来看，可以将建设用地驱动力分析分解为两个部分：一是建立建设用地数量增长与驱动因子间的计量模型，从而预测未来建设用地的总量；二是建立建设用地空间布局模型，研究历史上各栅格地块转化为建设用地的驱动因子及转化概率（图7—1）。这样，通过建设用地总量预测和空间转化概率的研究，就建立了建设用地驱动力模型。通过该模型的计算，既可以从总量上预测未来建设用地的面积总量，也可以以栅格为单位，记录建设用地在每个栅格里可能分布的概率值，从而能够模拟和预测未来建设用地的动态矢量变化。

在下面的内容中，我们结合技术路线，以湖南省为对象，对驱动力的建模及分析过程做一个简要的介绍。

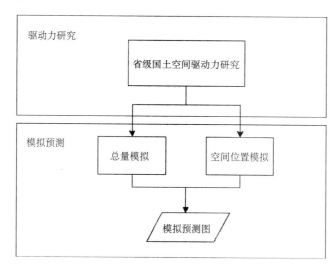

图 7—1　模拟预测技术路线

三、总量模拟

在土地总量计量模型中，选择比较成熟的偏最小二乘法（PLS）来建模。PLS 的假设检验比较成熟，而且回归模型的精度和稳定性能够得到保证。

影响建设用地总量的因子可分为自然因子和社会因子。对中、短期的预测，社会因子占主导地位。其中，人口因素和经济因素是影响建设用地总量的两大主要因素，尤其是对于省级尺度的建设用地总量更是如此。因此，研究使用人口和经济两方面的因子，构建总量需求驱动力模型。

在建立驱动机制模型时，为了使模型中的驱动力能够全面并遵循完整性的原则，在不考虑驱动因子冗余的情况下，基于分类的思想汇总所有可能成为其重要驱动力的候选驱动力：

（1）反映人口增长的指标主要有：总人口（X1）、城镇人口（X2）、第一产业从业人员数量（X3）、第二产业从业人员数量（X4）、第三产业从业人员数量（X5）；

（2）反映经济增长的指标主要有：总产出（X6）、GDP（X7）、第二产业生产总值（X8）、第三产业生产总值（X9）、固定资产投资总额（X10）。Y 代表历年的建设用地面积观测值。

表 7—1　用地总量预测所用的经济社会数据

年份	观测值	驱动因子									
	Y	X1	X2	X3	X4	X5	X6	X7	X8	X9	X10
	km²	(万人)	(万人)	(万人)	(万人)	(万人)	(亿元)	(亿元)	(亿元)	(亿元)	(亿元)
2012	1 490	7 179.87	3 349.41	1 668.99	948.78	1 401.54	54 231.43	22 154.23	10 506.42	8 643.6	14 576.607
2011	1 475	7 135.6	3 218.16	1 679.94	932.62	1 392.47	48 712.03	19 669.56	9 361.99	7 539.54	11 431.478
2010	1 459	7 089.53	3 069.77	1 690.03	915.43	1 377.27	38 623.39	16 037.96	7 343.19	6 369.27	9 821.06
2009	1 439	6 900.2	2 980.89	1 693.05	896.57	1 345.59	30 927.67	13 059.69	5 687.19	5 402.81	7 695.270 6
2008	1 225	6 845.2	2 885.25	1 720.44	875.84	1 313.78	27 333.29	11 555	5 028.93	4 633.67	5 649.692 4
2007	1 194	6 805.7	2 752.91	1 743.65	854.35	1 285.41	21 204.26	9 439.6	3 977.72	3 835.4	4 294.356
2006	1 192	6 768.1	2 619.93	1 790.46	829.92	1 221.79	17 007.22	7 688.67	3 187.05	3 229.42	3 242.39
2005	1 116	6 732.1	2 490.88	1 846.9	818.1	1 136.48	14 452.14	6 596.1	2 612.57	2 882.88	2 563.96
2004	1 086	6 697.7	2 377.68	1 885.06	804.91	1 057.13	12 035.95	5 641.94	2 190.54	2 428.95	1 981.29
2003	903	6 662.8	2 232.04	1 961.93	790.68	942.17	10 272.43	4 659.99	1 777.74	1 995.78	1 557
2002	923	6 628.5	2 121.12	2 034.04	757.26	853.22	9 068.03	4 151.54	1 523.5	1 780.79	1 355.87
2001	878	6 595.85	2 031.52	2 078.36	748.9	780.7	8 263.96	3 831.9	1 412.82	1 593.35	1 210.63

资料来源：用地总量观测值来自历年的湖南省《城市建设统计公报》。其余数据根据历年的《湖南统计年鉴》整理。

以上选出的 10 个因子存在共线性的问题，如果将其直接加入分析模型，会降低模型的有效性，也会降低模型结果的可读性，使结果不具有指导和解释意义。所以，在建立驱动机制模型之前，需要对驱动力指标进行筛选，依据"全面而又少冗余"的原则确定筛选方法。此次研究，通过主成分分析法对驱动力指标进行筛选，根据主成分的得分值筛选出主要因子。

主成分分析能够在大量的数据中找到反映其所在系统大部分信息的代表性的变量，从而起到很好的降维效果，并能对相关性较强的变量进行汇总。通过得到一组既能够解释原始变量绝大部分变异信息，又能够相互之间不相关的主成分，就可以选取合适的主成分进行下一步的分析。但是，主成分分析并没有考虑到自变量对因变量的影响因素，为了避免进行主成分分析时将影响因素较大的因子剔除，本研究先对上述因子进行偏相关分析，剔除偏相关系数较小的驱动力，从而保证模型中的自变量都是对因变量有一定影响的驱动力。

首先，利用偏相关分析得出 10 个驱动力指标和建设用地之间的相关性，剔除相关性比较弱的驱动力。利用 SPSS Statistic 19 进行偏相关分析，得到其各自与建设用地的偏相关系数及显著性水平（表 7—2）。

表 7—2　驱动力指标和建设用地相关性

X1	X2	X3	X4	X5	X6	X7	X8	X9	X10
0.935	0.925	0.692	0.862	0.857	0.872	0.879	0.895	0.805	0.668

由于大部分驱动力和建设用地的相关性都在 0.8 以上，有些甚至达到了 0.9，说明初始驱动力指标的选取具有一定的合理性。有些驱动力指标和建设用地的相关性明显不如其他驱动力指标显著，如 X3（第一产业从业人员）、X10（固定资产投资总额）相关性较弱，不到 0.7，因此将其从驱动力体系中剔除，将剩下的驱动力指标保留在驱动力指标体系中。

其次，对以上八个因子进行主成分分析，得到第一个主成分，解释方差达到 92.928%，第一主成分矩阵如表 7—3 所示。

表 7—3　第一主成分矩阵

X1	X2	X4	X5	X6	X7	X8	X9
0.982	0.991	0.95	0.93	0.83	0.89	0.99	0.97

第一主成分的解释方差大于 85%，可有效反映原始信息。可根据需要在第一主成分中选取若干变量，以达到降维的效果。若选取四个变量加入到后续模型中，则根据主成分分析的结果，会选取 X1、X2、X8、X9。因此，利用主成分分析筛选出来的驱动力指标为湖南全省总人口、城镇人口、第二产业生产总值、第三产业生产总值，这四个因子即为影响建设用地总量变化的统计类驱动力因子。

由于经济和人口、总人口和城镇人口之间存在着一定的相关性，为了避免多重共线性的影响，所以选用 PLS 模型。PLS 模型与传统多元回归分析方法相比，不再直接考虑因变量与自变量的回归建模，而是在变量系统中提取若干对系统具有最佳解释能力的新综合变量（又称为成分），然后利用它们进行回归建模。此外，PLS 能够很好地解决因子间多重共线性的问题，保证了回归方程的精度和稳定性。

PLS 基本原理为：设有 q 个因变量和 p 个自变量，为了分析自变量和因变量之间的统计关系，选取 n 个样本点，由此得出因变量和自变量的数据表 Y 和 X。PLS 分别在 X 和 Y 中提取出 t 和 u，要求：t 和 u 应尽可能多地携带其所在数据表的变异信息；t 和 u 的相关性最大。在第一个成分被提取后，PLS 分别进行 X 和 Y 对 t 的回归，如果方程达到要求的解释精度，则算法终止；否则，再利用 X 和 Y 分别被 t 解释后的残差进行第二成分提取，如此往复，直到能达到要求的精度为止。若最终对 X 提取了多个成分，则通过实施 Y 对 X 这些成分的回归，然后再表达成 Y 关于原自变量的回归方程。

设总人口（X1）、城镇人口（X2）、第二产业生产总值（X3）、第三产业生产总值（X4）作为自变量，利用 PLS 进行分析，使用 2001~2012 年湖南省历史数据，建设用地总量模型，借助 SIMCA-P 软件，建立最小二乘法模型：

$$Y = -962.23 + 0.143\ 9X1 + 0.431\ 3X2 - 0.011\ 7X3 + 0.020\ 9X4（式7—1）$$

其中：Y 是湖南省建设用地总量。回归模型（式 7—1）通过了 F 和 T 假设检验，能够保证回归模型的精度和稳定性。

四、空间位置模拟

（一）空间驱动因子初选

结合遥感解译图片及第六章经济和人口空间化的数据，研究初选交通、地形、经济、人口四大类要素 14 个指标进行筛选。

表 7—4　湖南省省级空间驱动力备选指标

类别	指标	备注
交通	与国省道距离	栅格数据，每个栅格值代表与湖南省国省道的最近距离值
	与城市中心距离	栅格数据，每个栅格值代表与湖南省地级行政单元市中心的最近距离值
	与铁路站点距离	栅格数据，每个栅格值代表与湖南省各铁路站点的最近距离值
	路网密度	栅格数据，每个栅格值代表单位面积内的路网总里程，搜索半径为 15km
地形	与水域距离	栅格数据，每个栅格值代表与湖南省水系的最近距离值
	高程	
	坡度	
	坡向	
经济	地区生产总值	地区生产总值的空间化数据
	第一产业	第一产业增加值的空间化数据
	第二产业	第二产业增加值的空间化数据
	第三产业	第三产业增加值的空间化数据
人口	总人口	总人口的空间化数据
	城镇人口	城镇人口的空间化数据

对表 7—4 所列的部分空间驱动因子进行栅格化处理后，就可以获取相关的数据。需要处理的数据有：栅格与国省道的距离数据、栅格与铁路站点之间的距离数据、栅格化后的路网密度数据、栅格与水体的距离。

其他的空间驱动因子数据，在前面的章节中已经使用和处理过，此处不再赘述。如高程和坡度的数据，在图 5—20 和图 5—22 中已经处理过。经济和人口相关的空间化数据，在第六章中也进行过详细的介绍。

（二）空间驱动因子筛选

筛选主要原理是利用 Cramer's V 值来反映各因子与各类用地之间的空间相关性，然后将 Cramer's V 值较低的指标（可认为与用地空间分布不相关）剔除，从而完成空间驱动力的筛选。

利用 IDRISI 软件中的 Cramer's V 值来逐步剔除相关性较弱的因子。IDRISI 是一个能将地理信息系统和图像处理功能很好结合的软件，它可提供 250 多个模块，能有效地显示、处理和分析各种数字化的空间信息。

Cramer's V 值检验的原理是：假设 n 个随机试验的结果根据两个特征 A 与 B 进行分类，$A = \{A1, A2, \cdots, As\}$，$B = \{B1, B2, \cdots, Br\}$。卡方检验用于检验列联表中变量之间是否独立，尤其适合于检验定量类变量。

表 7—5　湖南省空间驱动力 Cramer's V 相关系数

因子	建设用地	林地	农业和农村用地	未利用地	草地	水域
地区生产总值	0.050 6	0	0.215 2（舍）	0.077 1（舍）	0.010 3（舍）	0.038 5
路网密度	0.064 3	0	0.329 7	0.189 2	0.013 8（舍）	0.035 1
与国省道距离	0.050 3	0	0.258 3	0.134 7	0.016 5（舍）	0.016 9（舍）
城镇人口	0.068 8	0	0.346 4	0.103 1（舍）	0.015 1（舍）	0.036 7
与水体距离	0.267 5	0	0.350 5	0.161 5	0.038 4	0.038 5
坡向	0.025 5（舍）	0	0.033 4（舍）	0.012 0（舍）	0.007 6（舍）	0.000 1（舍）
高程	0.194 9	0	0.591 4	0.311 7	0.036 9	0.028 1（舍）
坡度	0.000 1（舍）	0	0.01（舍）	0.007 7（舍）	0.010 2（舍）	0.010 1（舍）
与城市中心距离	0.093 2	0	0.27（舍）	0.139	0.029 7	0.029 6
与铁路站点距离	0.089 4	0	0.27（舍）	0.142 1	0.032 2	0.031 4

注：①括号里标"舍"的单元格意为该因子 Cramer's V 值较低，需要剔除。

②"林地"栏下的相关系数均为 0，表明林地的变化尚未找到相关的驱动因子。

卡方检验公式如下：

$$\chi^2 = n\left[\sum_{i=1}^{r}\sum_{j=1}^{s}\frac{n_{ij}^2}{n_i\,m_j} - 1\right] \qquad (\text{式}\,7-2)$$

Cramer's V 相关系数公式如下：

$$V = \sqrt{\frac{x^2}{n\cdot min\mid(r-1),\,(s-1)\mid}} \qquad (\text{式}\,7-3)$$

通过研究，湖南省建设用地的空间分布与 GDP、路网密度、与国省道距离、城镇人口、与水域距离、高程、与城市中心距离和与铁路站点距离八个因子呈现空间相关性，因此，将其确定为湖南省建设用地的空间驱动因子。其他的因子由于 Cramer's V 值较低，即与建设用地空间相关性较弱，因此将其剔除。

（三）构建神经网络模型

研究采用多感知神经网络模型（MLP）对各项用地的空间分布格局进行模拟预测。土地空间演变研究涉及变量复杂多样，变量关系呈非线性，而多感知神经网络模型是一个自组织、自学习和自适应的过程，相比传统的回归分析方法，该模型更适合处理模拟非线性的关系，因此，能够更好地模拟土地地类的复杂变化。MLP 的拓扑结构如图 7—2 所示。

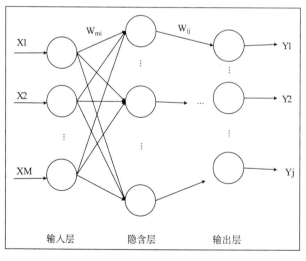

图 7—2　MLP 模型拓扑结构

设输入层为 M，其中任一输入信号用 m 表示；设隐含层为 I，其中的任一神经元用 i 表示；设输出层为 J，其中任一神经元用 j 表示。输入层与隐含层的突触权值用 W_{mi} 表示，隐含层与输出层的突触权值用 W_{ij} 表示，其中 i 为 1，2，…，I，j 为 1，2，…，J。输入信号首先以一定的初始权重向前传播到隐含层节点，经激励函数作用后，再把隐含节点的输出信号传播到输出节点，最后给出输出结果。若输出层的输出值与样本的期望值有误差，则通过修改各层神经元的权值和阈值，使得误差变小，直到满足研究的需求。多层感知器中每个神经元是通过可微的 Sigmoid 激励函数式 7—4 来建立映射关系的。

$$v_i = \frac{1}{1 + \exp(-u_i)} \qquad (\text{式 } 7\text{—}4)$$

式中：u_i 是第 i 个神经元的输入信号，v_i 是该神经元的输出信号。

表 7—6 各类用地空间分布概率模拟结果

因子	建设用地	林地	农业和农村用地	未利用地	草地	水域
地区生产总值	0.050 6	0	0.215 2（舍）	0.077 1（舍）	0.010 3（舍）	0.038 5
路网密度	0.064 3	0	0.329 7	0.189 2	0.013 8（舍）	0.035 1
与国省道距离	0.050 3	0	0.258 3	0.134 7	0.016 5（舍）	0.016 9（舍）
与建设用地距离	0.052 7	0	0.349 5	0.023 8（舍）	0.031 6	0.038 5
城镇人口	0.068 8	0	0.346 4	0.103 1（舍）	0.015 1（舍）	0.036 7
与水体距离	0.267 5	0	0.350 5	0.161 5	0.038 4	0.038 5
坡向	0.025 5（舍）	0	0.033 4（舍）	0.012 0（舍）	0.007 6（舍）	0.000 1（舍）
高程	0.194 9	0	0.591 4	0.311 7	0.036 9	0.028 1（舍）
坡度	0.000 1（舍）	0	0.01（舍）	0.007 7（舍）	0.010 2（舍）	0.010 1（舍）
与城市中心距离	0.093 2	0	0.27（舍）	0.139	0.029 7	0.029 6
与铁路站点距离	0.089 4	0	0.27（舍）	0.142 1	0.032 2	0.031 4
神经准确率	97.80%	47.98%	72.40%	57.14%	81.29%	86.33%
P 值	0	1	0	0	0	0

神经网络准确率（反映神经网络表达各因子的可靠程度）达到 93.78%，说明神经网络可靠，再经过 1 000 次迭代，最终计算出湖南省土地空间分布适宜性图（图 7—3～8）。

五、用地综合格局预测

(一) 模型选取

将 PLS 确定的用地总量预测数据和 MLP 确定的用地空间分布概率数据输入元胞自动机—马尔可夫（CA-Markov）模型中，就可以模拟计算出未来各项用地的空间分布概率

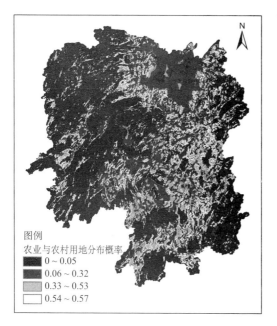

图例
农业与农村用地分布概率
■ 0 ~ 0.05
■ 0.06 ~ 0.32
▨ 0.33 ~ 0.53
□ 0.54 ~ 0.57

图 7—3　湖南省农业和农村用地分布模拟

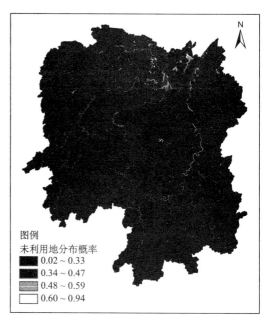

图例
未利用地分布概率
■ 0.02 ~ 0.33
■ 0.34 ~ 0.47
▨ 0.48 ~ 0.59
□ 0.60 ~ 0.94

图 7—4　湖南省未利用地分布模拟

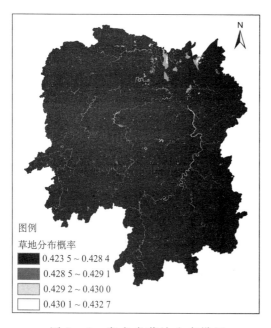

图例
草地分布概率
■ 0.423 5 ~ 0.428 4
■ 0.428 5 ~ 0.429 1
▨ 0.429 2 ~ 0.430 0
□ 0.430 1 ~ 0.432 7

图 7—5　湖南省草地分布模拟

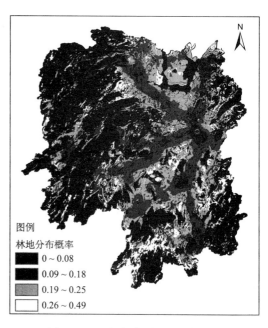

图例
林地分布概率
■ 0 ~ 0.08
■ 0.09 ~ 0.18
▨ 0.19 ~ 0.25
□ 0.26 ~ 0.49

图 7—6　湖南省林地分布模拟

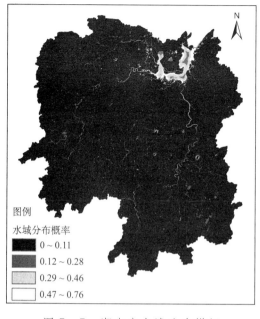
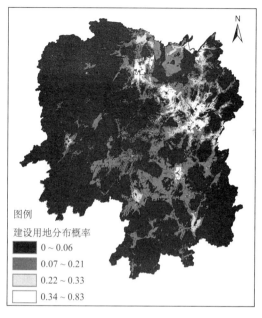

图 7—7　湖南省水域分布模拟　　　　图 7—8　湖南省建设用地分布模拟

值。相关技术路线如图 7—9 所示。

元胞自动机—马尔可夫模型结合了马尔可夫和元胞自动机理论两者的优点，可在定量和地理空间两方面更好地进行城市建设用地扩展的时空格局模拟。该模型在土地利用变化模拟方面比 GIS 方法拥有更强的精度优势，又比 CLUE-S 等模型更适于大尺度的土地模拟。其马尔可夫部分的工作原理为：

马尔可夫模型是一种基于栅格的空间概率模型，常用于具有无后效性特征地理事件的预测。该模型的基本原理是计算土地利用变化类型转移概率矩阵：

$$P_{ij} = \begin{bmatrix} P_{11} & P_{12} & \cdot & P_{1n} \\ P_{21} & P_{22} & \cdot & \cdot \\ \cdot & \cdot & \cdot & \cdot \\ P_{n1} & P_{n2} & \cdot & P_{nn} \end{bmatrix} \qquad （式 7—5）$$

式中：P_{ij} 为土地利用类型 i 转化为土地利用类型 j 的转换概率（$0 \leqslant P_{ij} \leqslant 1$），即类型 i 在某段时间内转变为类型 j 的面积占类型 i 在此期间发生变化的所有面积的比例；n 为土地利用类型的数目。

为确保模型的拟合优度与稳定性，模型应通过 R^2 检验、共线性检验等模型验证，同时还应对模型的精度进行验证。

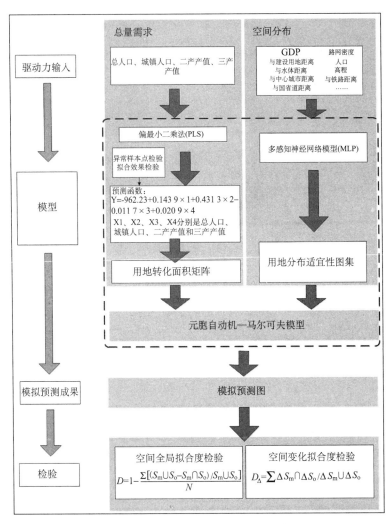

图7—9　湖南省用地综合格局预测技术路线

(二) 模型验证

　　模型能否满足精度需要，需要进行相关的验证。研究中使用空间全局拟合度（D）和空间变化拟合度（$D_\triangle$）两个指标来衡量预测结果的拟合优度。指标计算公式如下：

$$D = 1 - \frac{\sum \left[(S_m \bigcup S_o - S_m \bigcap S_o)/S_m \bigcup S_o \right]}{N}$$

$$D_\Delta = \sum \Delta S_m \bigcap \Delta S_o / \Delta S_m \bigcup \Delta S_o \qquad （式7—6）$$

式中：S_m 为某类土地的模拟面积，S_o 为某类土地的实际面积，N 为模拟的时间间隔（年），$\triangle S_m$ 为某类土地模拟一定阶段的空间变化面积，$\triangle S_o$ 为某类土地一定阶段实际的变化面积。

在湖南省国土研究中，将 2000 年和 2005 年两期的数据输入驱动力模型中，就可以预测出 2010 年湖南省的用地格局图（图 7—10）。以建设用地为例，$D=71.10\%$，$D_{\triangle}=54.12\%$，从计算结果看，模拟结果较好，空间分布正确率较高，模型可以用于预测未来的空间用地格局。

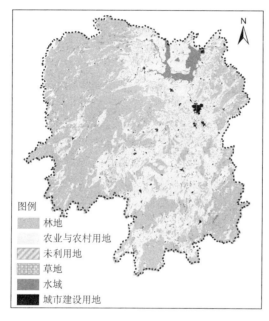

图 7—10 湖南省 2010 年用地预测

从截取的长株潭区域 2010 年预测用地（图 7—11 中的左图）与 2010 年实际用地（图 7—11中的右图）的对比来看，各类用地的预测结果也基本可以满足后期的研究。

（三）预测结果

以元胞自动机—马尔可夫模型为基础，输入 1990～2005 年的驱动因子为自变量，预测出湖南省 2010 年各地类的总量，并依此生成转化面积矩阵和转化概率矩阵，来预测 2015 年（表 7—7、图 7—12）、2020 年（表 7—8、图 7—13）和 2030 年（表 7—9、图 7—14）湖南省空间用地的布局。

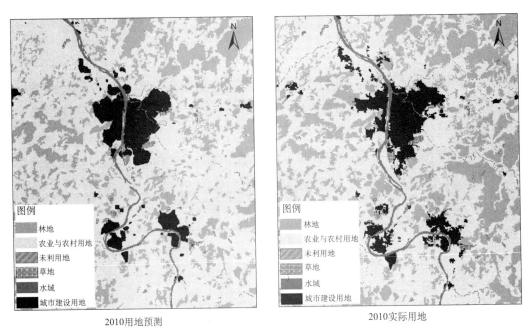

2010用地预测　　　　　　　　2010实际用地

图 7—11 　湖南省长株潭区域用地验证

表 7—7 　2010～2015 年土地利用转置矩阵　　　　　　（km²）

	林地	农业和农村用地	未利用地	草地	水域	建设用地	合计
林地	123 601.76	0	0	0	57.08	46.44	123 705.28
农业和农村用地	4 240.76	72 560.56	0	2.12	312	333.8	77 449.24
未利用地	0	0	1 476.48	0	0.24	0.44	1 477.16
草地	0	0	0	1 553.2	16.88	14.8	1 584.88
水体	118.48	220.88	0.88	3.56	6 008.72	0.52	6 353.04
建设用地	0	0	0	0	0	1 462.28	1 462.28
合计	127 961	72 781.44	1 477.36	1 558.88	6 394.92	1 858.28	212 031.88

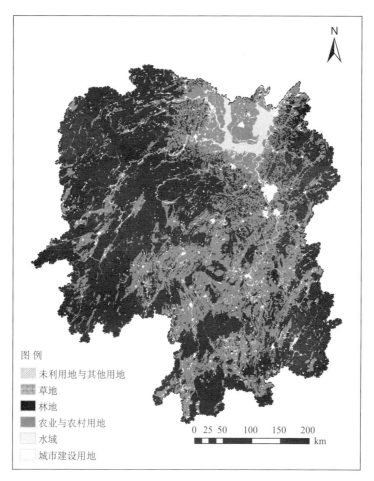

图 7—12　湖南省 2015 年用地布局预测

表 7—8　2010～2020 年土地利用转置矩阵　　　　　　　　　　（km²）

	林地	农业和农村用地	未利用地	草地	水域	建设用地	合计
林地	123 499.36	2	0	0.04	111.04	92.88	123 705.32
农业和农村用地	8 156.4	68 052.04	0.08	4.2	589.76	646.84	77 449.32
未利用地	0	0	1 475.8	0	0.48	0.88	1 477.16
草地	0.32	0.56	0	1 522.16	32.52	29.28	1 584.84
水体	242.56	415.8	1.72	6.84	5 684.04	2.04	6 353
建设用地	0	0	0	0	0	1 462.28	1 462.28
合计	131 898.64	68 470.4	1 477.6	1 533.24	6 417.84	2 234.2	212 031.92

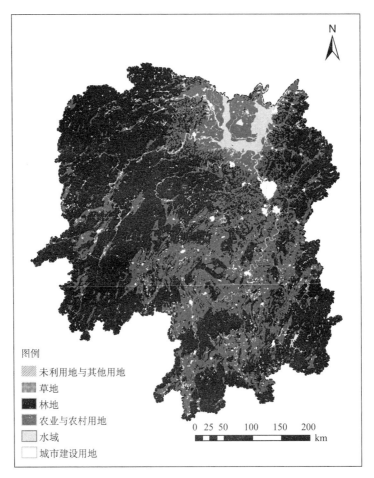

图 7—13　湖南省 2020 年用地布局预测

表 7—9　2010～2030 年土地利用转置矩阵　　　　　　　　（km²）

	林地	农业和农村用地	未利用地	草地	水域	建设用地	合计
林地	123 298.2	11	0.04	0.2	210.2	185.6	123 705.3
农业和农村用地	15 120.4	60 048.56	0.24	8.12	1 054.84	1 217.08	77 449.24
未利用地	0.04	0.08	1 474.44	0	0.88	1.76	1 477.2
草地	1.92	3.2	0	1 462	60.32	57.44	1 584.88
水体	502.88	737.48	3.28	12.72	5 089	7.68	6 353.04
建设用地	0	0	0	0	0	1 462.28	1 462.28
合计	138 923.5	60 800.32	1 478	1 483.04	6 415.24	2 931.84	212 031.9

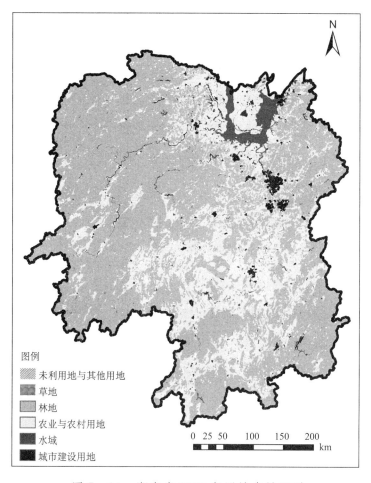

图例
- 未利用地与其他用地
- 草地
- 林地
- 农业与农村用地
- 水域
- 城市建设用地

0 25 50 100 150 200
km

图 7—14 湖南省 2030 年用地布局预测

第三节 延伸讨论

在建模过程中，我们对不同分辨率（100 米×100 米、200 米×200 米、300 米×300 米）下各因子的 Cramer's V 值进行了验证（表 7—10）。结果表明，200 米×200 米分辨率下，各因子与土地变化的总体相关性最强，随着分辨率的增加或减小，总体相关性都会下降，所以将 200 米×200 米确定为输入模型的数据分辨率。

表 7—10   三种不同分辨率下各因子的 Cramer's V 值

	100m×100m	200m×200m	300m×300m
与国省道距离	0.184 3	0.184 3	0.184 1
与建设用地距离	0.176 5	0.176 6	0.176 2
人口	0.266 3	0.266 6	0.266
高程	0.337 4	0.337 4	0.341
转化可能性	0.298 4	0.298 4	0.297 1
与中心城市距离	0.179	0.179	0.178 9
与铁路站点距离	0.181 4	0.202	0.181 3
路网密度	0.206	0.206	0.205 8
与水体距离	0.179 9	0.179 8	0.18

研究以湖南省为例，从社会经济、地形地貌、基础设施及各种空间约束性要素等方面，综合研究湖南省土地利用变化的规律，并模拟出湖南省未来土地利用格局，预测结果通过检验，拟合优度较好。当然，驱动力模型的研究还有很多不足，主要表现为以下两方面。

首先，政策因素难以纳入模型进行研究。如大规模的新城新区建设、大面积的退耕还林和退垸还湖等政策引起的土地变化，传统的线性模型、非线性模型通过函数构建的方式很难对这些政策因素进行量化表达，会影响土地利用模拟，尤其是农业和农村用地、林地、水域和草地等转化的模拟效果与精度。

其次，用地转换规则具有时空变异性。湖南省县市众多，各地土地利用、城市扩张受政策定位、人口规模、产业规模及区位影响，过程不同，机制迥异。此外，同一个地点，随着时间的推移，用地转换规则也在不断变化。本次研究在发掘省级土地利用转换规则的时空变异性上显得不足，无法很好地将湖南省近年来的用地转换规则进行分区分时研究，无法发掘些规则的时空规律并将其应用于土地格局模拟，这也是影响模型效果精度的另一个原因。

未来，可以进一步深化相关的研究，优化模型方法与原理。具体来说，可以尝试将多智能体等方法加入模型当中，对区域内的政府、企业、居民等行为主体进行模拟，对区域内发生的人为主观因素即政策因素进行模拟。还可以利用案例推理、蚁群算法等人工智能算法对用地转换规划进行动态学习与规律发掘，克服构建用地转化概率函数等方法的不足，通过充分发掘用地转换规则的时空变化规律，提高土地模拟的精度，为政府决策及规划提供更好的支持。

参 考 文 献

[1] 裴彬、潘□□□用系统动态变化模拟研究进展",《地理科学进展》,2010 年第 9 期。

[2] 何春阳、史陪军、□□等:"基于系统动力学模型和元胞自动机模型的土地利用情景模型研究",《地球科学》,2005 年□□期。

[3] 柯新利、边馥苓:"基于□□数据挖掘的分区异步元胞自动机模型研究",《中国图像图形学报》,2010 年第 6 期。

[4] 李少英、黎夏、刘小平等:"基□智能体的就业与居住空间演化多情景模拟——快速工业化区域研究",《地理学报》,2013 年第 □ 期。

[5] 黎夏、刘小平、何晋强等:"基于耦□地理模拟优化系统",《地理学报》,2009 年第 8 期。

[6] 卓莉、李强、史培军等:"基于夜间灯□据的中国城市用地拓展类型",《地理学报》,2006 年第 2 期。

[7] 刘小平、黎夏、陈逸敏等:"基于多智能□居住区位空间选择模型",《地理学报》,2010 年第 6 期。

[8] 徐小黎、史培军、何春阳:"北京和深圳城市□较研究",《地理科学进展》,2002 年第 2 期。

[9] 胡德勇、李京、陈云浩等:"基于多时相 Land□ 数据的城市扩张及其驱动力分析",《国土资源遥感》,2006 年第 4 期。

[10] 田亚平、王鹏、李倩等:"城市化背景下的衡阳□土地利用变化及其驱动力分析",《衡阳师范学院学报》,2008 年第 6 期。

[11] 徐新良、刘纪远、庄大方:"中国林地资源时空□态特征及驱动力分析",《北京林业大学学报》,2004 年第 1 期。

[12] 乔玉良、王鹏、尚彦玲:"珠海市森林绿地遥感动态监测与驱动力分析",《航天返回与遥感》,2009 年第 4 期。

[13] 王海青、张勃:"黑河流域 40 多年来生态环境变化驱动力分析及对策",《干旱区资源与环境》,2007 年第 10 期。

[14] 罗先香、何岩、邓伟等:"三江平原典型沼泽性河流径流演变特征及趋势分析——以挠力河为例",《资源科学》,2002 年第 5 期。

[15] 孟凡德、王晓燕:"北京市水资源承载力的现状及驱动力分析",《首都师范大学学报(自然科学版)》,2004 年第 3 期。

[16] 刘影、彭薇:"鄱阳湖湿地生态系统退化的社会经济驱动力分析",《江西社会科学》,2003 年第 10 期。

[17] 刘明、刘淳、王克林:"洞庭湖流域生态安全状态变化及其驱动力分析",《生态学杂志》,2007 年第 8 期。

[18] 邵晓梅、杨勤业、张洪业:"山东省耕地变化趋势及驱动力研究",《地理研究》,2001 年第 3 期。

[19] 黄宁生:"广东耕地面积变化与经济发展关系的初步研究",《中国人口·资源与环境》,1998 年第 12 期。

[20] 张惠远、赵昕奕、蔡运龙等:"喀斯特山区土地利用变化的人类驱动机制研究——以贵州省为例",《地理研究》,1999 年第 6 期。

[21] 彭建:"喀斯特生态脆弱区土地利用/覆被变化研究——以贵州猫跳河流域为例"(博士论文),北京大学,2006 年。

［22］赵庚星、王人潮、尚建业："黄河三角洲垦利县土地利用的系统动力学仿真模拟研究"，《浙江大学学报（农业与生命科学版）》，1998 年第 2 期。

［23］龙花楼、李秀彬："区域土地利用转型分析——以长江沿线样带为例"，《自然资源学报》，2002 年第 2 期。

［24］董玉祥："藏北高原土地沙漠化现状及其驱动机制"，《山地学报》，2001 年第 5 期。

［25］徐友宁、李智佩、陈华清等："生态环境脆弱区煤炭资源开发诱发的环境地质问题"，《地质通报》，2008 年第 8 期。

［26］邓祥征、战金艳："中国北方农牧交错带土地利用变化驱动力的尺度效应分析"，《地理与地理信息科学》，2004 年第 3 期。

第八章　重大情景研究

省域空间格局的变化是经济社会、重大基础设施、宏观政策、能源资源开发等因素综合作用的结果。这些影响省域空间格局的因素自身，也面临着许多的不确定性，自然会给省域空间格局带来不同的影响，这也正是进行多情景比较和研究的意义。

影响省域空间变化的因素多种多样，应将研究重点集中到重大的因素上。在第七章驱动力建模研究过程中，我们以湖南省为研究对象，筛选和识别出 12 个对用地有较大影响的因素，它们是空间变化的重要驱动因子，包括全省总人口、城镇人口、第二产业生产总值、第三产业生产总值四个总量因子，还有地区生产总值、交通路网、与水体距离、城镇人口等八个空间因子。这些驱动因子，既然是引起用地变化的显著变量，当然也是影响省域空间变化的重大情景要素，纳入情景分析顺理成章。

此外，直接推动用地转化的因素，如退耕还林、水利资源开发、矿产资源开发等，也应纳入重大情景要素进行研究。如退耕还林会导致农业和农村用地转化为林地，水利资源开发会导致水域面积的扩张，矿产资源开发会导致工矿用地的扩张等，无论是水体还是工矿用地面积的扩张，都是以其他用地面积的缩小为代价的。因此，这些重大的政策因素和项目建设，也应该成为情景分析的研究对象。另外，国家对城镇人均建设用地指标进行合理的调控，也会影响建设用地的集约紧凑程度。

综上所述，结合此次研究资料获取情况，我们将未来影响湖南省域空间格局变化的主要情景归纳为四个方面：一是经济社会发展情景，核心是经济总量、产业结构未来的变化趋势；二是未来交通基础设施的建设和完善；三是能源资源的开发，核心是水资源的开发和矿产资源的开发；四是重大的用地政策，重点研究退耕还林和人均建设用地指标调控对各类用地的影响。下面，我们将结合湖南省省情，分析不同发展情景下这些要素的参数变动。将这些不同的参数及其组合输入第七章建立的驱动力模型中，可以形成不同情景下湖南省未来的空间格局，从而为更加科学地编制规划提供决策依据。

第一节 经济社会情景研究

一、经济情景

(一) 地区生产总值发展情景分析

1. 湖南省经济发展现状

湖南省是我国中部重要的省份,是国家实施中部崛起战略的重要支撑,也是国家正在实施的长江经济带战略的重要省份,具有"东部沿海地区和中西部地区过渡带、长江开放经济带和沿海开放经济带结合部"的区位优势。2013 年,湖南省地区生产总值为24 501.7亿元,一、二、三次产业结构的比重为 12.7:47:40.3,人均生产总值为 3.66万元,略低于全国人均 GDP4.18 万元的平均水平。

表 8—1　1953~2012 年湖南省 GDP 增长率　　　　　　　　　　(%)

年份	增长率	年份	增长率	年份	增长率	年份	增长率
1953	8.4	1968	−1.4	1983	9.2	1998	8.5
1954	−1.8	1969	10.6	1984	9.4	1999	8.4
1955	18.5	1970	17.6	1985	12.0	2000	9.0
1956	5.4	1971	5.6	1986	8.1	2001	9.0
1957	15.1	1972	8.0	1987	9.3	2002	9.0
1958	19.8	1973	6.8	1988	8.2	2003	9.6
1959	8.8	1974	−7.4	1989	3.6	2004	12.1
1960	−1.0	1975	10.4	1990	4.0	2005	12.2
1961	35.5	1976	−1.5	1991	7.9	2006	12.8
1962	3.0	1977	9.6	1992	11.1	2007	15.0
1963	−3.6	1978	16.4	1993	12.4	2008	13.9
1964	18.8	1979	9.1	1994	10.6	2009	13.7
1965	13.1	1980	5.2	1995	10.3	2010	14.5
1966	12.8	1981	5.5	1996	12.1	2011	12.8
1967	3.0	1982	9.4	1997	10.6	2012	11.3

资料来源:《湖南统计年鉴》(1990~2013 年)。

1978 年至今，湖南省的用地类型发生了翻天覆地的变化，其中城镇和各类园区建设用地的扩张与湖南省的 GDP 增长息息相关。未来，湖南省建设用地的增长，仍将与 GDP 的增长密切相关。对省区而言，要相对准确地预测未来的经济增长，既要考虑国家未来经济发展的总体趋势，也要考虑湖南作为后发省份所具有的特殊优势，当然还有经济增长所面临的众多的不确定性因素。因此，我们对湖南省未来经济按照快速增长、中速增长和低速增长三种情景进行预测。

2. 全国 GDP 长期增长率分析

2014 年，我国人均 GDP 已经超过 6 000 美元，进入了中等收入国家的行列。世界经济发展的历史表明，国家要跨越中等收入国家"陷阱"，会面临许多复杂和尖锐的矛盾，只有极少数的经济体可以成功跨越这个障碍。如 1960 年的 101 个中等收入经济体中，到 2008 年只有 13 个成为高收入经济体，它们分别是赤道几内亚、希腊、中国香港、爱尔兰、以色列、日本、毛里求斯、葡萄牙、波多黎个、新加坡、韩国、西班牙和中国台湾[1]，其他的经济体至今仍然在中等收入水平上下徘徊。因此，中国未来经济的发展，只有在强力推动创新驱动和机制改革的基础上，才有能力破解跨越中等收入国家"陷阱"的难题。

总体来看，中国经济进入"新常态"，经济发展迈入提质和"换挡"期。随着劳动力成本、环境成本和土地成本的逐步攀升，长期依赖的低成本比较优势逐步削弱，未来的发展需要更多地依靠创新和生产效率的提高来驱动，未来经济继续保持快速增长的难度不断加剧，但众多学者和机构对中国未来经济发展仍持相对乐观的态度。如胡鞍钢等研究称，未来 20 年中国经济仍保持高速增长，潜在增长率在 7.9%，在考虑到节能减排环保因素后，适度增长率在 7.5%，完全可以实现发展与环境的"双赢"[2]。霍尔茨（Holz）基于与韩国、日本等国家或地区之间的比较以及我国的人力资本积累等因素，分别对2005～2010 年和 2010～2025 年进行回归估计，得到的结果是我国会保持 7.05%～9.42% 的经济增长率[1]。帕金斯（Perkins）等则从增长核算、生产率和国际国内环境角度探讨中国 2005～2025 年的经济增长率问题，认为单纯从资本、劳动力和教育发展看，2005～2025 年中国的经济增长率不会超过 5%，而从劳动生产率的角度预测 2005～2025 年中国的经济增长率为 6%～9%，从国际国内环境角度预测中国的经济增长率在 2006～2015 年为 6%～8%，在 2016～2025 年为 5%～7%[3]。张延群等利用柯布—道格拉斯生产函数和索洛增长模型，分析了我国 1970～2007 年要素对经济增长的贡献。在综合考虑未来影响经

① Holz，C. A. 2006. China's Economic Growth 1978-2025：What We Know Today about China's Economic Growth Tomorrow. SSRN Research Paper，http：//ssrn. com/ab-stract＝756044.

济增长的各因素的基础上，判断 2008～2020 年我国经济平均增长速度为 7％～8％，在较差的情况下只能达到 5％～6％[4]。刘世锦则认为在"十二五"末期，我国经济增长速度可能下一个台阶，由 10％左右降低到 7％左右，进入次高或中速增长期[5]。张连城等应用 HP 滤波方法测算我国经济中期的潜在增长率为 9.5％，而长期则为 8.5％左右[6]。

国内一部分学者曾指出，我国经济增长率将从 2020 年进入转折时期。国家社会科学基金项目《要素空间集聚与北部湾经济区城市经济增长研究》成果表明，在 2020 年之后，我国省域范围的经济增长率会出现急速下降的趋势，并在 2030 年左右下降到 5％，进入低速均衡增长时期。

在 2012 年夏季达沃斯论坛上，世界银行前副总裁、经济学家、北京大学中国研究院教授林毅夫表示，未来 20 年内中国仍有潜力维持 8％的 GDP 增长率。国际货币基金组织（IMF）负责中国事务的史蒂文·巴奈特（Steven Barnett）也曾对中国经济前景发表看法，他认为，虽然要看今后的汇率市场走向及日美欧等国的外部环境，但中国经济到 2030 年将维持年均 6％左右的增长，继续支撑全球经济发展。

综观国内外学者对中国经济增长率的分析和预测，从长期发展来看，一部分学者认为中国 GDP 未来将至少保持 8％的高增长率；另一部分则认为未来中国的 GDP 增长率将会降低到 7％及以下；甚至还有学者预测，随着中国刘易斯转折点的出现，GDP 增长率会急速降低到 6％左右。虽然学术界的观点并不统一，但对中国未来经济发展还是普遍持乐观态度，绝大多数学者认同中国在未来相当长的时期里仍将保持 7％左右的经济增速。

3. 湖南省经济增长情景分析

对省域未来的经济增长进行合理预测，是本次研究的难点。即便用很大的篇幅进行论证和阐述，也难以保证结论的科学性和准确性。为简化研究方案，我们提出以国家经济增长的前景为基础，结合湖南省"十二五"规划、《湖南省城镇体系规划（2010～2020）》等做出的预测，适当考虑湖南省作为后发区域的优势做出情景分析和预测。

2010 年公布的《湖南省国民经济和社会发展第十二个五年规划纲要》，提出了"十二五"（2011～2015 年）期间湖南省地区生产总值年均增长 10％以上的目标，到 2015 年总量达 2.5 万亿元左右（按可比价计算），人均地区生产总值力争接近全国平均水平①。《湖南省城镇体系规划（2010～2020）》提出了到 2020 年，湖南省地区生产总值实现年均增长 9％的目标。

结合上述目标，以"十二五"规划为依据，本次研究确定 2013～2015 年湖南省经济年均增长 10％。以省域城镇体系规划为依据，本次研究确定湖南省 2016～2020 年经济年

---

① 数据引自湖南省人民政府公布：《湖南省国民经济和社会发展第十二个五年规划纲要》，2011 年。

均增速为 9%。2021~2030 年，考虑到湖南省在全国范围内来看仍属赶超型地区，经济发展还存在相当大的潜力，湖南省的经济增长潜力会略高于全国平均水平。根据经济发展的不确定性，提出这期间湖南高速增长、中速增长和低速增长三种情况下，经济增长年均增速分别为 8%、7% 和 6%（表 8—2）。

表 8—2　湖南省 GDP 增长率未来情景分析　　　　　　　　　　（%）

年份	2011	2012	2013~2015	2016~2020	2021~2030
增长率	12.8	11.3	10	9	8 7 6

资料来源：2011 年和 2012 年数据分别来自《湖南统计年鉴》2012 年、2013 年。

结合经济年均增长率的设定，对湖南省 GDP 总量的预测如表 8—3 所示。其中，2015 年预测值依据"十二五"规划目标计算，2020 年的预测数据依据《湖南省城镇体系规划（2010~2020）》确定的增长率进行计算，2030 年的三个数据，依据表 8—3 设定的经济年均增速进行计算。

表 8—3　2010~2030 年湖南省 GDP 总量预测　　　　　　　　（亿元）

年份	GDP 总量	备注
2010	15 902.12	数据来自《湖南统计年鉴》（2011 年）
2015	25 000.00	《湖南省国民经济和社会发展第十二个五年规划》
2020	38 465.60	依据《湖南省城镇体系规划（2010~2020）》的研究
2025	51 475.65	经济年均增速 6%
	53 949.99	经济年均增速 7%
	56 518.58	经济年均增速 8%
2030	68 886.03	经济年均增速 6%
	75 667.66	经济年均增速 7%
	83 044.34	经济年均增速 8%

结合表 8—2、表 8—3 对湖南省未来经济增速的预测，分情景对 2015 和 2020 年地区生产总值进行平滑处理，结论如下。

（1）2021~2030 年，6% 的年均增长情景

2015 年的 GDP 总量 =（15 902.12 + 25 000.00 + 38 465.60 + 51 475.65）/4

　　　　　　　　　= 32 710.84（亿元）

2020 年的 GDP 总量＝（25 000.00＋38 465.60＋51 475.65＋68 886.03）/4
　　　　　　　　　＝45 956.82（亿元）

（2）2021～2030 年，7％的年均增长情景

2015 年的 GDP 总量＝（15 902.12＋25 000.00＋38 465.60＋53 949.99）/4
　　　　　　　　　＝33 329.43（亿元）

2020 年的 GDP 总量＝（25 000.00＋38 465.60＋53 949.99＋75 667.66）/4
　　　　　　　　　＝48 270.81（亿元）

（3）2021～2030 年，8％的年均增长情景

2015 年的 GDP 总量＝（15 902.12＋25 000.00＋38 465.60＋56 518.58）/4
　　　　　　　　　＝33 971.58（亿元）

2020 年的 GDP 总量＝（25 000.00＋38 465.60＋56 518.58＋83 044.34）/4
　　　　　　　　　＝50 757.13（亿元）

最终，得到各种发展情景下 2015 年、2020 年、2025 年、2030 年的 GDP 总量（表 8—4）。

表 8—4　湖南省 GDP 总量情景设定　　　　　　　　　　（亿元）

年份	低速增长	中速增长	高速增长
2015	32 710.84	33 329.43	33 971.58
2020	45 956.82	48 270.81	50 757.13
2025	51 475.65	53 949.99	56 518.58
2030	68 886.03	75 667.66	83 044.34

（二）湖南省三次产业结构情景分析

湖南省 1978～2011 年三产比重走势如图 8—1 所示。不难发现，随着改革开放进程的推进，湖南的农业占湖南 GDP 的比例从 1978 年的 40.7％不断下降，到 2011 年已经降为 14.1％。第二产业占比先波动下行后平稳回升，显示出工业化加速并逐步趋缓的特征。第三产业一直呈现比较平稳的增长态势，占地区生产总值的比重由 1978 年的 18.6％增长到 2011 年的 38.3％。

结合湖南省未来科学技术进步、人口规模和结构变化、劳动力供给水平、投资、消费和进出口的变化等，我们认为，湖南省和全国一样，未来也将呈现第一产业占比逐步下降、第二产业占比稳步下降、第三产业占比逐步提高的过程。在咨询专家意见的基础上，不再赘述分析和论证过程，本次研究提出湖南省 2015 年三次产业结构分别为

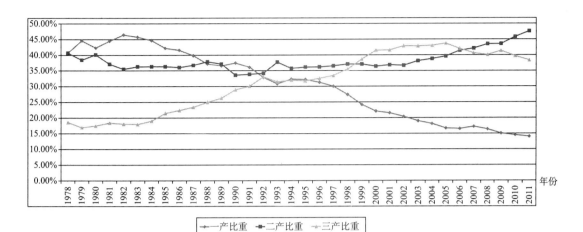

图 8—1　1978～2011 年湖南省产业结构变化

12.5∶46.7∶40.8，2020 年三次产业结构分别为 10.7∶45.4∶43.9，2030 年三次产业结构分别为 7.0∶43.0∶50.0（表 8—5）。

表 8—5　湖南省未来产业结构比重预测　　　　　　　　　　　　（％）

年份	2015	2020	2030
一产比重	12.5	10.7	7.0
二产比重	46.7	45.4	43.0
三产比重	40.8	43.9	50.0

根据经济增长和产业结构的预测与分析，湖南省未来三次产业增加值如表 8—6 所示。

表 8—6　湖南省产业结构情景设定　　　　　　　　　　　　（亿元）

年份		低速增长	中速增长	高速增长
2015	地区生产总值	32 710.84	33 329.43	33 971.58
	一产增加值	2 289.76	2 333.06	2 378.01
	二产增加值	14 065.66	14 331.65	14 607.78
	三产增加值	16 355.42	16 664.72	16 985.79
2020	地区生产总值	45 956.82	48 270.81	50 757.13
	一产增加值	3 216.98	3 378.96	3 553.00
	二产增加值	19 761.43	20 756.45	21 825.57
	三产增加值	22 978.41	24 135.41	25 378.57

续表

年份		低速增长	中速增长	高速增长
2025	地区生产总值	51 475.65	53 949.99	56 518.58
	一产增加值	3 603.30	3 776.45	3 956.30
	二产增加值	22 134.53	23 198.50	24 302.99
	三产增加值	25 737.83	26 975.00	28 259.29
2030	地区生产总值	68 886.03	75 667.66	83 044.34
	一产增加值	4 822.02	5 296.74	5 813.10
	二产增加值	29 620.99	32 537.09	35 709.07
	三产增加值	34 443.02	37 833.83	41 522.17

二、人口增长情景分析

国家"六普"人口数据表明，我国仍是世界上人口最多的国家，2010 年全国总人口为 13.7 亿人，占全世界人口的 19.9％。湖南"六普"数据显示，2010 年湖南全省常住人口为 6 568.4 万人，比"五普"增加 128.8 万人，年均增长率为 0.2％。

庞大的人口数量一直是湖南省情最显著的特点之一。虽然湖南已经进入了低生育率省份行列，但由于人口增长的惯性作用，当前和今后十几年，湖南人口仍将以年均 30 多万左右的速度增长。受 20 世纪 80～90 年代第三次人口出生高峰的影响，2005～2020 年，20～29 岁生育旺盛期妇女数量将形成一个高峰。由于独生子女陆续进入生育年龄，按照现行生育政策，政策内生育水平将有所提高，同时还应考虑到放开"单独二胎"[①] 政策的影响。

(一) 湖南全省常住总人口预测

1. 预测模型选择

常见的人口预测方法有很多，例如线性回归法、移动平均法、指数平滑法、GM（1，1)灰色模型法等。但这些预测方法仍存在一些不足之处，如线性回归法要得到比较准确的回归方程，对历史数据的需求较高；移动平均法和指数平滑法虽然适用于历史数据

---

① "单独二胎"指一方独生子女夫妇可以生育两个孩子。在 2015 年 10 月召开的中共十八届五中全会上，中央提出了全面实施一对夫妇可生育两个孩子政策，积极开展应对人口老龄化的行动（即全面二孩政策）。鉴于本次研究是在全面二孩政策实施前开展的，该因素没有纳入分析，因此会对人口总量的预测带来影响。

较少的情况，但在预测较长时间人口时误差较大；灰色系统的行为现象不够准确，容易引起数据杂乱。

此次研究选取了"人口宏观管理与决策信息系统"（Population Administration Decision Information System，PADIS）进行湖南省人口的分析和研究。该系统是由国家人口计生委（现卫生和计划生育委员会）建立的国家电子政务重点建设项目，提供了比较完整的人口分析预测模型，能够比较好地满足本次研究的需求。

2. 参数设置与分析过程

在进行全省总人口预测前，需要对不确定的因素进行假设。我们预测的结果是建立在以下假设成立基础上的：

第一，假设湖南省行政区划在预测期间不发生变化；

第二，假设湖南省未来社会经济仍会平稳发展；

第三，假设未来人口的死亡模式不变；

第四，假设总和生育率（Total Fertility Rate，TFR）[①] 保持不变。

用于人口预测的基础数据主要来自 2010 年第六次全国人口普查的湖南省数据。

（1）模型设置

为使预测期限与整体研究期限保持一致，将 PADIS 的起始年份与终止年份分别设为 2010 年和 2030 年。为配合其他情景预测和分析的需要，将系统的时期取四个节点，参数调整间隔设为五年。根据中国人口的年龄特点并参考其他预测模型，假设人口的最高年龄为 100 岁。

默认预期寿命内插方法与总和生育率内插方法都为线性型。所谓内插法，是根据未知函数 $f(x)$ 在某区间内若干点的函数值，做出在该若干点的函数值与 $f(x)$ 值相等的特定函数来近似原函数 $f(x)$，进而可用此特定函数算出该区间内其他各点的原函数 $f(x)$ 的近似值。按特定函数的性质分，内插法有线性内插、非线性内插等。此次研究，我们假设预期寿命与总和生育率变化函数为线性的。

模型生命表选择"寇尔德曼"区域模型生命表中的"西方模式"。寇尔德曼模型生命表西方模式依据的实际生命表数量最大，地理范围最广，具有广泛的代表性，被认为是最通用的死亡模式。

（2）起始人口

根据 PADIS 要求，将 2010 年湖南省人口普查相关数据录入模型即可。整理的基础数据如表 8—7 所示。

---

① 总和生育率指一定时期，通常是 1 年的各年龄妇女生育率的合计数。

（3）死亡水平

死亡水平与预期的寿命有关。从湖南省预期寿命的变动来看，男性预期寿命平均每10年增长2.85岁，女性每10年增长3.28岁；从中国总人口来看，过去20年，男性每10年平均增长2.77岁，女性每10年平均增长3.45岁。

表8—7　2010年湖南省分年龄段人口数据　　　　　　　（人）

年龄段	男性	女性
0～4	2 292 509	1 893 332
5～9	2 165 639	1 759 682
10～14	1 879 394	1 585 959
15～19	2 175 503	2 008 424
20～24	3 031 499	3 116 986
25～29	2 321 047	2 418 837
30～34	2 178 922	2 150 879
35～39	2 944 331	2 753 701
40～44	3 272 744	3 130 599
45～49	2 732 405	2 618 284
50～54	1 892 152	1 757 774
55～59	2 082 980	1 981 327
60～64	1 631 170	1 505 322
65～69	1 099 436	1 005 092
70～74	960 089	919 194
75～79	631 505	675 356
80～84	331 161	399 139
85～89	153 973	244 416

资料来源：各年龄段数据根据湖南省2010年"六普"人口数据整理。

2010年世界人口的预期平均寿命为69.6岁，其中高收入国家及地区为79.8岁，中等收入国家及地区为69.1岁。可见，中国人口及湖南省人口预期平均寿命不仅明显高于中等收入国家及地区，也大大高于世界平均水平，但与高收入国家及地区还有一定的差距。随着中国卫生医疗和群众生活水平的不断提高，未来中国预期寿命仍将继续增长。当然，一般而言，预期平均寿命越高，提高速度越慢。因此，我们假设湖南省男性预期寿命每10年增长2.8岁，女性每10年增长3岁。对湖南省男性、女性未来预期寿命的估算如

表 8—8 所示。

表 8—8　湖南省未来预期寿命假定　　　　　　　　　　（岁）

年份	男性	女性
1989	66.57	69.93
2000	70.78	74.16
2010	72.28	77.48
2015	73.68	78.98
2020	75.08	80.48
2025	76.48	81.98
2030	77.88	83.48
2035	79.28	84.98

（4）生育水平

中国计划生育政策对生育率有很大的影响。十八届三中全会"单独二胎"的决定，给生育率带来一定的影响。由于缺乏湖南省育龄期人口中独生子女比重的数据，研究结合经验，通过"五普"、"六普"两次人口普查出生人口的分析，对湖南省 2000 年和 2010 年出生队列的独生子女规模进行了估计（表 8—9）。

表 8—9　湖南省 2000 年、2010 年出生队列及独生子女规模

年份	总出生人口（人）			独生子女数（人）			总数比例（%）
	总数	男性	女性	总数	男性	女性	
2000	54 294	30 367	23 927	19 348	8 194	11 154	0.356 356
2010	66 182	36 869	29 313	14 976	7 788	7 188	0.226 285

根据湖南省独生子女的比重，可以计算出未来符合政策的育龄妇女比重。如果符合政策的家庭都选择生育二胎，相当于在当前总和生育率的水平上（TFR＝1.42）加上独生子女的比重，即为预测的总和生育率。下面对总和生育率按照低、中、高三个方案，进行简要分析。

低方案：当前人口中独生子女的比重相对较少，且低生育水平多是自愿少生的结果，"单独二胎"对当前的生育水平没有显著的影响，到 2025 年（即 2000 年出生队列进入生育年龄后）单独二胎才开始显效。

中方案："单独二胎"政策逐渐显效，生育水平逐渐提升，且未来生育政策可能进一步调整，2030年时生育水平提高到2.0。

高方案："单独二胎"政策成效明显且快速，同时生育政策的进一步调整时间提前到2025年左右。

在生育模式方面，目前已经形成较稳定的生育模式（即分年龄生育率），假定未来生育模式保持目前的模式不变，以此预测未来分年龄生育率。低、中、高三个方案的生育水平及生育模式的预测参数如表8—10所示。

表8—10　湖南省未来生育水平及生育模式的预测参数

		总和生育率	15～19	20～24	25～29	30～34	35～39	40～44	45～49
	2010	1.42	0.005 29	0.080 89	0.097 94	0.051 08	0.025 22	0.012 8	0.010 21
低方案	2015	1.42	0.005 29	0.080 89	0.097 94	0.051 08	0.025 22	0.012 8	0.010 21
	2020	1.50	0.005 588	0.085 447	0.103 458	0.053 958	0.026 641	0.013 521	0.010 785
	2025	1.80	0.006 706	0.102 537	0.124 149	0.064 749	0.031 969	0.016 225	0.012 942
	2030	1.80	0.006 706	0.102 537	0.124 149	0.064 749	0.031 969	0.016 225	0.012 942
中方案	2015	1.50	0.005 588	0.085 447	0.103 458	0.053 958	0.026 641	0.013 521	0.010 785
	2020	1.80	0.006 706	0.102 537	0.124 149	0.064 749	0.031 969	0.016 225	0.012 942
	2025	1.80	0.006 706	0.102 537	0.124 149	0.064 749	0.031 969	0.016 225	0.012 942
	2030	2.00	0.007 451	0.113 93	0.137 944	0.071 944	0.035 521	0.018 028	0.014 38
高方案	2015	1.80	0.006 706	0.102 537	0.124 149	0.064 749	0.031 969	0.016 225	0.012 942
	2020	1.80	0.006 706	0.102 537	0.124 149	0.064 749	0.031 969	0.016 225	0.012 942
	2025	2.00	0.007 451	0.113 93	0.137 944	0.071 944	0.035 521	0.018 028	0.014 38
	2030	2.00	0.007 451	0.113 93	0.137 944	0.071 944	0.035 521	0.018 028	0.014 38

2010年湖南省总和生育率为1.42。在PADIS模型中输入中方案（表8—10）的相关参数，即可生成2015～2030年的总和生育率数字（图8—2）。

从生育率曲线可以看出，与湖南省的人口增长分析是一致的。2015～2020年，湖南省的生育率快速增长，到2030年时，生育率达到最高峰。

（5）生育模式

在生育模式参数设定时，分别设置了2010年、2015年、2020年、2025年、2030年各个年龄段的生育率。其中，2020年的生育率曲线如图8—3所示。

2010年，湖南省的出生性别比为122，这一比值在2015年前不会有太大的变化。2015～2030年，在相关政策的调节下，出生性别会比预期稳定下降。设定2020年的出生性别比降为115，到2030年达到理想状态。在没有人为干扰的情况下，出生性别比应该

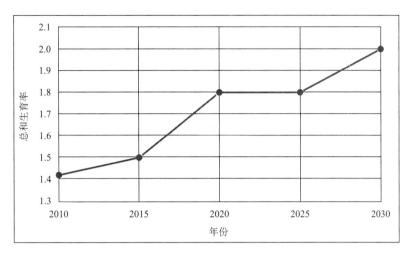

图 8—2 湖南省 2015~2030 年总和生育率

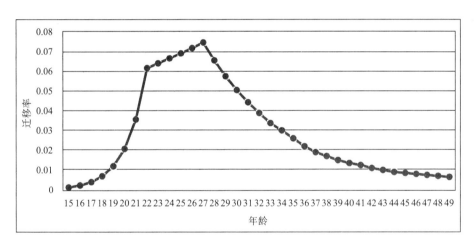

图 8—3 湖南省 2020 年生育率曲线

是比较稳定的，变化范围是 103～107，不同国家、不同民族稍有差别。我国正常值在 107 左右。这里，我们设置湖南省 2030 年的出生性别比为 105。

（6）迁移水平

人口迁移，主要与社会经济发展水平相关，从近年来湖南省人口迁移看，其人口流出水平与周边资源禀赋和发展水平接近的省市相当。广东作为湖南主要的人口流入地区，也应被纳入分析对象。因此，本次研究选取湖北、江西、广东、广西、贵州、重庆等周边省市和湖南省作对比（表 8—11、图 8—4）。

表 8—11　湖南省及周边省市迁移水平对比

省市	GDP（亿元）	流入人口（人）	流出人口（人）
湖南	15 027	91 130	794 327
湖北	15 456	177 069	628 124
江西	8 724	101 973	601 044
广东	45 636	2 230 830	114 779
广西	9 150	101 862	443 067
贵州	4 274	118 877	416 140
重庆	7 230	127 388	349 441

注：①各省市的 GDP 为 2010 年数据，源自《中国统计年鉴》（2011 年）；
②流入和流出人口源自全国"六普"人口普查数据。

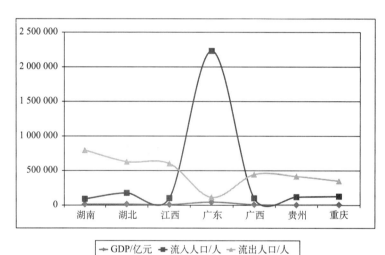

图 8—4　湖南省及周边省市迁移特点分析

　　假定流入人口和 GDP 呈正相关关系，流出人口和 GDP 呈负相关关系，则可通过周边省份得出流入流出人口和 GDP 的线性关系，进而预测未来 GDP 变化，模拟未来湖南省流入流出人口。以上述七省市为样本点做线性回归分析，得到流入人口和 GDP 的关系，如式 8—1 所示。

$$流入人口 = 54.486 \times GDP - 399\ 854.529 \qquad （式 8—1）$$

　　同理，也可以得出流出人口与 GDP 的关系。那么，最终得出迁移人口与 GDP 的关系如式 8—2 所示。

$$迁移人口 = 60.339 \times GDP - 562\ 945.76 \qquad （式 8—2）$$

再根据 GDP 预测模型中各种发展情景下的 2015 年、2020 年、2025 年、2030 年的 GDP 总量（表 8—4），将不同增速情况下的 GDP 总量代入公式 8—2，计算 2015 年、2020 年、2025 年、2030 年湖南省迁移人口。假设男女表现一致，则各年份性别迁移人口情况如表 8—12、图 8—5 所示。

表 8—12 湖南省迁移人口预测

年份	GDP（亿元）	迁移人口（人）		
		总数	男	女
2010	15 027	418 907	209 453	209 453
2015	33 329.43	1 448 118	724 059	724 059
2020	48 270.81	2 349 666	1 174 833	1 174 833
2025	539 49.99	2 692 342	1 346 171	1 346 171
2030	75 667.66	4 002 765	2 001 382	2 001 383

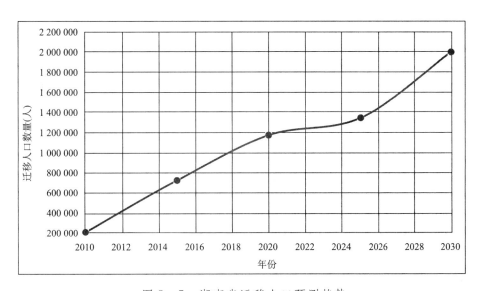

图 8—5 湖南省迁移人口预测趋势

（7）迁移模式

迁移模式参数设定时，分别设置了 2010 年、2015 年、2020 年、2025 年、2030 年各个年龄的迁移比例。其中，2020 年的迁移曲线如图 8—6 所示。

3. 规模预测结果

将上述参数输入 PADIS 系统中，最终预测湖南省未来相关年份常住人口规模

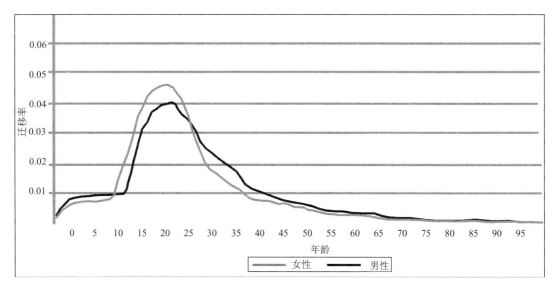

图 8—6　湖南省 2020 年迁移曲线

（表 8—13）：2015 年，湖南省常住人口规模将为 7 285.5 万人，2020 年将为 7 694.4 万人，2030 年将为 7 801.0 万人。

表 8—13　湖南省常住人口预测值　　　　　　　　　（万人）

年份	常住人口
2015	7 285.5
2020	7 694.4
2025	7 758.0
2030	7 801.0

（二）湖南省城镇化率预测

1. 我国城镇化水平的预测研究

（1）政府研究机构的主要研究结论

蒋正华、徐匡迪和宋健任组长的"国家人口发展战略研究"课题组，2006 年在《国家人口发展战略研究报告》认为，中国到 2010 年，人口总量将在 13.6 亿人，城镇化率提高到 47％；到 2020 年，人口总量将在 14.5 亿人，城镇化率达 53％以上；到 21 世纪中叶，人口峰值控制在 15 亿人左右，城镇化水平达到中等发达国家水平。

住房和城乡建设部在其《全国城镇体系规划（2006～2020 年）》中认为，中国城镇化率在 2020 年将会达到 56%～58%。国务院发展研究中心在其《中国城镇化——前景战略与政策（2010）》报告中认为，中国城镇化的峰值估计在 80% 左右，2015 年城镇化率将在 52% 左右，2020 年预期将达到 56%；在其较早期"十五"研究课题中认为，中国城镇化率 2010 年将达到 45%，2030～2040 年可能达到 70% 左右。而中国社会科学院在其 2011 年年底发布的《社会蓝皮书（2012 年）》中认为，中国 2020 年城镇化率将会超过 55%。

2005 年，中国工程院在其重大咨询课题"我国城市化进程中的可持续发展战略研究"中认为，2005～2020 年，我国城镇化率的年均增加值大致可保持在 1 个百分点，城镇人口增长 3.26 亿，城镇化水平将达到 55%～60%。21 世纪中期，当我国建成为中等发达的现代化国家时，城镇化率可达到 70% 左右。中国社会科学院在 2013 年举办的"城镇化与投资研讨会·2013 年《投资蓝皮书》发布会"上指出，未来 20 年是中国城乡变动最剧烈的时期，到 2030 年中国的城镇化水平将达到 70%。

中国工程院在其 2013 年"中国特色新型城镇化发展战略研究"重大咨询课题中认为，2020 年中国的城镇化水平将在 60% 左右；2030～2040 年，城镇化水平将在 65%～70%。该课题在研究过程中也对主要的城镇化研究结论进行了梳理[7]，如图 8—7 所示。

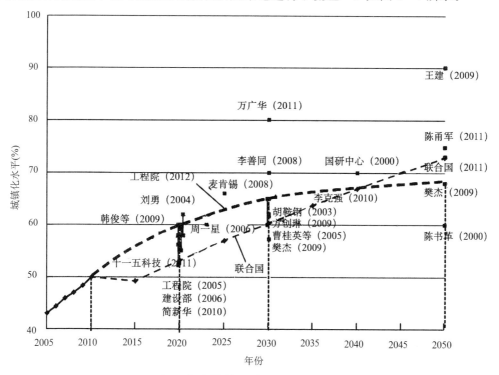

图 8—7　中国未来城镇化发展趋势综合分析与判断

资料来源：徐匡迪主编：《中国特色新型城镇化发展战略研究》，中国建筑工业出版社，2014 年，第 114 页。

（2）主要的学术性研究成果

2007年国家社会科学基金重点课题"中国特色的城镇化道路研究"认为，中国城镇化率在2010年达到50%，2020年达到60%，2050年将达到75%；周一星2005年预计2020年城镇人口比重为57%左右，2023年可能超过60%；胡鞍钢2003年认为中国城镇化率2010年为45%～47%，2020年为53%～57%，2030年为60%～65%；刘勇2004年认为2020年城镇化率将达到58%～62%；李善同2001年提出，未来20年中国城镇化水平将提高到60%～67%；王大用2005年依据乐观预期，2020年我国城镇化水平可以达到67%或更高；麦肯锡在其2008年《迎接中国10亿城市劳动大军》报告中预测，2025年，中国的城镇人口将达到9.26亿，城镇化率超过64%；陈彦光、罗静等2006年推算出2050年前后中国城镇化水平饱和值为80%左右[8]；简新华、黄锟2010年预测中国2020年城镇化率将达到59.17%，城镇化任务基本完成，此后将进入缓慢发展阶段[9]；孔凡文、许世卫2006年预测我国2020年城镇化率将达到60%，2040年将达到68%，2050年将达到70%；韩本毅研究表明，中国的城镇化约在2014年进入拐点，中国城镇化的高速增长期将在2014年结束，而此时中国的城镇化率约为50.3%，2020年将为56.4%，2030年将为66.2%，饱和值将在85%左右；张妍、黄志龙2010年提出，2020年我国城镇化水平将在54.6%～56.2%，2030年将在61.3%～63.6%，而2050年将在69.5%～73.0%[10]。

国家"十一五"科技支撑课题"中国城镇化的质量与速度的评价和预测研究"认为，到2020年，我国城镇化水平可以达到59%～60%；到2030年，城镇化水平则可以达到68%～70%[11]。

由上述研究成果可见，各研究机构和学者对未来我国城镇化水平的估计值的差异还是比较明显的，而且一些成果成文较早，其预测值已经与实际值有较大出入。总体来看，比较乐观的预期普遍认为，我国2020年城镇化率将会达到60%左右甚至更高，2030年将会达到70%左右，城镇化的饱和值甚至会达到85%；比较中性的预期也认为，我国城镇化率在2020年将在55%以上，2030年将会达到65%左右，未来城镇化的饱和值将在70%左右。

（3）对我国城镇化水平的估计

综合国内外有关学者及机构的研究成果，本次研究采纳的结论为：中国2020年城镇化水平将在60%左右，2030年将在70%左右。

2. 湖南省城镇化水平的预测分析

根据"六普"人口的数据，湖南省2010年城镇化水平达到43.3%。根据《湖南统计年鉴》数据，其2011年和2012年的城镇化水平分别达到45.1%和46.65%，进入了城镇化快速推进阶段。根据《湖南省城镇体系规划（2010～2020）》的预测，湖南省 2020 年的城镇化水平将在 55％左右。

由于省域是一个非封闭的经济体，人口和经济要素可以自由地在省内外进行流动，准确预测其城镇化水平，难度较大。而且，中国经济和社会发展已经进入"新常态"，转型发展和"换档"提质的要求日益迫切，进一步增大了省域发展的不确定性，进而影响未来的城镇化水平。考虑到湖南省人口大省、粮食大省和中部大省的特征，现状经济发展水平和城镇化水平低于全国平均水平的现实省情，研究认为，即使考虑到后发省份加速发展的优势，其城镇化水平在 2030 年低于全国平均水平也是合理的。

以《湖南省城镇体系规划（2010～2020）》2020 年城镇化水平的预测值（55％）作为城镇化高速增长值，各低 2 个百分点作为城镇化中速和低速增长预测值，则 2020 年湖南省城镇化中速增长值可达到 53％，低速增长值可达到 51％。

以全国 2030 年城镇化平均水平为参照，低于全国 2 个百分点为湖南省城镇化高速增长值，低于 4 个百分点为城镇化中速增长值，低于 6 个百分点为城镇化低速增长值，则湖南省 2030 年的城镇化水平分别为 68％、66％和 64％（表 8—14）。

表 8—14　湖南省城镇化水平预测　　　　　　　　　　　　　　　　（％）

年份	城镇化高速增长	城镇化中速增长	城镇化低速增长
2010	43.3	43.3	43.3
2011	45.1	45.1	45.1
2012	46.7	46.7	46.7
2015	49.1	48.0	47.0
2020	55.0	53.0	51.0
2030	68.0	66.0	64.0

注：2010 年城镇化数据来自全国人口"六普"数据，2011 年和 2012 年城镇化数据来自《湖南统计年鉴（2013）》。

(三) 湖南省城镇人口预测

根据湖南省总人口和城镇化水平的预测研究，可以相应得到湖南省城镇人口的规模。在城镇化高速增长、中速增长和低速增长三种不同情景下，2020 年湖南省城镇人口规模分别为 4 232 万人、4 078 万人和 3 924 万人，2030 年的城镇人口规模分别为 5 305 万人、5 149 万人和 4 992 万人（表 8—15）。

表 8—15　湖南省城镇人口规模预测　　　　　　　　（万人）

年份	城镇化高速增长	城镇化中速增长	城镇化低速增长
2015	3 574	3 497	3 424
2020	4 232	4 078	3 924
2030	5 305	5 149	4 992

第二节　交通基础设施建设情景研究

对省域空间用地布局影响比较大的重大基础设施包括：交通基础设施建设、重大调水工程、大型电力输送廊道、大型油气管线等。受资料限制，本次研究仅以交通基础设施为例，分析不同密度的交通路网和场站布局对湖南省域空间的影响。

在驱动力模型分析中，研究把湖南省 1990 年交通路网（图 4—15）、2000 年交通路网（图 4—20）、2005 年交通路网（图 4—25）和 2010 年交通路网（图 4—26）进行了人工矢量化。通过建模分析表明，湖南省的国省道路网线位、密度以及铁路站点的分布，与建设用地呈现明显的空间相关性。因此，可以合理地认为，湖南省未来的土地利用变化仍将与交通路网存在很大的相关性。

改革开放以来特别是进入 21 世纪以来，湖南省的交通建设实现了跨越式的增长，省内大的公路主干路网已经形成，未来交通基础设施的建设重点是路网加密、提高质量等"查漏补缺"工作。当然，湖南省铁路建设与全国相比还相对滞后，未来的潜力还比较大。因此，结合国家和湖南省中长期综合交通规划，在咨询湖南省专家意见的基础上，考虑湖南经济社会发展、环境保护和规划实施可行性，研究提出了湖南省 2030 年交通路网低密度（图 8—8）、中密度（图 8—9）和高密度（图 8—10）的三种情景，分别说明如下。

低密度情景：该情景下的交通路网总里程为 123 14 千米①。其中，国道通车里程为 4 742 千米，高速公路通车里程为 4 887 千米，铁路通车里程为 2 685 千米（含高铁）。

中密度情景：该情景下的交通道路总里程为 16 195 千米。其中，国道通车里程为 5 170 千米，高速公路通车里程为 6 856 千米，铁路通车里程为 4 169 千米（含高铁）。

高密度情景：该情景下的交通道路总里程为 21 092 千米。其中，国道通车里程为 7 972 千米，高速公路通车里程为 8 706 千米，铁路通车里程为 4 414 千米（含高铁）。

---

①　本研究中所指的交通道路总里程包括铁路、高速公路和国道。

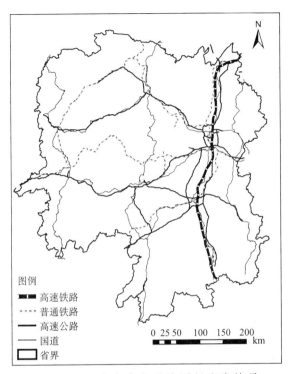

图 8—8　湖南省交通路网低密度情景

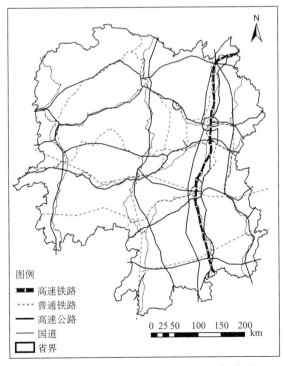

图 8—9　湖南省交通路网中密度情景

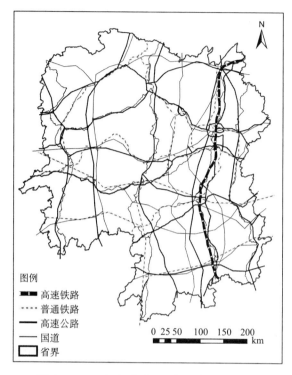

图 8—10 湖南省交通路网高密度情景

第三节 能源资源开发情景研究

能源和资源开发是影响省域空间资源配置的重大因素，其受全省宏观政策、功能定位、经济发展、环境保护等综合因素的影响，未来的发展有很大的不确定性。限于资料获取的局限性，本次研究仅以湖南省水资源和矿产资源的开发为例，研究不同开发方式对资源配置的影响。

一、水资源开发情景

大型水利设施建设和水资源的开发利用，对水资源调配、农业生产、库区用地功能变化产生重要影响。湖南省是水资源比较丰富的省份，也是国家水利资源开发的重点省区，改革开放以来兴建了许多大中型的水利设施。目前，开发条件比较好、生态环境影响较小、移民搬迁工程量不大的水利资源，基本得到了开发，大规模的水资源开发潜力已经不大。

　　结合对湖南省水利专家的访谈，未来全省开发条件尚可、能够发挥比较好的经济和社会效益的潜在水利设施只有七处，分别是研庄水库、宜冲桥水库、金塘冲水库、长沙航运枢纽、吐谷塘水库、湘祁水库、涔天河水库扩建工程，总库容约38.7亿立方米。其空间示意性位置如图8—11所示。

图8—11　湖南省规划的七个水库地理位置
资料来源：湖南省洞庭湖水利管理局提供。

　　通过与湖南省中长期水资源的开发规划衔接，依据实施的经济性、施工难度、搬迁难度和环境影响，本次研究提出了2030年湖南省水利资源开发的高强度、中等强度和适宜强度三种情景（表8—16）。其中，高强度情景下对七座水库全部进行建设（图8—12），中等强度情景下对五座水库进行建设（图8—13），适宜强度下只对四座水库进行建设（图8—14）。

表 8—16   湖南省水资源开发的三种情景

情景		水库	库容（亿 m³）
规划水库	高强度开发情景	金塘冲水库、长沙航运枢纽、湘祁水库、涔天河水库扩建工程、吐谷塘水库、研庄水库、宜冲桥水库	38.7
	中等强度开发情景	金塘冲水库、长沙航运枢纽、湘祁水库、涔天河水库扩建工程、吐谷塘水库	30.2
	适宜强度开发情景	金塘冲水库、长沙航运枢纽、湘祁水库、涔天河水库扩建工程	28.2

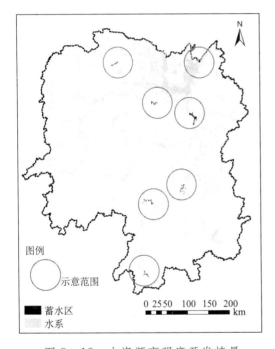

图 8—12   水资源高强度开发情景

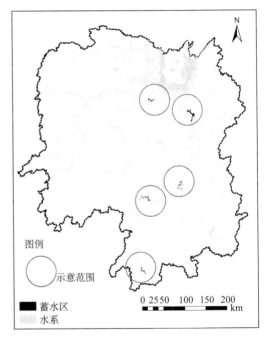

图 8—13   水资源中等强度开发情景

二、矿产资源开发情景

湖南素有"有色金属之乡"的美誉，全省经济发展对矿业有较强依赖，但矿产资源的开发给生态环境、城市规划和建设、农业生产等也带来较大影响。因此，应在湖南省矿产资源总体规划分区的基础上，针对湖南省矿业生产、转型发展、生态保护等的总体要求，建立不同的矿产资源开发情景。

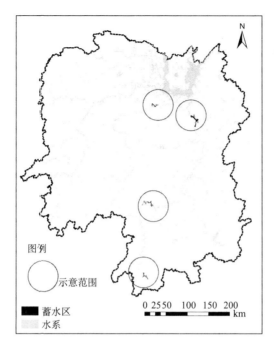

图8—14　水资源适宜强度开发情景

（一）矿产资源规划分区

矿产资源规划分区，是建立矿产资源开发情景的前提和基础。本研究结合第五章矿产资源开发适宜性评价的分析及《湖南省矿产资源总体规划（2008—2015）》，深化了湖南省矿产资源勘探、开发的禁止和限制性要求，相关的要素及分级如表8—17所示，"四区"（即禁勘禁采区、限勘限采区、允许开采区和重点开采区）划定的结果见图8—15。

（二）矿产资源开发情景设置

在矿区"四区"划定的基础上，为应对湖南省未来不同的矿产资源开发战略对空间布局的影响，研究根据湖南省矿产资源开发现状、生态治理和重点矿区布局情况，提出了矿产资源重点开发、优化开发和限制开发三种情景。

1. 重点开发矿产资源情景

该情景认为，矿产资源的开发在湖南省未来的经济社会发展中仍比较重要，当然也应该注重资源环境的保护和"地上"、"地下"的统筹协调发展。基于这种考虑，研究从湖南

表 8—17　湖南省矿产资源勘探开发的禁止和限制要素

禁限建要素		分级			
		禁勘禁采区	限勘限采区	允许开采区	重点开采区
保护区	自然保护区	自然保护区	周围 3 000m 以内	周围 3 000m 以外	醴陵雁林寺—浏阳七宝山、新邵龙山—冷水江、辰溪—沅陵沃溪、桂阳雷坪—常宁水口山、临武香花岭—郴州柿竹园、茶陵严塘—高陇等矿区为国家级重点开采区
	国家森林公园	国家森林公园	周围 3 000m 以内	周围 3 000m 以外	
	地质公园	地质公园	周围 3 000m 以内	周围 3 000m 以外	
	重要历史文化遗产	重要历史文化遗产	周围 3 000m 以内	周围 3 000m 以外	
城镇的规划建设	建成区和规划区	长沙、株洲、湘潭三市市域；其他城镇的建成区及规划区	—	—	
交通	主干线	主干线两侧 500m 以内	主干线两侧 1 000m 以内	主干线两侧 1 000m 以外	
水域	河流	周围 1 000m 以内	1 000m 外 2 000m 内	大于 2 000m	
	湖泊	周围 1 000m 以内	1 000m 外 2 000m 内	大于 2 000m	
农业生产		—	基本农田	—	—

省现状开采区中扣除禁勘禁采区和限勘限采区，再与湖南矿产资源规划中确定的国家级重点开采区（表 8—17）合并，生成的区域便是重点开发情景下进行矿产资源开发的区域（图 8—16）。

2. 优化开发矿产资源情景

与重点开发矿产资源情景相比，优化开发情景对矿产资源开发的限制要严格一些，开采的面积也会适当缩小。鉴于湖南省矿产资源开发引起的环境破坏比较严重，对矿区进行治理的压力比较大，优化开发情景的目标是将需要治理的矿区全部退出矿业开采，相关用地进行生态的治理和修复。因此，研究中将优化开发情景设定为重点开发情景下扣除矿区治理区后允许继续进行矿业开发的区域。

根据湖南省矿产资源规划，其确定的重点矿区治理区包括以下四个区域。

（1）湘东北金属、非金属开采区重点治理工程。重点在湘潭锰矿区、浏阳七宝山硫铁矿—永和磷矿区等国营老矿山或闭坑矿山，进行地面塌陷、滑坡、水土污染等治理。

（2）湘中煤、非金属开采区重点治理工程。重点在冷水江—涟源—双峰煤矿区、牛马司—群力—肖家冲煤矿区、冷水江锡矿等矿区，进行地面塌陷、废渣破坏压占土地、地下

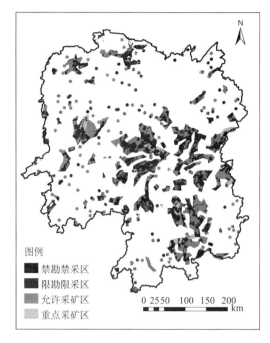

图 8—15 湖南省矿区"四区"划定结果

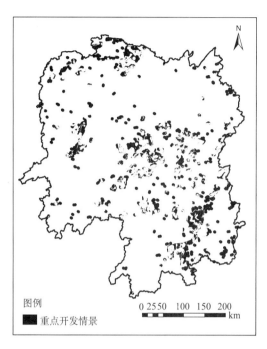

图 8—16 重点开发矿产资源情景

水污染的防治。

（3）湘南能源、有色金属、非金属开采区重点治理工程。重点在资兴—马田—耒阳煤矿区、嘉禾—梅田煤矿区、遥岗仙钨矿区、柿竹园—黄沙坪铅锌矿区等矿区，进行泥石流、滑坡、地面塌陷、"三废"污染等恢复治理。

（4）湘西金属、非金属开采区重点治理工程。重点在辰溪孝坪—叙铺均坪煤区、麻阳铜矿区、花垣—民乐—李梅锰铅锌矿区等矿区，进行岩溶塌陷、滑坡、废渣、废水、水土污染等治理。

除上述四个重点治理区域外，在省域范围还零星分布着一些需要治理的矿产资源开采区域，全省主要的矿区治理区域的空间分布见图 3—7。从重点开发情景（图 8—16）中扣除上述需要治理的矿区（图 3—7）后，可得到优化开发情景下的采矿区域（图 8—17）。

3. 限制开发矿产资源情景

在限制开发矿产资源情景下，只在国家和省里确定的重点采矿区进行采矿，对其他区域停止开采（图 8—18）。依据《湖南省矿产资源总体规划（2008～2015）》，醴陵雁林寺—浏阳七宝山、新邵龙山—冷水江、辰溪—沅陵沃溪、桂阳雷坪—常宁水口山、临武香花岭—郴州柿竹园、茶陵严塘—高陇等矿区为国家级重点开采区。

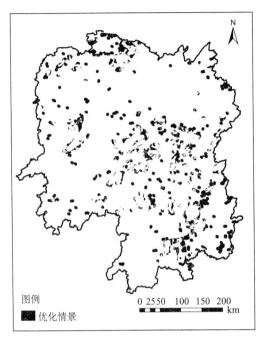

图 8—17 优化开发矿产资源情景

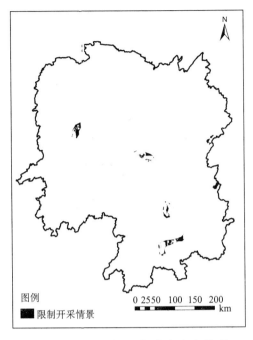

图 8—18 限制开发矿产资源情景

第四节 重大政策情景研究

宏观政策特别是重大的用地政策,是调控空间资源配置的重要力量,如耕地保护政策、土地整治政策以及建设用地指标调控、退耕还林、退田还湖等政策,都会对湖南省的用地类型产生重要影响。受资料限制,本研究仅分析退耕还林和人均建设用地指标调控两个政策情景。

一、退耕还林情景

(一)湖南省退耕还林概况

退耕还林对改善国家生态环境、提高农民生活水平具有很重要的作用。从 2000 年湖南省开始实施退耕还林政策到 2007 年该项工程暂停,湖南全省累计退耕还林面积达到

756 万亩①。通过退耕还林工程，湖南省水土流失严重、泥石流和滑坡等地质灾害频发的情况有了一定的缓解。考虑到退耕还林工程对国家耕地保有数量有比较大的影响，国家2007 年在湖南暂停了这项工作。

随着国家经济和社会的快速发展，生态环境持续退化已经成为制约国家可持续发展的重大问题。从重建和保障国家生态底线安全的角度来看，退耕还林工程的战略意义是很突出的。因此，国家近年来在相关省区陆续恢复了这项工作。

从湖南省新的退耕还林政策来看，其目标是"坚持控制住人为因素产生新的水土流失，重要生态功能区的生态环境破坏趋势得到遏制，各种良好自然生态系统及其重要物种得到保护，新建一批自然保护区，减少重点资源开发中的生态破坏，建设一批高标准生态示范区"。对照政策目标，湖南省未来退耕还林的潜力仍比较大。从湖南省的耕地现状来看，截止到 2012 年年底，全省确需退耕还林的耕地面积还有 990.82 万亩，其中 25°以上坡耕地 639.82 万亩，15°~25°水土流失严重坡耕地 205.91 万亩，严重沙化耕地 73.85 万亩，石漠化耕地 71.24 万亩。另外，全省尚有 2 000 多万亩荒山需要造林绿化，2 200 多万亩石漠化地区需要治理。

(二) 湖南省退耕还林情景设置

根据国家和湖南省退耕还林政策要求，研究结合湖南省退耕还林总体规划，在现有林地的基础上，提出了小规模（图 8—19）、中等规模（图 8—20）和大规模（图 8—21）三个退耕还林情景，分别实现退耕总量 530.09 万亩、755.01 万亩和 990.82 万亩。需要说明的是，此次退耕还林情景的研究，主要涉及的是陡坡耕地，因为这些耕地在空间上易于识别，而且国家和湖南省政府有比较明确的政策要求与财政支持。至于规模更大的宜林荒山、石漠化地区的退耕还林和绿化工作，由于本次获取的影像解译数据在精度上无法满足空间识别的要求，因此没有纳入情景的分析和研究。

从退耕还林的紧迫性和可行性来分析，小规模退耕还林情景主要涉及 25°以上陡坡耕地，这部分耕地应当率先实现退耕。按照比较理想的时序，这些耕地的退耕在规划近期（2013~2015 年）就应该全面完成，共涉及 53.5% 的退耕还林面积。

中等规模退耕还林情景主要涉及 20°以上的坡耕地。在完成规划近期退耕还林的基础上，在规划中期（2016~2020 年）完成 20°~25°坡耕地的退耕，共涉及 22.7% 的退耕还林面积。

---

① 根据湖南省林业厅《退耕还林工程情况》统计，截止到 2012 年，国家累计下达湖南省退耕还林任务 2 084 万亩，其中退耕地造林 756 万亩、宜林荒山荒地造林 1 119.5 万亩、封山育林 208.5 万亩，任务已全部完成。

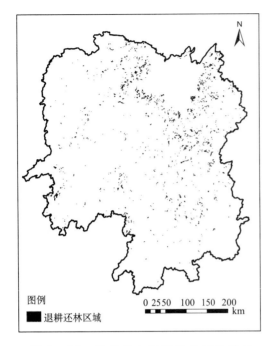

图例
■退耕还林区域
0 25 50 100 150 200 km

图 8—19 湖南省小规模退耕还林情景

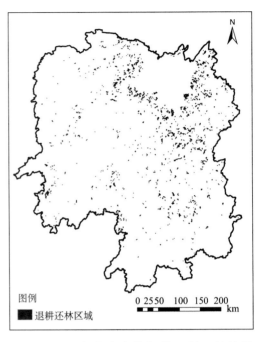

图例
■退耕还林区域
0 25 50 100 150 200 km

图 8—20 湖南省中等规模退耕还林情景

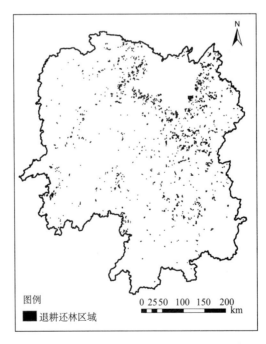

图例
■退耕还林区域
0 25 50 100 150 200 km

图 8—21 湖南省大规模退耕还林情景

大规模退耕还林情景主要涉及 15°以上的坡耕地。在完成规划中期退耕还林的基础上，在规划远期（2021～2030 年）应该完成15°～20°的耕地的退耕还林工作，共涉及23.8％的退耕还林面积。

将相关数据按上述时序分配到各县区，可以得到各县区退耕还林的规模（表 8—18）。

表 8—18　湖南省各县区近期、中期和远期的退耕还林规模　（万亩）

	总计	2013～2015 年	2016～2020 年	2021～2030 年		总计	2013～2015 年	2016～2020 年	2021～2030 年
全省	990.82	530.09	224.92	235.81	祁东县	6.48	3.47	1.47	1.54
新化县	69.00	36.92	15.66	16.42	道县	6.25	3.34	1.42	1.49
安化县	41.82	22.37	9.49	9.95	冷水滩	5.99	3.20	1.36	1.43
邵阳县	27.30	14.61	6.20	6.50	苏仙区	5.69	3.04	1.29	1.35
桑植县	24.85	13.29	5.64	5.91	蓝山县	5.30	2.84	1.20	1.26
溆浦县	31.30	16.75	7.11	7.45	东安县	4.90	2.62	1.11	1.17
凤凰县	13.19	7.06	2.99	3.14	浏阳市	4.58	2.45	1.04	1.09
龙山县	13.05	6.98	2.96	3.11	衡东县	4.45	2.38	1.01	1.06
泸溪县	11.90	6.37	2.70	2.83	资兴市	4.36	2.33	0.99	1.04
辰溪县	23.71	12.68	5.38	5.64	常宁市	4.30	2.30	0.98	1.02
武冈市	36.95	19.77	8.39	8.79	江永县	3.96	2.12	0.90	0.94
涟源市	25.52	13.65	5.79	6.07	临武县	2.74	1.47	0.62	0.65
新宁县	25.10	13.43	5.70	5.97	嘉禾县	2.64	1.41	0.60	0.63
安仁县	19.85	10.62	4.51	4.72	攸县	2.55	1.36	0.58	0.61
永定区	20.47	10.95	4.65	4.87	北湖区	1.14	0.61	0.26	0.27
麻阳县	12.63	6.76	2.87	3.01	双牌县	0.66	0.35	0.15	0.16
石门县	15.70	8.40	3.56	3.74	宁乡县	11.80	6.31	2.68	2.81
沅陵县	16.38	8.76	3.72	3.90	岳阳县	19.63	10.50	4.46	4.67
隆回县	12.25	6.55	2.78	2.92	临湘市	18.84	10.08	4.28	4.48
慈利县	12.14	6.49	2.76	2.89	汨罗市	14.63	7.83	3.32	3.48
洞口县	15.01	8.03	3.41	3.57	华容县	10.00	5.35	2.27	2.38
芷江县	10.08	5.39	2.29	2.40	澧县	9.37	5.01	2.13	2.23
古丈县	10.00	5.35	2.27	2.38	汉寿县	6.30	3.37	1.43	1.50
桃源县	12.90	6.90	2.93	3.07	鼎城区	6.05	3.24	1.37	1.44
洪江市	9.77	5.23	2.22	2.33	桃江县	5.70	3.05	1.29	1.36
永顺县	9.62	5.15	2.18	2.29	邵东县	18.45	9.87	4.19	4.39

续表

	总计	2013～2015 年	2016～2020 年	2021～2030 年		总计	2013～2015 年	2016～2020 年	2021～2030 年
绥宁县	8.80	4.71	2.00	2.09	双峰县	6.73	3.60	1.53	1.60
宜章县	8.30	4.44	1.88	1.98	湘乡市	5.53	2.96	1.26	1.32
汝城县	7.58	4.06	1.72	1.80	湘潭县	5.08	2.72	1.15	1.21
保靖县	7.14	3.82	1.62	1.70	湘阴县	4.40	2.35	1.00	1.05
吉首市	6.78	3.63	1.54	1.61	津市市	2.00	1.07	0.45	0.48
中方县	5.48	2.93	1.24	1.30	临澧	1.86	1.00	0.42	0.44
桂东县	5.45	2.92	1.24	1.30	长沙县	1.22	0.65	0.28	0.29
花垣县	4.97	2.66	1.13	1.18	江华县	0.47	0.25	0.11	0.11
城步县	4.28	2.29	0.97	1.02	屈原区	1.42	0.76	0.32	0.34
茶陵县	4.19	2.24	0.95	1.00	云溪区	2.22	1.19	0.50	0.53
新晃县	3.50	1.87	0.79	0.83	赫山区	0.77	0.41	0.17	0.18
新邵县	3.41	1.82	0.77	0.81	望城区	5.07	2.71	1.15	1.21
冷水江市	3.20	1.71	0.73	0.76	娄星区	4.18	2.24	0.95	0.99
通道县	2.47	1.32	0.56	0.59	武陵区	3.29	1.76	0.75	0.78
炎陵县	2.05	1.10	0.47	0.49	岳阳经开区	2.76	1.48	0.63	0.66
武陵源区	2.05	1.10	0.47	0.49	北塔区	1.58	0.85	0.36	0.38
鹤城区	1.69	0.90	0.38	0.40	洪江区	1.36	0.73	0.31	0.32
会同县	1.12	0.60	0.25	0.27	资阳区	1.35	0.72	0.31	0.32
平江县	17.33	9.27	3.93	4.12	大祥区	0.80	0.43	0.18	0.19
零陵区	6.33	3.39	1.44	1.51	金洞管理区	0.77	0.41	0.17	0.18
祁阳县	24.11	12.90	5.47	5.74	回龙圩	0.64	0.34	0.15	0.15
衡南县	12.80	6.85	2.91	3.05	雨湖区	0.61	0.33	0.14	0.15
新田县	12.55	6.71	2.85	2.99	益阳高新区	0.50	0.27	0.11	0.12
醴陵市	12.20	6.53	2.77	2.90	南岳区	0.42	0.22	0.10	0.10
宁远县	11.59	6.20	2.63	2.76	韶山市	0.30	0.16	0.07	0.07
衡山县	9.34	5.00	2.12	2.22	安乡县	0.00	0.00	0.00	0.00
永兴县	9.22	4.93	2.09	2.19	沅江市	0.00	0.00	0.00	0.00
耒阳市	8.72	4.67	1.98	2.08	南县	0.00	0.00	0.00	0.00
衡阳县	8.28	4.43	1.88	1.97	大通湖区	0.00	0.00	0.00	0.00
株洲县	6.67	3.57	1.51	1.59	娄底经开区	0.00	0.00	0.00	0.00
桂阳县	6.63	3.55	1.51	1.58					

二、城镇人均建设用地指标调控情景

城镇人均建设用地指标是国家调控土地资源、促进城市集约紧凑发展的重要手段。随着我国城镇化的快速发展，建设用地迅速扩张，用地矛盾日益突出，通过控制人均建设用地指标来提高城镇的集约发展水平，就变得越来越重要。因此，有必要将人均城镇建设用地面积作为政策情景，对未来城镇的建设进行合理的引导。

根据《城市用地分类与规划建设用地标准》（GB 50137—2011）相关规定，国家对不同气候区规划人口规模的城市，依据其现状人均建设用地情况，规定了其允许采用的规划指标以及允许调整的幅度（表 8—19）。

表 8—19 规划人均城市建设用地面积指标 （㎡/人）

气候区	现状人均城市建设用地面积指标	允许采用的规划人均城市建设用地面积指标	允许调整幅度		
			规划人口规模 ≤20.0 万人	规划人口规模 20.1～50.0 万人	规划人口规模 >50.0 万人
I、II、VI、VII	≤65.0	65.0～85.0	>0.0	>0.0	>0.0
	65.1～75.0	65.0～95.0	+0.1～+20.0	+0.1～+20.0	+0.1～+20.0
	75.1～85.0	75.0～105.0	+0.1～+20.0	+0.1～+20.0	+0.1～+15.0
	85.1～95.0	80.0～110.0	+0.1～+20.0	−5.0～+20.0	−5.0～+15.0
	95.1～105.0	90.0～110.0	−5.0～+15.0	−10.0～+15.0	−10.0～+10.0
	105.1～115.0	95.0～115.0	−10.0～−0.1	−15.0～−0.1	−20.0～−0.1
	>115.0	≤115.0	<0.0	<0.0	<0.0
III、IV、V	≤65.0	65.0～85.0	>0.0	>0.0	>0.0
	65.1～75.0	65.0～95.0	+0.1～+20.0	+0.1～20.0	+0.1～+20.0
	75.1～85.0	75.0～100.0	−5.0～+20.0	−5.0～+20.0	−5.0～+15.0
	85.1～95.0	80.0～105.0	−10.0～+15.0	−10.0～+15.0	−10.0～+10.0
	95.1～105.0	85.0～105.0	−15.0～+10.0	−15.0～+10.0	−15.0～+5.0
	105.1～115.0	90.0～110.0	−20.0～−0.1	−20.0～−0.1	−25.0～−5.0
	>115.0	≤110.0	<0.0	<0.0	<0.0

资料来源：《城市用地分类与规划建设用地标准（GB 50137—2011）》，中国建筑工业出版社，2012年，第15页。

湖南省的人均城镇建设用地规划标准，应在符合表8—19规定的基础上，在现状人均城镇建设用地指标的基础上进行浮动。

湖南省现状各城镇的人均建设用地为105～120平方米/人。根据《城市用地分类与规划建设用地标准》（GB 50137—2011）和《建筑气候区划标准》（GB 50178—93），其未来规划人均城镇建设用地应该为90.1～105平方米/人。

依据《湖南省城镇体系规划（2010～2020）》提出的目标，到2020年，全省城镇化率水平达到55%左右，城镇人口达到3 850万左右，城镇建设用地总量控制在3 940平方千米以内的要求，人均城镇建设用地应控制在102.3平方米/人以内。

因此，在符合国家标准、适合湖南省情的基础上，为应对城镇建设和发展的不确定性，提出在城镇建设用地集约、基准和适度宽松三种情景下，湖南省人均建设用地指标分别控制在90平方米/人、100平方米/人、105平方米/人。

第五节　湖南省国土情景组合与模拟

在对湖南省未来经济社会发展、交通基础设施建设、能源资源开发、重大政策实施四类情景研究的基础上，依据不同的偏好和情景组合，将相关参数输入本次研究开发的驱动力分析系统平台，就可以对湖南省规划期国土资源用地格局进行分析和模拟。

依据不同的偏好和情景组合，在不同人均建设用地情景下，根据经济优先、经济环境协调和生态优先三种不同模式下的情景组合（表8—20），可对规划近期（2015年）、中期（2020年）和远期（2030年）的用地空间布局进行模拟。

表8—20　省级国土空间情景偏好组合与情景划分

分类1	分类2	情景命名	情景说明
集约人均建设用地面积（90m²/人）	经济优先方案	情景A	GDP快速增长，城镇化高速推进，水资源高强度开发，高密度路网，小规模退耕还林，矿产资源重点开发
	经济环境协调方案	情景B	GDP基准速度增长，城镇化中速推进，水资源中等强度开发，中密度路网，中等规模退耕还林，矿产资源优化开发
	生态优先方案	情景C	GDP稳健增长，城镇化低速推进，水资源适宜强度开发，低密度路网，大规模退耕还林，矿产资源限制开发

分类 1	分类 2	情景命名	情景说明
基准人均建设用地面积（100m²/人）	经济优先方案	情景 D	GDP 快速增长，城镇化高速推进，水资源高强度开发，高密度路网，小规模退耕还林，矿产资源重点开发
	经济环境协调方案	情景 E	GDP 基准速度增长，城镇化中速推进，水资源中等强度开发，中密度路网，中等规模退耕还林，矿产资源优化开发
	生态优先方案	情景 F	GDP 稳健增长，城镇化低速推进，水资源适宜强度开发，低密度路网，大规模退耕还林，矿产资源限制开发
宽松人均建设用地面积（105m²/人）	经济优先方案	情景 G	GDP 快速增长，城镇化高速推进，水资源高强度开发，高密度路网，小规模退耕还林，矿产资源重点开发
	经济环境协调方案	情景 H	GDP 基准速度增长，城镇化中速推进，水资源中等强度开发，中密度路网，中等规模退耕还林，矿产资源优化开发
	生态优先方案	情景 I	GDP 稳健增长，城镇化低速推进，水资源适宜强度开发，低密度路网，大规模退耕还林，矿产资源限制开发

空间布局模型实现过程为：将不同情景下的参数输入建立的驱动力模型中，在分析平台的支持下，就可以形成近期（2015 年）、中期（2020 年）和远期（2030 年）湖南省各类用地在三种发展目标偏好下的用地格局（图 8—22～24）。限于篇幅，研究未将用地转化矩阵列出，这里只对情景组合做个简单说明。

所谓经济优先模式，就是认为经济增长仍是未来湖南省重要的中心工作。因此，在发展目标的选取上，尽量取高限值进行发展的引导。基于这样的考虑，在情景指标参数的选取上，地区生产总值取快速增长情景，城镇人口取城镇化快速增长情景，水资源开发取高强度开发情景，交通基础设施取高密度路网情景，退耕还林取小规模退耕还林情景，矿产资源开发取重点开发情景。

所谓经济环境协调模式，就是在经济发展和环境保护之间取得相对平衡，在情景参数的选择上，尽量取中间值进行发展的引导。基于这样的考虑，地区生产总值取中速增长情景，城镇人口取中速增长情景，水资源开发取中等强度开发情景，交通基础设施取中等密度路网情景，退耕还林取中等规模退耕还林情景，矿产资源开发取优化开发情景。

所谓生态优先模式，就是将生态环境的保护置于更加重要的位置，这是实现"五位一

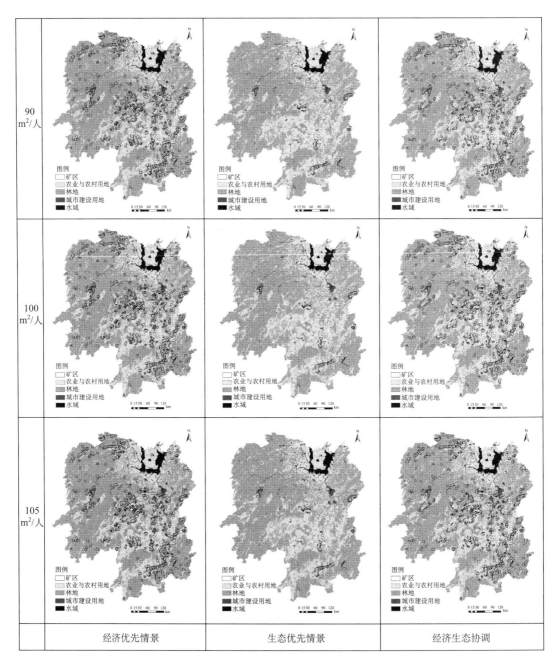

图 8—22　2015 年湖南省不同情景下的国土发展格局

注：由于草地、未利用地和其他用地规模较小，因此在图中未进行表达。

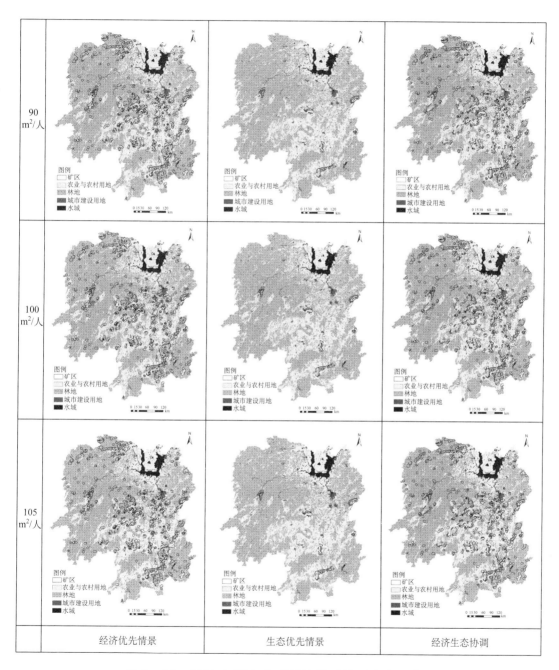

图 8—23　2020 年湖南省不同情景下的国土发展格局

注：由于草地、未利用地和其他用地规模较小，因此在图中未进行表达。

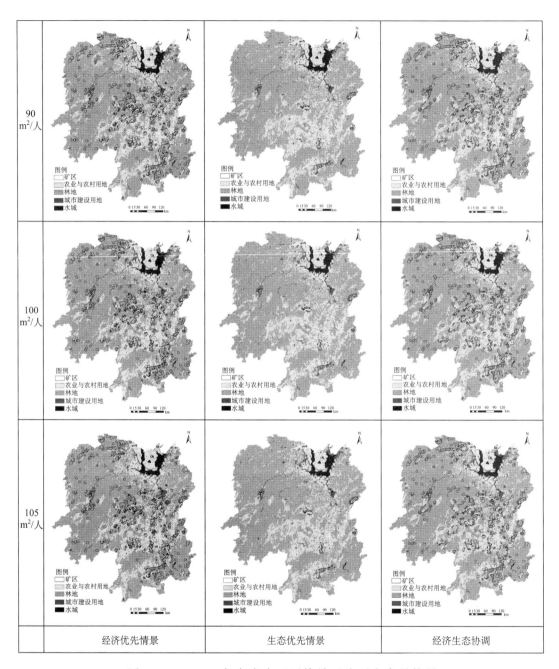

图 8—24   2030 年湖南省不同情景下的国土发展格局

注：由于草地、未利用地和其他用地规模较小，因此在图中未进行表达。

体"发展、实现生态文明的重要保障。基于这样的考虑，在情景参数的选择上，在经济社会发展的参数上，尽量取速度的低值。在与生态相关的参数中，尽量取高值进行分析。因此，地区生产总值取低速增长情景，城镇人口取低速增长情景，水资源开发取适宜强度开发情景，交通基础设施取低密度路网情景，退耕还林取大规模退耕还林情景，矿产资源开发取限制开发情景。

通过不同目标偏好和不同情景要素组合下的用地格局模拟，可以从数量上和空间分布上为决策者提供参考与比较，为国土规划的编制提供多方案的决策依据。

第六节 小 结

利用情景工具进行国土资源的多方案配置研究，是规划领域研究的热点。由于省级尺度涉及的情景要素指标多、影响因素复杂，此次就经济社会、重大设施、能源资源和宏观政策四个情景、多种参数的研究，还只是非常初步的尝试。当然，研究中通过矿产资源开发情景来对"地上"、"地下"要素进行一体化的研究、对退耕还林情景进行空间布局、对水资源开发情景进行实施时序等的研究，具有一定的创新性。限于资料和数据收集困难，还有许多重大的情景要素尚未纳入研究框架，影响了成果的实用价值。这些问题，希望在后续研究中进一步深化和细化。

参 考 文 献

[1] 世界银行、国务院发展研究中心课题组：《2030 年的中国——建设现代、和谐、有创造力的社会》，中国财政经济出版社，2013 年，第 14 页。

[2] 胡鞍钢、鄢一龙、魏星：《2030 中国：迈向共同富裕》，中国人民大学出版社，2011 年，第 10 页。

[3] Perkins，D. H. and E. Rawski 2008. *Forecasting China's Economic Growth to 2025*，*in* Loren Brandt and Thomas G. Rawski eds.，*China's Great Economic Transformation*，pp. 829-886，Cambridge University Press.

[4] 张延群、娄峰："中国经济中长期增长潜力分析与预测：2008～2020 年"，《数量经济技术经济研究》，2009 年第 12 期。

[5] 刘世锦："加快中高级生产要素的市场化改革"，《经济研究》，2010 年第 12 期。

[6] 张连成、韩蓓："中国潜在经济增长分析——HP 滤波平滑参数的选择及应用"，《经济管理与研究》，2009 年第 3 期。

[7] 徐匡迪主编：《中国特色新型城镇化发展战略研究（综合卷）》，中国建筑工业出版社，2014 年。

[8] 陈彦光、罗静："城市化水平与城市化速度的关系探讨——中国城市化速度和城市化水平饱和值的初步判断"，《地理研究》，2006 年第 11 期。

[9] 简新华、黄锟："中国城镇化水平和速度的实证分析与前景预测"，《经济研究》，2010 年第 3 期。

［10］ 张妍、黄志龙：“中国城市化水平和速度的再考察”，《城市发展研究》，2010 年第 11 期。

［11］ 王凯、陈明等：《中国城镇化的速度与质量》，中国建筑工业出版社，2013 年，第 23～28 页。

［12］ 王吉勇、陆佳、樊行：“基于情景分析的深圳低碳生态示范市规划研究”，《规划创新：2010 中国城市规划年会论文集》，2010 年，第 113 页。

［13］ 刘勇、吴次芳、杨志荣等：“情景规划方法在土地利用总体规划中的应用”，《2008 年中国土地学会学术年会论文集》，2008 年，第 225 页。

［14］ 孙丕苓、杨海娟：“商洛市土地利用结构优化的情景分析”，《水土保持通报》，2012 年第 32 期。

［15］ 娄伟：“情景分析理论研究”，《理论与方法》，2013 年第 2 期。

［16］ 杨培峰、甄峰：《区域研究与区域规划》，中国建筑工业出版社，2013 年，第 3～25 页。

［17］ Bradfield，R，G. Wright，G. Burt et al. 2005. The Origins and Evolution of Scenario Techniques in Long Range Business Planning. *Futures*，Vol. 37，p. 9.

［18］ Cornelius，P.，A. Van de Putte，M. Romani 2005. Three Decades of Scenario Planning in Shell. *California Management Review*，Vol. 48，No. 1，p. 7.

［19］ Börjeson，L.，M. Höjer，K. H. Dreborg et al. 2006. Scenario Types and Techniques：Towards a User's Guide. *Futures*，Vol. 38，No. 7，pp. 723-729.

［20］ Burt，G. 2007. Why are We Surprised at Surprises? Integrating Disruption Theory and System Analysis with the Scenario Methodology to Help Identify Disruptions and Discontinuities. *Technological Forecasting and Social Change*，Vol. 74，No. 16，pp. 731-749.

第九章　空间优化配置分析研究

随着中国社会经济和城镇化的快速推进，土地利用与耕地保护、环境协调的矛盾日益突出。片面追求经济利益，以牺牲生态环境为代价的经济增长，已经成为严峻问题。因此，实现空间资源的优化配置，就是要在用地现状的基础上，分析影响优化配置的主要矛盾，统筹生产、生活和生态空间的需求，最终的目标是实现空间开发格局的不断优化，资源利用更加高效，生态环境质量总体改善，从空间上支撑中华民族的永续发展。

第一节　空间资源优化配置的研究进展

国外关于土地资源的研究起步很早，在土地潜力分析评级、土地适宜性评价、土地资源的优化配置方面取得了较大的研究进展。进入 20 世纪 80 年代，随着信息和生态学科研究的深入，土地资源的利用评价和优化配置也进入了一个快速发展的时期。在可持续发展思想的引领下，范利尔（H. N. Van Lier）等学者对土地的可持续利用提出了衡量标准[1]。麦克哈格（McHarg）等人基于土地资源的适宜性评价构建了土地资源优化配置模型，该方法的核心是构建区域土地生态适宜性的图件，为合理分配土地资源提供必要的信息[2]。罗西特（D. G. Rossiter）等学者在分析了土地利用评价理论框架体系的基础上，提出了合理的土地利用规划方案，从而为解决土地问题提供有效的措施[3]。另外，城市用地配置模型（Urban Land-Use Allocation Modeling）[4]通过将运输模型与土地资源配置模型有机结合，在城市土地利用的规划方面得到了应用。该模型还能依据社会经济的发展变化，实现城市土地利用的动态配置。

GIS 应用的不断成熟，为深入开展土地优化配置的研究提供了强大的基础条件。有学者将线性规划方法与 GIS 工具相结合，研究了土地资源的优化配置问题[5]。还有学者使用多目标规划与 GIS 系统相结合的方法建立 GIS 综合模型，用来研究流域尺度土地的优化配置[6]。该方法用多目标线性规划法计算未来土地类型的数量，再利用 GIS 模型将用地配置到合适的空间上。这样，模型就综合了多目标规划模型和 GIS 各自的优势，使得决策者能够根据各种要素的动态变化，对配置过程进行合理干预。有学者以土地的适宜性评价为基础，建立起配置土地资源模型，帮助决策者将 GIS 技术运用到规划决策[7]。该模型最大的优点是，决策过程与 GIS 技术的结合使得空间数据可以通过 GIS 功能直接服务于决策者。

吴倩、宋永发等在土地集约利用评价综述中，对主要的应用模型和方法进行了评价[8]。其中，极限条件法模型针对城市土地集约利用设计了评价指标体系，并将各指标进行分等定级。模型的优点是评价内容比较完整，缺点是标准的设置主观性较强，缺乏统一方案。多因素综合评价模型通过数学模型将多个评价指标值"合成"为一个整体性的综合评价值。优点是操作容易，简便易懂，缺点是量纲需要标准化，而且指标权重的设定主观性较强。模糊综合评价方法由美国自动控制专家查德 1965 年首次提出，是一种运用模糊变换原理分析和评价模糊系统的方法。它以模糊推理为主，将定性与定量、精确与非精确统一结合起来。模型的优点是结合了层次分析法与模糊数学方法的特点，缺点是隶属函数①的选取难度大，需要研究者有多年从事土地集约利用的丰富经验。主成分分析法也是目前常用的分析方法。其优点是指标权重的确定相对客观，缺点是各指标之间如果存在非线性关系时，该方法的应用就会有局限性。此外，还有理想值修正模型和神经网络模型等。在徐绍涵等学者的研究中，还提到了基于熵值法的土地利用评价[9]。该方法最大的特点是克服了主观性，是对层次分析法等方法的良好修正和补充。当然，熵值法对原始数据的收集要求较高，必须保证资料来源的可靠性和数据本身的准确性。

针对土地资源优化配置的数学方法，刘彦随等学者系统梳理后认为，系统工程的方法和系统动力学（System Dynamics）方法是当前的重点。系统工程的方法涉及的主要理论有结构功能理论、空间结构关联理论、报酬递减理论、比较优势理论等土地利用优化配置的相关理论。它实现了传统的土地自然评价与经济评价尤其是土地持续利用评价的有机融合，不仅能剖析土地利用优化配置结构的内涵和机理，还能系统地构建包括城镇建设用地、农业用地等在内的土地利用优化配置的专门模式。土地利用的系统动力学方法着重研究和规划复杂的社会经济系统的未来行为，在战略决策方面的应用具有独特的优势。康慕谊等人利用灰色线性规划方法研究了土地结构优化的问题[10]。通过分析土地利用的结构特征及问题，选择影响利用结构的因子，预测未来用地需求和限制性条件，模拟典型的土地资源利用方案，再利用层次分析法选出最优的土地利用方案。王瑞燕等人通过系统动力学的原理和模型对黄河三角洲垦利县的土地利用系统进行模拟[11]，并确定了合理的土地

---

　　① 隶属函数是用于表征模糊集合的数字工具。常用的隶属函数大致有降半矩形分布、降半正态分布、降半梯行分布等。具体工作中要根据实际情况选取相应的隶属函数。

利用方案。周宗丽等学者将多目标线性规划模型和系统动力学方法结合起来[12]，运用线性规划—系统动力学（Linear Programming-System Dynamics）模型，将三峡库区秭归县的土地资源分为全县土地资源、农业土地资源和耕地资源三层，并分别进行优化，最终提出优化方案和相关对策。郑新奇等专家通过对耕地质量的评价[13]，运用多目标规划模型对不同耕地的种植结构进行面积上的控制，并借助 MapInfo 等空间工具实现自动化的耕地优化配置，使土地优化配置从理论探讨走向规划实践。

实际上，由于土地利用中的不确定性因素和模糊因素很多，一般的方法很难全面地反映土地的本质特征。基于这种现实，宋嗣迪等人提出了基于人工神经网络（Artificial Neural Networks，ANN）的土地利用的优化方法[14]，并成功地应用到实际情况中。另外，叠加法等常规的土地资源的配置方法难以根据适宜性评价的结果将土地的数量、结构匹配到相应的土地单元上去。针对这种情况，董品杰等人基于多目标遗传算法模型，研究了土地利用在空间结构上的优化配置方案[15]，并成功地解决了土地规划的宏观调整和利用分区等问题。席一凡等人运用遗传算法中的全局优化搜索功能[16]，建立了土地利用优化模型，并对土地利用的空间结构实现了优化配置。刘艳芳等学者运用多目标线性规划方法分析和优化了土地利用结构，借助于多目标的遗传算法，对模型进行了求解[17]。刘小平等人创造性地将生态学原理和元胞自动机思想结合起来[18]，来研究土地的可持续利用规划，有效解决了传统的优化配置模型中的非动态、目标单一等缺点。

第二节　湖南省国土空间优化配置研究

湖南省作为中部农业大省，承担着保证我国粮食安全的重大责任。由于湖南省农业发展的历史悠久，耕地开发成熟，因此，土地后备资源很少，耕地要实现占补平衡是比较困难的。在这种情况下，对耕地预先保护就成为关键。但是，作为工业化和城镇化的后发省份，经济社会的进一步发展和人民生活条件的不断改善，决定了占用一定数量的耕地用于生产和生活是不可避免的。而且，改善生态环境、对过度垦殖和污染的农业空间实行"休养生息"等的现实要求，也决定了进一步退耕还林的必要性。因此，本研究主要从科学合理的角度来研究资源优化配置的问题，弱化了基本农田保护政策的约束性。

另外，从空间规划的角度进行优化配置的研究，其核心是实施和应用，因此，研究成果的表达方式需要强调"操作性"和"实施性"，为空间规划的编制和空间管制提供依据，不能停留在对资源优化配置的理论探讨上。这就决定了研究必须能够针对湖南省空间开发和利用中存在的实际问题，提出针对性的解决措施。

　　基于这些考虑，技术路线上确定以生态用地、农业用地、矿区用地、城镇建设用地等为对象，结合本书前面章节中对各类用地适宜性的评价和分析，找到各类用地本底与现状利用的矛盾，以建立生态、均衡、集约高效的国土空间格局为目标，利用驱动力分析模型，提出优化配置的方案（图9—1）。方法的实质是基于元胞自动机—马尔可夫模型，根据各类用地的本底条件和优化目标，对模型的配置过程进行适当的人工干预，以便获得理想的规划结果。

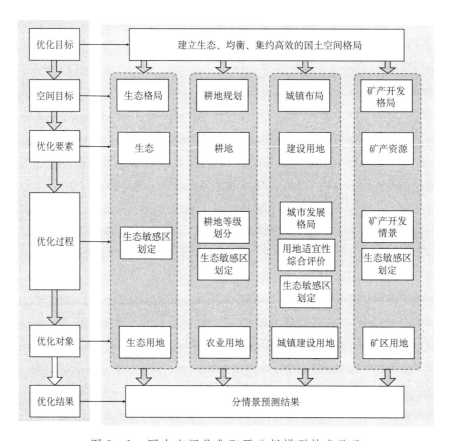

图9—1　国土空间优化配置分析模型技术路线

一、确定优化配置目标

（一）生态用地优化目标

　　这里仅以湖南省主体功能区规划为依据，来确定湖南省生态用地优化的目标。湖南省主体功能区规划提出，要在全省形成"一湖三山四水"（"一湖"指洞庭湖；"三山"指武陵—雪峰山脉、南岭山脉和罗霄—幕阜山脉；"四水"指湘、资、沅、澧四条主要水系）

生态安全格局。该生态格局是湖南省的生态高敏感地带，是维持生态安全的底线。

研究认为，对生态空间优化而言，应在此格局基础上，进一步保留和扩大生态空间，使湖南全省的生态环境水平有较大幅度的提高；同时，要对生态高敏感地带的建设和生产行为进行有效的制止，对涉及的空间进行生态性的恢复。

（二）建设用地优化目标

这里仅以《湖南省城镇体系规划（2010～2020）》提出的要求作为建设用地空间优化配置的目标。该规划提出，要建立"一核、四轴、五心"的城镇空间结构，在全省构建相对均衡发展的城镇网络。但从近年实际情况看，长株潭特别是长沙"一枝独秀"式的发展和扩张并没有得到改变。因此，从优化城镇空间布局来看，需要对湖南省的城镇空间结构进行一些主动性的"干预"。

从建设用地布局优化路径来看，需要从两方面着手。一方面，规划建设用地指标尽可能地向省域次级中心城市倾斜，推动人口在这些省域次级中心的集聚。为此，我们给长株潭之外的地级市配置更多的用地指标和人口增速（表9—1），希望其能够更好地发挥省域空间"支点"的作用。另一方面，在生态敏感的建设控制地区，停止城镇的建设和扩张，并尽可能地实现生态移民和搬迁。

表9—1 湖南省主要城市规划建设用地优化目标

城市	2020年城镇人口（万人）	2020年主城区面积（km²）	2030年城镇人口（万人）	2030年主城区面积（km²）	增速（%）
长沙市	629	629	755	755	1.20
衡阳市	170	160	240	245	1.53
株洲市	120	120	180	180	1.50
岳阳市	140	140	215	215	1.54
湘潭市	220	220	330	332	1.51
常德市	115	118	155	160	1.36
益阳市	80	88	120	125	1.42
郴州市	78	80	100	105	1.31
邵阳市	90	93.6	125	135	1.44
永州市	85	93	125	137	1.47
怀化市	60	65	90	90	1.38
娄底市	80	85	120	125	1.47
张家界市	40	40	55	55	1.38
吉首市	35	34.3	50	50	1.46

（三）耕地优化目标

耕地优化配置的目标，核心是将第五章耕地适宜性研究的结论在空间上予以落实。因此，我们直接引用第五章的研究成果，依据耕地适宜性，确定耕地的优化配置目标。在第五章中，已经对耕地适宜性进行过评价（图5—28）。它是从宜耕程度来确定耕地优化的目标，而不是从基本农田的保有规模来确定优化目标，至少要做到在不宜耕种区率先实现退耕。

（四）矿产资源开发优化目标

矿产资源开发优化的目标，应结合第五章矿产资源"四区"划定来确定。由于第五章中已经明确了矿产资源的禁勘禁采区、限勘限采区、允许开采区和重点采矿区（图8—15），因此，矿产资源开发的优化目标其实就是明确的，即在禁勘禁采区、限勘限采区退出矿业生产及勘探，应是实现矿产资源开发优化的最低要求。

二、空间优化配置过程

（一）生态用地优化配置

以生态敏感度分析为基础，结合湖南省用地现状，研究认为湖南省的生产建设行为与生态保护存在着比较大的矛盾（表9—2、图9—2）。在生态高敏感度的区域，涉及矿业生产的面积有11 550平方千米，涉及建设用地133平方千米，涉及矿区治理区2 709平方千米，涉及农田9 123平方千米，合计26 289平方千米。这些用地都应停止相应的工农业生产、矿业开发和城镇建设，相关用地应向生态用地转变。

表9—2　湖南省生态优化转换矩阵

		合计	矿区治理区	矿区现状区	建设用地	农田
退为林地	比例（%）	100%	10.30%	43.93%	0.46%	45.34%
	面积（km²）	26 289.16	2 709.2	11 550	121.96	11 908

（二）耕地优化配置

以耕地适宜度评价为基础，对湖南耕地的利用现状进行分析后表明，湖南省农田中，位于生态高敏感度地区的有6 872平方千米，占全部耕地比重的10.3%。这部分耕地，应

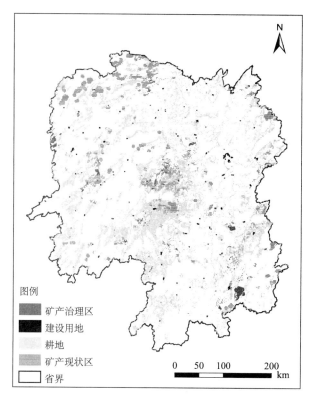

图9—2　湖南省生态优化对象

全部退为生态用地。湖南耕地中位于不适宜耕种区的有7 627平方千米，占全部耕地的
10.6％，应给这部分用地确定新的用地类型。该类用地，以驱动力模型的分析作为优化配
置的基础，将其转化为生态用地、建设用地、水域或其他类用地。

　　将位于生态高敏感区中的耕地、将不适宜耕种区中的耕地优化后的耕地配置如图9—3
所示。最终，湖南省有14 685平方千米的耕地转化为生态用地，占全部宜退耕地的
98.32％；转化为建设用地的耕地有60平方千米，占全部宜转耕地的0.4％；转化为水体
的耕地有191平方千米，占全部宜转耕地的1.28％（表9—3、图9—3）。

表9—3　湖南省耕地优化转换矩阵

		转化为林地	转化为建设用地	转化为水域
农田	比例（％）	98.32％	0.4％	1.28％
	面积（km²）	14 685	60	191

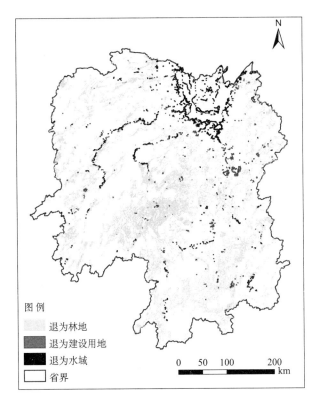

图 9—3   湖南省耕地规划优化结果

(三) 矿产开发格局优化

在湖南省现状的矿产开采区中，有许多区域的生态是比较敏感的（图 9—4）。另外，在第三章中，我们已经分析了湖南省还存在大量的矿区需要治理（图 3—7）。矿产开发格局的优化，核心是对生态敏感以及需要治理的采矿区进行生态的恢复与保育。

根据湖南矿产资源的"四区"研究，湖南采矿现状区中，有 11 551 平方千米位于禁勘禁采区，占采矿现状区的 35.41%；采矿治理区中，有 2 709 平方千米的面积位于禁勘禁采区，占采矿治理区的 33.76%。这些区域，应依据驱动力模型和地上主体功能，退出矿业生产，变为生态用地、水域、城镇建设用地和耕地等（图 9—5）。

(四) 建设用地优化

依据湖南省现状建设用地的生态敏感度分析（图 5—31），全省建设用地中，位于低敏感区的有 813.13 平方千米，占全部建设用地的 31.6%；位于生态中敏感区的有 1 582.3平方千米，占全部建设用地的 61.5%；位于生态高敏感区的面积有 177.57 平方千

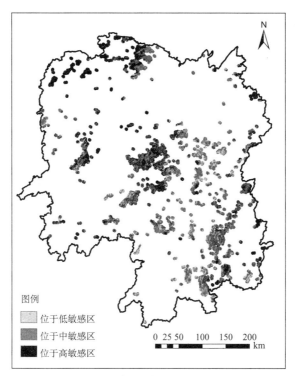

图 9—4　湖南省矿区开采现状

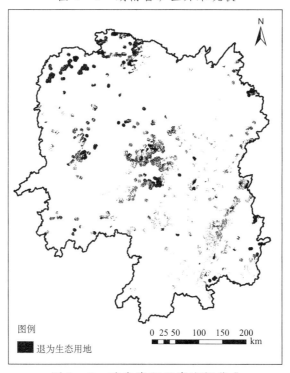

图 9—5　矿产资源开发空间优化

米，占全部建设用地的 6.9%。从全省来看，生态保护与开发建设矛盾突出的地区主要有桑植县、邵东县、龙山县、吉首市和永顺县。长沙市主城区西南和西北部分建设用地位于岳麓山风景区和天际岭森林公园，郴州和衡阳市有部分建设用地位于地质公园和风景区，韶山和永州有部分建设用地也存在这种情况。应将这些位于生态敏感度比较高的建设用地转变为生态用地。

根据湖南省建设用地的评价分析和未来优化配置的方向，结合城镇发展增速设定（表9—1），输入驱动力模型进行模拟预测，得到城镇布局优化结果（图9—6）。

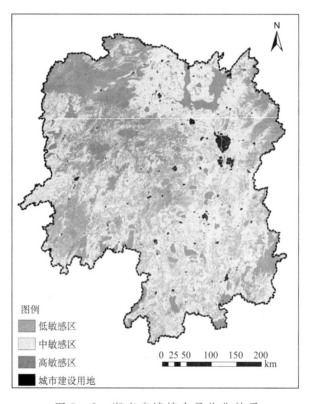

图 9—6　湖南省城镇布局优化结果

（五）优化配置综合结果

将建设用地优化结果、矿产资源开发优化结果、耕地优化结果、生态优化结果输入驱动力模型进行模拟预测，作用于湖南省各项用地，最终得出国土优化配置综合结果，如图9—7所示，各类型用地转化情况如表9—4所示。

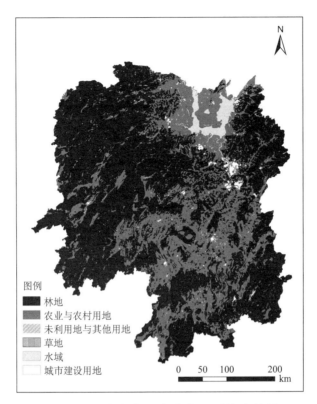

图 9—7 湖南省国土优化配置综合结果

表 9—4 湖南省优化后用地转化矩阵

	林地	农业和农村用地	未利用地	草地	水域	城市建设用地	合计 (2010年)
林地	123 304.6	21	0.04	0.2	210.2	169.24	123 705.3
农业和农村用地	15 350.96	59 848.56	100.24	8.12	1 054.84	1 086.52	77 449.24
未利用地	0.04	0.08	1 474.44	0	0.88	1.76	1 477.2
草地	1.92	3.2	0	1 462	60.32	57.44	1 584.88
水域	502.88	737.48	3.28	12.72	5 089	7.68	6 353.04
城市建设用地	50	0	0	0	0	1 412.28	1 462.28
合计（优化后）	139 210.4	60 610.32	1 578	1 483.04	6 415.24	2 734.92	212 031.9

第三节　研 究 不 足

　　针对湖南省空间资源配置的研究，还存在着一些不足，主要表现为以下四点。

　　第一，缺乏对全国空间资源配置的整体分析，仅从湖南角度来分析空间资源的优化配置是不全面的。如研究提出"针对长株潭一极独大，更多培育省内二级中心城市"的设想，从湖南角度来看可能是合理的，但从提高湖南全省综合竞争力角度来看，可能就会存在问题。与全国中心城市，甚至周边的武汉相比，长沙面临的挑战更多的是规模偏小而缺乏竞争力。这样，做大做强长株潭而不是制约其发展，在实现空间资源优化配置上可能是更加合理的选择。

　　第二，从空间资源配置的角度来看，用地类型的划分存在着不足。出于驱动力建模方便的考虑，本研究提出的是林地、农业与农村用地、未利用地、草地、水体和城市建设用地六类用地分类。但从省域空间优化配置来看，从"三生"（即生产、生活、生态）角度来进行用地类型的划分更为合理，这样，林地、草地和未利用地甚至水体，在某种程度上是可以作为"生态"用地进行同类项合并的。

　　第三，由于耕地的重金属污染情况、水体污染情况和矿产资源储量数据涉密，难以准确落地，相关因素也就无法纳入空间资源优化配置的研究，使研究成果难以更有针对性地指导规划实践。

　　第四，研究中将农业和农村用地合并，难以反映出省情的差异性。如以长株潭为代表的城镇密集地区，农业和农村用地特别是农村建设用地，已经成为城市功能不可或缺的组成部分，而不仅仅是承担农民自住和少量庭院经济的功能。但在省内其他经济欠发达地区，将农村和农业用地合并在一起研究还相对合理，因为农用地转非农建设的压力不大，将村庄和农地都看作是农业生产活动的有机组成部分，也还是合理的。

参 考 文 献

［1］Van Lier, H. N. 1998. Sustainable Land Use Planning: An Editorial Commentary. *Landscape and Urban Planning*, Vol. 41, No. 3, pp. 79-82.

［2］McHarg, I. L. 1969. *Design with Nature*. Doubleday, Garden City, N. Y.

［3］Rossiter, D. G. 1996. Discussion Paper: A Theoretical Framework for Land Evaluation. *Geoderma*, Vol. 72, No. 3-4, pp. 165-190.

［4］Li, Q., Yan, J. 2012. Assessing the Health of Agricultural Land with Emergy Analysis and Fuzzy Logic in the Major Grain-Producing Region. *Catena*, Vol. 99, No. 4, pp. 9-17.

［5］Chuvieco，E. 1993. Integration of Linear Programming and GIS for Land Use Modeling. *International Journal of Geographical Information System*，Vol. 7，No. 1，pp. 71-83.

［6］Wang，X.，Yu，S.，Huang，G. H. 2004. Land Allocation Based on Integrated GIS-Optimization Modeling at a Watershed Level. *Landscape and Urban Planning*，Vol. 66，No. 2，pp. 61-74.

［7］Ren，F. 1997. A Training Model for GIS Application in Land Resource Allocation. *ISPRS Journal of Photogrammetry and Remote Sensing*，Vol. 52，No. 6，pp. 261-265.

［8］吴倩、宋永发：“土地集约利用评价模型现状综述”，《价值工程》，2009 年第 7 期。

［9］徐绍涵、朱红梅、周斯黎等：“基于熵值法的县级城市土地集约利用评价——以耒阳市为例”，《湖北农业科学》，2011 年第 9 期。

［10］康慕谊、姚华荣、刘硕：“陕西关中地区土地资源的优化配置”，《自然资源学报》，1999 年第 10 期。

［11］王瑞燕、赵庚星、于振文等：“利用生态位适宜度模型评价土地利用环境脆弱性效应”，《农业工程学报》，2012 年第 6 期。

［12］周宗丽、宁大同：“三峡库区秭归县土地资源优化配置”，《北京师范大学学报》，1999 年第 12 期。

［13］郑新奇、阎弘文、赵涛：“RS 和 GIS 支持的城市土地优化配置——以济南市为例”，《国土资源遥感》，2001 年第 1 期。

［14］宋嗣迪、陈燕红：“基于神经网络的土地利用方案优化新方法研究”，《广西农业大学报》，1997 年第 4 期。

［15］董品杰、赖红松：“基于多目标遗传算法的土地利用空间结构优化配置”，《地理与地理信息科学》，2003 年第 11 期。

［16］席一凡、杨茂盛、尚耀华：“遗传算法在城市土地功能配置规划中的应用”，《西北建筑工程学院学报（自然科学版）》，2001 年第 12 期。

［17］刘艳芳、李兴林、龚红波：“基于遗传算法的土地利用结构优化研究”，《武汉大学学报（信息科学版）》，2005 年第 4 期。

［18］刘小平、黎夏、彭晓娟：“‘生态位’元胞自动机在土地可持续规划模型中的应用”，《生态学报》，2007 年第 6 期。

附 录 一

省级国土空间情景预测分析技术指南

The Technology Guides of Scenario Analysis and Forecast
of Provincial Land Spatial Change

（送审稿）

前　　言

本标准按照 GB/T 1.1—2009 给出的规则起草。

本标准由全国国土资源标准化技术委员会（SAC/TC 93）归口。

本标准起草单位：中国城市规划设计研究院。

本标准起草人：陈明、李克鲁、漆潇潇、翟建、石亚男。

1 范围

本标准规定了省级国土空间前景预测分析的目标、任务、情景制定原则、情景预测分析的资料收集、驱动力分析模型建立、情景指标选取、情景预测和出图内容及要求等。

本标准适用于省级国土空间规划辅助决策支持中的情景分析工作。

2 规范性引用文件

下列文件对于本文件的应用是必不可少的。凡是注日期的引用文件，仅所注日期的版本适用于本文件。凡是不注日期的引用文件，其最新版本（包括所有的修改单）适用于本文件。

GB 50253－2003   输油管道工程设计规范

GB 50293－1999   城市电力规划规范

GB/T 12409－2009   地理格网

GB/T 19231   土地基本术语

GB/T 21010－2007   土地利用现状分类

GB/T 23707－2009   地理信息 空间模式

GB/T 50137－2011   城市用地分类与规划建设用地标准

GB/T 50280－98   城市规划基本术语标准

3 总则

3.1 目的

为科学编制省级国土空间规划，规范情景预测分析方法在国土规划编制中的应用，特制定本技术指南（以下简称"指南"）。

3.2 目标与任务

为适应省级国土规划编制中的不确定因素，指南为合理确定情景指标体系、科学制定情景指标参数提供依据。

3.3 情景制定原则

3.3.1 全面系统

应系统性地研究对省级国土空间资源配置影响较大的社会经济、资源环境、宏观政策、重大设施等因素。

3.3.2　因地制宜

充分考虑各省发展条件、基础和阶段等的差异性，科学合理地确定情景指标、指标参数和分析模型。

3.3.3　突出重点

应围绕对省域国土空间演变影响重大的情景要素，重点分析省级国土空间的资源配置。

4　资料收集

4.1　资料收集的一般规定

（1）资料应包括基础地理信息资料、社会经济资料、重大基础设施资料、政策法规资料、资源与能源资料及其他资料等。

（2）根据不同省份的实际情况，对第（1）条中所列资料进行取舍或补充。

（3）土地利用、遥感影像等空间数据，宜包括三期数据，数据时期间隔宜为五年。

（4）社会经济等数据，应保证统计数据的权威性和合理规模的数据样本。

4.2　基础地理信息资料

（1）基础地理信息资料应包括行政区划、地形图、遥感影像、用地分类信息等。

（2）行政区划最小行政单元宜为县级。

（3）地形图应至少包括等高线、高程点、水系、道路等数据。

（4）遥感影像应至少包括获取时间、空间分辨率、波段信息等。

（5）用地分类信息应至少包括用地分类的标准依据、用地分类代码等信息。

4.3　社会经济资料

社会经济资料应包括省区、市县的统计年鉴以及人口普查、经济社会统计等方面的资料。

4.4　重大基础设施资料

（1）重大基础设施资料应包括交通、水利、能源、通信等现状和规划资料。

（2）交通资料应包括公路、铁路、航空、港口等线网及站点的现状和规划资料。

（3）水利资料应包括水库、堤坝、输水管线、渠道及主要附属设施等现状和规划资料。

（4）能源资料应包括电源、输电线网、油气管线、主要廊道等现状和规划资料。

（5）通信资料应包括基站、线网、廊道等现状和规划资料。

4.5 政策法规资料

（1）政策法规资料应包括法律政策类、技术标准类和规划资料等。

（2）法律政策类资料应包括城乡规划、土地利用、测绘、环境保护、矿产资源、水法等法律政策。

（3）技术标准资料应包括城乡规划、土地利用、测绘、环境保护、矿产资源等国家和行业标准。

（4）规划类资料应包括土地利用规划、土地整治规划、矿产规划、生态环保规划、城乡规划、主体功能区规划、海洋功能区规划、综合交通规划、水利规划、林业规划等。

4.6 其他资料

其他资料应包括气象、水文、工程地质、各类灾害、生态环境等资料。

5 建立驱动力分析模型

5.1 一般要求

5.1.1 平台要求

（1）非空间驱动力分析平台要求

平台宜具备数据的统计、归一化处理、数据的相关性分析等功能。

（2）空间驱动力分析平台要求

① 平台应能够输入和输出通用格式的矢量与栅格数据；

② 平台应具备空间参考信息的添加和转换功能；

③ 平台应具备不同数据类型转换的功能，可实现叠加分析、缓冲区分析、栅格计算、密度分析、距离分析和信息分类等空间分析功能。

5.1.2 数据空间参照要求

空间数据应具有统一的空间投影和坐标系统。

5.1.3 数据单位要求

相同分析中同类数据应采用一致的数据单位。

5.1.4 数据精度要求

（1）省级国土空间矢量数据精度

省级国土空间矢量数据精度不宜低于1∶50万比例尺的精度。

（2）省级国土空间栅格数据精度

省级国土空间栅格数据的最小像元精度不宜小于 200 米×200 米。

5.2　数据预处理

5.2.1　空间数据处理

应统一空间数据的空间参照系统。

5.2.2　非空间数据处理

（1）数据标准化

应对建设用地面积、经济社会等非空间数据的不同量纲进行标准化处理。

（2）经济数据空间化

① 第一产业。宜将各县区第一产业增加值平均分配到各县区的农地、林地、牧草业等用地图斑。

② 第二产业。宜将各县区第二产业增加值平均分配到各县区的建设用地图斑。

③ 第三产业。宜以城镇建成区图斑的几何重心为中心，利用反距离权重等方法确定系数，依据建设用地图斑距几何重心的距离进行第三产业增加值分配。

④ 地区生产总值。宜由本款中第①～③项确定的空间化结果叠加生成。

（3）人口数据空间化

① 城镇人口。宜以各街道办事处/镇政府驻地所在点为源点，以各街道/镇的城镇人口为属性数据，选择适宜的空间插值或密度分析方法进行城镇人口的空间化。

② 总人口。宜以各街道办事处/乡镇政府驻地所在点为源点，以各街道/乡镇总人口为属性数据，选择适宜的空间插值或密度分析方法进行总人口的空间化。

5.2.3　专题信息提取

（1）宜依据现有土地利用分类成果，提取林地、农业和农村用地、未利用地、草地、水域和城市建设用地等信息。

（2）宜依据省域高程数据，提取坡向、坡度等信息。

（3）交通信息提取

① 宜依据省域交通路网数据，提取机场、高速铁路路网及站点、普通铁路及其站点、高速公路及其出入口、国道、省道及其他高等级道路等信息。

② 宜依据机场、港口、铁路站点、交通枢纽和高速公路出入口等数据，提取各位置与交通站点间的距离信息。

③ 宜依据铁路、公路、水运等各类交通路网现状数据，提取各位置与交通路网间

的距离信息，利用线密度等分析方法提取省域交通路网密度信息。

5.3   确定驱动力分析模型

5.3.1   筛选驱动力因子

国土演变驱动力因子应包括总量驱动力因子和空间驱动力因子。

（1）总量驱动力因子

宜利用相关性分析等数理统计方法，筛选出三次产业增加值、人口数量等对建设用地总量影响较大的驱动力因子。

（2）空间驱动力因子

宜利用空间相关分析方法，筛选出地形地貌、交通、水系、经济社会等对建设用地空间布局影响较大的驱动力因子。

5.3.2   建立驱动力分析模型

（1）模型选取依据

应选用能够模拟省域尺度，从自然、区位、经济社会等各方面要素反映国土演变规律，进行国土格局模拟预测的非线性数理模型。

（2）模型原理

① 用地总量预测。宜根据第 5.3.1（1）款确定的总量驱动力因子，建立总量驱动力因子与建设用地面积的函数关系。

② 用地布局预测。宜根据第 5.3.1（2）款确定的空间驱动力因子，建立空间驱动力因子与建设用地空间布局的函数关系，对未来建设用地的空间分布概率进行预测。

（3）模型验证

模型预测值和实际观测值的拟合优度宜大于 75%。

可通过主成分个数、空间数据分辨率、运算迭代次数等方法，对模型参数进行调试改进，必要时可重新选择模型。

6   选取情景指标

6.1   选取依据

（1）依据第 5.3.1 条确定的驱动力因子，作为情景指标。

（2）选取对省域空间布局影响较大的经济社会、重大基础设施、能源资源和宏观政策等其他因子作为情景指标。

6.2　确定指标

6.2.1　宜按照表 1 确定情景指标并分为三级

表 1　省级国土空间重大情景指标

情景要素分类	一级指标	二级指标	三级指标	备注
经济社会	经济发展	地区生产总值（万元）		
		三次产业结构	第一产业占比（%）	
			第二产业占比（%）	
			第三产业占比（%）	
	人口规模	人口总量（万人）		
		城镇人口规模（万人）		
		城镇化水平（%）		
重大基础设施	交通基础设施	公路	高速公路	
			二级及以上等级的公路	
		铁路	国家干线铁路	
			地方铁路	
		港口	空港	
			海港	
			河港	
	其他基础设施	综合交通枢纽		
		水运		
		电力高压走廊		
		油气管线		
		通信线网		
能源资源	水资源开发			
	矿产资源开发			
	土地综合整治			
宏观政策	建设用地指标			
	耕地保护政策			
	退耕还林政策			
	海洋功能区划			

6.2.2 经济社会情景指标

（1）经济社会情景指标应包括经济指标和人口指标以及其他对空间布局影响较大的指标。

（2）经济指标应包括地区生产总值、三次产业结构等指标。

（3）人口指标应包括人口总规模、城镇人口规模、城镇化水平等相关指标。

6.2.3 重大基础设施情景指标

（1）重大基础设施指标应包括交通基础设施和其他基础设施。

（2）交通基础设施

① 交通基础设施应包括公路、铁路、港口、综合性交通枢纽和水运等；

② 公路应包括高速公路、一级公路和二级公路等道路网络；

③ 铁路应包括国家干线铁路、地方支线铁路以及相应的场站设施；

④ 港口应包括空港、海港、河港等，港区范围应依据相关规划确定；

⑤ 综合交通枢纽应包括城际交通、航空客货运、铁路客货运等不同交通运输方式换乘、衔接场站及相应设施。

（3）其他基础设施

其他基础设施应包括电力高压走廊、油气管线和通信线网等。

6.2.4 能源资源情景指标

（1）能源资源情景指标应包括水资源开发、矿产资源开发和土地综合整治等指标。

（2）水资源开发指标包括水库、大坝、输水管线等。

（3）矿产资源开发指标包括地面和地下矿产资源的勘查、开采等活动。

（4）土地综合整治指标包括开发宜耕未利用地、土地复垦、废弃工矿区和旧工业区整治等。

6.2.5 宏观政策情景指标

（1）建设用地指标包括城镇建设用地指标和独立工矿区用地指标。

（2）耕地保护政策指按照国家和省区耕地保护的总体要求，确定耕地保护的数量和质量。

（3）退耕还林政策指按照国家和省区的总体要求，对 25°以上陡坡耕地、重点地区的严重沙化耕地、重要水源地坡耕地以及西部地区实施生态移民腾退出来的耕地等，逐步还林。

（4）海洋功能区划指农渔业、港口航运、工业与城镇、矿产与能源、旅游休闲娱乐、海洋保护、特殊利用、保留区等对海洋资源的需求。

7　情景预测

7.1　经济人口情景预测

7.1.1　经济情景预测

（1）宜结合国家中长期经济发展的趋势、国家对省区发展的总体定位和要求，确定规划期内经济的增速和地区生产总值的规模。

（2）为应对省区经济发展面临的不确定性，应在充分研究和分析的基础上，提出高速增长、中速增长、低速增长三种情景下地区生产总值的增速和规模。

（3）应结合科学技术进步、人口规模和结构变化、劳动力供给水平、投资、消费和进出口变化等，分析和预测省域三次产业结构的变化趋势。

7.1.2　人口规模预测

（1）总人口规模预测

宜结合国家和省级人口主管部门的规划及研究，在分析人口年龄结构、生育水平、生育模式、出生性别比、人口迁移规律等的基础上，预测规划期内的省域人口总规模。

（2）城镇人口规模预测

① 宜依据城镇化水平，预测城镇人口规模；

② 宜依据经济增长、就业供给水平、人口流动规律、城镇综合承载能力等，预测高速、中速和低速三种情景下，规划期末省区城镇化水平；

③ 城镇化水平和城镇人口规模的预测，宜与省域城镇体系规划、城市总体规划确定的人口指标衔接。

7.2　重大基础设施情景预测

7.2.1　交通基础设施情景预测

（1）公路情景预测

① 公路情景分析应与国家、省、市的交通路网规划衔接，分析高速公路出入口配置、一级公路和二级公路线网对城镇、工业园区用地规模及布局的影响；

② 宜依据交通规划实施的可行性、环境影响评价、出行需求、经济和社会效益等，确定路网规划实施时序，研究不同交通网情景下对建设用地的影响。

（2）铁路情景预测

① 宜分析国家干线铁路、高速铁路、地方铁路等的场站设施对城镇建设用地、开发区用地等的规模和布局影响；

② 宜依据国家中长期铁路网规划、省级铁路线网规划，在评估经济和社会效益的基础上，确定铁路线网规划实施时序。

（3）港口情景预测

① 空港。宜依据全国民用机场布局规划和省级经济社会发展的总体要求，确定机场规划实施时序。

② 海港。宜依据全国港口规划和省级经济社会发展的总体要求，确定海港规划实施时序。

③ 河港。宜依据全国和省区内河航运规划及省域水利资源开发的总体要求，确定河港规划实施时序。

（4）综合交通枢纽情景预测

宜依据全国和省区交通枢纽规划及省域经济社会发展的总体要求，确定综合交通枢纽规划实施时序。

（5）水运情景预测

宜依据全国和省区内河航运规划及省域水利资源开发的总体要求，确定水运网络的规划实施时序。

7.2.2 其他大型基础设施情景预测

（1）电力高压线走廊情景预测

① 电力走廊用地应符合国家标准《城市电力规划规范》的规定，并对规划的电力走廊进行空间管制；

② 宜依据国家及省级电网布局规划的总体要求，确定规划实施时序。

（2）油气管线情景预测

① 油气管线的线路选择和道路敷设应符合《输油管道工程设计规范》的相关规定，并按《中华人民共和国城乡规划法》的要求，对廊道进行空间管制；

② 宜依据国家和省级能源行政主管部门的行业规划，确定规划实施时序。

（3）通信线网情景预测

宜依据国家和省级通信行业行政主管部门的行业规划，确定规划实施时序。

7.3 能源资源开发情景预测

7.3.1 水资源开发情景预测

水资源开发情景预测应依据国家和省级水资源保护和开发利用总体规划，研究水资源开发工程实施前后对建设用地布局、开发强度、耕地质量、生态环境等的综合影响。

7.3.2 矿产资源开发情景

（1）矿产资源规划分区

① 应按表2对矿产资源的禁止、限制勘探及开采要素，划分为禁止勘探开采区、限

制勘探开采区、允许勘探开采区和重点勘探开采区四种类型的区划。

表 2　省级矿产规划分区

禁止、限制勘探及开采要素		分级			
		禁止勘探开采区	限制勘探开采区	允许勘探开采区	重点勘探开采区
保护区性区域	自然保护区	核心区、缓冲区	缓冲区外围一定区域	限制勘探、开采区以外的区域	国家及省级确定的重点开采区
	国家和省级森林公园	森林公园内的珍贵景物、重要景点和核心景区	森林公园其他地区、林地（包括防护林、用材林、经济林、薪炭林、特种用途林）	限制勘探、开采区以外的区域	
	地质遗迹	地质遗迹一级保护区、地质公园	地质遗迹二、三级保护区	地质遗迹以外区域	
	重要历史文化遗产	文物保护单位范围、地下文物埋藏区、文保单位控制地带、历史文化保护区	外围 3 000m 以内地区	外围 3 000m 以外地区	
建设及规划区域	城镇规划建设区	城镇建成区、城镇规划区			
	工业园区	工业园区建成区			
交通设施	港口、机场、国防工程设施	划定区域			
	公路	二级及以上等级公路两侧 500m 以内	二级及以上等级公路两侧 1 000m 以内	二级及以上等级公路两侧 1 000m 以外	
	铁路	两侧 300m 内	两侧 1 000m 内	两侧 1 000m 以外	

禁止、限制勘探及开采要素		分级			
		禁止勘探开采区	限制勘探开采区	允许勘探开采区	重点勘探开采区
水利设施	大型水利设施	划定区域			国家及省级确定的重点开采区
河湖水库	河流	周围1 000m以内	1 000m外2 000m内	大于2 000m	
	水库、湖泊	周围1 000m以内	1 000m外2 000m内	大于2 000m	
耕地保护	耕地		基本农田		

② 矿产资源规划分区应与省级矿产资源总体规划、土地利用总体规划衔接，结合省域矿产资源保护和开发现状，对禁止性和限制性的要素进行修正。

（2）矿产资源开发情景预测

① 应在统筹协调经济发展、资源保护、城镇建设、环境治理等的基础上，确定矿产资源重点开发、优化开发和限制开发三种情景。

② 重点开发矿产资源情景。应在矿产资源合理开发、资源型城市和矿业企业平稳发展的基础上，重点开发和勘探国家及省级矿产资源规划确定的重点区。

③ 优化开发矿产资源情景。应依据重点开发矿产资源情景，在国家和省级政府确定的矿区治理区中退出矿产资源勘探及开采，对矿区进行生态修复和治理。

④ 限制开发矿产资源情景。应依据对矿业发展采取限制性政策，在国家和省级矿产资源规划确定的重点开采区，进行相应的勘探、开采活动。其他的现状开采区域，逐步退出勘探、开采活动，恢复生态和地形地貌。

7.3.3 土地综合整治情景

应依据国家和省级土地综合整治规划，结合土地利用现状，确定土地综合整治规划实施时序。

7.4 宏观政策情景预测

7.4.1 建设用地调控情景

（1）城镇建设用地指标，应与国家人均城市建设用地指标衔接，并与省域城镇体系确定的城镇建设用地规模相协调。

（2）城镇建设用地情景设置，应结合现状建设用地的总体规模，在符合国家对人均建设用地指标及允许调整的基础上，确定集约、基准和适度宽松三种情景。

7.4.2 耕地保护政策情景

（1）耕地保护政策情景，宜与国家和省对基本农田、一般农田的保有数量及质量的基本要求衔接。

（2）宜在优化布局、提高耕地质量的前提下，确定规划期内耕地保有的基准规模。

（3）宜按国家耕地保护政策、经济发展、重大基础设施建设、城镇开发和建设等的不同要求，确定耕地保有数量的下限规模、基准规模和上限规模三种情景。

7.4.3 退耕还林政策情景

（1）退耕还林的规模应与国家和省级退耕还林总体规划衔接。

（2）宜依据生态价值、水土流失治理、农田保有规模、群众生活、财政补贴等，确定退耕时序，确定理想退耕还林、基准退耕还林、现实退耕还林三种情景下的规模和布局。

7.4.4 海洋功能区划情景

应在充分研究海洋水动力环境、岸滩及海底地形地貌、海岸侵蚀、生态资源保护等的基础上，确定围填海、城镇和临港工业园区、码头作业和设施建设等的用地需求规模及布局，确定多个情景。

7.5 情景预测组合

宜依据不同情景下经济发展、重大基础设施建设、能源资源开发、宏观政策对省级空间资源配置的影响，确定情景指标组合方式，预测省域空间发展格局。

8 成果内容及要求

8.1 预测成果内容

（1）省级国土空间情景分析预测成果内容宜包括省级国土空间情景内容说明、国土空间用地演变的用地统计数据和省级国土用地空间分布图。

（2）用地统计宜包括用地总量、用地变化量、变化比例等数据。

8.2 成果数据说明

（1）省级国土空间情景分析预测成果数据说明至少应包括成果数据的空间参照说明、数据格式说明、数据属性说明以及分析预测时间节点说明等内容。

（2）省级国土空间情景分析预测成果数据说明的空间参照信息至少应包括成果数据的投影、坐标系统，矢量数据应说明成果数据的比例尺，栅格数据应说明成果数据的空间分辨率。

（3）省级国土空间情景分析预测成果数据说明的数据格式信息至少应包括数据格式的名称、版本。

（4）省级国土空间情景分析预测成果数据说明的数据属性至少应包括成果数据中不同名称、代码的含义。

附 录 二

省级国土空间优化配置技术指南

The Technology Guides of Spatial Optimization Allocation of Provincial Land

（送审稿）

前　　言

本标准按照 GB/T 1.1—2009 给出的规则起草。

本标准由全国国土资源标准化技术委员会（SAC/TC 93）归口。

本标准起草单位：中国城市规划设计研究院。

本标准起草人：陈明、李克鲁、漆潇潇、翟建、石亚男。

1 范围

本标准规定了省级国土空间优化配置的目标、任务、优化配置原则、优化配置分析的资料收集、驱动力分析模型建立、确定优化目标。

本标准适用于省级国土空间的优化配置。

2 规范性引用文件

下列文件对于本文件的应用是必不可少的。凡是注日期的引用文件，仅所注日期的版本适用于本文件。凡是不注日期的引用文件，其最新版本（包括所有的修改单）适用于本文件。

GB 12409—2009 地理格网

GB/T 19231 土地基本术语

GB/T 21010—2007 土地利用现状分类

GB/T 23707—2009 地理信息 空间模式

GB/T 28407—2012 农用地质量分等规程

GB/T 50137—2011 城市用地分类与规划建设用地标准

GB/T 50280—98 城市规划基本术语标准

CJJ 132—2009 城乡用地评定标准

3 总则

3.1 目的

为科学编制省级国土规划，推动空间优化配置技术在国土规划编制中的应用，特制定本技术指南（以下简称"指南"）。

3.2 目标与任务

以建立生态、均衡、集约高效的省级国土空间为目标，在科学评价现状生态空间、农业空间、城镇空间、矿业生产空间、海洋功能空间等的基础上，形成空间用途管制合理的依据，明确资源优化配置的方向。

3.3 优化配置原则

3.3.1 依法评价

对生态空间、城镇建设空间、农业生产空间、海洋功能等的用地现状评价，应以国家、省区颁布的法律法规以及行业主管部门依法编制的各类空间规划为依据，并以此作为资源配置、用途变更和空间管制的基础。

3.3.2　科学合理

应采用国内外在生态环境敏感性评价、建设用地适宜性评价、耕地质量评价等方面普遍采用的成熟研究方法和评价技术，科学合理地评价省域空间资源的利用现状和潜力。

3.3.3　理性客观

资源优化配置要从省区发展和保护的实际出发，统筹全省生态、生产、生活等空间的合理需求，推动全省全面、协调和可持续的发展。

3.3.4　近远结合

应结合省级国土空间规划期间的目标、任务和重点，明确空间资源优化配置的重点和任务，使空间资源优化配置的近期和远期目标有机结合，为实现空间优化的长远目标奠定基础。

4　资料收集

4.1　资料收集的一般规定

（1）资料应包括基础地理信息资料、社会经济资料、重大基础设施资料、政策法规资料、资源与能源资料及其他资料等。

（2）根据不同省份的实际情况，可对第（1）条中所列资料进行取舍或补充。

（3）土地利用、遥感影像等空间数据，宜包括三期数据，数据时期间隔宜为五年。

（4）社会经济等数据，应保证统计数据的权威性和合理规模的数据样本。

4.2　基础地理信息资料

（1）基础地理信息资料应包括行政区划、地形图、遥感影像、用地分类信息等。

（2）行政区划最小行政单元宜为县级。

（3）地形图应至少包括等高线、高程点、水系、道路等数据。

（4）遥感影像应至少包括获取时间、空间分辨率、波段等信息。

（5）用地分类信息应至少包括用地分类的标准依据、用地分类代码等信息。

4.3　社会经济资料

社会经济资料应包括省区、市县的统计年鉴以及人口普查、经济社会统计等方面的资料。

4.4 重大基础设施资料

（1）重大基础设施资料应包括交通、水利、能源、通信等现状和规划资料。

（2）交通资料应包括公路、铁路、航空、港口等线网及站点的现状和规划资料。

（3）水利资料应包括水库、堤坝、输水管线、渠道及主要附属设施等现状和规划资料。

（4）能源资料应包括电源、输电线网、油气管线、主要廊道等现状和规划资料。

（5）通信资料应包括基站、线网、廊道等现状和规划资料。

4.5 政策法规资料

（1）政策法规资料应包括法律政策类、技术标准类和规划资料等。

（2）法律政策类资料应包括城乡规划、土地利用、测绘、环境保护、矿产资源、水法等法律政策。

（3）技术标准资料应包括城乡规划、土地利用、测绘、环境保护、矿产资源等国家和行业标准。

（4）规划类资料应包括土地利用规划、土地整治规划、矿产规划、生态环保规划、城乡规划、主体功能区规划、海洋功能区规划、综合交通规划、水利规划、林业规划等。

4.6 其他资料

其他资料应包括气象、水文、工程地质、各类灾害、生态环境等资料。

5 确定优化配置目标

5.1 生态空间优化配置目标

宜依据国家和省区生态环境保护规划、主体功能区规划、土地利用总体规划、海洋功能区等相关规划，以建立完整的生态格局为目标，以生态敏感性分析和评价为依据，确定全省生态空间的布局和规模。

5.2 农业空间优化配置目标

宜根据国家和省区主体功能区规划、土地利用总体规划、基本农田保护、土地整治规划等确定的全省农业发展定位，以耕地适宜性评价为依据，确定全省农业用地规模和空间布局。

5.3　建设用地空间优化配置目标

宜根据国家和省区的城镇体系规划、城镇群规划、土地利用总体规划、主体功能区规划等的目标和要求，以建设用地适宜性评价为依据，确定省域城镇空间结构、城镇体系和城镇建设用地规模。

5.4　矿区用地空间优化配置目标

宜根据全国和省区的矿产资源总体规划，在对地上、地下空间要素统一分析和研究的基础上，完善矿产资源规划分区，明确矿产资源功能定位，确定生产规模，优化矿产资源生产和开发布局。

6　国土空间现状评价

6.1　生态敏感性评价

（1）应以表 1 的评价要素为基础，将省级空间依据生态敏感程度，划分为高敏感区、中敏感区和低敏感区。

表 1　生态敏感度评价要素

生态分区	要素	备注
高敏感区	陆域保护区	包括国家和省确定的森林公园、地质公园、自然保护区、风景名胜区等的核心保护区和缓冲区等
	海洋保护区	指海洋自然保护区、海滨风景名胜区、重要渔业水域及其他需要特别保护的区域等
	水系	指河湖湿地，包括河流、江河、湖泊、运河、渠道、水库等水域
	地质灾害危险性严重	地质灾害包括崩塌、滑坡、泥石流、塌岸、地面塌陷（含岩溶塌陷和开采塌陷）、地裂缝、地面沉降和采矿地表移动等
	海拔 1 200m 以上的山区	
	坡度 25°以上的陡坡	

续表

生态分区	要素	备注
	未利用地	依据《土地基本术语》（GB/T 19231－2003）界定
	陆域保护区 3km 缓冲地带内	包括自然保护区实验区等
	水系 2km 缓冲地带内	
	地质灾害危险性中等	
中敏感区	海拔 1 000～1 200m 的山区	
	坡度 10°～25°中等坡地	
	林地	指国家和省级森林公园之外的防护林、用材林、经济林、薪炭林、特种用途林等
	低山丘陵区	
	高质量农田	
低敏感区	除高敏感区和中敏感区以外的其他地区	

（2）地质灾害危险性评估应按《地质灾害危险性评估技术要求（试行）》（国土资发〔2004〕69 号）的规定执行。

6.2　耕地适宜性评价

6.2.1　规程要求

农用地质量等级评价的工作流程和技术要求应按《农用地质量分等规程》》（GB/T 28407）的规定执行。

6.2.2　评价依据

（1）应结合省域耕地布局特点和问题，按表 2 选取地形地貌、土壤条件、气候条件、水土流失与地质灾害、区位条件五个要素 14 个因子作为耕地适宜性评价的主要因子。

（2）可结合各省耕地质量实际情况，对表 2 中所列的指标和因子进行完善和补充。

（3）应根据耕地与表 3 所列的因素，评价耕地的区位条件。

（4）应使用层次分析法（AHP）、德尔菲法等，根据省情特点和耕地状况，科学合理地确定相关因子的权重。

表 2　耕地适宜性评价指标体系

目标层	准则层	指标层
耕地适宜性评价	土壤条件	土壤质地
		有机质
		有效磷
		土壤 pH
		全钾
	地形地貌	坡度
		海拔
		地貌
		坡向
	水土流失与地质灾害	水土流失强度
		地质灾害易发性
	气候条件	≥10℃积温
		降雨量
	区位条件	交通优势度

表 3　区位条件详细评价标准及权重

类型	子类型	等级	标准	权重赋值
交通网络密度 路网	路网密度		$f_n(x) = \dfrac{1}{nh}\sum_{i=1}^{n} k\left[\dfrac{x-x_i}{h}\right]$	
交通干线影响度	铁路 铁路	1	距离铁路 15km	2
		2	距离铁路 16～30km	1.5
		3	距离铁路 31～60km	1
		4	其他	0
	公路 高速公路	1	距离高速公路 15km	1.5
		2	距离高速公路 16～30km	1
		3	距离高速公路 31～60km	0.5
		4	其他	0
	国道公路	1	距离国道 15km	1
		2	距离国道 16～30km	0.5
		3	其他	0

类型	子类型		等级	标准	权重赋值
区位优势度	城市	中心城市	1	0～100	2
			2	101～300	1.5
			3	301～600	1
			4	601～1 000	0.5
			5	＞1 000	0

6.2.3 评价结果

宜根据第 6.2.1 条和第 6.2.2 条提出的规程与评价依据，标准化相关量纲，并依据表 4 中对耕地适宜性评价，按其质量高低，划分为四个等级。

表 4 耕地适宜性评价分级

耕地适宜性等级	耕地适宜性类型	得分值	类型描述
S1	优质耕种区	＞80	耕地质量最好，耕地利用高度适宜，耕地质量评价的各项指标均处于最好或较好的状态，耕地利于所定用途的可持续利用，且具有较好的效益和较高的生产率
S2	良好耕种区	72～80	耕地中等适宜，耕地质量较好，耕地质量评价的各项指标处于一般状态，耕地对所定用途有一定的限制性，且经济效益一般
S3	一般耕种区	65～72	耕地勉强适宜于所定用途，耕地质量较低，并且对所定用途有着较高的限制性，由于耕地的生产率和效益很低，容易引起当地的耕地退化
N	不适宜耕种区	＜65	土地对耕地具有绝对的限制性。在目前的技术水平和可接受的成本投入条件下，土地对耕地来说不能利用或不能持续利用

6.3 建设用地适宜性评价

6.3.1 评价要素

应以表 5 所列要素，从生态环境、公共安全、资源利用和经济社会发展潜力四个方面，对省级空间依据建设适宜程度进行评价。

表5　建设用地适宜性评价要素

评价类别	要素		禁止建设区	限制建设区	适宜建设区	
生态环境类限制性要素	水源保护区	河流	河流河道	＜500m	＞500m	分级
		湖泊	湖泊水体	＜500m	＞500m	
	农地	土地质量		土地质量一级	土地质量一级以下	
		基本农田	中高阻力			
	保护区	自然保护区	自然保护区	＜1 000m	＞1 000m	
		风景名胜区	风景名胜区	＜1 000m	＞1 000m	
		地质公园	地质公园	＜1 000m	＞1 000m	
		森林公园保护区	森林公园保护区	＜1 000m	＞1 000m	
公共安全类限制性要素	工程地质	坡度	＞25°	10°～25°	＜10°	
		滑坡崩塌	高易发区	中易发区	低易发区	
		断裂				
		地震液化				
		岩溶暗河				
		泥石流				
		地面沉陷				
		地震基本裂度				
	地形	冲沟				
		地面坡度				
		地面高程				
	水文气象	洪水淹没程度				
		水系水域				
		灾害性天气				
资源利用	资源储藏与开发		重点采矿区	允许采矿区	—	
发展潜力评价	固定资产投资累积		0.15			分值（权重值）
	常住人口规模		0.28			
	经济总量		0.15			
	大专以上受教育人口		0.28			
	外来人口流入规模		0.14			

6.3.2 评价规程

（1）应依据《城乡用地评定标准》（CJJ 132）的要求，对城乡用地的建设适宜性进行评价。

（2）生态环境类限制要素应与生态敏感性评价的要素衔接，不得使生态高敏感区域与禁止建设用地的空间冲突。

（3）应与矿产资源总体规划衔接，将规划的重点勘探开采区作为禁止建设区，将现状的开采区、采矿治理区等允许勘探开采区的区域，作为限制建设区。

（4）宜通过历年全社会固定资产投资累积、常住人口规模、地区生产总值、教育水平、外来人口流入规模等指标，对各县区的发展潜力进行评价。

（5）宜通过层次分析法、德尔菲法等相关方法，确定各指标的权重、阻尼值等，对量纲进行标准化，对建设用地适宜性进行评价。

6.4 矿产资源开发适宜性评价

（1）应以表6确定的禁、限制要素为基础，划定矿产资源的禁止勘探开采、限制勘探开采、允许勘探开采和重点勘探开采区域。

（2）矿产资源适宜性评价应与第6.1节中的生态敏感性评价、第6.2节中的耕地适宜性评价、第6.3节中的建设用地适宜性评价衔接，对地上、地下相关要素实现一体化的评价和管制。

7 国土空间优化配置

7.1 生态空间优化配置

（1）在生态高敏感地区应停止工农业生产、城镇建设、海上作业、渔业生产、矿业勘探开采等行为，将生态高敏感区内的现状工矿用地、耕地和城镇建设用地逐步转化为生态用地。

（2）应完善生态移民、安全移民等相关的法律法规，提高补偿标准，搬迁生态高敏感区域的城乡居民点，所遗留的城乡建设用地和耕地转化为生态用地。

7.2 农业空间优化配置

（1）优质和良好耕种区，应通过土地综合整理、加强农田水利设施建设、完善投入和耕地保护机制等多种方式，不断提高耕地的质量和水平。

表6　矿产资源开发适宜性评价

禁限制要素		矿产资源开发适宜性评价			重点勘探开采区
		禁止勘探开采区	限制勘探开采区	允许勘探开采区	
保护区	自然保护区	自然保护区	周围3 000m以内	周围3 000m以外	国家和省级矿产资源总体规划中，确定的重点勘探开采区
	国家森林公园	国家森林公园	周围3 000m以内	周围3 000m以外	
	地质公园	地质公园	周围3 000m以内	周围3 000m以外	
	重要历史文化遗产	重要历史文化遗产	周围3 000m以内	周围3 000m以外	
建设因素	城镇及工业园区	现状及其规划区	—	—	
	港口、军事、重要水利和市政设施等	现状建成区及未来拓展区	—	—	
交通	主干线	主干线两侧500m以内	主干线两侧1 000m以内	主干线两侧1 000m以外	
水域	河流	周围1 000m以内	1 000~2 000m	大于2 000m	
	湖泊	周围1 000m以内	1 000~2 000m	大于2 000m	
农业生产		优质和良好耕种区			

（2）生态高敏感区内的耕地，应退出农业生产活动，并以退耕还林、退牧还草、退垸还湖等多种方式，转变为生态用地。

（3）一般耕种区和不适宜耕种区内的耕地，宜退出农业生产活动。按照生态环境、城乡建设、资源保护等的要求，以驱动力模型分析结果为依据，将其逐步转化为生态用地、城乡建设用地、未利用地等。

7.3　建设用地空间优化配置

（1）应逐步迁出禁止建设区内的现状城镇、独立工矿区、村庄居民点等，相关建设用地转化为生态用地。

（2）在限制建设区内开展新的城乡建设等行为，应在控制规模、强度下经审查和论证后方可进行。

（3）应依据城镇、产业园区现状布局，以驱动力模型分析结果为依据，确定建设用地合理的空间布局和形态结构。

7.4 矿区用地空间优化配置

（1）禁勘禁采区内应停止矿业勘探和生产活动，恢复生态空间，强化农业和农村用地的修复，加强采矿沉陷区、尾矿堆弃区等的治理。

（2）应逐步退出限勘限采区内的矿产勘探和生产活动，以地上原有用地类型为基础，进行环境和生态恢复和治理。

（3）生态高敏感区内的采矿现状区和治理区，应停止矿产生产活动，将矿业用地转化为生态用地。

8 成果内容及要求

8.1 预测成果内容

（1）省级国土空间优化配置成果内容宜包括省级国土空间优化内容说明、国土空间用地演变的用地统计数据和省级国土用地空间分布图。

（2）用地统计宜包括用地总量、用地变化量、变化比例等数据。

8.2 成果数据说明

（1）省级国土空间优化配置成果数据说明至少应包括成果数据的空间参照说明、数据格式说明、数据属性说明以及分析预测时间节点说明等内容。

（2）省级国土空间优化配置成果数据说明的空间参照信息至少应包括成果数据的投影、坐标系统，矢量数据应说明成果数据的比例尺，栅格数据应说明成果数据的空间分辨率。

（3）省级国土空间优化配置成果数据说明的数据格式信息至少应包括数据格式的名称、版本。

（4）省级国土空间优化配置成果数据说明的数据属性至少应包括成果数据中不同名称、代码的含义。